"群学新知"译丛

李钧鹏／主编

RICHARD RORTY
The Making of an American Philosopher
Neil Gross

理查德·罗蒂

一位美国哲人的诞生

（美）尼尔·格罗斯　著

胡艳红　译

RICHARD RORTY：The Making of an American Philosopher / by Neil Gross /
ISBN：9780226676487
Licensed by The University of Chicago Press，Chicago，Illinois，U. S. A.
© 2008 by The University of Chicago. All rights reserved.
湖北省版权局著作权合同登记　图字：17-2022-093 号

图书在版编目（CIP）数据

理查德·罗蒂：一位美国哲人的诞生／（美）尼尔·格罗斯著；胡艳红译 .—武汉：华中科技大学出版社，2023.12
（"群学新知"译丛）
ISBN 978-7-5680-8324-9

Ⅰ.①理…　Ⅱ.①尼…　②胡…　Ⅲ.①罗蒂（Rorty，Richard McKay 1931-2007）-哲学思想-研究　Ⅳ.① B712.59

中国国家版本馆 CIP 数据核字（2023）第 111640 号

理查德·罗蒂：一位美国哲人的诞生　　　　　　　（美）尼尔·格罗斯　著
Lichade · Luodi: Yi Wei Meiguo Zheren de Dansheng　　　　　胡艳红　译

策划编辑：	张馨芳
责任编辑：	庹北麟
封面设计：	孙雅丽
版式设计：	赵慧萍
责任校对：	唐梦琦
责任监印：	周治超
出版发行：	华中科技大学出版社（中国·武汉）　　电话：(027) 81321913
	武汉市东湖新技术开发区华工科技园　　邮编：430223
录　　排：	华中科技大学出版社美编室
印　　刷：	湖北金港彩印有限公司
开　　本：	710mm×1000mm　1/16
印　　张：	21.5　　插页：2
字　　数：	388 千字
版　　次：	2023 年 12 月第 1 版第 1 次印刷
定　　价：	98.00 元

本书若有印装质量问题，请向出版社营销中心调换
全国免费服务热线：400-6679-118　竭诚为您服务
版权所有　侵权必究

"群学新知"译丛总序

自严复在19世纪末介绍斯宾塞的"群学"思想至今,中国人引介西方社会学已有一个多世纪的历史。虽然以荀子为代表的古代先哲早已有了"群"的社会概念,社会学在现代中国的发展却是以翻译和学习西方理论为主线的。时至今日,国内学人对国外学术经典和前沿研究已不再陌生,社会学更是国内发展势头最好的社会科学学科之一。那么,为什么还要推出这套"群学新知"译丛?我们有三点考虑。

首先,我们希望介绍一些富有学术趣味的研究。在我们看来,社会学首先应当是一门"好玩"的学科。这并不是在倡导享乐主义,而是强调社会学思考首先应该来自个人的困惑,来自一个人对其所处生活世界以及其他世界的好奇心。唯有从这种困惑出发,研究者方能深入探究社会力如何形塑我们每个人的命运,才能做出有血有肉的研究。根据我们的观察,本土社会学研究往往严肃有余,趣味不足。这套译丛希望传递一个信息:社会学是有用的,更是有趣的!

其次,我们希望为国内学界引入一些不一样的思考。和其他社会科学领域相比,社会学可能是包容性最强的学科,也是最多样化的学科。无论是理论、方法,还是研究主题,社会学都给非主流的研究留出了足够的空间。在主流力量足够强大的中国社会学界,我们希望借这套译丛展现这门学科的不同可能性。一门画地为牢的学科是难以长久的,而社会学的生命力正在于它的多元性。

最后，我们希望为中西学术交流添砖加瓦。本土学术发展至今，随着国人学术自信的增强，有人觉得我们已经超越了学术引进的阶段，甚至有人认为中西交流已经没有价值。我们对此难以苟同。中国社会学的首要任务当然是理解发生在这片土地上的经验与实践，西方的社会学也确实有不同于中国的时代和文化背景，但本土化和规范化并不是非此即彼的关系，本土化研究也绝对不等同于闭门造车。在沉浸于中国的田野经验的同时，我们也要对国外的学术动向有足够的了解，并有积极的对话意识。因为，唯有将中西经验与理论进行严格的比较，我们才能知道哪些是真正"本土"的知识；唯有在本土语境下理解中国人的行动，我们才有望产出超越时空界限的学问。

基于上述理由，"群学新知"译丛以内容有趣、主题多元为选题依据，引入一批国外社会学的前沿作品，希望有助于开阔中文学界的视野。万事开头难，我们目标远大，但也希望走得踏实。做人要脚踏实地，治学当仰望星空，这是我常对学生说的话，也与读者诸君共勉。

（华中师范大学社会学院教授、博士生导师）
2022年世界读书日于武昌南湖之滨

序
——致社会学家同仁

大学在当代美国生活中发挥着至关重要的作用。美国现有4200多所高等学府,每年招收1750万名学生,超过四分之一的美国成年人拥有学士学位。[1] 对于来自中产阶级和中上层家庭的孩子来说,上大学几乎已经成为一种普遍经验,是生命历程中不可或缺的环节。在大学期间,学生们接触新思想,建立长久的友谊,开始探讨自我,并为接下来的人生做好准备。然而,上大学之所以重要,不仅仅是出于社会原因。大学学位带来的工资溢价一直在增长,这导致人们逐渐被划分为接受过大学教育和没接受过大学教育的两群人。[2] 在很大程度上,正是由于这个原因,尽管大学学费急剧增长,涌入大学的学生数量仍创造了纪录。高等院校是授予学位的机构[3],它为数百万人提供了直接就业机会并具有显著的乘数效应,同时促进了维系整

---

[1] National Center for Education Statistics, 2006, *Digest of Education Statistics*, Washington, D.C.

[2] 例如,参见:David Card and Thomas Lemieux, 2001, "Can Falling Supply Explain the Rising Return to College for Younger Men? A Cohort-Based Analysis," Quarterly Journal of Economics 116: 705-46。

[3] Randall Collins, 2002, "Credential Inflation and the Future of Universities," pp. 23-46 in *The Future of the City of Intellect: The Changing American University*, Steven Brint, ed., Stanford: Stanford University Press.

个共同体的本地知识网络向外扩散①。大学机构在整个国家经济的发展中也发挥着关键的作用，随着技术向产业转移，大学机构现在已经成为主要的创新源泉②，越来越多的经济活动围绕着知识性工作展开，这些工作是由受过大学及以上学历教育的人来实施的。③

高等院校的核心是师资：美国总共有63万名全职教授、54.3万名兼职教授，其中包括大批世界顶尖科学家和思想家。④ 社会科学家们对美国教职工的情况非常了解。由于学校的记录保存良好，教授群体也经常接受社会调查，因此，我们得以追踪教授们社会背景的变化、他们在不同领域和机构中的分布、他们的工资和福利待遇、对教学和研究的倾向、社会和政治态度以及影响他们生产力的因素，等等。过去二十年里，科学领域的跨学科研究得到了发展⑤，这使我们对物理、生物和工程科学领域的教授们所从事的研究活动有所了解，如他们的研究领域是如何被政治经济力量形塑的，在科学知识的生产过程中社会网络与物质力量是如何互动的，对经验世界的观察报告是经过怎样的社会过程才被转化为科学事实的。

---

① 例如，参见：Christopher Berry and Edward Glaeser, 2005, "The Divergence of Human Capital Levels across Cities," Harvard Institute of Economic Research Discussion Paper 2091; Sean Safford, 2004, "Searching for Silicon Valley in the Rust Belt: The Evolution of Knowledge Networks in Akron and Rochester," MIT Industrial Performance Center Working Paper 04-001; Jason Owen-Smith and Walter Powell, 2004, "Knowledge Networks as Channels and Conduits: The Effects of Spillovers in the Boston Biotechnology Community," *Organization Science* 15: 5-21.

② Jason Owen-Smith and Walter Powell, 1998, "Universities and the Market for Intellectual Property in the Life Sciences," *Journal of Policy Analysis and Management* 17: 253-77.

③ Walter Powell and Kaisa Snellman, 2004, "The Knowledge Economy," *Annual Review of Sociology* 30: 199-220.

④ Jack Schuster and Martin Finkelstein, 2006, *The American Faculty: The Restructuring of Academic Work and Careers*, Baltimore: Johns Hopkins University Press, 41. 这些数据取自2003年。

⑤ David Hess, 1997, *Science Studies: An Advanced Introduction*, New York: New York University Press.

然而，撇开基本的人口统计学信息和教授的个人态度不谈，我们对于美国教授群体的一个关键部分知之甚少：人文主义者和社会科学家。人文主义者和社会科学家虽然可能成为历史研究的对象，但他们几乎从未得到科学研究人员系统的研究。这些科学研究人员往往认为，自然科学已经充分证实，知识生产是一种社会过程。但是有一些重要的问题仍悬而未决：人文主义者和社会科学家如何选择研究项目？哪些因素决定着他们最终使用的理论、方法和手段？人文与社会科学领域的思想运动在何种条件下会产生？

尽管美国研究型大学近几十年来最重要的组织变革是与生命科学和工程科学的发展相关的，但人文与社会科学仍然具有相当重要的意义。如今，在20个具有学士学位授予资格的学科大领域中，有9个属于人文学科或社会科学的范畴[①]，人文主义者和社会科学家总共约占全职教职工的四分之一[②]。其中，人文学科在精英院校的本科教育中更是蓬勃发展[③]，这些院校的学生将携带着人文主义的观念投身政治、司法、媒体、企业及其他具有社会权力的领域。尽管较过去而言，对文学艺术的了解，以及对人文主义的理解方式，在美国可能已经不是那

---

① 该统计基于美国国家教育统计中心的数据，涵盖了跨学科专业。

② Schuster and Finkelstein, *The American Faculty*, 447。截至1998年，人文主义者占全职教师总体的16.1%，社会科学家占11.4%。然而，人文学科领域的教师比例正在减少。大卫·弗兰克（David Frank）和杰伊·加布勒（Jay Gabler）利用国际数据发现，"（20世纪）对人文学科的教学和研究的关注急剧减少，其教职工从约占大学教职工总体的三分之一降至不足五分之一。（然而）……社会科学在学术中心地带的地位急剧上升，其教职工从占全体教职工的不到十分之一上升到近三分之一。"参见 David Frank and Jay Gabler, 2006, *Reconstructing the University: Worldwide Shifts in Academia in the 20th Century*, Stanford: Stanford University Press, 64-65。

③ Roger Geiger, 2006, "Demography and Curriculum: The Humanities in American Higher Education from the 1950s through the 1980s," pp. 50-72 in *The Humanities and the Dynamics of Inclusion since World War II*, David Hollinger, ed., Baltimore: Johns Hopkins University Press.

么受欢迎的文化资本形式①，但弗洛伊德（Freud）和福柯（Foucault）等人文主义者的理论仍然在日益显贵的"创意阶层（creative class）"中广为流传②，同时也是政治或文化变革的思想资源③。社会科学甚至具有更重要的社会意义，尤其是经济学和心理学，前者直接影响国内外公共政策和经济决策的制定④，后者的词汇则塑造了人们对政治⑤、爱情和亲密关系实践等一切事物的理解⑥。

  鉴于这一重要性，我们对人文主义者和社会科学家的知识生产过程缺乏社会科学上的了解，是一个严重的缺陷。最近，一些学者认识到了这一事实，并开始探索这一问题。这些学者大多不是从事科学研究的，其中做出重要理论贡献的包括：安德鲁·阿博特（Andrew Abbott）、皮埃尔·布尔迪厄（Pierre Bourdieu）、查尔斯·卡米克（Charles Camic）、兰德尔·柯林斯（Randall Collins）、米歇尔·拉蒙特（Michèle Lamont）、

---

① Richard Peterson and Roger Kern, 1996, "Changing Highbrow Tastes: From Snob to Omnivore," *American Sociological Review* 61: 900-907.

② Richard Florida, 2004, *The Rise of the Creative Class and How It's Transforming Work, Leisure, Community, and Everyday Life*, New York: Basic Books.

③ 关于福柯对同性恋权利运动的重要性，参见：David Halperin, 1995, *Saint Foucault: Towards a Gay Hagiography*, New York: Oxford University Press。

④ Marion Fourcade-Gourinchas and Sarah Babb, 2002, "The Rebirth of the Liberal Creed: Paths to Neoliberalism in Four Countries," *American Journal of Sociology* 108: 533-79; David Harvey, 2005, *A Brief History of Neoliberalism*, New York: Oxford University Press; Margaret Somers and Fred Block, 2005, "From Poverty to Perversity: Ideas, Markets, and Institutions over 200 Years of Welfare Debate," *American Sociological Review* 70: 260-87.

⑤ James Nolan, 1998, *The Therapeutic State: Justifying Government at Century's End*, NewYork: New York University Press.

⑥ Anthony Giddens, 1992, *The Transformation of Intimacy: Sexuality, Love, and Eroticism in Modern Societies*, Cambridge: Polity.

罗伯特·伍斯诺（Robert Wuthnow），以及其他一些人。① 他们致力于理

---

① 参见：Andrew Abbott, 2001, *Chaos of Disciplines*, Chicago: University of Chicago Press; Pierre Bourdieu [1984] 1988, *Homo Academicus*, Peter Collier, trans., Stanford: Stanford University Press; Charles Camic, 1983, *Experience and Enlightenment: Socialization for Cultural Change in Eighteenth-Century Scotland*, Chicago: University of Chicago Press; Randall Collins, 1998, *The Sociology of Philosophies: A Global Theory of Intellectual Change*, Cambridge: Harvard University Press; Michèle Lamont, 1987, "How to Become a Dominant French Philosopher: The Case of Jacques Derrida," *American Journal of Sociology* 93: 584-622; Robert Wuthnow, 1989, *Communities of Discourse: Ideology and Social Structure in the Reformation, the Enlightenment, and European Socialism*, Cambridge: Harvard University Press。最近也有一些出色的实证研究，包括：Bethany Bryson, 2005 *Making Multiculturalism: Boundaries and Meaning in U.S. English Departments*, Stanford: Stanford University Press; Marion Fourcade, 2006, "The Construction of a Global Profession: The Transnationalization of Economics," *American Journal of Sociology* 112: 145-94; Marion Fourcade-Gourinchas, 2004, "Politics, Institutional Structures, and the Rise of Economics: A Comparative Study," *Theory and Society* 30: 397-447; Grégoire Mallard, 2005, "Interpreters of the Literary Canon and Their Technical Instruments: The Case of Balzac Criticism," *American Sociological Review* 70: 992-1010; James Moody, 2004, "The Structure of a Social Science Collaboration Network: Disciplinary Cohesion from 1963 to 1999," *American Sociological Review* 69: 213-38; Joachim Savelsberg, Lara Cleveland, and Ryan King, 2004, "Institutional Environments and Scholarly Work: American Criminology, 1951-1993," *Social Forces* 82: 1275-1302。在20世纪60年代末期和70年代，对社会科学和人文学科的社会学研究也出现了一小股运动，虽然其中的部分工作偏离了当代研究者关于社会学的设想，即社会学不仅能解释思想工作的数量特征，也能解释它们的内容。这一方面的许多关键研究都是在罗伯特·K.米顿（Robert K. Merton）的影响下进行的，包括：Joseph Ben-David and Randall Collins, 1966, "Social Factors in the Origins of a New Science: The Case of Psychology," *American Sociological Review* 31: 451-65; Diana Crane, 1972, *Invisible Colleges: Diffusion of Knowledge in Scientific Communities*, Chicago: University of Chicago Press; Alvin Gouldner, 1965, *Enter Plato: Classical Greece and the Origins of Social Theory*, New York: Basic Books; Nicholas Mullins, 1973, *Theories and Theory Groups in Contemporary American Sociology*, New York: Harper and Row。相关讨论，见：Charles Camic, 2001, "Knowledge, the Sociology of," pp. 8143-48 in *International Encyclopedia of the Social and Behavioral Sciences*, vol. 12, Neil Smelser and Paul Baltes, eds., London: Elsevier。

解过去历史时期和当代学术界人文主义者和社会科学家在提出知识主张时所遭遇的或被形塑的社会过程。①

我这本关于理查德·罗蒂的著作正是想要在这方面做出一点贡献。正如我在导言中所说的，本书是这一新兴研究领域的一个个案研究，我和卡米克（Camic）将这一新兴领域称为"新观念社会学（the new sociology of ideas）"，在这一领域，我们也曾经撰写论文考察自然科学家的知识生产实践。② 我的目标是通过对一个经验案例的研究提出一种新的理论，解释对人们的思想选择，尤其是人文主义者的思想选择产生影响的社会因素，即引导他们在学术生涯的关键节点接纳某一种观念或观念群，而放弃另一些观念或观念群的社会因素是什么。这一领域最重要的理论著作强调从策略性角度来看待人们的思想选择，认为思想家对"学术领域"中地位和声望的追求导致了这种选择，但是我认为，思想选择也可能受到思想家所具有的"学者自我概念（intellectual self-concepts）"的影响。这种自我概念是思想家所认同的一种自我叙述，它将他们描述成如此这般的思想家，如"激进分子"学者或"基督教"学者，抑或像理查德·罗蒂那样，被描述为"美国左派爱国者"。

为什么试图围绕单个学者案例来发展一种社会学理论呢？我这样做既有认识论方面的原因，也有实际的考虑。在认识论方面，我赞同社会学家彼得·赫斯特洛姆（Peter Hedström）、芭芭拉·雷斯金（Barbara Reskin）、亚瑟·斯廷科姆（Arthur Stinchcombe）、理查德·斯威伯格（Richard Swedberg）和查尔斯·蒂利（Charles Tilly）等人提出的观点，即社会学的目标不是找出关于社会生活的普遍有效的规律，而是揭示微观、中观和宏观层面发生的互动和事件更可能催生某种特

---

① 我使用术语"知识"和"知识主张"来表示人文主义者或社会科学家提出的论点，而不考虑其认识论地位或内容如何。

② Charles Camic and Neil Gross, 2001, "The New Sociology of Ideas," pp. 236-49 in *The Blackwell Companion to Sociology*, Judith Blau, ed., Malden: Blackwell. 在这篇文章中，我和卡米克讨论了将这一领域近期的工作与早期以知识社会学（the sociology of knowledge）为名进行的研究区分开来的特征。

定社会结果的隐藏社会机制和流程。① 通常，社会机制研究是从方法论个体主义假设出发的，这种假设与某些理性选择理论相关。赫斯特洛姆是机制研究最积极的倡导者之一，在他看来，社会机制与一种关于信念的简单理解有关，这种理解与文化社会学家、认知心理学家以及其他人对认知和意义的本质的理解不一样。② 然而，正确地说，社会机制是在制度化的意义结构的基础上，在不存在干扰因素的情况下 X 更有可能导致 Y 的过程，它是社会学研究的圣杯。问题在于，如何识别这些社会机制。

我认为，社会科学研究事业必须包括两个相互关联但彼此独立的阶段：一个是理论构建阶段，此阶段的目标是发展关于社会机制的理论，这些机制是对特殊现象的一般化阐述；另一阶段是系统的实证调查阶段，意在评估机制理论在众多案例中的解释力。在我看来，理论构建应该是分析性的，与系统的实证调查相分离，这是因为，为了理解整个社会而去寻找一个合适的概念词汇并运用这一词汇去解释社会现象是非常复杂的任务，在发展理论的同时试图对这些理论进行严格的、大规模的实证检验，往往会削弱这些理论，阻碍理论的发展。从这个意义上说，我同意斯蒂芬·特纳（Stephen Turner）的观点，他认为社会学理论是一个成熟的领域，当其在系统的实证研究面前的自主

---

① Peter Hedström and Richard Swedberg, 1998, "Social Mechanisms: An Introductory Essay," pp. 1-31 in *Social Mechanisms: An Analytical Approach to Social Theory*, Peter Hedström and Richard Swedberg, eds., Cambridge: Cambridge University Press; Peter Hedström, 2005, *Dissecting the Social: On the Principles of Analytical Sociology*, Cambridge: Cambridge University Press; Barbara Reskin, 2003, "Including Mechanisms in Our Models of Ascriptive Inequality: 2002 Presidential Address," *American Sociological Review* 68: 1-21; Arthur Stinchcombe, 2005, *The Logic of Social Research*, Chicago: University of Chicago Press; Charles Tilly, 2001, "Mechanisms in Political Processes," *Annual Review of Political Science* 4: 21-41.

② 比如可参见：Paul DiMaggio, 1997, "Culture and Cognition," *Annual Review of Sociology* 23: 263-87; Ann Swidler, 2001, *Talk of Love: How Culture Matters*, Chicago: University of Chicago Press. 我在下面这本书中讨论了这些问题：Neil Gross, 2007, "A Pragmatist Theory of Social Mechanisms"（未发表手稿）。

性受到损害时,就会被迫倒退。① 与特纳不同的是,我认为这种自主性只能是相对的。虽然许多有价值的理论工作都涉及对关键概念的澄清,通常更多地要求对文本和思想进行反思而非对经验材料进行整理,但这只是识别社会运行机制的预备工作。这种识别工作必须基于对理论家欲解释的经验现象的深入了解,以免变得不可信,或与制度化的意义结构和实际运行过程缺乏关联。因此,原则上,我反对博弈论者之流空想式的理论化工作,主张研究社会机制的理论家必须浸入经验案例中。但是浸入经验案例不应该与对理论的系统检验相混淆,后者需要一种非常不同的处理经验数据的视角,当然它也同样重要。事实上,理论建构必须相对独立于系统的实证检验的第二个原因是,理论只有通过实证检验才能得到普遍认同,不能通过检验的理论必须考虑对其进行重述或完善。也就是说,理论必须最终有助于系统性研究。但这并不是说理论工作本身不算是对知识的贡献。理论必须有坚实的经验基础,理论家和实证研究者必须相互对话,我做的这些重要规定意在表明,只有认识到理论家和实证研究者各自在劳动分工中的价值,社会学才能取得显著进展。这就要求理论研究和实证研究采取不同的评价标准。理论应推动研究朝着新的、有趣的和有前景的方向发展,系统的实证研究则由理论引导,其主要的问题是:这一理论发现是否正确?社会学,尤其是美国社会学,未能认识到这种认识论多元主义的价值,这是我们没有在社会科学领域取得预想的成功的主要原因之一。

然而,虽然我们认可理论需要浸入经验案例来获得发展,但问题是这种浸入应该采取何种形式。无论分析单位是国家、机构、社会运动还是个人,以经验为向导的理论化工作都可以通过个案研究或多案研究的方式来进行。研究多个案例是非常有用的,因为它可以让理论家在比较中获得启发。相比之下,通过研究单个案例而提出的理论,就存在以特殊代普遍的风险。对于混淆在个案基础上简单地进行归纳和通过个案思考某些社会现象的人来说,这种风险似乎最为突出。但是,如果这种社会现象十分复杂,或十分隐蔽,以至于不对这单个实

---

① Stephen Turner, 2004, "The Maturity of Social Theory," pp. 141-70 in *The Dialogical Turn: New Roles for Sociology in the Post Disciplinary Age*, Charles Camic and Hans Joas, eds., Lanham: Rowman and Littlefield.

例给予全面关注，就不可能获得充分和深入的理解，那么，冒上述风险也可能是合理的。人文学科和社会科学中的知识生产就符合这一标准，不仅因为作为待解释项的活动，即观念体系的生产活动，是非常复杂的事情，涉及多种意义的输出，而且如本书导言所说，学者本人以及他们的传记作家和历史研究者通常低估了知识生产的世俗社会过程，而偏好创造性天才的叙述话语，从而在传记回忆和标准的历史叙述中很少见到关于柴米油盐层次的社会联系的描写。我在这个研究中感兴趣的是单个学者在形成自己的观点和攀登职业高峰的过程中所受制的社会过程。因此，为了克服学者的生活对社会学分析造成的阻碍，我将专注于罗蒂这一个案，重构他从出生直至 1982 年的生平和职业细节。1982 年，罗蒂出版了《实用主义的后果》(*Consequences of Pragmatism*)，该书是其 1979 年的开创性著作《哲学与自然之镜》(*Philosophy and the Mirror of Nature*) 的后续。我借助这种重构来发展学者自我概念理论并赋予其初步的可信度。如果要为多位学者进行这样的重构，则将在很大程度上牺牲研究的深度以换取广度，从而在这两个方面，以及相关的社会学洞见上，都浮于表面。

至于为什么我的分析单位是单个学者，而不是某个院系、学术网络、学科这些更高阶的社会聚合体，答案是，一般适用于社会学理论的知识也适用于观念社会学：最坚实的理论是那些致力于说明"微观-宏观关系"[①]的本质的理论，它们建立在对个体层面社会行为的理解之上。人们不必成为方法论个体主义者也能认识到中观、宏观的社会现象是由个体的行为及其互动构成的，理解个体层面的行为，理解其本质、现象、条件和限制，对于建构解释高阶社会现象的理论是有益的，尽管后者具有新的特性，并且不能被完全还原成前者。[②] 因此，了解作为个体的学者以及他们在做出思想和职业选择时所经历的社会过程，不仅就其本身而言是重要的，因为这有助于解释

---

① Jeffrey Alexander, Bernhard Giesen, Richard Münch, and Neil Smelser, eds., 1987, *The Micro-Macro Link*, Berkeley: University of California Press.

② R. Keith Sawyer, 2005, *Social Emergence: Societies as Complex Systems*, Cambridge: Cambridge University Press.

他们观念的生成，而且可以为发展更广泛的社会思想动力学理论做好预备。①

　　我选择研究罗蒂，而不是其他人文主义者和社会科学家，有三个方面的方法论依据。首先，正如我在导言中详细介绍的，理查德·罗蒂是20世纪后半叶美国最杰出的学者之一。这虽然可能意味着所选案例有些特殊，但也意味着罗蒂身处许多重要讨论的中心，并在美国顶尖学府中占据重要地位。因此，他的一生为我们打开了一扇窗户，让我们得以一窥20世纪晚期美国学术界主要知识生产中心的情况。如果研究一个不那么有影响力、不那么有地位、不那么多产的思想家，则不会有这种效果。其次，尽管罗蒂的自传回忆与很多其他学者的自传回忆一样，必须用社会学的怀疑眼光来阅读，但他与父母和朋友的通信详细记录了他的日常生活，特别是在他的成长时期，而且他们很慷慨地让我阅读这些信件。现在这个时代很少有学者撰写和保存信件了，而且信件的保管人经常出于隐私考虑拒绝将其公之于众，因此，罗蒂的案例成了一个罕见的经验宝库。最后，罗蒂在其职业生涯早期经历过一系列重大的思想转变，对他的研究将是一个机会，可以考察他人生中的多个思想抉择及其多样后果。

　　我书写罗蒂也有一个实际的考虑。正如我在导言中所阐明的，我写这本书的目的不仅是从事理论建构，而且也想鼓励那些对思想生活感兴趣但并非社会学家的人把观念社会学作为一个学术项目来认真对待。要让非社会学家相信这项事业的价值，唯一的办法就是把焦点放在像罗蒂这样许多人都感兴趣的思想家身上，并且进行原汁原味的叙述，也就是充分关注观念本身及其所在的社会思想环境，这样，那些对观念而不是社会学更感兴趣的人就不会立刻放弃这项事业。为了满足这一要求，本书对哲学也有涉足，并尽量不过度简化罗蒂的思想。②

---

① 有关在微观基础上建构理论的尝试，参见：Scott Frickel and Neil Gross, 2005, "A General Theory of Scientific/Intellectual Movements," *American Sociological Review* 70：204-32.

② 尽管做出了这些努力，但毫无疑问，我的哲学讨论中的某些方面将会引起一些哲学家的质疑。这样的质疑应被视为学科共同体在进行社会科学审查时的自然反应。

这一策略的缺点在于，不熟悉哲学或美国思想史的社会学家可能很难理解其中一些内容。我鼓励这些读者重点关注导言、第九章和第十章以及结论部分，其中包含社会学的关键知识。我希望思想史家、哲学家和其他读者也能阅读这些章节，他们也应该这样做，因为这些章节首先是为社会学的读者撰写的。

对思想史进行这种细致研究还有另一个更偶然的原因。我在研究过程中，去了尤金、罗彻斯特、斯坦福等地的档案馆，发现了大量关于罗蒂及其家人、朋友、同事的历史资料。我推测，研究美国思想生活的学者对这些资料会很自然地产生兴趣。尽管我只需使用其中的少量材料就足以提出我的社会学论点，但如果不能确保这些信息得到出版，那就是我作为一名学者的失职。对于社会学家来说，这本书是非传统的，但作为一个长期追随美国古典实用主义哲学家查尔斯·S.皮尔士（Charles S. Peirce）、威廉·詹姆斯（William James）、约翰·杜威（John Dewey）和乔治·赫伯特·米德（George Herbert Mead）的学生，我逐渐相信，形式必须从属于功能。

通过罗蒂的实例，我希望能够更好地解释社会因素对思想选择的影响，从而促进对知识社会中一个非常重要的现象的理论研究和系统性实证研究，这一现象即学者们的观念发展。

目 录

导言　//1

第一章　詹姆斯·罗蒂　//27

第二章　维妮弗雷德·劳申布赫　//59

第三章　哈钦斯学院　//79

第四章　哲学硕士（1949—1952）　//99

第五章　耶鲁的博士生涯（1952—1956）　//119

第六章　韦尔斯利学院（1958—1961）　//139

第七章　普林斯顿大学（1961—1965）　//157

第八章　普林斯顿大学（1965—1982）　//181

第九章　学者自我概念　//223

第十章　重新审视罗蒂　//261

结论　//311

导言

1

1965年，普林斯顿大学哲学系副教授理查德·罗蒂在《形而上学评论》(*Review of Metaphysics*)上发表了一篇题为《心身同一、私人性和范畴》(*Mind-Body Identity, Privacy, and Categories*)的文章。这篇文章的目的是捍卫"同一理论 (identity theory)"。这一理论最初由在澳大利亚执教的分析哲学家 J. J. C. 斯玛特（J. J. C. Smart）提出，认为"实证研究将会发现，感觉（而非思想）与特定的大脑过程是同一的"①。罗彻斯特大学的詹姆斯·科曼（James Cornman）②和匹兹堡大学的库尔特·拜尔（Kurt Baier）等人对此表示反对，他们认为，如果同一理论是正确的，那么所有与感觉和其他心理活动潜在相关的属性（如"朦胧、暗淡、混杂、虚假"或关涉"后像 (after-images)"③）一定也具备大脑过程的特征。但是这类说法不可避免地会犯"范畴错误"，因为它们假设只有在物理领域为真的事物才能在心理领域得到恰当的表达。那么如何才能避免这种反对观点呢？

---

① Richard Rorty, 1965, "Mind-Body Identity, Privacy, and Categories," *Review of Metaphysics* 19: 24-54, 24.
② 科曼于1967年转去了宾夕法尼亚大学。
③ Rorty, "Mind-Body Identity," 25.

罗蒂提出了两种可行的方法。他称第一种为"翻译"法,并将其与斯玛特(Smart)联系在一起。这种方法坚持严格意义上的同一定义,致力于证明与心灵属性相关的语句事实上可以被翻译为物理语言。第二种方法是罗蒂开创的,他称之为"消失"法。根据这种方法,大脑过程和感觉之间的"关系"并不是"严格的同一关系,而是一种实存的实体和非实存的实体之间的关系,对后者的指称曾经所发挥的作用现在也出现在对前者的指称中"①。罗蒂认为,哲学观念是在特定的历史-语言环境中发展起来的。我们谈论感觉的方式,是在我们无法观察大脑过程的情况下形成的,它导致了某种语言特征的产生。持同一论的理论家没有必要阐明关于大脑过程的表述是与这些语言特征相容的,就像心理学哲学家没有责任确保用"恶魔附体"来言说的所有事情都可以用"精神错乱"来言说一样。② 但是,如果有一天人们发现感觉只不过是大脑过程,这难道不意味着所有在日常语言中谈及感觉的人都持有错误的观念吗?为了回应这个问题,罗蒂整理了哲学家威尔弗雷德·塞拉斯(Wilfrid Sellars)关于认知语言的本质的论点。罗蒂认为,感官表达的真值总是与表达者对所用语词的认知有关。用一个语词取代另一个语词,并不会使原来的表达失效,尤其是这一语词仍在继续承担相应的职能时。在这种情况下,从感觉方面去表达疼痛或其他身体状况,要比根据脑科学的发现重新发明一套语言更方便。因此,这种从语义角度出发对同一理论展开的反驳是没有意义的。

17年后的1982年,身为弗吉尼亚大学凯南人文讲席教授的罗蒂,在《美国学人》(American Scholar)杂志上发表了一篇题为《现今的美国哲学》(Philosophy in America Today)的文章。该杂志隶属于美国大学优等生荣誉学会(Phi Beta Kappa Society),罗蒂在大学期间就加入了该学会。同年晚些时候,这篇文章的修订版收入了罗蒂的第一本文集《实用主义的后果》。文章讲述了从20世纪30年代末开始,随着来自奥地利和德国的逻辑实证主义者的迁入,美国哲学界发生了一场革命。实证主义者试图通过澄清"因果性"和"证实"等关键术语的含义,开创一个新的时代,在那里,哲学探索将为自然科学和社会科学的研究活动提供支持。他们认为,这项澄清工作本身应该本着科学精神进行,注重逻辑的严密性,关注可以得到解决的问题,并忽略任何无助于推动此项工作的观念。一切形式的思辨哲学,特别是形而上学,都被禁止了,哲学史也遭到贬低。依

---

① Rorty,"Mind-Body Identity," 26.
② Ibid., 27.

罗蒂之见，实证主义者强调严格性，重在解决问题，是符合当时美国大学的文化的，有助于实证主义者及其学生（后者修改了研究计划）在世纪中叶吸引美国主要哲学系的关注。最终被理解为囊括"理想语言"和"日常语言"两种方法的分析哲学，在这里占据了主导地位。在这种学术氛围中，罗蒂写道："一个研究生……在学习或转向分析哲学的过程中，也可以仍然相信，有待解决的独立的、可以明确规定的哲学问题是有限的，这些问题在任何严肃的分析哲学家看来也都是悬而未决的。"① 此外，人们还认为，各种形式的分析哲学为解决这些问题提供了必需的概念工具。

这些信念在罗蒂看来，已经是过去的遗物。分析传统中的思想家，如蒯因（W. V. O. Quine）、塞拉斯以及晚期维特根斯坦（Ludwig Wittgenstein），在他们的著作中对其中许多关键的教条进行了质疑。同时，托马斯·库恩（Thomas Kuhn）对科学史的贡献让分析哲学家意识到，"语言学转向"并非哲学史的终结，而是指向了另一种范式，随着反常现象的积累，它必定会被超越。"语言学转向"是古斯塔夫·伯格曼（Gustav Bergmann）创造的词汇，罗蒂将它用在了其 1967 年编撰的广受欢迎的分析著作集的书名中。事实上，在罗蒂看来，范式更迭正是当代哲学正在发生的事情，其结果是造成了哲学界的分裂。如今，"任何在美国 10% 左右的分析哲学院系里同时流行的问题都得到了非常出色的处理"②。而分析传统之外的新声音，包括当代欧陆思想家的声音，仍在要求被听见。许多分析哲学家谴责这种状况，他们仍然怀抱实证主义的希望，期待建构一种严谨而科学的哲学，一劳永逸地解决问题。但是罗蒂已经不在此列了。多年以前，罗蒂本人就已是一名执拗的分析哲学家，参与了心灵哲学里的高深讨论。现在，他鼓励哲学家同仁对逻辑严格性持"放松态度"，不要在哲学与其他人文领域之间随意划界，应向哲学史敞开更大的怀抱，重新思考欧陆哲学家提出的社会和政治问题，不必担心哲学是否有一贯的范式。在哲学上，罗蒂表示："我们应该百花齐放。"③

这两篇文章在定位、问题和语气上的区别是很明显的。④ 第一篇是罗蒂作为分析哲学家而写的，他关注的是一场有明确界限的技术讨论，秉持

---

① Richard Rorty, 1982, *Consequences of Pragmatism: Essays, 1972-1980*, Minneapolis: University of Minnesota Press, 215.

② Ibid., 216.

③ Ibid., 219.

④ 这并不是说罗蒂前后两篇文章中的观点是不协调的。它们都是从历史主义的假设出发的，我将在后面的章节中讨论这一点。

的是一种公认的分析性假设:"只有理解了一个命题的构成概念,才能对这个命题做出明智的判断。"①第二篇是罗蒂作为后分析哲学家写的,这里的后分析哲学家采用的是约翰·雷彻曼(John Rajchman)和科内尔·韦斯特(Cornel West)在1985年出版的著作中使用的含义。②他们二人把分析哲学理解为"一种处理精确的形式问题的专门工作,它回避公开讨论,否认文学和历史知识的必要性,拒绝现象学和存在主义思想,几乎无法在精神分析或马克思主义中发现任何科学和哲学的痕迹"③。相比之下,以罗蒂为主要代表的后分析哲学家,则摒弃了这些假设,这并非出于先验的理由,而是因为分析传统中的"技术工作"对这些假设提出了挑战,使得哲学家们重新关注起其他人文主义者的问题。那么什么可以解释罗蒂的这种观念转变呢?④

从某种程度上说,本书的目的就是要回答这个问题,同时记录罗蒂从新泽西的农村校园里一个早慧的少年成长为"最具影响力的当代美国哲学家"的历程。"最具影响力的当代美国哲学家"这个荣誉来自1990年《纽约时报杂志》(*Now York Times Magazine*)上的一部长篇传记。⑤本书利用了大量的档案研究,包括查阅上千页罗蒂的私人文件和家族档案⑥,再现了罗蒂从童年时期到1982年出版《实用主义的后果》之间的经历,这本《实用主义的后果》紧随罗蒂1979年的《哲学与自然之镜》面世,此时他已经47岁。本书甄别出了罗蒂在学术生涯前25年里思想成长、变化和维持稳定的轨迹,并将其与他的生活经验关联起来。

---

① Avrum Stroll, 2000, *Twentieth-Century Analytic Philosophy*, New York: Columbia University Press, 8.

② John Rajchman and Cornel West, eds., 1985, *Post-Analytic Philosophy*, New York: Columbia University Press.

③ Ibid., ix.

④ 传统观点认为罗蒂最初是一个分析哲学家,后来转变成了一个实用主义者,我的观点与此不同。我在后面将指出,罗蒂在开始职业生涯时就对实用主义感兴趣,只是在研究生毕业后才转向分析哲学,在《哲学与自然之镜》出版后,他仍继续以有所调整的分析风格在工作。真正改变的是他的理论取向。罗蒂越来越倾向于使用"实用主义"一词来表达他的身份认同。

⑤ L. S. Klepp, 1990, "Every Man a Philosopher King," *New York Times Magazine*, December 2, 56.

⑥ 我在这里指出一点,在整本书中,我在引用信件、日记和其他未出版的书面材料时,并没有纠正或提醒读者注意原文中的错误和拼写变体。

然而，在另一个更为根本的层面上，这本书不仅仅是关于罗蒂的，因为它并没有将罗蒂的生平经历视为最终的解释对象，而是将其作为探索更高目标的方法，这一目标是理解学者们在思想发展的过程中所遭遇和驾驭的社会过程。不管是在议题上还是在理论方向上，本书都不同于当前最重要的三种思想史研究方法。

2

第一种方法可以简单地称为人文主义。在众多流行的学者传记中，人文主义对思想史的处理，目的是围绕思想家的品格和个性，提供一套关于他们的工作和生活的融贯叙事，通过将他们的观念置于他们所生活的环境中来对其进行解释。心理史学的潮流早已过去，因此，对于大部分信奉人文主义的学者来说，品格和个性几乎已是常识性概念，它们提供了关于不同性情的人是如何应对复杂和悖谬的人生境况及其引发的种种戏剧性后果的一般洞见。正因如此，理查德·帕克（Richard Parker）才能在其撰写的约翰·肯尼思·加尔布雷思（John Kenneth Galbraith）传记中，围绕加尔布雷思"晚期的、成熟的品格"和"半是先天、半是后天的特质"的发展过程来展开叙述——加尔布雷思"培养出了独特的思想和风格，并且自己也意识到这一点，他在职业上一波三折，与'保守的同事'保持着明显的距离"[①]。瑞·蒙克也据此解释伯特兰·罗素（Bertrand Russell）在20世纪20年代放弃哲学，转向政治写作的缘由。蒙克指出，随着罗蒂自身天性的解放，早在多年前，其观点和个性就已开始转变。[②] 将这些类似的著作称为人文主义的，并非要给它们贴上一种哲学标签。其中一些作品几乎是后现代的，它们认识到学者的自我是分裂的，维系这种自我的是多样和复杂的背景环境。这类作品的特点是相信人性是共通的，相信学者和非学者彼此类似，因此倾向于援引小说、诗歌、戏剧、回忆录中关于人类境况的相同隐喻来叙述学者的生活和事业。在这类叙述中，生活和工作是密不可分的。最抽象的哲学命题可能是思想家深层人格的表达；对其他学者的尖锐批评可能是由友谊、嫉妒、欲望或蔑视所引起的；而那些用自身

[①] Richard Parker, 2005, *John Kenneth Galbraith: His Life, His Politics, His Economics*, New York: Farrar, Straus and Giroux, 5-6.

[②] Ray Monk, 2000, *Bertrand Russell 1921-1970: The Ghost of Madness*, London: Jonathan Cape, 4.

思想真正影响了世界的人，比如引发政治运动、促进经济重建、发明战争武器的人，他们也仍须受制于自己的权力和影响力。然而，典型的人文主义论述，并不是为了思考这些联系的一般实质，而是为了将生活和工作结合起来，以衡量特定学者的生活，追问其重要性和更广泛的意义，特别是涉及下述主题的问题：创造性和德性、思想和政治参与的伦理法则、本真性的两难困境、腐化和自大的危险以及观念本身的价值。

相比之下，第二种方法——语境主义，则淡化了品格和个性，而致力于重建作者的意向性。遵循昆汀·斯金纳（Quentin Skinner）和 J. G. A. 波科克（J. G. A. Pocock）传统的学者，认为理解一幅文本就意味着理解作者在写作时想要做的事情：作者想要做出什么论证，针对谁来论证，以及想达到何种效果。① 这种理解要求历史学家放弃对某一知识领域的历史进行全面和渐次展开的描述，后者表现为不同时代的伟大人物之间的相互对话。语境主义者坚持认为，写作者自身很少参与这种对话。更常见的情况是，他们的对话者是他们的同时代人，他们希望从这些学者那里获得肯定或否定的评论。正是这些本地的对话规定了写作者可能持有的思想立场的范围，在此意义上，语境主义者敦促思想史家脚踏实地，重新关注写作者周边对他们来说可能非常重要的关切和争论，这些关切和争论已经被忽略已久，其中一些涉及现在看来不那么重要的人物。辨别出与文本意义有关的制度、政治和文化因素，在语境主义这里是被允许的，但它们不被允许用来解释学者的工作内容及其历时变化的起因。对于斯金纳和其他语境主义者来说，意向性是唯一确定的可以决定人类行为的因素，因此有理由对众多关于"影响"的说辞保持警惕，不管施加影响的实体是个人还是社会。

第三种方法是后结构主义，它在思想史家群体中没有人文主义和语境主义流行。后结构主义是由多米尼克·拉卡普拉（Dominick LaCapra）、马克·波斯特（Mark Poster）和海登·怀特（Hayden White）等思想家所倡导的，它基于以下方面对语境主义持拒绝态度：关注历史客观性，将这种客观性描述为一种虚幻的目标；认为写作者的意向性具有特异性，是多重的、零碎的和易逝的；不愿利用历史为当前的批判目标服务，以将历史与现在关联起来；将写作者视为创造者，而非更宏大的文化结构展现自

---

① 参见：James Tully, ed., 1988, *Meaning and Context: Quentin Skinner and His Critics*, Cambridge: Cambridge University Press; J. G. A. Pocock, 1989, *Politics, Language and Time: Essays on Political Thought and History*, Chicago: University of Chicago Press.

身的场所。① 后结构主义认为，理解思想文本或解释系列观念的起源的最好方法，就是分析这些更宏大的结构，比如在拉卡普拉（LaCapra）所分析的案例中得到表达同时又被削弱的相异性（alterity）和排他性（exclusion）的语言结构，以及如波斯特（Poster）所考察的，与权力和政治经济学相关，赋予话语以意义，并使探究成为可能的分类和假设或福柯式认知，又如使怀特（White）在19世纪的"长时段历史"中所追踪的不同类型的历史叙述都能收容其中的"深层"话语结构。

3

人文主义、语境主义和后结构主义都曾被一些优秀的学者作为史学编撰的框架。因为他们，我们得以对世界思想史上最杰出人物的生平和时代有诸多了解，也得以了解一些不那么有影响力的学者。然而，我们不应忽视这三种方法的问题。就人文主义而言，作为一种思想事业，它的阐述更多是由案例事实及其叙事线索所驱动的，而非由任何先验的理论框架来引领。但是潜在的理论化是不可避免的，正如大多数为理解人类世界而做出的常识性努力一样，在人文主义的叙述中，挑选出来的重要事实通常是与个人相关的：父母、老师、朋友、爱人、竞争对手以及其他影响学者或与学者有互动的人。这种互动确实很重要，不管是在思想生活中还是在其他领域，没有它，社会几乎不可能存在。但是，许多人文主义论述没有对这种互动的社会学结构予以系统关注，低估了社会因素的重要性，如教育机构的配置或学术劳动力市场的状况等，它们也塑造着学者的观念内容。

就语境主义者而言，他们更感兴趣的往往是用偶然的历史环境来解释特定的案例，而非探究学者思想形成的一般因果性过程。然而，社会科学

---

① 参见：Dominick LaCapra, 1983, *Rethinking Intellectual History: Texts, Contexts, Language*, Ithaca: Cornell University Press; Mark Poster, 1997, *Cultural History and Postmodernity: Disciplinary Readings and Challenges*, New York: Columbia University Press; Hayden White, 1973, *Metahistory: The Historical Imagination in Nineteenth-Century Europe*, Baltimore: JohnsHopkins University Press. 关于后结构主义思想史与斯蒂芬·格林布拉特（Stephen Greenblatt）等人提出的新历史主义（一场主要局限于文学院系的思想运动）之间的亲缘性，参见：Patrick Brantlinger, 2002, "A Response to Beyond the Cultural Turn," *American Historical Review* 107: 1500-511; Elizabeth Clark, 2004, *History, Theory, Text: Historians and the Linguistic Turn*, Cambridge: Harvard University Press.

在思想领域之外已经有效地识别出了这些过程,这就产生了疑问:人类生活是否像一些语境主义者所坚称的那样,更多是偶然的,而非预先决定的?比如,我们很好地认识到,接受高等教育是如何催生更自由的社会和政治态度的[1];我们也知道,在大多数资本主义社会中,社会阶层是决定健康行为和结果的重要因素[2];我们很清楚为何一些谋求政治变革的社会运动取得了成功,而另一些却失败了[3];我们也可以很准确地预测谁将与谁交往,至少在集合体层面上是如此[4]。关于社会生活中的偶然关系如何与人类的能动现实相协调的讨论仍在继续[5],但根据已有的社会科学知识,如果认为与人类事务有因果联系的普遍社会进程是不存在的,则缺乏可信依据。至于思想史领域——只有当我们相信布尔迪厄(Pierre Bourdieu)所说的"学术幻象"时[6],即知识生产者与其他人是不同的,才能认为它是一个不受社会因果关系影响的领域,这就提出了一些语境主义者无法回答的问题:是什么进程推动着作者意图的形成?除了历史的偶然性外,还有哪些因素构造着特定的社会思想背景?斯金纳在其1969年的奠基性论文《观念史中的意义与理解》(*Meaning and Understanding in the History of Ideas*)中,对把观念还原为意识形态功能的历史学家和社会理论家,尤其是马克思主义者,提出了异议。这样做是正确的,然而,反对这种还原主义并不需要对社会科学的一般化工作表示反感。我们会看到,在知识和观念的世界里,有许多在因果性上非常重要的社会进程在发生作用,它们与意识形态、虚假意识或阶级偏见无关,而对于这些,语境主义几乎没有什么可以言说的。我提出这一批评,并不是要否认对偶然性、特殊性和语境的强调有助于实现重要的思想和道德目的,也不是要否认解释

---

[1] 参见:Ernest Pascarella and Patrick Terenzini, 1991, *How College Affects Students: Findings and Insights from Twenty Years of Research*, San Francisco: Jossey-Bass。

[2] 例如,参见:Mesfin Mulatu and Carmi Schooler, 2002, "Causal Connections between Socio-Economic Status and Health: Reciprocal Effects and Mediating Mechanisms," *Journal of Health and Social Behavior* 43: 22-41。

[3] Doug McAdam, Sidney Tarrow, and Charles Tilly, 2001, *Dynamics of Contention*, New York: Cambridge University Press.

[4] Edward Laumann et al., 2004, *The Sexual Organization of the City*, Chicago: University of Chicago Press.

[5] Mustafa Emirbayer and Ann Mische, 1998, "What Is Agency?" *American Journal of Sociology* 103: 962-1023.

[6] Pierre Bourdieu, 2000, *Pascalian Meditations*, Richard Nice, trans., Stanford: Stanford University Press.

一个观点与理解一个观念之间可以有效地区分开来。我想强调的是，由于语境主义者忽略了塑造思想的普遍社会进程和机制，或者只是以随意的态度去看待它们，因此他们无法提供充分的解释。

基于上述观点，读者可能会认为我对后结构主义持认同态度，但事实并非如此，因为虽然后结构主义在原则上是三种方法中最认可学者的工作内容可能是更宏大的社会和文化结构及力量的产物，但它对结构与思想之间的关系缺乏深入的理解。像"认识"这样的实体究竟是如何作用于单个思想家的观念的呢？或者，以怀特研究过的一个案例为例，人们如何从"乔瓦尼·巴蒂斯塔·维柯（Giambattista Vico）从古典诗学中借用的关于比喻及其相互关系的理论"① 推进到维柯实际持有的历史观呢？也就是说，这一理论是如何进入维柯心中的？为什么是维柯而不是其他人？这是影响他的思想或职业的唯一因素吗？更宽泛地说，这种文化结构具有怎样的本体论地位？如何解释它们的起源、传播和制度化？这在不同时期有什么变化，它与在学界寻求就业机会或寻求学术声誉等更为世俗的考虑之间是如何互动的？细节决定成败，后结构主义很显然忽视了对思想领域中因果性理论的精心打磨。

4

然而，确实存在一种更令人满意的解释学者观念的方法。我和查尔斯·卡米克（Charles Camic）将这种方法称为"新观念社会学"②。新观念社会学受到了皮埃尔·布尔迪厄和兰德尔·柯林斯等社会学家的理论贡献的启发③，它不同于旧的知识社会学，后者由埃米尔·涂尔干（Émile Durkheim）、卡尔·曼海姆（Karl Mannheim）、罗伯特·K. 默顿（Robert

---

① Hayden White, 1978, *Tropics of Discourse: Essays in Cultural Criticism*, Baltimore: Johns Hopkins University Press, 216.

② Camic and Gross, "The New Sociology of Ideas."

③ 尽管布尔迪厄和柯林斯是我主要的对话者，但这一群体里还有其他人。例如，布鲁诺·拉图尔（Bruno Latour）就可以被看作一位关键的观念社会学家，在对哲学的社会学研究中，至少有一项重要研究是以拉图尔的假设为出发点的。（参见：Martin Kusch, 1995, *Psychologism: A Case Study in the Sociology of Philosophical Knowledge*, London: Routledge.）行为者网络理论为分析知识生产中许多先前未得到充分研究的方面打开了大门，特别是关于真实性的构建，以及物理和生物科学的重要性。然而，拉图尔不太关注因果性模型的建立，这些模型旨在将特定类型思想的生产与特定的社会背景关联起来，因此，与其他理论家相比，他对我的研究用处不大。

K. Merton）以及法兰克福学派发展而来。旧的方法把学者的观念看作对广泛的社会文化趋势及"需要"的反映，比如，发达资本主义需要在哲学上使自身合法化，而新观念社会学家试图揭示相对自主的社会逻辑和动力，以及潜在的机制和过程，它们形塑和构造了栖居于不同社会环境，比如不同的学术部门、实验室、学科领域、学术网络中的学者的生活。他们认为，正是这些机制和过程，与作为反思材料的事实结合起来，最大限度地解释了假设、理论、方法论、对模糊材料的阐释，以及思想家所坚持的特定观念。尽管新观念社会学家对何为运行机制和进程存在分歧，但他们都认为，这种机制和进程大致是涂尔干意义上的"社会事实"，涂尔干用这个词来指称社会学独特的研究对象①：社会事实外在于个体（虽然个体也是构造社会事实的一个社会因素），并且同时促成和限制其思想和职业选择。

我正是从新观念社会学的角度来探讨罗蒂的思想历程的。有两种方法可以达到这个目标。一种是写一本或多或少有点传统的学者传记，主要讲述罗蒂的生平，但偶尔也会借用新观念社会学中的概念和理论，以解释关键的思想发展过程。在这种方法中，新观念社会学只是作为背景存在，提供相关论点，但在这个过程中其本身并没有得到推进，除非它的效用在其他经验案例中得到证明。这种方法没有什么不好的地方，但我不会这样做。相反，我将对罗蒂的生平做个案研究，推进观念社会学向新的方向发展。②

在我看来，这一领域的主要理论家布尔迪厄和柯林斯，已经提出了一种解释模型，可以帮助我们理解在思想家身边运作的社会进程是如何影响他们思想的内容和职业的结构的。布尔迪厄认为，学者的社会背景与他最

---

① Émile Durkheim，[1895] 1982，*The Rules of Sociological Method*，W. D. Halls, trans. , New York: Free Press.

② 在社会科学中，个案研究的价值已经得到认可。虽然有局限性，但个案研究"可以……为观察和概念化在身边自然状态下发生的社会行为和呈现的社会结构提供基础；提供……不同来源和时段的信息，从而可以对社会行为和社会意义的复合体做整体的研究；……为对社会生活的研究提供时间和历史的维度；（并且）……鼓励……和促进理论的创新与普适化"。Joe Feagin, Anthony Orum, and Gideon Sjoberg, 1991, "Introduction," pp. 1-26 in Joe Feagin, Anthony Orum, and Gideon Sjoberg, eds. , *A Case for the Case Study*, Chapel Hill: University of North Carolina Press, 7-8. 也可以参见：Charles Ragin and Howard Becker, eds. , 1992, *What Is a Case? Exploring the Foundations of Social Inquiry*, Cambridge: Cambridge University Press.

终将在观念世界里选择何种立场有着密切的关系，尤其是在谈到法国的情况时更是如此。① 出身社会或文化特权阶层的学者，在教育系统中谋求晋升时更具有优势。作为身怀抱负的教授，他们不仅更青睐最具声望的学科，而且会受到领军人物的热情欢迎，这些人物视他们为自己的精英同伴。他们在努力与其他学者一起竞逐学术声望时，通常最终都会选择那些被认为具有较高地位的理论、立场和方法，而那些出自非特权阶层的学者，则被降级到地位较低的理论、立场和方法上面。外部冲击有时会动摇这种社会再生产过程，在特定情况下，思想家可以自由地摆脱自身的习性或者社会结构化的性情，成为他们所经历的社会化过程想要塑造的人。然而，整体来说，对思想家而言，观念具有战略功能，可以帮助他们在学术等级中谋得一席之地。这样，广大社会中的不平等转化成了知识领域内部的不平等。

柯林斯认为，出身社会特权阶层可以在思想生活中带来优势。② 在他看来，最重要的特权就是能够接触地位较高的学者网络，但后者与阶层背景可能只有间接的联系。与这一网络的接触可以让有抱负的学者接触到其中最具价值、最被尊崇的符号，即智力资本或文化资本。这将使他们的观点得到学术大拿的关注，学术大拿是在打造学术声誉和发展职业生涯方面最具有发言权的人物。然而，并非每一个拥有特权背景的人最终都会成功。想要在"学术注意力空间（intellectual attention space）"中占据头部的思想家太多了，这会阻碍人们听到新的声音。但是学者跟所有人一样，也是被情感需要和欲望驱动的社会行动者，他们不允许这种约束阻止其提出自己的观念，并尽可能地赢得同事的关注，最大化自己的"情感能量"。

这两个理论框架都有助于解释罗蒂生活的不同方面。例如，罗蒂的父母都是学者。在 20 世纪 20 年代、30 年代和 40 年代，二人都是纽约圈子里比较著名的作家和活动家，罗蒂的家族里还有许多教师、作家和艺术家。因此，当罗蒂进入高等教育体系时，他已经被赋予了高水平的智力和文化资本，为作为学生的他提供了很大支持。这种布尔迪厄式的见解与柯林斯的见解不谋而合：一般来说，学者都努力使自己与地位较高的学者网络建立联系，从而接触到网络中的符号，这些符号是获取注意力空间中的高级职位所必需的。这一点可以解释罗蒂 1961 年从韦尔斯利大学转到普

---

① Bourdieu, *Homo Academicus*.
② Collins, *The Sociology of Philosophies*.

林斯顿大学的举动。罗蒂是在芝加哥大学和耶鲁大学接受的哲学研究生教育，这两所学校都反对哲学领域里日益增长的分析倾向。也许正是他的博士论文导师与韦尔斯利的一位教授之间的交好，罗蒂才在那得到一份工作。虽然韦尔斯利是一所受人尊敬的文理学院，但它没有顶尖的哲学系。罗蒂为了寻求更靠近这一学科领域的中心，便将自己重新打造成分析哲学家，努力让自己引起分析哲学界的关注。事实证明，他的努力大获成功，他在普林斯顿的临时教职变成了终身职位，他也获得了新的人脉资源，使其有可能在学科地位结构中继续攀升。

尽管如此，布尔迪厄和柯林斯的方法也有其局限性。首先，这两位理论家都没太注意到，学者与所有社会行动者一样，是自反性的，具有独特的和强烈的自我观念。① 任何参加过教职工聚会的人都知道，学者经常谈论他们自己，他们在谈话、通信、日记、研究进展报告、申请书、讲座等等之中讲述自己和他人的经历、兴趣、价值观、性情和目标。罗蒂尽管害羞、谦逊，但也经常进行这种自我评论。我们有充分的理由相信，这类故事或自我叙述不是经验的附带现象，而是独立地影响着社会行为。诚然，在社会心理学中，很少有理念能够像自我和自我概念那样重要。② 社会心理学的理论和研究表明，自我叙述至少在三个方面影响着行为：从向前的角度来看，正是在这种叙述中，行动者确定了自己的目标和生活计划；行动者努力对自己的行为作回顾性的陈述，以在时间的变迁中维持自身的同一；自我叙述在当下影响着认知图式和认知角色的可获得性和情感负荷，影响着实施特定行为的可能性和倾向。可以肯定的是，学者的部分自我叙述是围绕他们在学术地位结构中的地位来展开的，一如布尔迪厄和柯林斯的理论可能预期的那样。但许多其他自我叙述与学术地位或声望无关。比

---

① 正如第九章所论述的，米歇尔·莱蒙特和杰弗里·亚历山大进一步发展了这一观点。参见：Michèle Lamont, 2001, "Three Questions for a Big Book: Collins's *The Sociology of Philosophies*," *Sociological Theory* 19: 86-91; Jeffrey Alexander, 1995, *Fin de Siècle Social Theory: Relativism, Reduction, and the Problem of Reason*, London: Verso。

② 例如，可参见：Bruce Bracken, ed., 1996, *Handbook of Self-Concept: Developmental, Social, and Clinical Considerations*, New York: John Wiley and Sons; Glynis Breakwell, ed., 1992, *Social Psychology of Identity and the Self Concept*, London: Surrey University Press; John Hattie, 1992, *Self-Concept*, Hillsdale: Lawrence Earlbaum Associates; Hartmut Mokros, ed., 2003, *Identity Matters: Communication-Based Explorations and Explanations*, Creskill: Hampton Press。

如，对于罗蒂来说，一个非常重要的自我叙述是以"美国左派爱国者"身份为核心的，它反映的是罗蒂父母的影响。罗蒂的生平表明，这种自我叙述在其人生的某个关键时刻至关重要，使他与实用主义重新建立起联系，实用主义是一种被视为内在地进步的美国哲学。但是布尔迪厄和柯林斯的理论没有为解释这类影响提供空间，也没有试图去思考，学者对思想领域中地位和晋升的追逐是如何有时候与他们维持真实学术自我的兴趣相关联和竞争，这种兴趣既是认知上的，也是情感上的，他们的学术自我已经基本成为他们的存在中稳定的特征。

其次，正如柯林斯 1998 年出版的《哲学社会学》（*The Sociology of Philosophies*）一书的几位评论者——其中包括为《纽约时报》撰文的哲学家安东尼·格雷林（Anthony Grayling）[①]——所指出的，新观念社会学，尤其是布尔迪厄和柯林斯式的新观念社会学，其所指导的实证工作有简单化之嫌。当从习性和领域或者"互动仪式链"的理论视角进行机械分析时，思想生活的丰富性和复杂性就被削弱了，从而变得面目全非。虽然所有的社会学模型都是对现实的简化，但布尔迪厄、柯林斯以及采纳其方法的人，为了急于证明自身理论的价值，有时会对有待解释的思想文本做出不同于主流观点的解读，或者掩饰学者生平的复杂性。但如果对其做深入一点的研究，就会发现，他们的模型并不适用于手头的这个案例。

本书将证明观念社会学不必然是简单的事业，并试图弥补当前观念社会学中对自我理论规定的缺失。我将用一章的篇幅更加充分地阐述我对布尔迪厄和柯林斯的批评，他们忽视了学者的自反性和自我叙述的重要性，并提出"学者自我概念（intellectual self-concept）"理论，它与新观念社会学中的其他理论工具结合在一起，可以解释思想和职业选择及其后果的更多差异。我的核心实证论点是，罗蒂从技术型的哲学家转向自由放任的实用主义者，反映了他从以学术地位为核心考量的职业阶段向更关注自我概念的职业阶段转变。我认为，正是美国左派爱国者的自我概念，决定性地影响着他后期的工作，并与其他因素一起推动他回到实用主义的方向。

在强调自我概念在我的叙述中所扮演的角色时，有必要指出，尽管与自我概念有关的过程具有社会心理学性质，但自我概念本身是完全社会化的。组成社会结构的身份要素不仅需要在与其他身份要素，尤其是与话语

[①] A. C. Grayling, 1998, "Family Feuds," *New York Times*, September 27, book review sec., 20-21.

共同体的关系中获得意义①，正如我在第十章中所说的，这些身份要素还是思想家在人生中依次浸入不同的制度环境的产物，这些制度环境包括家庭、教会、同僚、研究生院系等。由于制度建构的过程，某些身份要素会被赋予积极的文化编码。因此，学者自我概念是社会学合适的研究对象，特别是当它与更广泛的社会和文化因素结合在一起的时候，一如这里所做的那样。这些社会和文化因素塑造着思想家所在的制度情境和思想领域。

5

但理查德·罗蒂是谁？他的哲学有什么重要意义？罗蒂生于1931年10月4日，是詹姆斯·罗蒂（James Rorty）和维妮弗雷德·劳申布赫（Winifred Raushenbush）唯一的孩子。詹姆斯·罗蒂的父亲是一位爱尔兰移民，也是一位准诗人，他娶了一位早年信奉女权主义的教师为妻。两人在纽约米德尔顿（Middletown）经营布匹生意，但生意不好。詹姆斯·罗蒂在当地报纸实习之后，就读于波士顿附近的塔夫茨大学（Tufts College），并于1913年毕业。第一次世界大战期间，他在法国服役，后来开始了专门揭发丑闻的记者生涯。他也一边写诗，一边定期写广告文案谋生。詹姆斯·罗蒂是纽约学者圈中的著名人物，他深受托斯丹·凡勃伦（Thorstein Veblen）的影响，其著作涵盖从大萧条到广告业等各种题材。维妮弗雷德·劳申布赫是沃特·劳申布赫（Walter Rauschenbusch）和波琳·劳申布赫（Pauline Rauschenbusch）众多女儿中的一个。维妮弗雷德的父亲是一位浸礼会牧师，最终成了罗彻斯特神学院（Rochester Theological Seminary）的神学教授（和他自己的父亲一样，后者是一位德国移民），他也是20世纪初社会福音运动的领导人之一，该运动通过援引基督教主题来将人们团结在支持进步的社会改革事业周围。波琳·劳申布赫是普鲁士移民，勤恳地履行着作为牧师妻子的职责。劳申布赫改变了自己名字的拼写方式，以淡化其德国血统。她于1916年毕业于欧柏林学院（Oberlin College），主修社会学专业，后来搬到芝加哥，担任社会学家罗伯特·帕克（Robert Park）的研究助理。劳申布赫与罗伯特合作撰写了

---

① 讨论见：Karen Cerulo, 1997, "Identity Construction: New Issues, New Directions," *Annual Review of Sociology* 23: 385-409; Michèle Lamont, 2001, "Culture and Identity," pp. 171-86 in *Handbook of Sociological Theory*, Jonathan Turner, ed., New York: Plenum.

《移民压力及其控制》(*The Immigrant Press and Its Control*,1922),并协助他展开对太平洋沿岸种族关系的调查。后来,她和丈夫一样成了一名自由撰稿人,为杂志和报纸撰写文章,她擅长撰写从社会学角度看待种族骚乱和时尚的文章。

理查德·罗蒂在新泽西州西北部的一个乡村社区长大,他的父母为了逃离城市生活在那里买了一栋房子。他是一个早慧的孩子,15 岁时被送到芝加哥大学的哈钦斯学院(Hutchins College)就读,那时候哈钦斯学院刚开始招收高中学生,并且用西方传统中的伟大作品来教导学生。罗蒂在三年后取得了学士学位。[①] 在芝加哥,罗蒂为哲学所吸引,又在这里多待了三年,取得了硕士学位。他的论文导师查尔斯·哈茨霍恩(Charles Hartshorne)是哲学家阿尔弗雷德·诺斯·怀特海(Alfred North Whitehead)的学生,罗蒂的论文就是关于怀特海的形而上学的。罗蒂继而去耶鲁大学攻读博士,1956 年,他在形而上学家保罗·韦斯(Paul Weiss)的指导下完成了博士论文答辩。他认为,曾被亚里士多德和 17 世纪的理性主义者深入探讨的潜在性(potentiality)概念,对于逻辑经验主义者来说仍然是至关重要的。就此而言,分析哲学家与非分析哲学家,尤其是熟稔哲学史的哲学家,应该进行对话。

在耶鲁大学求学期间,罗蒂娶了研究生同学阿梅丽·奥克森伯格(Amélie Oksenberg)为妻。如前所述,罗蒂的第一个学术职位是在韦尔斯利大学,但他很快就转到了普林斯顿。他的妻子在道格拉斯学院(Douglass College)找到了一份工作,该校当时是罗格斯大学(Rutgers)的女子分校。罗蒂于 1965 年晋升为副教授,1970 年晋升为正教授。1972 年,他和阿梅丽·罗蒂离婚,二人育有一个儿子。随后,他与哲学家玛丽·瓦尔尼(Mary Varney)结婚,后者于 1970 年从约翰·霍普金斯大学获得博士学位,他们共有两个孩子。

20 世纪 60 年代和 70 年代初,罗蒂作为一名聪颖的分析哲学家声名鹊起,并对哲学史十分熟悉。罗蒂非常多产,并经常巡回做学术讲座,在各种会议和座谈会上发表其思想。他 1967 年编辑的文集《语言学转向》(*The Linguistic Turn*)是研究生课程中广受欢迎的文本。他撰写的多篇文章,包括《心身同一、私人性和范畴》,经常被引用,并在著名的分析哲学期刊上被讨论。但罗蒂在普林斯顿大学期间开始对分析哲学项目感到不满,这种不满在他获得终身教职后持续增长。他发现,大多数同事都傲

---

① 事实上,罗蒂在十五岁生日的前几周搬到了海德公园。

慢自大，眼光狭隘。在离婚后，他与同事的关系进一步恶化，因为妻子阿梅丽在学院是很受欢迎的人物。罗蒂计划离开普林斯顿，并收到了霍普金斯大学等诸多学校的邀请。与此同时，他还在为一本书做最后的润色，该书展现了他自研究生时期以来一直在缓慢推进的哲学立场。1979年，他担任著名的美国哲学协会（American Philosophical Association）东部分会的主席。在年会上，一群非分析哲学家发起了抗议，但罗蒂控制住了场面，并在激烈的选举中掌控着主席的职权。罗蒂有权裁定选举无效，因为有一些无权投票的成员投了不记名票，但他选择认定结果有效。同年，罗蒂出版了《哲学与自然之镜》，在学术界投下了一颗炸弹。

在罗蒂早期的分析哲学著作中，他可能被视为一位心灵哲学家。心灵被视为"某种我们应该用'哲学'眼光来看待的事物"①，《哲学与自然之镜》的目标就是要削弱这种观念。罗蒂想要质疑将哲学视为一门为其他领域的知识奠基的学科，这门学科提供了关于知识本身的理解，或者说诠释了对心灵来说"去认识"是什么意思。根据罗蒂的叙述，正是康德（Kant）把哲学置于认识论的轨道上。康德的知识论认为心灵是由直观和概念构成的。直观，即对对象的直接表象，是对世界的被动感知，它必须被综合起来并纳入一般的概念之中，才能对知识做出贡献。如果这种综合行为得到正确的执行，那么由此导致的判断就是正确的，也就是说，它表现了这个世界的客观性，而哲学的主要目的之一就是要理解这种综合所导致的结果。尽管康德的哲学观点是革命性的，但罗蒂指出，它仍建立在早期思想家提出的喻象之上。比如，笛卡尔想要在怀疑主义流行的年代保证知识的确定无疑，认为心灵与物质在本体论上是截然不同的，而康德沿袭了这一观念，并试图去解释心灵与世界的关系。康德还从笛卡尔和洛克（Locke）那里继承了如下观念，即将客观知识比喻为心灵对世界的精确反映，而且存在着"一组……具有特殊地位的表象，它们如此令人信服以至于无法对它们的精确性提出任何疑问"②。在康德看来，这组表象就包括先天表象。

然而，罗蒂认为这些观念在本质上是神秘的，是在对人类大脑的实际运行过程知之甚少的历史背景下对心灵的种种猜测。他在一段令人印象深刻的章节里对此做了阐释，他勾勒了一个以"神经学和生物化学为第一学

---

① Richard Rorty, 1979, *Philosophy and the Mirror of Nature*, Princeton: Princeton University Press, 7.

② Ibid., 163.

科"① 的外来种族并描述在他们眼中知识将是怎样的。外来种族对用神经脉冲语言来表达他们自己的大脑过程感到很满意，因此他们没有机会去发展这样一种神话，即心灵是一种独特的本体论领域，在心灵中存在着一种心理表象或图像，它们与外在世界的关系必须得到解释。但是，罗蒂的目标并不是运用现在的认知科学理论来重新思考认识论。相反，他指出，分析领域的许多哲学家近来已经开始意识到康德的基础主义项目的局限性，这一项目曾在早期的分析哲学中被再度拾起过。在这个纲领的各种形式中，关键是这样一个假设，即感觉提供的认识材料与心灵本身提供的认识材料是截然区分的，后者保证了前者的确定无疑。但正是这种明确的区分遭到了当代哲学的攻击。罗蒂通过指出蒯因对分析/综合区分的批判和塞拉斯对"被给予的神话（myth of the given）"的攻击之间的共同点，总结道：在特定历史条件下的语言游戏之外，没有什么可以将心灵与世界区分开来。他接着指出，该结论与唐纳德·戴维森（Donald Davidson）和托马斯·库恩（Thomas Kuhn）的观点是一致的。戴维森致力于将语言哲学推向一种严格实证式的意义理论，这表明该理论很可能无法解释"词语与现实世界之间的关系"②。库恩在科学史上的成就表明，科学理论的选择标准从来没有"……摆脱当时的教育和制度模式"③。在罗蒂看来，后一种观点使"自笛卡尔以来的整个认识论传统"中的核心假设遭到了质疑，这种假设认为，"科学在自然之镜中获取精确表象的过程，与就'实践'或'审美'问题达成共识的程序，在深层次上是不同的"④。科学理论的选择标准，与判断句子真假，区分事实与理论、分析与综合、直觉与概念的标准一样，只能从特定的语言游戏中产生，任何想在此类游戏之外将知识奠基于表象之上的努力都是徒劳无功的。

但是，一旦我们摈弃自然之镜这个隐喻，以及相伴随的"哲学家是理性的守卫者"⑤ 这一观念，哲学应该变成什么样呢？罗蒂认为，哲学家们现在应该承担起"教化（edification）"的任务，或者尝试"寻找新的、更好的、更有趣的、更富有成效的方式来言说"⑥ 这个世界。罗蒂援引汉斯-格奥尔格·伽达默尔（Hans-Georg Gadamer）的教化（Bildung）概念

---

① Ibid.，71.
② Ibid.，262.
③ Ibid.，331.
④ Ibid.，332-33.
⑤ Ibid.，317.
⑥ Ibid.，360.

或自我塑造（self-formation）概念，认为对于"我们这些相对有闲的学者"而言，"随着我们更多地阅读、谈话、写作，我们'重塑'自我"① 的能力要比获得确定无疑的知识这一目标更有价值。罗蒂把这种价值描述为一种偶然的文化偏好，而不是人类的某种本质特征。根据这种价值，哲学家们所能承担的最有益的工作就是"履行'打破习俗外壳'的社会功能……避免人们自欺地认为自己了解自己或其他任何事情，除非是在特定的描述之下"②。哲学家以新颖有趣的方式解释社会、文化和自然世界，并明确地强调经验和语言的偶然性，这可以形成一种有助于防止"文化冻结（freezing-over of culture）"的话语类型，这种"文化冻结"是以"解释阻滞（interpretive stasis）"的形式出现的。③ 借助这种能力，哲学家也会做作家、诗人、艺术家和其他文化创造者做的许多事情，但使用的是不同的语词、情感和才能。

罗蒂并不认为自己是第一个提出这种论点的哲学家。尽管《哲学与自然之镜》的大部分实质主张都是以分析哲学的风格呈现的，并参考了很多分析哲学家的观点，但这本书仍为罗蒂敞开了一条道路，使他得以将自己与约翰·杜威（John Dewey）、马丁·海德格尔（Martin Heidegger）以及后期维特根斯坦联系起来，罗蒂称他们为"本世纪最重要的三位哲学家"④。这三位哲学家在开启自己的学术生涯时都是基础主义者，但后来都"摆脱了康德的哲学观念"⑤。罗蒂把杜威、海德格尔和维特根斯坦看成是历史主义、整体主义和启蒙主义道路上的同路人。"这三人提醒着我们，"他写道，"探寻知识、道德、语言或社会的基础，可能仅仅是一种对教条的辩护，试图让某种当代语言游戏、社会实践或自我形象永恒化。"⑥ 因此，他们的思想对那些想要发展一种后康德哲学文化的人来说是令人激动的。然而，尽管罗蒂和杜威有联系，并表达了一种更多是出自美国古典实用主义传统而非其他传统的真理观念，但他将自己标榜为实用主义者时并没有经历太多挣扎。罗蒂曾一度放弃这种标榜，因为实用主义这个词已经变得"有点不堪重负"⑦。

---

① Ibid., 359.
② Ibid., 379.
③ Ibid., 377.
④ Ibid., 5.
⑤ Ibid.
⑥ Ibid., 9-10.
⑦ Ibid., 176.

罗蒂完全将自己的思想计划归为实用主义不是在《哲学与自然之镜》中，而是在《实用主义的后果》里再度发表的一些文章中。将这些文章统一在一起的，是对当代哲学的分界进行探究的计划。分界线一边站立着具有科学取向的哲学家：他们，其中包括康德，希望有一只"心灵之眼"，可以对"存在的本质、人的本质、主体与客体的关系、语言与思想的关系、必然真理，以及意志的自由"等诸如此类的事物做出准确的、与世界相符的理解。[1] 在罗蒂的描述中，科学哲学家们将哲学视为一门有明确主题的学科，其中知识的积累是可能的；他们不关心这一领域的历史，而是遵循着严格的方法论规则；他们觊觎物理学和生物学取得的成就，在风格上仿效他们并以他们的关切为向导。

罗蒂指出，这种科学主义倾向目前在美国哲学中占据着主导地位，他对这种情形表示不满。罗蒂不认为哲学具有任何特殊的、超历史的主题；不认为存在什么方法可以为哲学的成功提供"形而上学的或认识论上的保证"[2]；不认为哲学的目的应该是为科学、艺术和宗教等"第一性"的事物提供基础[3]；不认为遵循科学惯例的哲学写作应该消除一切文本风格的痕迹；不认为只有在过去的哲学主张与当前的争论直接相关时思想史才是重要的；也不认为评价哲学命题的标准必须是"忠实于经验或者……先前的重要发现"[4]。

相反，罗蒂认为站在分界线另一边的哲学家们的作品堪称典范，这些哲学家包括杜威、海德格尔、维特根斯坦、福柯和德里达等，他们"充分意识到历史的偶然性、词汇……的偶然性，认识到自然和科学真理在很大程度上是无关紧要的，而历史是可以把握的"[5]。这类思想家对他们工作中的"创新性"[6] 感到骄傲，对与常规科学相关的"共识的愉悦（comforts of consensus）"感到厌恶，他们在"重新描述、重新解释和操作使用"中发现自身的人性[7]，并认为这对于"培养……对待逝者和生者中的出色对手的态度至关重要"[8]。他们的作品以"隐晦曲折……充满隐喻、引用名

---

[1] Rorty, *Consequences of Pragmatism*, 15, 31.
[2] Ibid., 172.
[3] Ibid., 19.
[4] Ibid., 153.
[5] Ibid., 228-29.
[6] Ibid., 153.
[7] Ibid., 152-53.
[8] Ibid., 65.

人"著称①，并且回避只存在单一正确的哲学方法这一观念。这类哲学家拒绝常俗化，他们认识到，"不去将新事物还原为旧事物，不去坚持一套权威的问题或方法清单，也不坚持用规范的词汇来表述问题，是人文主义文化的一个标志"②。

罗蒂认为，这些哲学家就是实用主义者，不管他们是否遵循查尔斯·皮尔士（Charles Peirce）、威廉·詹姆斯（William James）、约翰·杜威和乔治·赫伯特·米德（George Herbert Mead）的传统。基于这种理解，一个实用主义者是持有下述三种信念的人：第一，没有成批的、认识论的方式来引导、批评或支持探究的过程；第二，"事实与价值之间……没有形而上学差异，道德与科学之间也没有方法论差异"；第三，即"除了对话之外，探究没有限制"③。因此，实用主义者就像哈罗德·布鲁姆（Harold Bloom）所说的，"提醒我们，一个新的、有用的语词不是对事物未经中介的显现"④，实用主义者不试图超验地为自己的信仰奠基，他"知道解释自己信念的最好方式，是提醒自己的对话者双方共处的位置、共享的偶然的起点，以及他们身处其中的流动的、无根的对话"⑤。罗蒂从来没有明确地主张这种对实用主义的描述是杜威或其他古典实用主义者会认可的描述，但他坚持认为，如果我们想成为这种意义上的实用主义者，就必须阅读杜威这位重要的哲学家的著作，因为杜威的著作给我们提供了良好的建议，"这些建议是关于如何摆脱我们过往的思想的，以及如何把这种过往作为有趣的实验素材，而非强加于我们的任务和责任"⑥。因此，尽管杜威有时似乎对"构建形而上学体系"感兴趣⑦——这是罗蒂所反对的——杜威依然是《实用主义的后果》中的主角。尽管杜威、海德格尔，"以及维特根斯坦是我们这个时代思想最丰富和最具独创性的哲学家"⑧，但杜威抵达了维特根斯坦只是稍有涉及的领域：在系统的哲学探究中"打破艺术与科学、哲学与科学、艺术与宗教，（以及）道德与科学之间的区

---

① Ibid., 92.
② Ibid., 218.
③ Ibid., 162-63，165.
④ Ibid., 153.
⑤ Ibid., 173-74.
⑥ Ibid., 87.
⑦ Ibid., 85.
⑧ Ibid., 51.

别"①。杜威的历史主义要比海德格尔的更可取,因为是围绕"人的问题"②,而非存在的历史展开的。

在随后的著作和论文中,罗蒂几乎全身心地在勾勒实用主义者对各种思想、文化和政治问题的立场。在《偶然、反讽与团结》(*Contingency, Irony, and Solidarity*, 1989) 一书中,他声称,实用主义的反讽可以与自由主义的要求相协调。在《客观性、相对主义和真理》(*Objectivity, Relativism, and Truth*, 1991) 论文集中,他探讨了实用主义反表象论的含义,并指出"像我这样的杜威追随者"③ 将特别关注民主和种族中心主义等问题。在《缔造我们的国家》(*Achieving Our Country*, 1998) 一书中,他认为,美国左派革新自己的最好方式,是接受杜威的实用主义,后者是20世纪早期美国进步主义的核心。在《哲学与社会希望》(*Philosophy and Social Hope*, 1999) 一书中,罗蒂从实用主义的角度出发概述了道德、法律、教育和宗教的内涵。在所有这些文本中,罗蒂采用了一种在他看来特别适合实用主义学者的修辞风格。他没有"考察……某个论题的优劣之处",而是"试图用一种新的方式来重新描述许许多多事物,直到你创造出一种新的语言行为模式,吸引着崛起的一代去拥抱它"④。尽管罗蒂有时把这种重新描述称为"自由的反讽主义者""反表象主义者"或"后现代资产阶级自由主义"倡导者的行为,但它们的共同点是都具有实用主义色彩。从20世纪70年代中期开始,罗蒂的首要思想目标就是为杜威辩护:"抛弃(旧的柏拉图式二元论)将帮助我们走到一起,让我们认识到,信任、社会合作和社会希望是我们人类的开始和结束之地。"⑤

罗蒂的观念得到了部分人的赞赏,但更多的是批评。在斯坦利·费什(Stanley Fish) 或科尔内尔·魏思特 (Cornel West) 等反基础主义者的眼中,罗蒂致力于指出认识论计划的贫乏,合理地论证了对文本的创造性解读和政治性阐释要比对客观性的主张更有价值,为人文学科做出了巨大贡

---

① Ibid., 28.

② Ibid., 53.

③ Richard Rorty, 1991, *Objectivity, Relativism, and Truth*, Cambridge: Cambridge University Press, 211.

④ Richard Rorty, 1989, *Contingency, Irony, and Solidarity*, Cambridge: Cambridge University Press, 9.

⑤ Richard Rorty, 1999, *Philosophy and Social Hope*, New York: Penguin, xv.

献。魏思特指出,"为了在当代北美哲学中复兴实用主义",罗蒂通过讲述分析哲学主要支柱(包括真理符合论、特殊表象观念以及自反的先验主体观念)的产生、发展和衰落的过程,对分析哲学及其支持的学科事业做出了致命一击,这是罗蒂做出的"伟大贡献"。① 其他人,比如罗蒂以前的学生罗伯特·布兰顿(Robert Brandom),以及试图将实用主义和欧陆传统结合起来的尤尔根·哈贝马斯(Jürgen Habermas)和理查德·伯恩斯坦(Richard Bernstein)等,认为罗蒂是"当今最具独创性和最重要的哲学家之一"②,一位"总是在论证中透出博学和机敏"③ 的出色学者,"迫使我们就分析哲学家正在做的工作提出新问题"④ 的思想家,他的主张即使有时言过其实或者完全错误,也值得被认真对待。然而,更多的是批评者:像唐纳德·戴维森(Donald Davidson)或希拉里·普特南(Hilary Putnam)等人,他们拒绝罗蒂对他们的解读,并指责罗蒂的实用主义是相对主义;实用主义圈子里的其他人,比如苏珊·哈克(Susan Haack),也提出了相对主义的指控,并指责罗蒂曲解了古典实用主义;还有詹姆斯·科南特(James Conant)、西蒙·克里奇利(Simon Critchley)、特里·伊格尔顿(Terry Eagleton)以及南茜·弗雷泽(Nancy Fraser)等人,他们对罗蒂的政治哲学和道德哲学的诸多方面提出了异议。受到支持也好,被批评也罢,罗蒂很快就成了 20 世纪末人们谈论最多的学者之一。根据艺术与人文引文索引(the Arts and Humanities Citation Index),在 1979 年至 2005 年期间,《哲学与自然之镜》被引用了近 2000 次。在 20 世纪 90 年代早期,罗蒂的人气达到顶峰,每年都有 50 多篇将"罗蒂"列为关键词的人文类文章发表,关于罗蒂的二级文献的综合索引量超过 1700 多条。⑤《哲学与自然之镜》被译成 17 种语言,《偶然、反讽与团结》被译成 22 种语言。但是,衡量罗蒂声名或者恶名的真正标准也许在于他跨越界限的程度,他努力摆脱学院话语的限制,走进了流行文化之中,在那里,

---

① Cornel West, 1989, *The American Evasion of Philosophy: A Genealogy of Pragmatism*, Madison: University of Wisconsin Press, 199, 201.

② Robert Brandom, 2000, "Introduction," pp. ix-xx in *Rorty and His Critics*, Robert Brandom, ed., Malden: Blackwell, ix.

③ Jürgen Habermas, 2000, "Richard Rorty's Pragmatic Turn," pp. 31-55 in *Rorty and His Critics*, Robert Brandom, ed., Malden: Blackwell, 32.

④ Richard Bernstein, 1992, *The New Constellation: The Ethical-Political Horizons of Modernity/Postmodernity*, Cambridge: MIT Press, 21.

⑤ Richard Rumana, 2002, *Richard Rorty: An Annotated Bibliography of Secondary Literature*, Amsterdam: Rodopi.

他成了保守派手中的替罪羊，保守派们极力谴责对学术的逾越和对左派的扩大。因此，大卫·布鲁克斯（David Brooks）在为保守的《标准周刊》（Weekly Standard）撰写关于《缔造我们的国家》的评论时宣称道："虽然（罗蒂的）东西看起来很激进，但如果摒弃罗蒂关于上帝和真理已死的宏伟宣言，去探究罗蒂所呼吁的那种公众人格，他就开始变得像是……股票市场繁荣时代里知识资产阶级（the intellectual bourgeoisie）中的诺曼·洛克威尔（Norman Rockwell）。"① 乔治·威尔（George Will）在《新闻周刊》（Newsweek）的一篇专栏文章中，也以类似的语调谈论着罗蒂，他声称罗蒂作品的"唯一优点，是阐明了左派在美国的政治对话中处于边缘地位的原因"②。对于学术圈内外的许多人来说，罗蒂已经成了一位颠覆性的学者，一如2003年英国广播公司第四台的一部纪录片所描述的，而这部纪录片的题目颇具挑衅意味：《理查德·罗蒂：杀死真相的人》（Richard Rorty: The Man Who Killed Truth）。

6

我将分两部分介绍罗蒂。第一部分为语境主义式的学者传记。在这部分，我重构了罗蒂1982年之前的生活和学术生涯。我这样做的目的是想把经验方面所有重要的疑难之处呈现出来，包括从罗蒂成长的环境，到他在普林斯顿大学获得终身教职后的经历。为此，第一、二章分别对罗蒂父母的生平和思想进行了重构。我将在后面指出，罗蒂父母的观念、自我认知和社会地位，对罗蒂的思想和职业发展有着重要的影响。但我对他们思想的大量细节做深入考察不仅是因为这个原因，而且是因为他们的思想本身就很重要。第三章描写了罗蒂在芝加哥大学的本科生活，第四、五章描写了罗蒂分别在芝加哥大学、耶鲁大学攻读哲学硕士和博士学位的经历，第六章探讨了罗蒂从1958年到1961年在韦尔斯利学院担任讲师和助理教授的岁月，第七章记录了罗蒂在20世纪60年代初努力争取普林斯顿终身教职的故事，第八章讲述了导致他在20世纪70年代放弃分析哲学范式、离开普林斯顿前往弗吉尼亚的经过和情况。

在呈现罗蒂人生中的这些曲折和转变时，我尽可能地忠实于档案和文字资料。本书的第二部分从社会学视角重新审视了罗蒂的思想和事业历

---

① David Brooks, 1998, "Achieving Richard Rorty: Leftist Thought in Middle-Class America," *Weekly Standard*, June 1, 31.

② George Will, 1998, "Still Waiting for Lefty," *Newsweek*, May 25, 86.

程。第九章主要是为这种审视打下基础，该章引入了社会学领域最重要的两位理论家——布尔迪厄和柯林斯，批评他们未能说明学者自我观念的重要性，并勾画出了学者自我概念理论的核心要素。接着，第十章运用该理论，以及在合适的时候借用布尔迪厄和柯林斯的理论，来解释罗蒂前半段职业生涯中三个关键的思想抉择：决定以怀特海的形而上学为硕士论文的主题，在20世纪60年代融入主流分析哲学，以及在20世纪70年代转向实用主义。要充分解释这些选择，就必须援引相关的社会过程和机制。在结语部分，我对本书论点做了总结，列出了从罗蒂的个案中得出的关于当代美国人文学科中知识生产机制和过程的一般理论命题，并提出了观念社会学的未来研究规划。

7

在继续讨论之前，有两点需要注意。首先，尽管我已经按时间顺序编排了传记章节，并且每章都对罗蒂的经历做了详细介绍，但很明显，这并不是一本传统意义上的传记。本书拒绝了大多数传记中隐含的史学编撰和理论假设，这影响着我对材料的选择，让我更关注世俗的社会和制度环境，而不是有趣的人物或戏剧性的、令人难忘的场景。此外，本书也并未试图面面俱到地叙述罗蒂的生平。尽管本书结语部分谈到了罗蒂在20世纪80年代和90年代的声誉，那是其名声最大、思想最具争议的时期，但我更关注的是罗蒂职业生涯的前半段，即其思想的发展阶段而非传播阶段。① 更概括地说，我关注的是在学者们成长为各自领域的精英之前，影

---

① 这并不是说罗蒂的思想在1982年后就停止了发展。事实上，虽然《偶然、反讽与团结》以及后来的著作所阐释的社会和政治哲学在许多方面都与《哲学与自然之镜》中的认识论立场是一贯的，但其细节直到20世纪80年代和90年代初期才得以确定。这在罗蒂的全部作品中并非不重要或没有争议。我在本书中只叙述了罗蒂1982年前的生平，有人便指责我只分析了罗蒂的部分哲学的发展情况。然而，在20世纪八九十年代，随着罗蒂的名气越来越大，他的生活也经历了戏剧性的变化。虽然他继续在弗吉尼亚大学任教，因而遵循着象牙塔里的部分韵律和节奏，但他同时也受邀在全美和全世界，如阿根廷、中国、捷克斯洛伐克、英国、法国、德国、印度、葡萄牙、西班牙等地进行演讲，参加会议，会晤同事、记者或自己著作的未来译者。如果要描写他的这段时光，以及期间他思想的发展，那么写就的将是关于一个学术巨星的生活图景，并且需要对一套非常不同于我在本书中所考虑的制度结构、社会机制与进程进行分析。对叙述全面性的追求将导致叙述连贯性的丧失。

响他们知识生产的社会进程。然而，即使是在罗蒂生平的早期，也有些文章是我没有讨论的，有些信件是我没有分析的，有些争论是我没有提及的，其中的私人关系和心理剧情在我的叙述中是从未涉及的。期待了解罗蒂完整人生的读者需要预先知晓：我没有在此呈现全部的故事。

其次，本书的目的不是对罗蒂的思想进行诠释，也不是对其进行批判性的哲学审视。作为一个不畏烦琐的观念社会学家，我确实花了大量时间研究罗蒂的哲学，试图对其有足够的认识以解释其社会根源。但我这样做的目的是解释其原因（explanation），而不是注解其意义（interpretation）。阅读本书的读者，要是希望它能直接解决关于罗蒂的注解式争论，可能会感到失望。而且我也不对罗蒂思想的价值或真值做出评论，除非是在以下有限的方面。尽管罗蒂对客观性的意义、可欲性和可能性提出了疑问，但我仍然坚持马克斯·韦伯（Max Weber）的观点，认为客观性是社会科学的理想。① 不久前的一次晚宴上，有人问我，我写这本书的目的是不是"讽刺"罗蒂的哲学，我不认为这是观念社会学应该追求的目标。就像知识社会学中"意识形态批判"方法在论证上是无力的一样，为了谴责某种观念而解释它，就没有站在有利于理论发展的基础上来选择分析对象，它对支撑知识生产的各种社会进程视而不见，常常随意地套用与经验现实无关的理论框架，并且不可能有时间亲身接触研究对象。观念社会学应该避免这些问题，对待它所要解释的假设、理论、观点和立场时要有意保持中立，决不允许像关于科学知识的社会学中的"强纲领（strong program）"那样，仅仅通过指出思想为真来说明其成功，或通过指出思想为假来说明它的失败。② 至少，这是我在这里诠释近来哲学思想领域最具争议的一位学者的人生时所努力的目标。

---

① Max Weber, 1949, *The Methodology of the Social Sciences*, Edward Shils and Henry Finch, trans., New York: Free Press.

② 这一讨论见：Steven Shapin, 1995, "Here and Everywhere: Sociology of Scientific Knowledge," Annual Review of Sociology 21: 289-321; David Bloor, 1976, Knowledge and Social Imagery, London: Routledge and K. Paul。这并不是说，观念社会学家们可能会毫无疑虑地接受下面这一问题：为什么在学者的思想中可以发现紧张或矛盾之处？他们不应该将这类紧张或矛盾仅仅归于认知上的失败。

第一章
詹姆斯·罗蒂

1

詹姆斯·罗蒂及其妻子维妮弗雷德·劳申布赫在纽约学者集群中并不突出。这个学者集群由几代人组成，组织松散。他们中间有激进作家、评论家和诗人，这些人在20世纪30年代中期与左派共产主义运动（the Communist movement from the left）决裂。他们聚集在纽约的《党派评论》（*Partisan Review*）和《现代月刊》（*Modern Monthly*）等文学杂志旗下，并在上面发表自己的作品。他们是20世纪头几十年中纽约流行的波希米亚主义文化的关键人物。① 尽管罗蒂和劳申布赫的人生轨迹各不相同，但他们的思想大致是与该群体中杰出成员的思想同步发展的。因此，识别纽约学者集群共同关注的主题，以及对他们产生深远影响的历史经验，可以为我们了解理查德·罗蒂在孩提时期接触的思想提供切入点。

2

纽约学者有哪些人？关于该群体的一种历史研究以詹姆斯·吉尔伯特（James Gilbert）1968年出版的经典著作

---

① Christine Stansell, 2000, *American Moderns: Bohemian New York and the Creation of a New Century*, New York: Henry Holt and Co.

《作家与党派》(*Writers and Partisans*)为代表。该书描述了20世纪一二十年代纽约地区文学激进主义(literary radicalism)的兴起,其主要表现是《群众》(*Masses*)、《日晷》(*Dial*)、《七艺》(*Seven Arts*)等"小杂志"的出版。这些杂志是现代主义冲动的表达,这种冲动让美国作家摆脱了资产阶级的传统和道德观念,他们认为这些传统和道德使人们回想起了19世纪的清教徒观念[①]。这种反叛行为是通过接受欧洲的思想,特别是马克思、弗洛伊德、柏格森、尼采和达尔文的思想来实现的。对这些思想的接受往往意味着对本土文化直接或间接的远离,并且给人一种学者阶层在美国社会缺乏生存空间的感觉,但悖谬的是,美国作家在转向欧洲思想时,有时会"对美国产生一种新的信心,并渴望重新发现它"[②]。尽管(或许正是因为)美国社会存在个人主义倾向和资本主义倾向,其对根本性重建持开放态度,这是将不同政见的作家,如民族主义文学史家范•威克•布鲁克斯(Van Wyck Brooks)和诗人、编辑、革命家马科斯•伊斯曼(Max Eastman)联系在一起的主题。这一主题也使纽约学者始终保持着活力,跨越波希米亚村的鼎盛时期,熬过1919年至1920年镇压激进主义的红色恐慌时期,以及后来的大萧条时期,后者向很多人证实了马克思的先见之明。

但这并不是说当时所有的激进作家都持相同立场。和当时所有的历史学家一样,吉尔伯特强调该群体也存在内部纷争。主要分歧形成于20世纪20年代末,约瑟夫•弗里曼(Joseph Freeman)、雨果•盖勒特(Hugo Gellert)、迈克•戈尔德(Mike Gold)和詹姆斯•罗蒂在1926年创立的《新群众》(*New Masses*)等杂志,开始清理未加入美国共产党和不认同艺术应该服从无产阶级政治的编辑和撰稿人——这是更大的两极分化过程的一部分。经过这一过程,纽约地区的学者要么与美国共产党结盟,要么与其疏离。如后文所述,詹姆斯•罗蒂本人也遭受了这样的清理。[③]

[①] James Gilbert, 1968, *Writers and Partisans: A History of Literary Radicalism in America*, New York: John Wiley and Sons.

[②] Ibid., 59.

[③] 最直接的原因是罗蒂试图出版加州诗人罗宾逊•杰弗斯(Robinson Jeffers)的作品,许多共产主义者认为杰弗斯有法西斯主义倾向。有关讨论见Alan Wald, 1987, *The New York Intellectuals: The Rise and Decline of the Anti-Stalinist Left from the 1930s to the 1980s*, Chapel Hill: University of North Carolina Press, 55. 罗蒂对杰弗斯的评价见James Rorty, 1933, "Robinson Jeffers," *Nation*, December 20, 137: 712-13.

20世纪30年代初,罗蒂对美国共产党又产生了短暂的兴趣。然而,十年过去,罗蒂的托洛茨基主义情感(Trotskyist sensibilities)占了上风。在斯大林的统治行径广为人知后,其他纽约学者也有同样的转变。他们与罗蒂一样,愈发地寻求在不受美国共产党影响的场合发表自己的作品。

1934年,威廉·菲利普斯(William Phillips)和菲利普·拉夫(Philip Rahv)创办了《党派评论》(在短暂停刊后于1937年复刊),《党派评论》很快变成了反斯大林主义思想家的行动中心。《党派评论》源自美国共产党自有的约翰·里德俱乐部(John Reed Clubs),这是可以让作家们聚在一起讨论革命文学的地方组织,但《党派评论》很快打破了这种活动模式,因为菲利普斯和拉夫坚持认为,"一件特别的艺术品……不能通过与之有关联的一般意识形态来理解"[1]。这一原则排除了对杂志撰稿人进行政治测试的做法,因此《党派评论》的编辑得以"刊发奥登(Auden)和罗伯特·洛威尔(Robert Lowell)等作家的文章,虽然并不认同他们在政治或宗教问题上的意见"[2]。除这二人之外,欧美文坛中还有众多领军人物在该杂志上发表过作品,包括 T. S. 艾略特(T. S. Eliot)、弗兰兹·卡夫卡(Franz Kafka)、玛丽·麦卡锡(Mary McCarthy)、艾伦·泰特(Allen Tate)、莱昂内尔·特里林(Lionel Trilling)、戴尔莫·施瓦茨(Delmore Schwartz)以及格特鲁德·斯坦(Gertrude Stein)等。[3]

《作家与党派》高度关注《新群众》与《党派评论》之间的分歧,记录了一批左派学者随着时间的推移,从支持美国共产党转到支持更多元地理解社会主义的过程。与此同时,理查德·佩尔斯(Richard Pells)的《激进的理想与美国之梦》(*Radical Visions and American Dreams*)等著作采取了第二种历史视角,关注的是一条更加戏剧化的思想轨迹:许多纽约思想家从大萧条时期的激进主义转向20世纪40年代及以后的保守主义。詹姆斯·罗蒂和维妮弗雷德·劳申布赫从未放弃过其左派倾向,但与许多纽约学者一样,他们最终成了激烈的反共产主义者。佩尔斯详细说明了促使这种改变发生的事件:美国共产党人为斯大林在1936年至1938年间发动的"大清洗"进行辩护;罗斯福新政,特别是田纳西河谷管理局的成功,被视为在自由市场资本主义和完全的集体主义之间找到了一条中间道路;美国共产党人在面对左派友人的挑战和批评时表现得顽固和教条;

---

[1] Gilbert, *Writers and Partisans*, 137.
[2] Ibid., 192.
[3] Ibid.

以及他们意识到,即使在大萧条时期,也很难在美国找到发动革命所需要的那种阶级意识。①

尽管这些因素导致了向右的转向,但是佩尔斯声称,这一过程很大程度上是内部观念动态变化的产物。他坚持认为,20世纪20年代末和30年代初向马克思的转向并非凭空而来,在此之前进步主义已为这一转向奠定了基础。佩尔斯正确地指出进步运动的目标和组成是多种多样的,其成员中既包括那些想要打破垄断的人,也包括想为主要社会机构的运作寻求更高效率和有效规划的人。后者经常求助于约翰·杜威的哲学来为其政治纲领辩护。② 杜威的社会智能(social intelligence)观念,即把制度视为解决社会问题的集体实验,尖锐地批评了因受到现代性冲击而步履蹒跚、陷入"文化滞后"过程的社会,这种观念也是进步派改革人士可以为之奋斗的积极目标。悉尼·胡克(Sidney Hook)等美国学者开始阅读马克思时,是从实用主义的视角来阅读的。他们将异化和缺乏社会智能视为一个硬币的两面。但佩尔斯认为,这不利于彻底的社会变革,因为它预先排除了美国社会中任何与实用主义核心价值观念相悖的制度模式,而这些价值观念被许多学者视为值得保护的美国文化遗产。从这个角度看,有些事似乎无法想象,例如:苏联式的集体主义如何能移植到美国根深蒂固的个人主义土壤中;对斯大林主义或策划革命所需的任何意识形态-政治策略的支持,如何不沦为对民主传统的亵渎;实验主义者如何能够接受历史唯物主义;或者,局部的体制改革(而非革命)如何不再作为美国政治合理的选择。如果说20世纪30年代末及其后在美国学者中有一种右转倾向,那是因为美国的激进主义从一开始就是一项自我设限的事业。

相比之下,关于纽约学者的第三种历史文献突出了该群体的社会背景,反映了该群体在自传体叙事中所描绘的自我形象,这种叙事在20世纪70年代和80年代初开始出现。③ 这些聚集在《党派评论》旗下的作家和思想家,除了是反对斯大林主义的左派外,还有什么共同之处呢?由于

---

① Richard Pells, 1973, *Radical Visions and American Dreams: Culture and Social Thought in the Depression Years*, New York: Harper and Row.

② James Kloppenberg, 1986, *Uncertain Victory: Social Democracy and Progressivism in European and American Thought*, 1870—1920, Oxford: Oxford University Press.

③ Westbrook's review of Hook's *Out of Step*: Robert Westbrook, 1987, "Stream of Contentiousness," *Nation*, May 30, 244: 726-30.

这一群体至少包含三代学者，要回答上面的问题便十分困难①，但正如斯蒂芬·朗斯塔夫（Stephen Longstaff）所观察到的，第一代和第二代学者通常来自两种社会背景之一：要么"在优越的环境中长大，进入了精英学校"，如耶鲁大学、哈佛大学和瓦萨学院，要么是来自工薪阶层家庭的犹太人，"来自下东区、布朗斯维尔、威廉斯堡以及其他城市的类似地区"②。在亚历山大·布鲁姆（Alexander Bloom）和特里·库尼（Terry Cooney）等学者看来，犹太人的经历决定了这个群体的视野。他们在第一代或第二代移民家庭中长大，这类家庭强调教育的价值，认为这是实现社会流动的唯一途径。这些有抱负的学者在当时少数几所乐意接受犹太学生的高等学府中，得到了社区和社会的接纳。③ 在城市学院等学校中，他们的地位是由各自的政治和理论智慧所赋予的。无论是否真的如此，布鲁姆认为，"教室里的学习强度和竞争常常为他们在移民社区中习得的小聪明提供天然的舞台"④。如果他们在政治立场上走到了政治光谱的极左处——事实也的确如此——那是因为许多新来的东欧移民家庭并不把社会主义视为外来理念，而是将其视为自己民族遗产的一部分。无论是在文化想象中还是在社会现实中，激进主义和犹太教都是携手并进的。因此，库尼指出，"对于在犹太社区长大的年轻学者来说，有一些激进主义的知识在所难免"⑤。

---

① 内尔·朱蒙维尔（Neil Jumonville）指出，"第一代学者出生于 1900 至 1915 年之间，在 20 世纪 20 年代和 30 年代达到政治成熟，如悉尼·胡克、莱昂内尔·特里林、德怀特·麦克唐纳德、菲利普·拉夫、威廉·菲利普斯、迈耶·夏皮罗、哈罗德·麦森堡、刘易斯·科赛、克莱门特·格林伯格、玛丽·麦卡锡。第二代出生在 1915 至 1925 年之间，在大萧条时期达到政治成熟，如欧文·豪威、阿尔弗雷德·卡津、丹尼尔·贝尔、内森·格雷泽、欧文·克里斯托、西摩·马丁·利普赛特、诺曼·梅勒、威廉·巴雷特。第三代在二战后登上舞台，包括诺曼·普德霍姿、苏珊·桑塔格、迈克尔·沃尔泽。"见 Neil Jumonville, 1991, *Critical Crossings: The New York Intellectuals in Postwar America*, Berkeley: University of California Press, 8。

② Stephen Longstaff, 1991, "Ivy League Gentiles and Inner-City Jews: Class and Ethnicity around *Partisan Review* in the Thirties and Forties," *American Jewish History* 80: 325-43, 327, 325.

③ Jerome Karabel, 2005, *The Chosen: The Hidden History of Admission and Exclusion at Harvard, Yale, and Princeton*, Boston: Houghton Mifflin.

④ Alexander Bloom, 1986, *Prodigal Sons: The New York Intellectuals and Their World*, New York: Oxford University Press, 36.

⑤ Terry Cooney, 1986, *The Rise of the New York Intellectuals: Partisan Review and Its Circle*, Madison: University of Wisconsin Press, 32.

根据这一部分的历史分析,纽约学者共同生存的社会环境中还有一些特征影响着他们的思想观念和职业轨迹。首先,尤其是对第一代学者而言,犹太人实际上是被排除在学术教学工作之外的,这意味着他们如果想成为学者,就只能成为作家或者记者,虽然胡克和特里林最终分别在纽约大学和哥伦比亚大学谋到了教职,后来丹尼尔·贝尔(Daniel Bell)和西摩·马丁·利普赛特(Seymour Martin Lipset)等人也顺利地进入了学术界。正如拉塞尔·雅各比(Russell Jacoby)在其颇有偏向性的著作《最后的学者》(*The Last Intellectuals*)中指出的,如果美国学术界在其劳动力市场倾向于向全国各地输送人才时,张开怀抱欢迎他们的话,纽约学者可能永远不会作为一个独特的社会群体而存在,虽然它们桀骜不驯[1]。这种排他性的另一个后果就是:作为一个群体,纽约学者丝毫没有受到知识视野的限制,而如果他们被纳入美国学术界当时蓬勃发展的"学科体系"[2],这种情况本来是会发生的。因此,正是他们的社会地位,及其"反对学科分类和专业化的马克思主义智识取向",有助于解释其"整体的和跨学科的方法",以及"不提倡在文学与政治,或艺术与社会政策之间进行区分的知识普遍主义(intellectual generalism)"[3]。

其次,除了把犹太人排除在学术界之外,反犹主义在美国生活中的各个领域都十分猖獗,这传递出的重要信息是,犹太人仍然是美国社会的局外人。这可能导致民族特殊主义(ethnic particularism)的产生,但在纽约学者这里,它走向了相反的方向:拥抱与"广泛的西方人文传统"[4] 相关联的"世界主义价值"。这使他们获得了有意义的身份——传统的载体。作为学者,他们对排他的和反智的美国中产阶级文化进行了强有力的批评,同时与狭隘的传统犹太社区保持距离。

再次,或许是因为城市学院中智力的斗争广泛蔓延到了纽约的知识界,充满激情却又理性的言论被视为学者开展政治生活的手段,因此,该群体对任何破坏这种言论的文化或政治框架具有天然的反感。正因为如此,《党派评论》在思想和政治上的求知和辩论导向,造成了它对美国共产党的敌意,而美国共产党想削弱这种影响。《党派评论》还同时反对法

---

[1] Russell Jacoby, 1987, *The Last Intellectuals: American Culture in the Age of Academe*, New York: Basic Books.

[2] Andrew Abbott, *Chaos of Disciplines*, 122.

[3] Jumonville, *Critical Crossings*, 9.

[4] Cooney, *The Rise of the New York Intellectuals*, 7, 14.

西斯主义和麦卡锡主义，后来又反对新左派。欧文·克里斯托（Irving Kristol）等转向托洛茨基主义（Trotskyism）的保守派认为，新左派有缺陷，因为20世纪60年代的激进分子未能"认真对待自己和他人的信仰，并对其进行有条理的思考"①。

当然，许多纽约学者并不符合上述犹太人的模式。历史学家认为，积极参与《党派评论》的非犹太人与其犹太同胞有一个共同之处，那就是都具有文化局外人的感觉。这源于不同的经历。例如，玛丽·麦卡锡（Mary McCarthy）小时候就成了孤儿，由富有的祖父母抚养长大，并卷入了20世纪20年代的性革命。她、德怀特·麦克唐纳（Dwight Macdonald）和《党派评论》中的其他非犹太人将自己的命运与该群体核心的思想方案捆绑在了一起，因为"他们所认识的犹太人都有各自的渠道，不仅很容易接触到马克思的思想，还有陀思妥耶夫斯基（Dostoevsky）、弗洛伊德、尼采、戈洛·曼（Mann）、里尔克（Rilke）、卡夫卡（Kafka）等等。正如拉夫过去所主张的（与尼采观点相同），如果对现代社会的历史性洞察可以被视为一种新的心智能力，或者说第六感，那么这种新的能力似乎在犹太学者中得到了更多发扬"②。尽管群体内部关于种族和宗教的冲突偶尔会浮出水面，但在大部分时候，非犹太人在对犹太同事的模仿和"广泛的爱犹主义（philo-Semitism）"中，接受了犹太人的思想规范和风格。③

罗蒂和劳申布赫是通过其他途径走上激进主义道路的。对罗蒂来说，正是父母在政治上的反偶像主义（iconoclasm），以及父亲在文学上的怀才不遇，促使他投身于激进政治和写作。对劳申布赫而言，则是受到父母对社会改革热情的影响。不过，和纽约知识界的其他人一样，他们也参与了"质疑世界（arguing the world）"④的文化实践，在他们家里，激进的社会批评、政治和文学是日常讨论话题。他们的思想和信仰，以及他们为之辩护的激情，定然会打动他们唯一的孩子。

---

① Irving Kristol, 1977, "Memoirs of a Trotskyist," *New York Times Magazine*, January 23, 57.
② Longstaff, "Ivy League Gentiles and Inner-City Jews," 331.
③ Ibid.
④ 这是1999年美国公共电视网一部关于纽约学者的纪录片的标题。参见Joseph Dorman, 2001, *Arguing the World: The New York Intellectuals in Their Own Words*, Chicago: University of Chicago Press.

3

詹姆斯·罗蒂1890年出生于纽约米德尔顿。正如前文所述,他的父亲是爱尔兰移民、政治难民、有抱负的诗人,母亲之前是一名教师,二人经营着百货生意。① 高中毕业后,罗蒂在当地一家报纸工作了一年,后来在姐姐和姐夫的资助下,搬到了波士顿地区,进入塔夫茨大学(Tufts College)就读,并于1913年毕业。之后,他搬到了纽约,就职于H. K.麦肯广告公司。1917年,战争爆发后,他被迫加入陆军救护队,因在阿戈讷前线作为救护司机的英勇事迹而赢得了一枚杰出服役十字勋章②。回到纽约后,他发现自己"和托斯丹·凡勃伦(Thorstein Veblen)住在同一间公寓里,因此经常参加凡勃伦在纽约社会研究新学院的讲座"③。

罗蒂的政治主张是偏左的。在参军期间,他的激进主义得到了加强,因为救护队吸引了许多反战人士,但他们又觉得自己无法提出合理的、尽责的反对主张。罗蒂在1920年发表的一篇文章中称自己"近乎社会主义者,同时几乎是一个素食主义者"④。同年,罗蒂娶了名为玛丽亚·兰宾(Maria Lambin)的社会工作者。在其未出版的回忆录《这里发生的一切》(*It Has Happened Here*)中,他称这段婚姻是仓促的。与妻子搬到加州后,他再次从事广告文案工作,在业余时间撰写诗歌和散文,为《国家》(*Nation*)杂志报道旧金山的文学和艺术事件⑤。然而,罗蒂和兰宾很快就分手了,并与维妮弗雷德·劳申布赫交往。

提及詹姆斯·罗蒂的历史文献极少,但都强调指出,罗蒂一生中经历了一些抑郁时刻,有几次甚至精神崩溃,只能住院治疗,如罗蒂自己所

---

① Daniel Pope, 1988, "His Master's Voice: James Rorty and the Critique of Advertising," *Maryland Historian* 19: 5-15, 6.

② "James Rorty, 82, a Radical Editor," *New York Times*, February 26, 1973, 34.

③ Pope, "His Master's Voice," 6.

④ James Rorty, 1920, "Standing in the Need of Prayer," *Nation*, April 17, 110: 515-16.

⑤ James Rorty, 1922, "Anything Can Happen in San Francisco," *Nation*, June 7, 114: 684-85.

述，这是他在战争中所患的"炮弹休克症"的影响①。因此，他在早期的许多诗歌和散文中，都试图去理解其战争经历、克服自己的抑郁情绪，这并不令人意外。罗蒂在回忆录中指出，"我退伍后至少三年里所遭受的炮弹休克症是来自美军，而非德军，这是真实的事情，我在那些年里所做的和写的许多东西都证明了这一点"②。他的有关战争的典型作品是1920年发表在《国家》杂志上的回忆录片段，其中罗蒂描述了抬着担架和一个虔诚的男人在一起的经历，罗蒂认为他是主日学校的老师。战前，罗蒂对他的印象是"口齿不清、畏缩……眼界狭窄"，但罗蒂后来看到的却是一位心地善良的战友。战争是可怕的，但它能意外地揭示每个人的人性。③ 仅仅一个月后，这种乐观的论调就被忧郁所取代。罗蒂写了一部短篇小说，讲述了一个抑郁的作家在考虑让他的一个角色自杀。这位作家是"一个有趣的年轻人，一个病态的年轻人，一个绝望的年轻人"，他的"内在伤害了他"④。

尽管这些作品关注的是内心世界，但罗蒂在20世纪20年代初的作品却不能被认为与政治无关。事实上，他写的关于战争的短论往往是对军国主义的公开指控，比如他指责一位将军在部队被送回美国前发表讲话，试图向这些士兵灌输不惜一切代价支持军队的思想⑤，又如他指出，"我不喜欢军队，因为……它造就了太多道德和精神上衰弱的个人——恃强凌弱者和马屁精。这是对个性的否定"⑥。这种观点在一定程度上解释了罗蒂战后持有的和平主义思想，他"拒绝了麦肯公司请他重返工作岗位的提议，回到位于米德尔顿的家中，把军装扔出了窗外"⑦。然而，在他对军国主义的谴责中，其作品始终笼罩着一种思想紧张：他认为个人的神圣性必须得到保护，同时他也认识到个人主义在政治上软弱无力。因此，尽管他可以从

---

① Pope, "His Master's Voice." Also see James Rorty, 1936, *Where Life Is Better: An Unsentimental American Journey*, New York: John Day, 269.

② James Rorty, undated manuscript, "It Has Happened Here," JRC.

③ James Rorty, 1920, "Priests and Priests," *Nation*, February 28, 110: 261-62, 262.

④ James Rorty, 1920, "Starkweather Writes a Happy Ending," *Nation*, August 7, 111: 154-55, 155.

⑤ James Rorty, 1919, "The General Says Good-Bye," *Nation*, July 19, 109: 83-84.

⑥ James Rorty, 1919, "Hail—or Farewell," *Nation*, September 13, 109: 365-66.

⑦ Pope, "His Master's Voice," 6.

自己的战争经历中得到安慰——"我的同胞和法国人一样生动、一样富有个性",但他同时也会感到遗憾,因为"战争已经结束……个人再次成为我们国家政治代数式中的一个因子"①。

如果这些思想紧张不仅没有得到解决,而且没有得到承认,那么合理的解释就是,罗蒂还没有找到一个融贯的意识形态体系来遏制它们。在这一点上,他主要受凡勃伦的思想影响。1934年,罗蒂把自己抨击广告业的书《吾主的声音》(Our Master's Voice)献给了凡勃伦。②虽然罗蒂在20世纪20年代就通过凡勃伦敏锐地洞察到社会群体争逐社会地位的方式,但直到30年代,他才在其作品中更系统地刻画凡勃伦。即使是这样,这种刻画也不全面,因为尽管他因凡勃伦而对炫耀性消费以及为促进这种消费而建立的社会和文化机制感兴趣,但他几乎没有注意到凡勃伦试图通过审视商业和工业之间的紧张关系来反思现代经济学所做的努力。因此,罗蒂早期作品中的许多社会批评,并不是对政治、文化或经济形势的深度分析,而是尽力揭露他心中左派反对者的伪装,如旧金山的艺术家把"修饰"凌驾于批判性的"探索"③之上,又如美国退伍军人协会(the American Legion),他们举办晚宴,在吃牛排的间隙,"在屠夫的围裙上揩手指、脚踩地板、抬起头、大声疾呼100%美国主义"④。

与罗蒂的社会批判并存的是其对古典浪漫主义主题的推崇,这在他的诗歌中表现得尤为强烈。举例而言,罗蒂1926年的一首献给"一位想死的年轻女人(to a young woman who wanted to die)"⑤的诗,认为生命的美好很难从人类意识的迷雾中分辨出来,只有通过回归自然才能找到救赎。罗蒂在1927年对加州诗人玛丽·奥斯汀(Mary Austin)的评论中指出,"在纽约这些大城市里,人们遇到的那些人,活得似乎在家庭这一生活形式之外再也找不到亲缘关系"⑥。罗蒂这种风格的代表作是其1925年的一首诗《既然这两人》(Now That These Two):

---

① Rorty, "The General Says Good-Bye," 83-84.
② James Rorty, 1934, Our Master's Voice: Advertising, New York: John Day.
③ Rorty, "Anything Can Happen in San Francisco," 684.
④ Rorty, "Standing in the Need of Prayer," 515.
⑤ James Rorty, 1926, "Words for a Young Woman Who Wanted to Die," Nation, September 8, 123: 223.
⑥ James Rorty, 1927, "A Good Word for California," Nation, December 14, 125: 686-87, 686.

> 既然这两人已经分手,那就说句话
> 给飞翔的黄色小鸟
> 汹涌的波涛拍打在沙滩上,
> 他们在树上倾听着
> 和煦的风和着他们的话语
> 倾诉着什么;
>
> 即使如同鸟儿一般,一切都将继续
> 人是多么精致,多么独特
> 多么出奇地咄咄逼人,多么拐弯抹角
> 按大自然的习惯,蒙着双眼俯瞰大地
> 谁能无动于衷。①

和罗蒂这一时期的其他诗歌一样,这首诗充满了大自然的神奇、庄严和超越,人类与自然的疏离以及对回归自然的浪漫向往。正如他在1921年写给塔夫茨大学戏剧教授、远亲利奥·刘易斯(Leo Lewis)的信中所说的那样:

> 在我看来,我们整个现代文明需要被摧毁……我觉得如果不将其摧毁,生命就无法继续有尊严、有意义地存在。我认为,我们需要重新审视与自然的关系——于我而言,这是惠特曼(Whitman)的伟大天赋……我在最高兴、最无负担时,为自己做的梦就是:人们从恍惚中醒来,并如惠特曼所说,直接而有力地"以动物般的平静和漫不经心"生活,而那种恍惚是因他们的恐惧和顺从所致。②

罗蒂歌颂大自然的诗收获了一些好评。他有一首诗获得了《国家》杂志的奖项,还有两部诗集《迈克尔对人口调查员说的话》(*What Michael Said to the Census Taker*,1922)和《太阳之子及其他诗歌》(*Children of the Sun and Other Poems*,1926)获得了很高的赞誉。《国家》杂志的

---

① James Rorty,1925,"Now That These Two,"*Nation*,September 16,121:302. 我在此处只引用了三节诗中的两节。

② 詹姆斯·罗蒂写给利奥·刘易斯的信,1921年9月14日,JRC。

一位评论家也许是对的，他说，罗蒂"像现在的任何诗人一样敏锐而新鲜地感受着物质世界"，"他一贯的兴趣，是对人的兴趣……罗蒂先生敲响黎明的钟声，或唤醒花朵，或召唤雾霭，或照亮明月，以让我们知道这些事物是多么精彩，多么自由自在。而我们缺乏力量，或害怕自由——这些都是罗蒂先生的主题"①。罗蒂对自然强烈的个人依恋，以及认为人类在与自然交融时才处于最佳状态的信念，是不会令人误解的。这些依恋如此强烈，以至在回到纽约几年后，罗蒂和劳申布赫便一起彻底逃离了城市环境，搬到了位于康涅狄格州伊斯顿的小村庄，尽管他们仍会定期在伊斯顿和城市之间来回走动。戴安娜·特里林和莱昂纳尔·特里林夫妇（Diana and Lionel Trilling）曾在他们伊斯顿的房子里寄住过一个夏天。② 1932年，《纽约时报》称罗蒂为"诗人……前广告人，如今的康涅狄格州农民"③。

4

到了20世纪20年代中后期，正如丹尼尔·波普（Daniel Pope）所说："罗蒂的凡勃伦主义呈现出马克思主义色彩。"④ 罗蒂1928年发表的一篇关于美国作家所面临的社会和文化状况的文章，仍在呼应凡勃伦的话语。他在这篇文章中断言，"'攀比'不仅是伟大的美国主题；也是西奥多·德莱塞（Theodore Dreiser）所说的'美国悲剧'"⑤。马克思当时也进入了罗蒂的词汇，但是罗蒂更强调阶级冲突而不是后来出现的历史唯物主义理论体系。罗蒂丝毫不认为艺术应该是政治的侍女，并断言"艺术家与……激进运动反复结盟……这种结盟的……的力量来自下层阶级的反抗"⑥。《群众》等战前杂志是由"资产阶级自由主义者"所"编辑"和

---

① Mark van Doren, 1927, "First Glance," *Nation*, January 5, 124: 16.

② Diana Trilling, 1993, *The Beginning of the Journey: The Marriage of Diana and Lionel Trilling*, New York: Harcourt, Brace, and Co.

③ "Book Notes," *New York Times*, July 6, 1932, 17.

④ Pope, "His Master's Voice," 8.

⑤ James Rorty, 1928, "The Post-War Social Mind: The Arts, Liberalism, and Labor," pp. 73-92 in *American Labor Dynamics in the Light of Post-War Developments: An Inquiry by Thirty-Two Labor Men, Teachers, Editors, and Technicians*, J. B. S. Hardman, ed., New York: Harcourt, Brace and Co., 89.

⑥ Ibid., 73.

"撰写"的，也是为他们服务的，而《新群众》则表达了一种"革命文化"，这种文化在美国小说家中也很明显，他们的"情绪是一种抗议和反叛的情绪"①。在这段激进化的时期，以及罗蒂被逐出《新群众》编辑部之后②，罗蒂参与了对萨科（Sacco）和万泽提（Vanzetti）的辩护，并因抗议二人即将被处决而在波士顿被捕。③ 在对厄普顿·辛克莱（Upton Sinclair）1928 年出版的《波士顿》（Boston）一书的评论中，他将无政府主义者描述为"无畏地、毫无保留地为自由和正义而献身的阶级反叛者"④。1925 年，他的诗歌已经偶尔表达出革命性的弥赛亚主题，比如他在一首名为《耶利哥的城墙》（The Walls of Jericho）的诗中写到，一名看守人意识到群众正向耶利哥的城墙行进。⑤ 1928 年，罗蒂指出，美国沉迷于"贪婪的欲望""机械玩具"和"毫无结果的征服"⑥。1929 年 4 月，他观察指出，"在我看来，所有的历史——实际上是所有的生活——似乎都被描述为权力冲突的体系"⑦。

然而，正是在大萧条时期，罗蒂的激进批评展现了自身的充分力量。美国股市跌进谷底时，罗蒂将近 40 岁。虽然他认为作家的"感觉器官"会"随着年龄增长而迟钝"，以至于那些"在战争前和战争期间成名的人"大体上已经"对现实的影响免疫了"⑧，但没有证据表明，罗蒂本人也遭受了这样的命运。恰恰相反，他的作品保留了讽刺的锋芒，同时又有融贯的理论和政治视角，以将政治经济问题置于前沿和中心。

《吾主的声音：广告业》就是如此。罗蒂在书中习惯性地以几句自传体评论开头。"我曾是个广告人"，这是第一章的题目。他讲述了自己如何

---

① Ibid.，76，80，84.

② 有关这次革职，罗蒂后来告诉戴安娜·特里林，他给他的猫取名迈克，名字来自杂志的联合创始人迈克·戈尔德，因为这只猫太笨了。但是罗蒂对这只猫也有过赞颂，见 James Rorty, 1931, "I'm an Animal Too," *Harper's*, June, 123-24。

③ Wald, *The New York Intellectuals*.

④ James Rorty, 1928, "Boston," *Nation*, December 5，127：618-19，619.

⑤ James Rorty, 1925, "The Walls of Jericho," *Nation*, December 16，121：707.

⑥ James Rorty, 1928, "Southwestern Poetry," *Nation*, September 26，127：298.

⑦ James Rorty, 1929, "Some New Mosaic Tablets," *Nation*, April 24，128：509-10，509.

⑧ Rorty, "The Post-War Social Mind," 75.

在大学毕业后凭借家族关系进入广告界，当时他"已经是一名社会主义者"了，尽管"直到几年后，他才知道卡尔·马克思和托斯丹·凡勃伦"①。他努力把写广告文案期间所学得的东西作为这本书的叙述基础，但这本书不仅仅是一种毫无保留的自我揭露。罗蒂对美国广告人的生活进行了半小说式的叙述，将自己描绘成对销售产品以外的任何事情都不感兴趣，这种叙述方式不可避免地引起了大众出版机构中的评论者的关注②，但这本书的核心却是试图将现代广告业置于更广泛的社会经济背景中进行分析。

与当时一些社会学家的观点相反——罗蒂把美国营销协会创始人之一、经济学家莱弗里特·里昂（Leverett Lyon）作为这类人单独列出来——罗蒂认为广告不是为了教育消费者，而是为了促进消费，凡勃伦也提出过这样的观点。如果广告总是呈现出某些主题，即"跟风和势利"的主题，那是因为这些主题与资本想要推进的行为相符合。罗蒂援引了凡勃伦和马克思都有的观点，认为广告是"（资本的）超级政府机器的一部分……这个超级政府控制和塑造着人们的经济、社会、道德和文化模式，使其服务于利润驱动的商业利益"③。

像里昂这样没有意识到这一点的社会学家，有时隐藏在客观性和价值中立的主张背后。但罗蒂详细引用过悉尼·胡克未发表的一篇手稿，胡克在文中指出，"独立于价值判断之外，从中立的角度寻求客观真理，已成为美国社会科学的一大迷信"④。胡克认为，社会可以用完全不同的方式组织起来，每一种方式都与不同的阶级利益相关，而要想确定社会生活的普遍规律，就不可避免地要假定其中一种社会组织形式——往往是现在的组织形式——是最好的。由于这个原因，客观性是不可能的，社会科学必须受到道德的谴责，因为它把自己的利益与资本的利益挂钩，而不是认真进行关于社会平等价值的分析。罗蒂自己的书虽然具有社会理论的特征，但会"以新闻学的形式而不是社会学的形式呈现"⑤。

---

① Rorty, *Our Master's Voice*, 4.

② "Warns of Abuses of Advertising," *New York Times*, November 11, 1934, 39.

③ Rorty, *Our Master's Voice*, 31, 30. 尽管这一主张与法兰克福学派的主张有相似之处，但不要以为后者对罗蒂产生了影响。直到1934年，法兰克福学派的著作还几乎没有被翻译成英语，詹姆斯·罗蒂也没有读过德语（尽管他的妻子读过）。此外，我没有在罗蒂这一时期的著作或论文中看到对法兰克福学派成员所做工作的引用。

④ Ibid., 238.

⑤ Ibid., x.

罗蒂意识到，胡克的分析很大程度上要归功于约翰·杜威，而他自己的知识论，事实上也受益于实用主义。一份未发表的、未注明日期的手稿很可能是在这一时期写成的，其中写道：

> 社会科学家要想在真空之外的任何领域发挥作用，就必须是科学家，外加哲学家、艺术家、工程师和政治家——例如列宁。顺便提一句，这似乎与我们美国最杰出的哲学家约翰·杜威最近在《新共和》上发表的一篇文章中所表达的观点相近。杜威博士在批评社会学家致力于"发现事实"的朴素想法时指出，这也称不上是物理学家的工作程序，他们进步的途径与其说是寻找事实，不如说是进行控制实验来证明或反驳先验理论。[①]

罗蒂批评了所谓客观的社会科学，这对他来说有着特殊意义，因为他的哥哥马尔科姆（Malcolm）是当时卓越的经济学家、统计学家和商人。马尔科姆·罗蒂比詹姆斯大15岁，1896年毕业于康奈尔大学，获得机械和电气工程学位。[②] 毕业后，他进入了电话业，在公司一路晋升，于1922年成为美国电话电报公司副总裁助理兼首席统计员。1923年，他成为国际电话电报公司副总裁。虽然没有受过专业的经济学训练，但马尔科姆·罗蒂撰写了许多经济学专著，其中大多数都为商业上的自由放任政策辩护。例如，在1921年的一篇文章中，他坚持认为"没有必要剥夺资本应有的回报，或剥夺资本积累的动力，以确保对劳动的公正回报。相反，今天的劳动可以通过自由地支配昨日积累的劳动，获得价值的增长，这就是资本，也就是新工业流程和机器体系中增加的产出部分，这种工业流程和机器体系是促进资本积累从而促进企业发展所必需的"[③]。但是马尔科姆·罗蒂并不是一个空谈的思想家。他认为按照现代经济学的理论和发现来经营企业至关重要，而这就需要确凿的经济数据：关于当今经济的事实

---

① 詹姆斯·罗蒂未注明日期的手稿"Acceleration and the Death of Meaning"，JRC。

② "Col. M. C. Rorty, 61, Engineer, Is Dead," *New York Times*, January 20, 1936, 19. 感谢斯蒂芬·特纳指出马尔科姆·罗蒂与詹姆斯·罗蒂的关系。

③ M. C. Rorty, 1921, "Notes on Current Economic Problems: II. Social and Industrial Organization," Pamphlet, RRP, 6.

和数字。鉴于此，马尔科姆·罗蒂担任了美国国家经济研究局（National Bureau of Economic Research）的主要赞助者和联合创始人。美国国家经济研究局成立于 1920 年，由韦斯利·克莱尔·米切尔（Wesley Clair Mitchell）领导，受到联邦基金会（the Commonwealth Fund）、卡耐基基金会（the Carnegie Corporation）和其他基金会的财政支持，该组织的使命是开展能够间接为经济政策的制定提供信息的基础研究。马尔科姆·卢瑟福（Malcolm Rutherford）在一篇文章中指出："美国国家经济研究局致力于实证研究，从许多不同的大学、科学协会、商业及劳工组织中挑选出庞大的董事会成员，设计手稿审查制度以消除偏见，这些组织方式明显是为了保证人们对其工作的科学客观性葆有信心。"① 美国国家经济研究局第一个大型项目是调查"国民收入的规模和分配"②。虽然该组织致力于客观的社会科学研究，但这并没有阻止人们出于政治或经济利益挪用其研究成果。马尔科姆·罗蒂自己也在从事这种"挪用"，例如，他在 1930 年出版的美国管理协会手册中指出，美国国家经济研究局的研究证明了"工资生产率理论……从长远来看，只有提高劳动生产效率，才能大幅提高工作的实际报酬"③。这不仅意味着雇主应尽最大努力"为广大雇员提供健康的工作条件和公正周到的待遇"，而且意味着被认为是降低了生产率的"工会警察工作不再是必需的"④。

作为共和党人的马尔科姆·罗蒂反对罗斯福新政，他和弟弟詹姆斯·罗蒂之间的政治分歧也大得不能再大了。在他去世前一年，他写信给詹姆斯，对后者关于大萧条的手稿《生活更美好的地方》（*Where Life Is Better*，1936）发表了评论。"考虑到你的报道在很大程度上充斥了你自己独特的社会和经济观点，"他说，"我计划写注释甚至是前言似乎是不切实际的。"⑤ 可见詹姆斯·罗蒂的政治认同是众所周知的。

---

① Malcolm Rutherford, 2005, "Who's Afraid of Arthur Burns? The NBER and the Foundations," *Journal of the History of Economic Thought* 27: 109-39, 112.

② Ibid., 112.

③ M. C. Rorty, 1930, *The Organization of the Managing Group*, General Management Series No. 109, New York: American Management Association, RRP, 9.

④ Ibid., 9, 8.

⑤ M. C. Rorty to James Rorty, October 2, 1935, RRP.

5

除了詹姆斯·罗蒂对社会科学客观性的怀疑与其儿子最终就更广泛的探究提出的怀疑之间有着惊人的相似之处外，当代读者对《吾主的声音》感到震惊的是，罗蒂对大萧条甚少关心。该书提到的美国过度的消费主义，与其说是对20世纪30年代广告业的控诉，倒不如说是对20年代广告业的控诉。然而，在罗蒂为杂志写的文章中，尤其是在《生活更美好的地方》中，大萧条的原因、意义和对美国未来的影响，占据了中心位置。和许多作家和学者一样，罗蒂花了一段时间才意识到大萧条的严重性，及其与前期美国经济史的非连续性。[①] 例如，罗蒂在1930年评论一本有关定居救助之家运动（the settlement house movement）的著作时指出，"1929—1930年的'黑色冬天'没有我们眼前的冬天黑暗"，同时断言，"像现在这样严重的商业萧条所引发的失业事件对我们文明的威胁"要小于繁荣的20世纪20年代大量工厂工人下岗。[②] 到1931年，罗蒂在评论《新共和》上一篇有关社会工作的作品时，仍坚持认为，"失业工人"正"勒紧裤带，失去自己的家园和家当，殴打妻儿、酗酒、生病、精神错乱以及死亡"，但是，"这一切早在股票市场崩盘之前就发生了"，他们陷入困境的原因是工业资本主义本身，而不仅仅是经济放缓。[③]

一年后，罗蒂仍坚持认为大萧条的问题是系统性的而非暂时性的，但他承认了大萧条范围广大。他在《公益》（*Commonweal*）杂志上的一篇文章中指出，"美国犯了头疼。资本主义也犯了头疼"[④]。他在《新共和》杂志上的一篇文章呼吁将节育合法化，"作为一种常识性的缓解措施"，因为"大萧条的主要恐惧之一"就是"意外而灾难性的分娩"[⑤]。一首名为

[①] 这是真实的，虽然罗蒂在BBDO广告公司的一个工作轻松、周薪水为150美元的文案岗位上被解雇了。

[②] James Rorty, 1930, "The Right to Work," *Nation*, December 24, 131: 712.

[③] James Rorty, 1931, "If Social Workers Struck," *New Republic*, August 5, 322.

[④] James Rorty, 1932, "The Logic of Ballyhoo," *Commonweal*, March 23, 570-72, 570.

[⑤] James Rorty, 1932, "What's Stopping Birth Control?" *New Republic*, February 3, 312-14, 314, 313.

《冬天：1932》（*Winter*：1932）的诗断言，美国人现在可以选择革命，或者更多的革命："两个冬天，现在是第三个冬天；不久你就必须选择/……柔软的土地，硬化；寒冷的土地，燃烧/在地核深处"①。就在这一年，罗蒂加入了福斯特和福特职业团体联盟（the League of Professional Groups for Foster and Ford），担任该组织的工作人员，并支持共产党的主席候选人和副主席候选人。

1933年，罗蒂在大萧条的前线进行报道。在一篇提到社会学家内尔斯·安德森（Nels Anderson）工作的文章中，他哀叹道："我们经济的崩溃让20万、30万甚至50万无家可归的儿童流落街头。"②在广告领域，"金饭碗"虽然没有被"打破，但已经严重破裂，通过这条裂缝，1929年的专业人员大约离开了一半"③。在他看来，学者阶层也差不多。罗蒂帮助创办的杂志《我们的美国》（*Our America*）在一篇文章中指出，"许多'左派'学者在经济上相对安全。他们还有饭吃"④。但其他数百万美国人并非如此。

在广告业对《吾主的声音》的愤怒开始消退、维妮弗雷德也从艰难的分娩中几乎完全恢复后，罗蒂于1934年开始了为期七个月的全国汽车之旅，大萧条时期的许多作家就是以这种方式"周游美国，探寻普通人的思想和愿望"⑤。在信中，维妮弗雷德恳求罗蒂放弃这次旅行，回到康涅狄格州照顾年幼的孩子，他们亲切地叫孩子"小家伙"。但罗蒂拒绝了维妮弗雷德的请求，他除了想要著书以获得声誉外，还有一个对他而言非常重要的政治计划：不仅记录大萧条造成的痛苦，而且试图发现美国工人是否有参加革命活动的潜质。这是一个至关重要的问题，它不是简单地从左派的角度提出的，而是从对国家命运感兴趣的人的角度提出的，罗蒂认为，"目前的社会秩序框架内，广大美国公民在时间和空间上都无法逃避（这个问题）"⑥。此前，因为各种带着复杂缩写名的机构迅速增加，罗蒂曾把

---

① James Rorty, 1932, "Winter：1932," *Nation*, February 10, 134：172.

② James Rorty, 1933, "Counting the Homeless," *Nation*, June 21, 136：692-93, 692.

③ James Rorty, 1933, "Advertising and the Depression," *Nation*, December 20, 137：703-4, 703.

④ James Rorty, 1933, "The Intellectuals Had Better Mean It," *Our America*, January, 1.

⑤ Pells, *Radical Visions and American Dreams*, 195.

⑥ Rorty, *Where Life Is Better*, 13.

罗斯福新政称为"资本主义字母大杂烩"①，现在，他的旅行证明，"我当初追求的昙花一现的新政……是梦想的一部分；虚假'改革'的狂热几乎是该体系瓦解的一个标志"②。这意味着我们无法逃脱"我们这个时代和国家的核心困境，即以盈利为目的的资本主义生产方式未能为消费提供资金，或者未能实现世界和平"③。

旅行让他经历了许多冒险，他在为《国家》等杂志撰文时有提到一些，后来又将其重新编为书中的章节。例如，他二月份在加州的帝王谷（Imperial Valley）闲逛。当时莴苣采摘工人正在罢工，罗蒂因遭到怀疑而被捕，他的汽车和财物被搜查，他自己也被强行押送到亚利桑那州边境。在阿肯色州，罗蒂被一位牧师赶出了城，这位牧师憎恨他对南方佃农联盟（the Southern Tenant Farmers Union）所作指控的调查。但一路上罗蒂也遇到了好人。他遇到了劳工组织的组织者、新闻工作者，甚至是上中西部地区的一些政客，在他看来，这些人既是真正富有同情心的人，也是实干家，他们明白，只有彻底的社会变革才能使国家摆脱经济困境。

不幸的是，这些人只是少数。在一个又一个州，罗蒂发现了同样的事情："百分之九十五的美国人没有理解（资本主义生产方式失败的）困境，无论是用马克思主义、技术官僚主义、乌托邦主义、史诗主义、合作主义，还是其他任何词汇来表达都无法理解。"④"（罗蒂）去过的每个城市"都有"瘟疫"肆虐……"大多数受害者甚至不知道他们所患疾病的名称"⑤。罗蒂说，美国各地的劳工斗争的确比人们想象的要多。但是，即使是这些似乎天生就倾向于社会主义的人，比如罗蒂长期支持的买家协会等合作协会的参与者，也很少意识到，大萧条是资本主义固有矛盾和紧张关系的必然结果。

罗蒂把责任直接推到那些文化产业人士的身上，是他们让美国人满脑子都是廉价的娱乐节目，分散了他们对危机真正原因的关注。他写道，"好莱坞擅长制造令人宽慰、沉迷的爱情之梦"，而"在纽约，美国全国广

---

① James Rorty, 1934, "Call for Mr. Throttlebottom!" *Nation*, January 10, 138: 37-39, 37.

② Rorty, *Where Life Is Better*, 13.

③ Ibid., 23.

④ Ibid.

⑤ Ibid., 117.

播公司和哥伦比亚广播公司则致力于在电台节目中制造欢呼的乐观主义情绪、不加节制的舞蹈节奏，还有被播音员的蜜语涂抹过的商品拜物教"①。罗蒂的指控并没有局限于那些追逐资本利益的文化生产者。他再次批评了学术界接受客观性的概念，而没有将其知识用于纠正意识形态的扭曲。在旅行过程中，罗蒂访问了芝加哥大学，但得出的结论是，"反共产主义者"在那里将是"浪费时间"，因为芝加哥和其他地方的社会学家"积累了大量有价值的描述材料"，但"他们坚持凡勃伦早期的态度，对正在发生的事情和可能发生的事情更感兴趣，而不是促使事情发生"②。正如罗蒂在1934年的书中所说的那样，他重申了自己受胡克启发而对社会科学客观性提出的指责："没有科学和艺术是以事实发现为起点和终点的……必须有某种社会哲学指导事实的收集，并控制对事实的解释和运用"③。他说，"我也没能让"社会学家们相信"他们不仅是社会学家，也是公民；如果他们将事实囤积足够长的时间，某种发酵行为就会接踵而来"④。在这方面，罗蒂嘲讽了社会学家唐纳德·施莱辛格（Donald Slesinger），后者为芝加哥的世纪进步展准备了一场展览。施莱辛格"费了很大劲告诉参观者这里发生了萧条"，但没有费心解释"萧条发生的方式和原因。即使社会学家知道后者，这一点可能令人怀疑，他们也不被允许说出来"⑤。

　　但是，如果由于娱乐产业的扭曲和学者的疏忽，美国人民的思想中不存在对资本主义的反抗，那他们的思想中又有什么呢？罗蒂的回答是战争和法西斯主义。他指责文化产业造成了混淆，对美国文化的系统趋势没有抱任何幻想。"美国人，"他写道，"一直属于一个暴力的民族：在身体和情感上暴力，精神上却软弱懒惰"⑥。考虑到这种文化趋势，再加上他所看到的赫斯特集团旗下媒体对战争的鼓吹，罗蒂在旅行期间交谈的许多人都认为另一场世界大战才是美国摆脱经济困境的唯一途径，这一点也就不足为奇了。⑦ 这种对形势的解释，即对战争的呼吁，反映了资本主义制度在

---

① Ibid., 107.
② Ibid., 128-29.
③ Ibid., 129。在致谢部分，他感谢胡克阅读了部分手稿。
④ Ibid.
⑤ Ibid., 134.
⑥ Ibid., 22.
⑦ Ibid., 264-65.

危机中的需要,而罗蒂长期信奉和平主义,这有助于解释他在十年后反对美国参战的原因,他也痛斥欧洲的法西斯主义。①

令罗蒂担忧的不仅是欧洲的法西斯主义。事实上,他预言,除了战争,大萧条最有可能的结果是美国独裁者的崛起。对于美国民主传统是否有能力阻止此类事件的发生,他不抱任何幻想。他指出,"我们,人民"的"民主教条"是一种幻觉:"相反,我们有一个既定的制度……在这个制度的运行过程中,某一阶级的人受到了鼓励……去剥削其他阶级"②。这种结构性缺陷,再加上经济上的脆弱性,以及罗蒂眼中农村民粹主义(rural populism)向民族主义和反犹主义演变的趋势,使得美国转向法西斯主义的可能性很高。罗蒂在论休伊·朗(Huey Long)的一个章节中指出,朗之所以能够获得新奥尔良商业共同体的支持,仅仅是因为缺席所有权的兴起——凡勃伦对这个话题相当感兴趣——使得企业不用那么担心自己在当地政治舞台上的合法性问题。就此而言,"资本主义在当前衰退期的逻辑"与"法西斯主义的逻辑"是分不开的——尽管罗蒂很快指出,朗的权力崛起也与"他诉诸……百年来南方乡下人对种植园主和大企业新等级制度的仇恨"③ 有关。虽然朗被暗杀的子弹击倒,但这并不意味着他所代表的威胁已经消失。罗蒂总结道:"我们的国内局势,呈现出逐步恶化的社会和经济无政府状态,最终会走向法西斯主义。"④ 他对那些激进的左派人士怀有一丝希望,希望他们能够有效利用当前形势,但该书以悲观的口吻结束。

6

罗蒂对法西斯主义威胁的关注标志着他思想上的一个转折点。正如前文所述,到20世纪30年代早中期,他敏锐地意识到这样一个事实:尽管

---

① 参见罗蒂的签名,还有托马斯·H.本顿、刘易斯·科里、悉尼·胡克、苏珊·拉福莱特、德怀特·麦克唐纳、玛丽·麦卡锡、菲利普·拉夫以及诺曼·托马斯、莱昂内尔·特里林等在1938年的一封信中批评《国家》"与左右两派势力结盟,而这两派势力正把国家推向战争"。"War and The Nation," *Nation*, January 22, 1938, 146: 111. 罗蒂也是1937年在纽约大学举行的反战抗议活动的发言人。参见"Huge Peace Rallies Mark Student Peace Day," *New York Times*, April 23, 1937, 1, 3.

② Rorty, *Where Life Is Better*, 169.

③ Ibid., 343-44.

④ Ibid., 380.

资本主义危机可能使美国的独裁统治更易崛起，但转向马克思绝不足以让国家摆脱这种命运。罗蒂 1931 年在评论有关俄罗斯的几本书时声称，那里的共产党接受了独裁统治："他们按照马克思主义的教条鼓吹世界革命，并断断续续地促使其实现……苏联共产党金字塔式的独裁体系是真实而严肃的"①。一直以来，罗蒂对共产主义者关于意识形态纯洁性的要求很敏感，1932 年，他帮助《国家》杂志翻译了俄罗斯儿童读物中的诗歌，这些诗歌的宣传性质自然是非常明显的②，同年，他起草了一份写给《新群众》编辑的信，鼓励他们不要把隶属于各种约翰·里德俱乐部的激进作家看作是"小学生"，认为他们只会遵循"死板的战术规则"来创造"革命文学"。③ 然而，随着时间的推移，罗蒂对共产主义的谴责不再是轻松愉快的口吻。例如，1934 年出版的一本小册子《空中命令！》（Order on the Air!）认为，美国企业利用无线电波为自己谋利，却没有给对手同等的时间。这样做就像希特勒、墨索里尼和斯大林一样（罗蒂把他们相提并论），是在剥削广播的公共资源。④ 与此同时，罗蒂把批判的目光越来越多地转向美国共产党。一个典型的变化就是，《生活更美好的地方》批评了在旧金山湾区的激进派，他们"虽然不是党员……却比厄尔·白劳德（Earl Browder）本人更严格地遵守共产党路线。这是很自然的，因为白劳德先生还要接受共产国际的指导，而共产国际正令人不安地转向对永恒真理的强调"⑤。

20 世纪 20 年代末 30 年代初，促使罗蒂关注到现存共产主义的法西斯主义倾向的一切事情都可以用一个词来概括：托洛茨基。美国激进运动中错综复杂的分裂和分歧，以及罗蒂随着时间的推移与不同群体关系的变化，无法在这里详尽描绘。这里只需要指出，1928 年是美国托洛茨基主义历史上的关键一年。正是在这一年，托洛茨基被流放到阿拉木图（Alma Ata）。1929 年，他被迫逃离苏联，在土耳其、法国和挪威短暂停留，

---

① James Rorty, 1931, "More Truth about Russia," *New Republic*, July 8, 213.

② Lydia Nadejena and James Rorty, 1932, "Shock Brigades," *Nation*, November 23, 135: 496-97. 他们翻译时对待这些诗歌并非只有谴责，甚至还有赞扬，称该诗"简洁、活泼和生动"。

③ Letter to the Editors of the *New Masses*, May 12, 1932, JRC.

④ James Rorty, 1934, "Order on the Air!" New York: John Day Pamphlets.

⑤ Rorty, *Where Life Is Better*, 281.

之后在墨西哥获得庇护。托洛茨基与斯大林的分歧与历史唯物主义的真理无关（尽管两人对其解释有所不同），而是关于如何用镇压和暴力来维持革命的顺利进行。托洛茨基并非一个和平主义者。从国际的视角看，他把和平主义视为资产阶级现象；从国内来看，他认识到，夺取生产资料可能需要拿起武器来反抗资产阶级及其代表。然而，他反对暴力清洗持不同政见的人，并认为斯大林统治下的苏联政府是必然要退场的过渡现象，它有着顽固的官僚作风和由党的领导人享受的特权主义。在美国，1920年正式统一的美国共产党诞生，但掩盖不了共产主义支持者之间派系分歧的现实。与斯大林结盟的主要派系，实际上也是由斯大林领导的，很快就取得了党的完全控制权。1928年，同情托洛茨基的人，如马克斯·沙克曼（Max Schachtman）和詹姆斯·坎农（James Cannon），被"逐出了他们帮助建立的组织"①。

在激进主义方面，许多纽约学者与托洛茨基站在一边。但这并不是说他们都是思想统一的。例如，马科斯·伊斯特曼（Max Eastman）是《群众》杂志的创始人之一，同时也曾是杜威在哥伦比亚大学的同事，因1926年出版的《马克思与列宁：革命的科学》（*Marx and Lenin: The Science of Revolution*）而受到托洛茨基和悉尼·胡克的批评，这本书试图使马克思主义摆脱黑格尔主义的牵绊。② 然而，仅仅几年之后，伊斯特曼就成为托洛茨基在美国最具影响力的拥护者之一，他翻译了托洛茨基的几本书，并在自己的著作中，如《俄罗斯社会主义的终结》（*The End of Socialism in Russia*，1937）和《斯大林的俄罗斯和社会主义危机》（*Stalin's Russia and the Crisis in Socialism*，1940），谴责了斯大林主义。胡克和伊斯特曼一样，在杜威和马克思之间寻求和解，他与托洛茨基及其美国助手在哲学和政治上有着尖锐的分歧，但他在杜威委员会的成立中起到了重要作用，该委员会对托洛茨基的生平进行了公正的调查，以反击他在莫斯科所受到的指控。③ 拉夫、麦克唐纳、麦卡锡和大多数《党派评论》人士也被托洛茨基所吸引。尽管该杂志与美国托洛茨基主义政党之间——即由沙克曼和坎农创办的美国共产主义联盟（the Communist League of America），后来改名为社会主义工人党（the Socialist Workers Party）——从未有过正式的联系，但该杂志经常发表赞扬托洛茨基并支持其

---

① Ibid., 32.
② Bloom, *Prodigal Sons*, 100-101.
③ Sidney Hook, 1987, *Out of Step: An Unquiet Life in the 20th Century*, New York: Harper and Row, 218-47.

立场的文章。正如布卢姆所说,也许过于无情,"许多《党派评论》作家以一种不加批判的方式紧跟托洛茨基,崇拜其技巧,拔高其贡献,并在他的行为中寻找自己的使命"①。布卢姆接着指出,尤其是在 1937 年该杂志重新发行后,也就是在斯大林对托洛茨基进行缺席审判的第二年,情况尤其如此。

纽约学者究竟推崇托洛茨基的什么?尽管仍有指控称,作为布尔什维克领导人,托洛茨基的双手也沾满了鲜血,但许多人认为,托洛茨基是一位人道主义者。此外,托洛茨基在他反对斯大林的简报中还对苏联宣传文学、艺术和电影进行了批评。不过,从更广泛的意义上讲,支持托洛茨基是纽约学者反对斯大林的一种表达方式。斯大林从 1928 年开始推行农业集体化计划,造成了众多反对者丧生。尽管当时还不知道清洗的全部规模,但其意义在纽约学者中引发了激烈争论:

> 如果说共产党人把这次审判看作对一个人政治立场是否正统的考验,那么他们最激烈的反对者则把这次清洗看作反基督者接管教会的标志。作为非斯大林主义者的激进分子将这一系列事件斥责为装模作样、诬告陷害,以及对十月革命的背叛。即使对于那些不认为斯大林是为了俄罗斯的国家利益而故意牺牲社会主义国际事业的人来说,清洗运动也让他们大失所望。在奥斯瓦尔德·加里森·维拉德(Oswald Garrison Villard)看来,这场政府批准的流血行动将苏联的领导层"贬到了阿道夫·希特勒的水平"。②

然而,正如佩尔斯接着指出的那样,即使在大清洗之后,美国左派内部及其主要出版机构在如何解释大清洗的意义上也存在分歧。这些清洗行动反映了共产主义制度的某些内在缺陷吗,或者,清洗行动仅仅是残暴独裁者接管苏联的结果?是否如托洛茨基所言,这些行动证明了苏联的软弱及其对工人虚假的承诺,或者,斯大林的反对者才是共产主义事业的真正敌人?

包括《新共和》和《国家》在内的一些自由派和左派杂志认为,苏联正在向拥有更多自由的方向发展,同时斯大林也可能有证据表明托洛茨基

---

① Bloom,*Prodigal Sons*,112.
② Pells,*Radical Visions and American Dreams*,306.

参与了推翻苏联领导层的阴谋。罗蒂自己认为托洛茨基是位英雄,他满怀悲情地给《国家》杂志写了一封信,以作为回应。"近二十年来,我一直阅读《国家》,为它撰文,"罗蒂开篇这样写道,"在那段时间里,我一直觉得,《国家》在面临涉及真理、正义、道德和智识上的正直等基本问题时,都能诚实而勇敢地予以处理。"因此,他为《国家》没有出面支持托洛茨基而感到震惊:"你们说,一百年后,我们就会知道审判的真相。简直是无稽之谈。这些涉及苏联以外人士和行动的供词显然是捏造的,它们在托洛茨基及易于核实的证据面前不堪一击。"他指责编辑们"显而易见地、彻彻底底地、十分可耻地失败了"①。接下来的几年里,罗蒂还在《国家》上发表了几篇文章,主要是书评,但在1939年之后,他与该杂志的长期合作就终止了,如同杜威因与《新共和》在莫斯科审判的立场上不同而与其断绝关系一样。

更早些时候,也就是1934年,罗蒂加入胡克等人的行列,成立了美国工人党(American Workers Party),该政党虽然持续时间不长,却是"真正的美国政党,它植根于美国革命传统,准备面对资本主义经济崩溃带来的问题,还制定了建立合作性联邦的计划"②。美国工人党以革命为目标,打算替代共产主义和社会主义政党,最终与托洛茨基主义政党美国共产主义联盟合并。然而,到了20世纪30年代末,越来越多的证据表明,美国工人对激进的社会变革不感兴趣,而且法西斯主义的幽灵在欧洲日益壮大,一些著名左派学者,如托洛茨基主义者和杜威等自由派人士,将注意力转向了一个新的组织——文化自由委员会(Committee for Cultural Freedom)③。该组织的宣言得到广泛发表,有142人在上面签名,其中就包括詹姆斯·罗蒂和维妮弗雷德·劳申布赫。这份宣言宣布,"极权主义的浪潮正在全世界兴起。它正在破坏文化和创作自由,限制人类理性的自由表达……极权主义思想已经在德国、意大利、俄国、日本和西班牙占据了主导地位"④。它呼吁成立一个"不受任何政治团体控制的团体,无论这种控制是公开的还是秘密的",并"誓言揭露任何借口下对知识自由的镇压。"它坚持脱离美国共产党而独立,这不仅是出于战略上的原因,而且也是出于道义,因为在文化自由委员会成员看来,美国共产党及其策略也

---

① James Rorty, 1937, "Harsh Words from a Friend," *Nation*, February 27, 144: 252.
② Hook, *Out of Step*, 191.
③ 见下文有关该委员会在20世纪50年代复兴的讨论。
④ "Manifesto," *Nation*, May 27, 1939, 148: 626.

出现了极权主义倾向。罗蒂在党内受到的不公正待遇肯定也让他相信了这一点。正如前文所述，虽然他在 1932 年支持福斯特和福特，但当时他还不是一名共产党员。事实上，正如胡克所言，福斯特在《走向美国苏维埃》(*Towards Soviet America*，1932) 一书中呼吁对所有持不同意见的团体进行"清算"。如果任何一个参加职业团体联盟 (League of Professional Groups) 的学者真的读过该书，他们很可能会阻止这种观点。胡克回忆说，罗蒂"本质上是一位诗人，他对资本主义生活和文化的商业化感到厌恶，对大萧条时期的残酷和不公大加反抗。他做出的政治选择，是基于他的道德同理心，以及他在所交往的人身上所感受到的正直和本真"①。对他和其他联盟成员来说，"拒绝社会主义并不是拒绝民主"②。然而，正是因为罗蒂不愿与共产党结盟，他才忍受了党内官员的冷遇。例如，《新群众》上一篇针对《吾主的声音》的评论指出，"罗蒂显然同等地憎恨广告业、资本主义制度、苏联以及共产主义。他爱他自己——除了他突出的自我之外，托斯丹·凡勃伦也许是最接近他内心的人"③。该评论家接着指出，罗蒂担心广告从业者可能会促成法西斯主义在美国的最终崛起，尽管他的担忧是正确的，但"人们有理由稍稍怀疑詹姆斯·罗蒂可能也参与其中"④。难怪罗蒂在 1936 年的总统选举中改变了立场，他加入了胡克的行列，支持社会党候选人诺曼·托马斯 (Norman Thomas)。⑤

在接下来的几年里，罗蒂像许多纽约学者一样，深入参与了文化自由委员会所组织的活动，比如有关戴斯委员会 (Dies Committee) 价值的电台辩论，该委员会是麦卡锡的众议院非美活动调查委员会 (House Un-American Activities Committee) 的前身，成立于 20 世纪 30 年代。正如对麦卡锡的态度一样，罗蒂对戴斯也持反对意见，因为后者的调查扼杀了合法的异见。在后勤方面，1935 年，罗蒂参与这些辩论变得更加容易，因为这一年罗蒂一家卖掉了在康涅狄格州农村的房子，搬到了布鲁克林，理查德·罗蒂就是在那里就读于伯克利学院，这是一所私立学校。之后罗

---

① Hook, *Out of Step*, 182.
② Ibid., 186.
③ Frank Thompson, 1934, "Rorty's Revenge," *New Masses*, June 12, 25-26, 25.
④ Ibid., 25-26.
⑤ "Fantastic Campaign Deplored by Thomas," *New York Times*, October 24, 1936, 6.

蒂一家一直都在新泽西州弗拉特布鲁克维尔的房子里，这个房子最初是他们为避暑而购买的。

7

1940年，罗蒂年满50岁，但他已经有了自己最好的作品。在与《国家》和《新共和》分道扬镳后，他将自己的大部分作品都发表在了《哈泼斯》（Harper's）、《公益》和《评论》（Commentary）杂志上。创办于1945年的《评论》视自身使命为建立"新的生活方式、新的思维方式，让传统和国家在现代世界中找到真正意义上家的归属感"①。作为《当代犹太记录》（Contemporary Jewish Record）的接续，该杂志将其诞生视为"对我们在美国的可能性持有信心的行为。在欧洲遭受重创之际，在美国的我们肩负着更大的责任，要以创造性的方式发扬我们共同的犹太文化和精神遗产"②。罗蒂当然没有改信犹太教。虽然他还会继续发表作品讽刺美国文化③，但此时他的大部分著作都在关注社会问题。考虑到美国所掌握的资源及其在世界上的地位，罗蒂认为在道德上，美国有责任解决这些社会问题。对于罗蒂和其他《评论》撰稿人来说，他们有理由希望美国采取行动来解决这些问题。罗蒂在谈及美国时，日益将其描述为一个具有巨大潜力的国家，而非一个缺乏活力的个人主义家园。他认为作为这个国家核心原则的自由原则是值得维护的，这是抵御苏联共产主义威胁的堡垒。例如，他在1941年的一篇文章中敦促，要根据营养学的发现改变美国人的饮食结构，因为"如果美国要强大，强大到有足够的力量维护现代社会文明生活的自由和优雅，我们不仅要赶紧建造更好的轰炸飞机，而且还要改善体格；我们必须修复和保卫我们的营养壁垒"④。同样，在长期探究《读者文摘》之所以如此成功的种种做法后，罗蒂拒绝支持如下说法：该杂志通过暗示"激进的阴谋正在破坏美国的生活方式"，来散布恐惧心理。在

---

① Elliott Cohen, 1945, "An Act of Affirmation," Commentary, November, 1-3, 2.

② Ibid., 2.

③ 例如，James Rorty, 1948, "Night Hawks over Bronxville," Harper's, February, 127. 这首诗讲述了一位广告人，"缅因州一个村庄木匠的儿子"的生与死，他的成年生活是在白领的无聊中度过的，死于"追赶8点25分"。

④ James Rorty, 1941, "Total Defense and Public Health: The Importance of Nutrition in the Present Crisis," Harper's, March, 375-85, 385.

罗蒂看来，这样的阴谋的确在进行中，他认为《读者文摘》凭借其巨大的发行量，能够"在战后的经济和社会混乱中，成功捍卫所谓'美国生活方式'中任何从人性上来说有效和可行的东西"①。更具戏剧性的是，他在1947年的一篇文章中，呼吁镇压美国所有斯大林式的"第五纵队"。罗蒂坚称，"我们的公民自由传统不会因此受到任何威胁"。"相反，到了这个时候，这是我们唯一能够捍卫自身真正自由主义者地位的途径。只有这样，我们才能保护自由的传统和制度，使其免受极权主义扩张势力的破坏和瓦解。"② 这些正是罗蒂为其新雇主美国之音（Voice of America）编写的数百份反斯大林主义脚本，以及他为战后世界理事会（Post-war World Council）撰写的文章中所重复的主题。如理查德·罗蒂所述，战后世界理事会的目的是"公开斯大林准备对中欧做的事情，并且警告美国人他们与苏联的战时联盟不能延续到战后"③。从1943年的一封信可以看出，罗蒂的激进主义减弱了，甚至他自己也是这么认为的，而这与他对极权主义的批判有关。他在给一位身份不明的记者写信时指出：

> 我在社会问题上的激进态度……已经变得温和了。可能是因为上了年纪。我告诉自己，我对肤浅的公式不再抱有幻想；我经常看到教条式的政治运动与他们的承诺背道而驰；我发现，无论权力打造者是劳工领袖、企业巨鳄，还是政府或者总统候选人，建立权力的技巧都大同小异。当前最迫切的需要是从我们制造的技术、社会、经济及政治上的惰性中逃离出来。最好的人就是最自由的人，最好的社会是自我限制最少、对其成员也限制最少的社会。④

---

① James Rorty, 1944, "The Reader's Digest: A Study in Cultural Elephantiasis," *Commonweal*, 78-83, 83. 然而，罗蒂同时指出，该杂志受制于商业利益，其反共产主义的特殊倾向与自由放任理想相联系，可能会导致"大小企业产生绝望的蒙昧主义倾向，这似乎会让我们在战后陷入经济崩溃和政治极权主义"。

② James Rorty, 1947, "To a 'Friend of the Soviets,'" *Commonweal*, January 10, 322-23, 323.

③ Richard Rorty, 1998, *Achieving Our Country: Leftist Thought in Twentieth-Century America*, Cambridge: Harvard University Press, 62.

④ James Rorty to "Malcolm," March 7, 1943, JRC.

第一章 詹姆斯·罗蒂

到20世纪50年代初，罗蒂的反共情绪达到了顶点。在由美国文化自由委员会赞助、与摩西·戴克特（Moshe Decter）合著的《麦卡锡与共产主义者》（*McCarthy and the Communist*）一书中，罗蒂断言"敌人是共产主义。它的队伍包括共产党人、亲共成员、同道人、间谍和特工。它的工作包括在政府和公共生活的所有领域进行渗透、颠覆，以及间谍活动"①。对罗蒂来说，当时唯一的问题是如何将所谓的共产党"叛徒"② 彻底从政府中剔除出去。他不同意麦卡锡的策略。最重要的是，他怀疑麦卡锡的动机。如果麦卡锡真的对鉴别共产主义者感兴趣，那么他的调查就会更加系统化。但是，他经常随意提出指控，而且缺乏后续行动，这表明麦卡锡对政治利益更感兴趣，而不是对真正的反共斗争感兴趣。麦卡锡最严重的一个问题是他"思维混乱"，他似乎无法"区分共产主义者和自由主义者"③，结果他把矛头指向了一些左派反共分子，但后果远不止如此。同样有问题的是，在某些情况下，他和他的同事在本应该痛加针砭的时候，却选择了轻描淡写。例如，国务院代表在决定海外图书馆应该持有哪些杂志时，就选择了《国家》杂志。罗蒂特别指出，"其内容长期受共产主义信仰的影响"④。撇开他对以前出版机构的感情不谈，总的来说，罗蒂并不认为清除共产主义者的最好办法是压制言论自由。他支持向美国学童介绍苏联的生活现实，因为一个民主国家，使用审查制度等反民主策略以保护自己的民主，不仅破坏了它为之奋斗的价值观，而且失去了其斗争中的关键性武器，即通过让人民了解开放社会所拥有的更高生活质量和民主自由来说服人民的能力。⑤ 从这个角度来看，麦卡锡不仅是一个效率低下的反共主义者，而且其法西斯主义倾向有可能破坏反共斗争。罗蒂在书的开头引用了威廉·詹姆斯（William James）1897年写的一句话："民主仍在接受审判。""我们民族的公民特征才是民主唯一的堡垒"，只有两件事可以"拯救我们"使我们免于"堕落……其中之一就是，当对方公平地赢得一局时，要习惯性地、训练有素地对其态度友好……另一件事则是，对每一

---

① James Rorty and Moshe Decter, 1954, *McCarthy and the Communists*, Boston: Beacon Press, 18.

② Ibid., 8.

③ Ibid., 7.

④ Ibid., 32.

⑤ "Communism Course Urged for Schools," *New York Times*, April 22, 1962, 49.

个或一群破坏公共和平的人怀有强烈而无情的愤恨"①。麦卡锡和共产主义者都破坏了公共和平，为民主而斗争必须要反对他们二者。

20世纪50年代的美国文化自由委员会代表着30年代这个同名委员会的重生。前者由胡克等人于1951年创立，是文化自由大会（Congress for Cultural Freedom）的美国分会，文化自由大会于1950年首次在柏林举行。大会聚集了来自世界各地反对和希望消灭共产主义的顶尖学者。这是为了应对苏联的宣传攻势，1949年苏联在纽约、巴黎和布拉格举行的以世界和平事业为主题的会议，被认为在"鼓吹反美主义"，并"试图重燃人们对平等主义、反资本主义的社会理想所彰显的道德之善的同情，而苏联仍是这个理想的积极倡导者"②。文化自由大会的与会代表们"包括当时一些最受尊敬的和最臭名昭著的思想家，比如阿瑟·库勒斯（Arthur Koestler）、伊尼亚齐奥·西洛内（Ignazio Silone）、悉尼·胡克、詹姆斯·伯纳姆（James Burnham）、小阿瑟·施莱辛格（Arthur Schlesinger Jr）、休·特雷弗-罗珀（Hugh Trevor-Roper）和弗兰兹·波克诺（Franz Borkenau）"③。除了谴责极权主义，发言人和其他与会者还制订了计划，通过向公众展示包含反共信息的艺术、文学、戏剧、哲学和其他文化产品，对苏联扩张主义进行限制。他们还计划举行更多的大会和艺术节来展示这些作品，并决定在每个主要民主国家成立独立的文化自由委员会，设立新的出版机构。

中央情报局为文化自由大会，尤其是美国文化自由委员会提供了财政资助，这件事直到1965年才得以披露。正如弗朗西斯·斯托纳·桑德斯（Frances Stonor Saunders）所解释的那样，"中情局努力将文化动员作为冷战武器，其核心特征之一是将一个由'私人'团体或'朋友'组成的网络，系统化组织成一个非官方联盟。这是一个由慈善基金会、商业公司以及其他机构和个人组成的企业联盟，他们与中情局携手合作，为其在西欧的秘密项目提供掩护和资金通道。此外，他们还可以靠这些'朋友'主张政府在国内外的利益，而这看上去似乎完全是这些'朋友'自己的个人选

---

① Rorty and Decter, *McCarthy and the Communists*, iv.

② Giles Scott-Smith, 2000, "'A Radical Democratic Political Offensive': Melvin J. Lasky, *Der Monat*, and the Congress for Cultural Freedom," *Journal of Contemporary History* 35: 263-80, 266.

③ Giles Scott-Smith, 2000, "The 'Masterpieces of the Twentieth Century': Festival and the Congress for Cultural Freedom: Origins and Consolidation 1948-52," *Intelligence and National Security* 15: 121-43, 122.

择"①。尽管参与这个庞大网络的个人和组织之间经常存在政治上的、思想上的和私人的分歧,有些人知道真正的资金来源,而大多数人不知道,但所有人都致力于抗击共产主义的威胁。获得政府支持或与美国文化自由委员会关系密切的出版物包括《党派评论》《评论》《新领袖》(*New Leader*)和英国杂志《文汇》(*Encounter*),后者是英国情报局资助的一家杂志。

罗蒂在委员会中并不是举足轻重的人物,除了在其赞助下写了一本书之外,他还是其审查委员会的成员。在1955年的一封信中,该组织的执行董事、前美国新闻处官员索尔·斯坦(Sol Stein)要求罗蒂调查以反共名义压制言论自由的情况,因为压制人的基本权利是反美的②。

然而,并非所有委员会成员都认为审查制度是一件坏事。事实上,有一个主要派别由支持麦卡锡的强硬派所组成。尽管桑德斯称在审查委员会成立一年前发表的《麦卡锡和共产主义者》是"姗姗来迟的、相当含糊的贡献",但她仍指出,"它的出版促使詹姆斯·伯纳姆带领委员会的保守势力退出了"③。该组织的领导层似乎支持罗蒂,并密切关注该书的销售情况。委员会的文件中有灯塔出版社的编辑埃德·达林(Ed Darling)寄给斯坦(他也是该出版社的"顾问编辑")的一系列明信片④,上面他一直在关注报纸上对该书的好评,并对它的畅销发表了评论:"这只是暂时的,伙计们……我们拍了拍额头,但这并不能减轻我们的痛苦,我们不得不告诉你们:我们没有《麦卡锡与共产主义者》(纸质版)的存货了。首印只印刷了2.25万本真是失算。"⑤

罗蒂的思想生产力并没有随着这本书的出版而停止。他继续在国外旅行,撰文讲述自己在国外,比如洪都拉斯等地观察到的神奇食物和生态系统。这些旅行并没有减少他对美国的热情,他仍然把美国视为自由的捍卫者。他和妻子维妮弗雷德在加那利群岛度假时,曾给理查德·罗蒂的第一任妻子艾米丽·罗蒂(Amélie Rorty)写了一封信,信中提到了格雷厄姆·格林(Graham Greene)的小说。"归途中我也会阅读格雷厄姆·格

---

① Frances Stonor Saunders, 1999, *The Cultural Cold War: The CIA and the World of Arts and Letters*, New York: New Press, 129.

② Sol Stein to James Rorty, December 28, 1955, ACCF.

③ Saunders, *The Cultural Cold War*, 208.

④ Susan Wilson, *The History of Beacon Press*, available at http://www.beacon.org/client/pdfs/03.bp0316.pdf, 32, accessed February 9, 2007.

⑤ Ed Darling to Sol Stein, September 10, 1954, ACCF.

林的《安静的美国人》(Quiet Amer)。不要过于讶异外国对美国的批评。即使是所谓的聪明人,对其他国家和民族的认知和评价也是有限的。我已经拜读了塞缪尔·艾略特·莫里森(Samuel Eliot Morison)的《当代社会中的自由》(Freedom in Contemporary Society),写得好极了。美国的荣耀就在于那些能人,他们活得足够长,可以完全直言不讳,但同时又有良好的直觉和判断力。"① 罗蒂与妻子一起成了民权事业的捍卫者,这得益于妻子长期以来对种族问题的兴趣,以及他们两人在20世纪40年代为火车搬运工兄弟会(Brotherhood of Sleeping Car Porters)所做的共同工作。罗蒂继续写诗和创作戏剧,就像他在整个职业生涯中所做的一样,并对大多数作品未能出版感到遗憾。在生命的最后阶段,他的精神疾病复发了。他在一些信件中声称自己拥有预言的神力,但在清醒的时候,他会回顾一生的所有工作,包括以生态学的名义进行的调查。此时他的描述使用了有神论的术语,这与他以前对宗教漠不关心的态度大相径庭。他在回忆录草稿中写道:

> 在……(他自己的一生中),对人类在宇宙中所处的位置有了越来越清晰的定义。科学和宗教的世界观在不断扩大的生态过程中趋于统一。我所相信的隐含在我所做和所写的当中。我相信上帝是存在的,其目的显现在自然和生命过程的无限秩序中。在这种信念下,没有宗派主义和不可知论的余地。生活是积极的、有创造力的,有无限的空间和可能性,不被恐惧或怀疑所玷污。我们这一代的作家和艺术家就是怀着这种信念工作的,并因这种信念而吃了苦头。②

罗蒂和劳申布赫于1972年搬到了佛罗里达州的西斯塔。次年,罗蒂去世。

---

① James Rorty to Amélie Rorty, January 31, 1957, WRC.
② Rorty, "It Has Happened Here."

第二章
维妮弗雷德·劳申布赫

1

在戴安娜·特里林（Diana Trilling）的一本回忆录中，她回忆了那年夏天她和丈夫在康涅狄格租了一间摇摇欲坠的小木屋，与木屋主人维妮弗雷德·劳申布赫和詹姆斯·罗蒂认识时的情景。在她的记忆中，詹姆斯·罗蒂是"最快乐的爱尔兰人，总是开怀大笑"，但"维妮弗雷德……她的性情比较忧郁。她个子高挑，骨瘦如柴，很少说话，也不开玩笑，但她很会奉承莱昂内尔，也很会冷落我。毫无疑问，她支配着一个我无法企及的道德世界；这是性情敏感的妇女所体验到的乡村生活，她们从城市搬到乡村，认为自己已经清除了现代文明的一切虚假和污染"①。维妮弗雷德可能很擅长用豌豆来做美术——特里林回忆到，她曾因不了解这个而受到维妮弗雷德的斥责。但如果重复特里林对这对夫妇的描述，认为丈夫是激进作家，而妻子是无知的附庸，那就大错特错了。尽管维妮弗雷德在詹姆斯·罗蒂和罗伯特·帕克的许多著作中沦为助手，但她和她的丈夫一样激进，她的智慧和写作也同样犀

---

① Trilling, *The Beginning of the Journey*, 124.

利。不幸的是，由于志向不同，主要是机会不同，她出版的作品数量远远少于丈夫，所以她的思想内容不可能得到充分的重构。①

2

尽管詹姆斯·罗蒂在第一次世界大战之后的几年里变得激进，这与许多纽约学者的经历相似，但没有证据表明，他对传统的突破是一个痛苦的过程，虽然很多纽约学者都感觉这个过程很痛苦。虽然他的哥哥马尔科姆在经济学问题上可能持有相对保守的观点，但他的父母都是不循传统的人。相对来说，维妮弗雷德走向激进主义要更加不易，尽管其父母原则上赞成她的社会活动，但他们不能接受她变得违反甚至蔑视传统的性别规范，因此尽最大努力地约束她。

对沃特·劳申布赫和社会福音运动的早期调查，倾向于强调该运动的根源在东北部中上层新教精英身上。最近的调查"把社会福音当作美国工人阶级的宗教来研究"②。不管哪种观点是正确的，历史学家至少同意一点，这场运动的核心是这样一种信念，即美国社会的制度应该被基督教化。这体现的不是基督教的右翼观点，而是左派观点。和沃特·劳申布赫一样，那些宣扬社会福音的人倾向于认为"美国的社会秩序……充斥着顽固不化的部分，尤其是商业领域，这是当前问题的根源。资本主义分裂人类，抵制工人争取自由和尊严的斗争，制造不平等，扼杀了爱。另一方面，基督教创造了团结，促进了劳动自由，孕育了平等、尊严和爱"③。在19世纪90年代的经济萧条时期，沃特·劳申布赫作为传教士在地狱厨房为德国移民服务时，曾被社会主义吸引。他逐字逐句地阅读耶稣呼吁基督

---

① 这确实是个问题，因为关于詹姆斯的大量资料可能会使读者认为，他对儿子的影响比维妮弗雷德更大。阿梅丽·罗蒂曾向我表示，事实并非如此，与"打破传统、喜怒无常、直觉敏锐"的丈夫相比，维妮弗雷德更全面的学识给理查德留下了更深刻的印象。

② Ralph Luker, 1999, "Interpreting the Social Gospel: Reflections on Two Generations of Historiography," pp. 1-13 in *Perspectives on the Social Gospel: Papers from the Inaugural Social Gospel Conference at Colgate Rochester Divinity School*, Christopher Evans, ed., Lewiston: Edwin Mellon Press, 2.

③ Peter Frederick, 1976, *Knights of the Golden Rule: The Intellectual as Christian Social Reformer in the 1890s*, Lexington: University Press of Kentucky, 147.

徒放弃拜金主义的文字，认为新教由于与"商业和商业阶级"的利益保持一致而误入歧途。① 他认为，天国不是来世的愿望，而是今天要为之奋斗的理想。② 尽管他拒绝加入美国社会党，理由是工人运动在目标上过于急功近利，且与基督教的观点不够相符，但是他认为社会福音派基督徒和社会主义者有共同的利益。沃特著作众多，他在1897年辞去了纽约的牧师职位，到罗彻斯特神学院担任神学教授。十年后，他的《基督教与社会危机》(Chirstianity and the Social Crisis) 卖出了五万多本③。

尽管沃特支持限制大企业的社会、经济和政治利益，但他对性别的看法是矛盾的。④ 一方面，他认为家庭是上帝之爱显现自身的主要场所，因此支持妇女选举权运动，因为只有妇女获得选举权，家庭里面才有可能实现真正的平等和民主。另一方面，他固守维多利亚时代的性别分工思想，认为虽然妇女应享有投票权，从而在公共领域行使某种权力，但妇女的首要责任应是家庭，要操持家务，并在精神上激励丈夫和孩子。他把这一观点庄严地载入其神学思想中，并与妻子波琳 (Pauline) 一起实践。

他因为持有这样的观点，经常与女儿发生争执。维妮弗雷德在大学里经历了一场信仰危机，并且深受新兴的女权运动的影响。尽管后来她拒绝承认"女权主义者"的身份，但她认识到其含义超越了妇女选举权的问题，为妇女在公共和私人领域提供了新的可能性。事实上，正如历史学家卡罗尔·史密斯-罗森堡 (Carroll Smith-Rosenberg) 等人分析的，维妮弗雷德赞同"新女性 (New Womanhood)"的许多理想。⑤ 尽管维妮弗雷德从来没有和其他女性建立亲密关系，这样的关系在史密斯-罗森堡记录的女性人物如简·亚当斯 (Jane Addams)、M. 凯莉·托马斯 (M. Carey Thomas) 和朱莉娅·拉瑟罗普 (Julia Lathrop) 中很重要，但维妮弗雷德接受了19世纪90年代出现的文化论述，这种论述强调妇女接受高等教育的重要性、她们摆脱资产阶级家庭束缚的必要性，以及妇女作为学者、活

---

① Ibid., 145.

② Richard Wrightman Fox, 1993, "The Culture of Liberal Protestant Progressivism, 1875-1925," *Journal of Interdisciplinary History* 23: 639-60, 645.

③ Frederick, *Knights of the Golden Rule*, 156.

④ 我的讨论基于 Christopher Evans, 2001, "Gender and the Kingdom of God: The Family Values of Walter Rauschenbusch," pp. 53-66 in *The Social Gospel Today*, Christopher Evans, ed., Louisville: Westminster John Knox Press。

⑤ Carroll Smith-Rosenberg, 1985, *Disorderly Conduct: Visions of Gender in Victorian America*, New York: Knopf.

动家和组织者可以在进步运动中发挥的重要作用。正如克里斯汀·斯坦塞尔（Christine Stansell）所指出的，新女性在波希米亚式的纽约占据了重要地位①，但是并不是所有在这里找到自己文化定位的人都像新女性一样对社会正义胸怀同样的责任，新女性之所以引起争议，正是因为它对女性的自主性和政治效能的强调，挑战了关于女性角色和性的普遍期望，而这种挑战正是波希米亚文化运动的核心。然而，在致力于女性平等的"美国现代人"和那些认为自由恋爱是浪荡游戏的人之间，仍然存在着紧张关系。

从维妮弗雷德在大学里写给父亲的信中可以看出，她在苦苦思索自己应该从事什么样的职业。当时，成为一名教师是年轻的中产阶级女性可接受的少数几个就业形式之一，她一度考虑从事这项工作。但正如埃文斯所写，"随着维妮弗雷德（在欧柏林）读完大学……很明显，她的主要爱好是社会学，她广泛阅读社会科学书籍，在信件中对哈夫洛克·埃利斯（Havelock Ellis）和西格蒙德·弗洛伊德（Sigmund Freud）等学者与奥利弗·史瑞娜（Olive Schreiner）、艾玛·戈德曼（Emma Goldman）和夏洛特·帕金斯·吉尔曼（Charlotte Perkins Gilman）等女权主义领袖的优点发表评论"②。在搬到芝加哥与帕克共事之前，她曾担任俄亥俄州妇女选举权协会的组织者，并以这一身份游遍了整个州。她对社会学的兴趣不亚于她对争取妇女选举权工作的兴趣，这使她的父亲很不安，倒不是因为父亲坚持要她安顿下来结婚，而是因为父亲担心她参与的这些职业会使她卷入伤风败俗的性行为中，这可能会毁掉她的名声，或迫使她躲入一段权宜的婚姻。他的担心并非毫无根据。维妮弗雷德站在 20 世纪 20 年代性革命的第一线，她公开承认自己对性实验很感兴趣。她取笑父亲和他那一代人的拘谨。因为她的这些态度和行为——包括 1916 年，她把一把左轮手枪带到罗彻斯特的父母家，并且到处挥舞③——她遭到了父亲的斥责，斥责她不顾后果地漠视社会礼仪和常识。从更广泛的意义上来说，与史密斯-罗森堡、斯坦塞尔等人的主张类似，凯西·纳尔逊·布莱克（Casey Nelson Blake）认为，沃特和维妮弗雷德之间的区别，是仍然坚守"自我控

---

① Stansell, *American Moderns*.

② Evans, "Gender and thd Kingdom of God", 61.

③ Casey Nelson Blake, 2000, "Private Life and Public Commitment: From Walter Rauschenbusch to Richard Rorty," pp. 85-101 in *A Pragmatist's Progress? Richard Rorty and American Intellectual History*, John Pettegrew, ed., Lanham: Rowman and Littlefi eld, 95.

制"道德的一代人和信奉"自我解放伦理"的一代人之间的差异。① 将后者与波西米亚主义中的享乐主义相区分的是,他们认识到,在政治和个人生活中,自我解放应该适度,并为更高的目标服务。布莱克委婉地将杜威、维妮弗雷德和理查德·罗蒂联系起来,指出维妮弗雷德"对个人行为采取了实验性的方法,她认为社会主义政治所必需的创新、开放和科学探究的优点在私人生活中也要有相应的实验伦理"②。这是她和父母之间关系紧张的主要原因。

3

吸引维妮弗雷德到芝加哥学习社会学的部分原因是她对克制的自我解放感兴趣。虽然社会控制,而非自由,才是芝加哥学派的口号,但其系列研究的核心假设是,对快速工业化城市中社会生活演变过程的科学探究,而非纸上谈兵式的道德说教,能够为理性的社会重组提供方案,就像拥有维多利亚时代思维方式的改革者对于去传统化所做的那样,这种重组并不试图使历史倒转。20世纪二三十年代芝加哥学派的领袖帕克,作为一名前新闻人,曾对社会改革者及其动机持有合理的怀疑,尽管如此,他和同事认为,积累社会学知识本身并不是目的,而是作为一种手段来克服现代性造成的混乱。帕克深受格奥尔格·齐美尔(Georg Simmel)的影响,和齐美尔一样,帕克也看到了现代化的正反两面,并把城市化看作实现现代化最卓越的社会形式。打破传统习俗、惯例和制度的同时,需要实施新的社区控制策略,以遏制离心的社会倾向,在帕克看来,城市化也释放了重要的艺术等创造性文化的能量,促进了社会变革,推动了社会朝着进步的方向发展。美国的这些变化最终将减少对新移民和非裔美国人的歧视,他们在"种族关系循环"的压力下,将接受主流白人社会的规范和价值观,同时有关不同种族和少数民族的生活的社会学研究将降低种族仇恨思想的吸引力。维妮弗雷德很小的时候就关注 W. E. B. 杜波依斯(W. E. B. DuBois)所说的"种族界限问题"③,由于芝加哥学派在持续关注这一问题,这使芝加哥学派更加吸引她了。

---

① Ibid.,92.
② Ibid.,95.
③ W. E. B. DuBois,[1903] 2004,*The Souls of Black Folk*,Boulder: Paradigm.

维妮弗雷德在芝加哥时期的生活几乎没有任何记录。《芝加哥黑人》（*The Negro in Chicago*，1921）的附录称她在 1918 年曾是芝加哥大学的"研究生"，"在 1918 年至 1920 年期间，为罗伯特·E. 帕克教授一部关于外语新闻的著作准备材料"，并且"在 1919 年，为 W. I. 托马斯（W. I. Thomas）教授的一本著作准备地图和图表"①。档案证据表明，她并不想成为一名教授。她在 1919 年的日记中指出，"至于我的志向，我希望详细地收集和生动地展现世界上工业和金融的实际相互关系，以教育工人；我希望有一天能过简单健康的生活，有一群有趣的孩子，有一定的归属感；我希望推动一项唤起我领导意识的事业。我是否愿意继续学习生物、地理等知识？不，我想做一个女人，并不想成为一名学者"②。她没有下定决心进入学术界，既是因为她考虑到进入学术劳动力市场的可能性渺茫，也是因为她倾向于直接采取政治行动，但这并不意味着她没有受到芝加哥那段时期的影响。③ 她的论文中有一段自传性质的记录。"1917 年，我移居芝加哥，开始了我的学术生涯。我通过三大来源认识生活：战争、城市和大学……对我影响最大的有罗伯特·埃兹拉·帕克教授、乔治·H. 米德教授和威廉·I. 托马斯教授。我大多数关于社会的有用概念都来自帕克教授，他还引导我进入社会学研究领域。"④

在另一份未发表的文献中，她描述了自己与帕克的师生关系：

---

① "Appendix: Preparation of Report," in *The Negro in Chicago*: *A Study of Race Relations and a Race Riot*, Chicago Commission on Race Relations, ed., 1921, Chicago: University of Chicago Press, 655.

② Diary entry, March 14, 1919, WRC.

③ 维妮弗雷德曾在一份简历中写道，尽管她只在芝加哥完成了一年的课程，但在 20 世纪 20 年代初，她"获得了艾奥瓦大学的教职。埃尔斯沃斯·法里斯（Ellsworth Faris）引荐了我，他曾在艾奥瓦大学任教并于 1925 年成为芝加哥大学社会学系的系主任。我准备接受这份工作，但随后遭到了拒绝，因为我的德国名字。我的祖父奥古斯都·劳申布赫在 19 世纪 40 年代来到美国，是纽约州罗彻斯特市的一名教授，我和父亲就是在那里长大的。1916 年，我得到了一份在东部黑人学院教社会学的工作。我的欧柏林大学社会学教授赫伯特·阿道弗斯·米勒（Herbert Adolphus Miller）推荐了我。我父亲不希望我接受，所以我拒绝了。由于这两次事件的结果，我转而投身写作"。载于 WRC 未注明日期的文件。这个故事听起来好像是，如果当时的情况不同，她很可能已经进入学术界了。

④ 这份名为"维妮弗雷德·劳申布赫"的文献未注明日期，载于 WRC。

在 1919 年至 1921 年以及 1923 年至 1925 年期间，我曾担任罗伯特·帕克的助理，协助由他主持的研究工作：第一项是对外语新闻的研究，由卡耐基基金会资助；第二项是对太平洋沿岸种族关系的调查，由社会和宗教研究所资助。在这段时间里，当我偶尔自言自语说想去芝加哥大学上一门写作课时，帕克都对我的想法嗤之以鼻。后来，我的丈夫，当时是一名报社记者，也和帕克博士一样，有着同样的立场。他们二人都认为，最好是在当报社学徒时学习写作。我没有从帕克博士那里得到相当于记者水平的训练，但我得到了社会学研究的训练，毫无疑问，这与他的许多其他学生得到的训练在性质上非常相似。虽然我们是雇主和雇员的关系，他还是继续无偿地指导我。①

4

除了维妮弗雷德对左派的同情和对芝加哥式社会学的赞赏之外，很少有证据能表明她早年思想的特点。她的日记表明，和父亲一样，她非常关注宗教与社会主义之间的关系。在她父亲看来，再分配是宗教义务，维妮弗雷德却认为宗教幻想和社会主义乌托邦是一体的。"自从基督诞生以来，"她指出，"有两种伟大而突出的现象，即宗教和社会主义。在那里，个体，不论种族和国籍，都相互联合在一起……原始人创造了天堂……社会主义者发明了人间天堂——乌托邦。宗教和社会主义都肯定了人类可能获得的幸福，它们都是继欧洲文明后的伟大信仰。"② 虽然这些日记表明她正准备就这个话题写一篇更长的论文，但她记录的大部分思想都更具私人性质，描述了她在与男性交往时所面临的磨难。

对《移民新闻》(The Immigrant Press) 的研究完成后，维妮弗雷德又回到芝加哥，在芝加哥种族关系委员会任职。该委员会负责出版《芝加哥黑人》(The Negro in Chicago) 一书，这本书研究了第一次世界大战期间困扰芝加哥的种族骚乱。她对这本书的具体贡献还不清楚，但她一生

---

① 未注明日期的文献，载于 WRC。
② 1919 年 2 月的日记，载于 WRC。

都对种族骚乱保持着兴趣。1921年,她回到纽约,开始从事各个项目的研究,包括研究地狱厨房的社区紧张局势,以及和其他几位研究人员一起重修一部有关圣路易斯各个教堂的著作,后者是约翰·D. 洛克菲勒(John D. Rockefeller)资助创立的社会和宗教研究所委托的项目。该项目一直持续到1923年,那一年她再次回到帕克身边,为他的太平洋沿岸研究工作,该研究项目也是由社会和宗教研究所资助的。

《移民新闻》有多少是维妮弗雷德所写已经不可能知道了,帕克承认她的帮助是无价的①,参与种族关系的调查让她在1926年的《图解调查》(Survey Graphic)上发表了两篇文章。《图解调查》汇编了整个团队的发现②,而维妮弗雷德的这两篇文章给我们提供了了解她社会学思想的最早证据。正如亨利·于(Henry Yu)在《东方思维》(Thinking Orientals)一书中所说的那样③,这项调查最初是由关注太平洋沿岸"反亚裔风潮"的社会福音传教士发起的,他们希望收集一些数据,以了解当地日益增长的亚洲人口被同化的情况以及皈依基督教的可能性。帕克被选为研究主任,主持这个项目。1923年,维妮弗雷德以每周60美元的工资受雇于研究小组④。她走遍了整个地区进行采访。

她为《图解调查》撰写的文章是基于她在加州中央山谷、旧金山和温哥华所做的研究。帕克有关种族关系循环的理论与群体互动的生态学观点有关,这种观点强调在资源有限的空间环境中必然开展的竞争与合作的过程。维妮弗雷德在一篇题为《他们在阳光下的地位:土地法实施九年后的日本农民》(Their Place in the Sun: Japanese Farmers Nine Years after the Land Laws)的文章中,利用这一观点研究了加州两个乡村小镇中白人与第一代和第二代日本移民之间的互动模式,这证明了帕克在智性上对她的影响。其中一个小镇的关系变得紧张:日本移民的人数已经超过了白人,他们的优势地位允许他们建立自己的自治社会机构,如学校、教堂、企业和志愿者协会等。日本移民之间围绕宗教和社会等级的内部纷争,也

---

① 尽管安东尼·史密斯的影响贯穿整章,但在这里,我尤其感谢他出色的研究协助。

② 其中包括埃默里·博格达斯(Emory Bogardus)关于"社会距离"的一篇文章,以及帕克题为《我们在太平洋上的种族边界》(Our Racial Frontier on the Pacific)的一篇文章。

③ Henry Yu, 2001, Thinking Orientals: Migration, Contact, and Exoticism in Modern America, New York: Oxford University Press, 21.

④ Galen Fisher to Winifred Raushenbush, July 3, 1923, WRC.

削弱了其社区与白人协调互动的能力。因此,尽管"美国人和日本人生活在一起……32年了……这两个族群却没有共同的事业,在过去六年里,他们的联系不但没有增加,反而比以前更受限了"①。社会距离,再加上日本人对该镇有限农田资源的垄断,导致了种族关系紧张,该镇最近也成了反日风潮的温床。

相比之下,在第二个小镇,种族关系要好得多。白人不希望更多的日本人搬进来,但他们对那些已经住在那里的日本人并不是特别有敌意。维妮弗雷德用四个发现解释这一现象:第一,日本人仍然是少数,这就迫使他们定期要与白人接触;第二,这里的土壤相对肥沃,这意味着,对白人和日本农民来说,生活没有第一个小镇那么艰难,这促进了邻里的和睦气氛;第三,这里的"日本人并没有因为与众不同而让自己变得令人讨厌:他们没有让自己的女人下地干活,男人穿着量身定做的衣服,社区里的人几乎都是虔诚的基督徒,而不是在加州信仰佛教";最后,日本社区领导人运用"智慧",支持有益于所有居民的城镇项目和事业。②简而言之,在第二个小镇里,种族关系循环得到了充分体现,这表现在年轻的日裔美国人越来越多,虽然他们注定一生都承受着生来就是美国人、血缘上又是日本人的负担③,但他们表现出了被同化的迹象:掌握英语、渴望上大学、进入主流商业世界,甚至像一位曾被记录的女性一样,怀揣着嫁给白人的念头。除了引用帕克的理论框架外,这篇文章还采用了芝加哥学派典型的案例研究方法,利用了报纸报道、采访和历史材料等大量数据来源。维妮弗雷德在书中的另一篇文章中也运用了帕克的理念,将旧金山和温哥华的唐人街进行对比,展示二者变成种族贫民区的过程,并指出贫民区的产生尽管是出于偏见等可以理解的原因,但这些贫民区也是阻碍中国移民完全融入美国社会的障碍。④

---

① Winifred Raushenbush, 1926, "Their Place in the Sun: Japanese Farmers Nine Years after the Land Laws," *Survey Graphic*, May, 141-45 and 203, 142.
② Ibid., 144.
③ Ibid., 144.
④ Winifred Raushenbush, 1926, "The Great Wall of Chinatown: How the Chinese Mind Their Own Business behind It," *Survey Graphic*, May, 154-58 and 221.

5

当调查接近尾声时,维妮弗雷德回到了纽约,这次是带着罗蒂一起。①虽然二人早就声称自己从属于左派阵营,但詹姆斯·罗蒂在 20 世纪 20 年代末和 30 年代初的激进化,与他的妻子的激进化并不是孤立进行的,而是同时发生的。维妮弗雷德在一篇致谢帕克的文章中,称自己是"和平主义者和社会主义者,在我一生里对我影响最大的外部事件中,我将把萨科和万泽提事件排在第一位,战争排在第二位,美国在当前大萧条时期的无计划性排在第三位"②。维妮弗雷德的激进化既不涉及对社会主义的新承诺——实际上她从小就是伴随这样的立场成长的——也不涉及成为共产主义政党的正式成员,而是表现为对激进的社会批评越来越感兴趣,这种批评可以引导人们对处于危机中的资本主义制度产生变革的要求。她的这种兴趣与她在芝加哥大学接受的训练产生了矛盾。她并不怀疑帕克的研究方法的价值。作为《纽约先驱论坛报》(*New York Herald Tribune*)、《国家》和其他出版物的书评人,她继续赞颂芝加哥社会学的优点。③ 但是和罗蒂一样,维妮弗雷德对包括社会学家在内的学术型社会科学家越来越没有耐心,指责他们常常退回到职业化和专业化的状态,而不是将自己的知识用于改变社会。例如,她在 1931 年说,"学者——也就是社会科学家——回避了思想家应从事的一项非常简单的预备性任务,即用自己的双手来数一数具体情形下的所有因素。他把自己局限在专业中的琐事上,或是无意义的领域中,忽视了领域周围的问题。要是让他把所有情况都全盘考虑一下,就像一个好医生所必须做的那样,他就会谦虚地躲在衣领后面,说你要求得太多了"④。1932 年,她以同样的口吻抨击了保罗·克雷西(Paul Cressey)的经典作品《出租车舞厅》(*The Taxi-Dance Hall*),理由是"作为一个社会科学家,他的职责是在与当代世界,这个 1932 年

---

① 罗蒂和维妮弗雷德在旧金山相遇,但他们相遇的具体情况不得而知。

② 未注明日期的文献,载于 WRC。

③ 例如,Winifred Raushenbush, 1929, "Main Street Is Dying," *Nation*, March 6, 128: 290; Winifred Raushenbush, 1929, "An All-American Annual," *Nation*, March 13, 128: 323-24。

④ Winifred Raushenbush, 1931, "Labor Analysis and Research," *New York Herald Tribune*, October 4, Section XI: 15.

的世界的关联中,去引导社会工作者",后者可以介入书中所描写的男男女女的生活,但是"很显然……他没有完成"这项任务。①

在1931年关于女性时尚的一篇文章中,维妮弗雷德努力将芝加哥社会学和激进的批评以一种更令人满意的方式结合起来。这篇文章被收录在玛格丽特·米德(Margaret Mead)编辑的一本选集中,它在书中的位置证明了维妮弗雷德及其丈夫与纽约学者集群重要人物之间的社会关系。该书的一位编辑,V.F.卡尔弗顿(V.F.Calverton),创办了《现代季刊》(*The Modern Quarterly*)。这本激进的杂志创立于20世纪20年代初期,"20年代投稿最多的撰稿人是马科斯·伊斯特曼和悉尼·胡克这些坚定的马克思主义者"②。《现代季刊》与《新群众》都是文学激进主义的重要平台。③ 虽然维妮弗雷德关于时尚周期的概念要归功于帕克对社会进程的兴趣,而影响了帕克的齐美尔也曾对时尚感兴趣,但维妮弗雷德对这个话题的处理方式仍然是兼收并蓄的,她将只能被描述为女权主义者的敏感性的东西与凡勃伦对地位标记物的关注结合起来。④ "人们可以通过研究一个文明的神来了解这个文明。"她在文章开篇如此宣告,"毫无疑问,我们美国贪婪的文明之神是物。"⑤ 对女性而言,时尚是这种贪婪倾向的主要出口。这本身就足以引发谴责,因为崇尚物质的文化"本质上是空虚的"⑥。但维妮弗雷德的观点不仅仅是批判时尚的过度物质主义,其论点的核心是更深远的主张,即社会生活中有很多关于地位的争逐。时尚被这样的争逐所裹挟,不仅仅是因为人们试图通过这种方式在物质上体现自己的阶级地位。同样罪恶的是,从妇女的集体利益来看,时尚是妇女相互竞争的工具,是争取和留住理想丈夫的部分过程。维妮弗雷德指出,这一点颇具讽刺意味,因为大多数男性对伴侣的时尚选择毫不在意。然而,妇女对身份差异的需求与强调特定款式"及时性"的时装周期逻辑相吻合,这有利于时装

---

① Winifred Raushenbush, 1932, "Automat for the Lonely," *New York Herald Tribune*, July 24, Section X: 7.

② Pells, *Radical Visions and American Dreams*, 14.

③ Jumonville, *Critical Crossings*, 6.

④ 凡勃伦自己写的时尚方面的文章。有关时装的社会学工作的讨论,见Diana Crane, 2001, *Fashion and Its Social Agendas: Class, Gender, and Identity in Clothing*, Chicago: University of Chicago Press.

⑤ Winifred Raushenbush, 1931, "The Idiot God Fashion," pp.424-46 in *Woman's Coming of Age: A Symposium*, Samuel Schmalhausen and V. F. Calverton, eds., New York: Horace Liveright, 424.

⑥ Ibid., 445.

工业。维妮弗雷德在引用"纽约时尚分析师"的评估时指出，在经济衰退的三年中，生活在"舒适"收入水平之上的普通美国家庭每年在服装上的花费仍然在 600 美元到 2400 美元之间，她认为这个事实令人羞耻。①

维妮弗雷德在文章中的折中主义并非无足轻重。这反映了她在政治和思想上的焦虑。一方面，尽管她试图谴责美国消费资本主义的整个机制，但她的陈述中仍然有一些难以令人信服的地方。有一点虽然在这篇文章中是隐晦的，但是在她为女性杂志撰写的其他大量有关时尚的文章中却写的很明确，即无论她对时尚制度有多挑剔，她都是时尚审美的欣赏者。另一方面，她表现出非常不愿意接受严格的马克思主义观点，因为这种观点会让时尚沦为纯粹的剩余价值。这种不情愿部分源于她长期以来对任何形式的乌托邦主义的怀疑。事实上，她的激进主义并不幻想美国即将发生革命，人们最多只能寄望于社会逐步改善。例如，在评论珍·亚当斯（Jane Addams）的《在赫尔宫的第二个二十年》（*The Second Twenty Years at Hull House*）时，她赞扬了亚当斯在一战结束后几年里对乌托邦想象的淡化。她指出，亚当斯"最终的哲学是指社会改变是慢慢发生的……文化传播的学生可能证实了她的发现"②。后来，她还以"人类社会不是无限完美的"这一信念为前提，描述了自己在冷战期间创作的小说所依据的"个人观点"③。她所反对的并不是乌托邦式的梦想，而是她觉得乌托邦主义者总是高估了自己的能力，即将自己中意的政治社会制度强加给那些其文化会抵制这些制度的社会。美国的乌托邦主义者尤其如此。她在给丈夫的信中写下了如下的一段话，这将触动她的儿子理查德·罗蒂的心弦并对他产生重要影响。

> 我能感受到与我交谈过的许多美国人心中都有一种渴望，那就是他们希望美国能够担当起先行者和发明者的角色，他们在孩提时代接受的教育就是这样的。如果美国的转变能够以与共产主义或法西斯主义的颠覆手段大不相同的方式实现的话，美国人一定会很高兴。我相信，列宁等最优秀的革命家都认识到，人们必须与民族的气质打交道，与之合作，理解它。不一定要过于关注它，但要了解它，就像艺术家了解自己的木材或

---

① Ibid.，436-37。
② 未注明日期的手稿，载于 WRC。
③ 见其 1965 年秋天的小说日记，载于 WRC。

> 陶土。艺术家还有些什么材料？我对纽约激进分子的印象是，他们总是谈论自己的工具，而不详细谈论自己的材料。①

正是为了克服这一缺陷，她鼓励詹姆斯·罗蒂在《生活更美好的地方》一书中探索民族的"气质"。她在给丈夫的信中对这本书提出了建议："要想敲响警钟，你必须按照我说的去做……回答那些几乎每个美国人心中都有的模糊但重要的问题。接下来会发生什么事？我们必须效仿欧洲吗？什么是美国人？我们应珍惜什么并拿来滋养自身？或者采用最简便有效的方式，可以说说美国对你而言是什么，说说你的历史、你对美国的看法、你对美国的感觉，如果你有这样的历史和感觉的话。我有。"②

6

维妮弗雷德在1931年生下儿子理查德·罗蒂，而詹姆斯·罗蒂经常因为写作任务不在城里，因此她在30年代的写作产出减少了，尽管她还是会继续评论书籍，偶尔发表文章，并且为丈夫提供研究支持。后来，她在写小说的时候，对家庭主妇的角色感到恼火，但在30年代她对此持有更加矛盾的态度，一度请求丈夫不要处理家庭经济事务，因为她完全有能力做好，就像做好其他事情一样。1934年，罗蒂在为写作《生活更美好的地方》而游历美国时，她写信恳求道，"如果你让我来处理这件事（指家庭经济事务），你就不会自找麻烦了。如果你能学会一个诀窍，亲爱的，那就是在某一时刻或某一段时间，向另一个人屈服。做一个被动接受的人，汲取营养。如果你能学会那个窍门，我可以使你从很多事情中解放出来"③。从现在的眼光来看，这封信的特别之处在于，维妮弗雷德批评罗蒂的性别保守主义，并不是为了证明免除她的家庭义务是正当的，而是为了要求增加家庭义务。毫无疑问，其中一部分原因是罗蒂在旅行时身体状况

---

① 维妮弗雷德·劳申布赫写给詹姆斯·罗蒂的信，1934年11月11日，JRC。
② 维妮弗雷德·劳申布赫写给詹姆斯·罗蒂的信，未注明日期，JRC。
③ 维妮弗雷德·劳申布赫写给詹姆斯·罗蒂的信，1934年12月12日，WRC。

不佳,她希望减轻丈夫的负担。还可能是因为维妮弗雷德在儿子出生后体力下降,对她来说,生产很困难,需要很长时间才能恢复,但她感觉自己除了照顾理查德,还有更多的事情可以做。但至少有一部分原因似乎源于她的观点,即虽然女性完全有能力在私人领域之外发挥作用,而且应该给她们这样做的空间,但两性之间的固有差异要求男女在关系中扮演不同的角色。她在给丈夫的信中描述了自己读到玛丽·奥斯汀(Mary Austin)自传时的反应。虽然信中没有注明时间,但她提到的这本书出版于1932年。"她以一种前所未有的方式阐述了美国中西部生活的某些方面,"维妮弗雷德写道,"因为对其他人来说,这些东西是显而易见的,对她的重要习俗来说也是如此。她在一些观察中,给米德尔顿镇增加了很多东西。她是美国的奥利弗·施赖纳(Olive Schreiner)。女权主义者通常是被男性虐待的女性。她写的关于男性的文章纠正了我们这一代人的错误。我们认为男性和女性比实际上的更相似,她那一代人认为男性和女性比事实上差异更大。我向你提出了我不应该提出的要求,因为我认为男女比事实上更相似。我感觉我很快就会对两性之间的最佳关系得出自己的结论。"① 事实上,劳申布赫非但没有斥责罗蒂把家庭责任推给她,反而在表达对两人关系的不满时,指责罗蒂让他自己的工作狂倾向影响了她。②

然而,不仅是女权主义,维妮弗雷德的激进主义在20世纪30年代也开始变得温和(尽管这种激进主义一开始就不是那么教条)。在儿子出生后的十年里,维妮弗雷德回到了自己的书桌前,并于1942年出版了她的第一本独著《战时如何着装》(*How to Dress in Wartime*)。在她之前的一些关于时尚的作品中,她把社会批评放在了十分重要的位置,而为大众读者写的《战时如何着装》却没有这样做。这是一本意见指南。美国女性可以"预料到在战争结束前严重的物质匮乏","但这并不意味着你必须变得邋遢……无论穿不穿制服,衣着邋遢都与美德和爱国主义无关"③。这句话并不是要讽刺什么。该书一章又一章地解释道,在战争期间,作为一个

---

① 维妮弗雷德·劳申布赫写给詹姆斯·罗蒂的信,11月21日(年份未知),JRC。

② 在1934年写给詹姆斯的信中,维妮弗雷德写道:"你对自己要求这么高,对我们两人都有不好的影响。因为你也想把我逼得很紧,把我逼得很不自然。"维妮弗雷德·劳申布赫写给詹姆斯·罗蒂的信,1934年12月7日,JRC。

③ Winifred Raushenbush, 1942, *How to Dress in Wartime*, New York: CowardMcCann, xi.

负责任的服装消费者,在布料短缺的情况下也要尽可能时髦,而不是穿得笨拙粗糙。这一点很重要,因为如果女性拥有"独特的、多彩的、令人愉悦的配饰"和服装,她们的"外表将会鼓舞(自己)和他人的士气"①。

这本书是一本时尚建议手册,但这并不意味着它完全与政治无关。它提到时尚具有振奋人心的功能,这表明维妮弗雷德对战争的作用是赞成的,尽管她之前曾公开宣称自己是和平主义者。更令人吃惊的是,她认为美国文明的伟大之处在于它使个人可以在任何问题上做出自由表达,包括个人对服装的选择,同时最小化阶级差异的表达。这一点在她早期作品中没有明显体现。因此,努力抵制服装标准化这种毫无魅力的形式也是爱国的,因为它将有助于美国坚持其建国理念。她说道:"不仅是过去,还有现在和未来,如果美国人的生活中有着构思缜密的价值观,这些价值观可以承载我们,也许还能承载世界,那么这些价值会反映在我们的服装上,因为服装既是一面镜子,也是一种语言。例如,我们是否有权宣称我们是一个民主国家?""我们的衣服说可以,"她继续说道,"在欧洲和美洲的历史上,服装从来没有像过去20年在美国那样民主。每个人都穿着同样款式的衣服,无论这些衣服的质地和做工如何不同。"② 维妮弗雷德并不是建议每个美国人都要穿得一样,事实恰恰相反。在她看来,中产阶级和上层阶级的女性有平等的机会接触到相似的款式,虽然不是相同的品牌或面料,这进一步表明"世界的道德轴心不再处于欧洲……(而)似乎是在这里"③。这种对美国道德价值的评估与她在1931年论时尚的那篇文章中所阐述的价值判断之间的差距,是再大不过了。这表明,在20世纪30年代和40年代初,维妮弗雷德和丈夫一样,都在向左派爱国主义的方向发展。

7

维妮弗雷德这种渐趋温和的激进主义只会让她的政治参与度更高。大约在《战时如何着装》问世的同时,她还参与了与新生的民权运动有关的各种活动组织。例如,1945年她同时担任"拯救有色机车消防员工作委员会以及美国公民自由联盟反种族歧视委员会秘书",并在一个组织的理事会任职,该组织敦促通过立法使罗斯福设立的公平就业实务委员会永久

---

① Ibid., 101.
② Ibid., 158-59.
③ Ibid., 158.

化。在这些活动中,她将自己身为作家和社会思想家的才能转化到小册子的写作上。她写作的第一本小册子出版于1943年,也就是她的丈夫出版其小册子《吉姆·克劳兄弟》(Brother Jim Crow)的那一年。这本小册子证明了她长期以来都对种族问题感兴趣,它由美国公民自由联盟出版,售价10美分,内容简洁,只有15页,基本论点是社会学研究已经发现了美国种族骚乱的起因,基于这种认识可以采取各种措施防止战时的骚乱。小册子取材于她为《纽约邮报》撰写的四篇关于1943年底特律种族骚乱的系列文章。维妮弗雷德不仅援引了《芝加哥黑人》一书,称其为"可能是现存反映种族骚乱最学术、最公正、最完整的报道"[1],而且引用了帕克的另一位学生查尔斯·S. 约翰逊(Charles S. Johnson)的成果,后者撰写了开创性研究著作《黑人种族隔离的模式》(Patterns of Negro Segregation),并在帕克从芝加哥大学退休后为其在费斯克大学(Fisk University)谋了个职位。维妮弗雷德指出,由于非裔美国人大量涌入军队,各种社会情况都可能导致种族骚乱。基于这一理论,维妮弗雷德找出了23个美国城市,它们"在第二次世界大战中种族关系变得紧张"[2]。然而,她并不认为社会学家应该止步于找出导致不良结果的机制。相反,她提出了一系列市民可以采取的直接措施,这些措施有助于防止市民所在社区发生种族骚乱,包括:努力确保地方警察部队和国民警卫队有足够的人手;确保黑人和白人青年都有满意的就业机会;让神职人员参与缓和种族紧张关系的活动。这些建议的合理性基于两个假设前提:首先,所有公民活动人士应在各地方公共关系委员会制定的规则下共同努力,与政治家和政策制定者协同行动,并对实现必要的变革负起终极责任;其次,种族骚乱的根本原因是"我们战时宣扬的民主与美国黑人生活的实际情况之间存在着太大的差距",劳申布赫认为,"战时生产中心的过度拥挤和服务匮乏"更加剧了这种情况。[3]"虽然她的丈夫在其职业生涯中也提倡过很多社会改革,但她与丈夫之间还是有区别的:劳申布赫坚持认为,这种变革必须自下而上进行,不是简单地通过作家和学者的联合以引起人们对某个问题的注意(这正是詹姆斯·罗蒂的首选策略),而是在良知和社会科学知识的指导下使普通公民通力合作。

工人保护联盟在1945年出版的《没有信仰和肤色的工作》(Jobs

---

[1] Winifred Raushenbush, 1943, "How to Prevent a Race Riot in Your Home Town," New York: American Civil Liberties Union, 12.

[2] Ibid., 3.

[3] Ibid., 6.

without Creed or Color）一书中也有类似的政治愿景。两年前维妮弗雷德的小册子指出了非裔美国人所面临的形势与美国公开宣称的战时民主理想之间的差距，现在维妮弗雷德通过将其与刚被击败的纳粹主义恶行相提并论，表达她对结束就业歧视的呼吁。"战胜纳粹主义后，"她在文章开头写道，"这个国家今天正奋力与一股新力量作斗争，而这股力量不负其伟大的自由主义传统，以使自己摆脱种族主义的威胁和卑劣。"① 这正是理查德·罗蒂多年后所设想的修辞框架，他坚持认为，自己的父母和他们社交圈中的许多人一样，没有"怀疑过美国是一个伟大、高贵、进步的国家，在这里正义终将胜利。他们所说的'正义'其实是指同样的东西，即体面的工资和像样的工作条件，以及种族偏见的终结"②。事实上，维妮弗雷德认为偏见是不爱国的表现，她指出，非裔美国铁路消防员向禁止其就业的南方白人进行抗议，给出了"任何一个有自尊的人和任何一个热爱自由的美国人面对毁灭性的威胁时所能做出的唯一答案"③。在她看来，这种情况并非毫无希望。1941 年，在黑人罢工者的压力下，罗斯福被迫发布了一项禁止就业歧视的行政命令。如果黑人罢工者向华盛顿进军，将会让一个团结起来对抗德国种族主义的国家感到尴尬。尽管这一命令不足以解决问题，但公平就业实务委员会由此诞生，劳申布赫敦促读者给国会议员写信，支持将该委员会变成永久性联邦机构。除此之外，她还鼓励人们在自己的家乡做志愿者，比如当公平就业实务委员会的代表，或者当联络员，以叫那些遭受歧视的人到该委员会投诉。

8

20 世纪 50 年代，维妮弗雷德又发表了几篇文章，包括一篇罕见地与丈夫合著的文章。之所以说罕见，是因为这次她是和丈夫一起署名，而不是在幕后工作。这篇文章发表在《评论》杂志上，探讨了导致纽约皮克斯基尔发生所谓反犹暴动事件的背景。④ 维妮弗雷德和罗蒂走访了事件现场，采访了社区居民，之后得出的结论是，事件的起因并不是反犹主义本身，

---

① Winifred Raushenbush，1945，"Jobs without Creed or Color，" New York：Worker Defense League，5.
② Rorty，Achieving Our Country，59
③ Raushenbush，Jobs without Creed or Color，7.
④ James Rorty and Winifred Raushenbush，1950，"The Lessons of the Peekskill Riots，" Commentary，October，309-23.

而是美国共产党不负责任的行为,因为美国共产党在该镇规模庞大,在社区中造成了紧张关系,造成犹太人流离失所。尽管这篇文章谴责了美国共产党,但除此以外,几乎没有其他内容表明劳申布赫已经和丈夫一样,变成了恶毒的反共分子。

但这篇文章并不是她反对共产主义倾向的唯一迹象。她于20世纪五六十年代撰写的小说在这方面也很重要,表明了她对冷战引起的问题深表关切。她的文档包含数千页的手写草稿和小说笔记,反映出她无法专注于一个主题。小说的标题一度是《妮娜与斯大林》(Nina and Stalin),后来又是不那么乐观的《这冰出自何处?》(Out of What Womb This Ice?)。这本书原初设想的是作为一部政治科幻小说。她在给位于加州太平洋帕利塞德的亨廷顿·哈利福德基金会写信寻求支持时,曾暂时确定了写作的主题,宣称"这部小说的基本主题是人类是否能摆脱他所发明的科技,更具体地说,人类如何能摆脱核陷阱,大多数诚实的人都认为这个问题目前没有明确答案。小说的其中一个主题就是美俄关系的本质和不断变化的特点"①。该书将斯大林描绘为残忍而野蛮的人,并探讨了其政权更迭后缓和局势的可能性。但这本书从未完成。

不过,她还有一本著作,就是受芝加哥大学出版社委托写的一部关于帕克的传记。帕克对劳申布赫给予了高度评价。他在1941年写过一封信,被维妮弗雷德抄录在题为"帕克对我的评价(What Park Said about Me)"的两页文件上。信中帕克回忆道,"我共事和交往过的所有人中,你是最亲切的同伴、最好的朋友。不,我应该修正一下我的话,其实还有另外两个人。一个是你从不认识的汤姆·莱西(Tom Lacey),另一个是你认识的W.I.托马斯。但你真是个好伙伴,智力超群,无拘无束,精神饱满……你对任何地方或好或坏的任何事物都充满兴趣——这对人来说非常有趣"②。与传主的亲近对于书写优秀的传记十分重要,这一点在书中并不明显,但芝加哥大学出版社的编辑和帕克以前的学生似乎就是这样想的,他们中的许多人把对帕克的回忆和与帕克有关的轶事寄给了维妮弗雷德,这些资料后来被辑录在这本书中。有趣的是,维妮弗雷德并不认为这部传记与其更宏大的政治议程无关。除了认为社会学应该指导社会改革外,她认为帕克最值得欣赏的地方是其生态逻辑视角,这是了解自然世界和社会世界的框架,可以有力纠正共产主义存在的问题。在为丈夫写的一

---

① 小说日记,1963年2月16日,WRC。

② 未注明日期的文件,WRC。

篇演讲词中，维妮弗雷德称赞帕克是"人类生态学领域唯一的先驱"，甚至断言只有在帕克的贡献的基础上，并且接受"生存……是所有思考未来的基础"，西方才有希望赢得其历史性的斗争。"在与共产主义阵营的竞争中，我们缺少一种工具，"她写道，"这是一种与马克思主义一样清晰易懂的意识形态，带有西方想要创造的未来蓝图。未来几十年的意识形态，当其诞生的历史性时刻到来时，很可能围绕人类生态学的概念建立起来。"①

这本传记是维妮弗雷德晚年所写，她没有受过学术史方面的训练，所以这不是她最好的作品。它详细叙述了帕克的生活和事业，但使用了一种为圣徒作传的语气，不仅回避了对其思想的严肃批判，而且没有提出和维护一种原创性的解释理论。芝加哥大学出版社的一位匿名评审对其中一章的评论是，它包含了"许多诱人的细节，却没有随之而来的大餐"②，这就是整本书的故事。评审建议大幅修改。维妮弗雷德显然不愿意接受这个建议，她把手稿寄给了杜克大学出版社，后者同意出版。这表明在思想上对她影响最大的是帕克，而不是对她儿子来说非常重要的美国古典实用主义哲学家，同时表明她未能贯彻芝加哥评审非常具体的建议。"我从这本传记中看不到杜威、詹姆斯和米德对帕克的思想影响"，这位评审说，"对于一个读过杜威论公众和公众舆论的作品，以及他对人性的理解的人来说，很容易看到他们之间有一些共同关注的问题和视角。但这些书中都没有提到。书中倒是以崇敬的语气提到过威廉·詹姆斯，但却没有涉及其思想。"这些内容也不会再出现在手稿的最终版本中。1979年，杜克大学出版了这本书，同年晚些时候，维妮弗雷德去世。

---

① Winifred Raushenbush, "A Note on Human Ecology", 未注明日期，WRC。这份两页的文件上有一张手写的字条，上面写着"詹姆斯·罗蒂为演讲所写"。

② 寄给副主编玛丽·瓦瑟尔曼的匿名评论，芝加哥大学出版社，1974年8月3日，WRC。

第三章
哈钦斯学院

1

1929年，罗伯特·梅纳德·哈钦斯（Robert Maynard Hutchins）就任芝加哥大学校长，此时他接手的芝加哥大学已是现代美国大学研究中心的代名词，而20年后，理查德·罗蒂将来到这里接受学业。1892年，芝加哥大学由约翰·D. 洛克菲勒（John D. Rockefeller）出资创办，该校借鉴了柏林和哥廷根等地德国顶尖大学的组织形式和以研究为使命的理念，这一模式由丹尼尔·科伊特·吉尔曼（Daniel Coit Gilman）在创建约翰斯·霍普金斯大学时引进。在第一任校长威廉·雷尼·哈珀（William Rainey Harper）的领导下，芝加哥大学吸引了一批杰出的教师，其吸引力在于：教师有机会参与令人兴奋的思想交流，这种交流在海德公园是稀松平常的；哈珀能够提供高额薪资；虽然芝加哥大学被隔离在芝加哥南区，但该校在快速的城市化和社会变革时期仍充满活力，这种活力指引着其开展研究的方向。正是在这种背景下，约翰·杜威和乔治·赫伯特·米德受到吸引，从密歇根来到芝加哥。杜威的实用主义致力于在不断变化的社会政治环境下重建知性实践，这种思想在哲学系之外也受到欢迎，成为一种"公共参考框架……使得一个领域的发现可能对另一个领域的研究具有重要意义"[①]。此外，芝加哥大学在研究生和

---

① Darnell Rucker, 1969, *The Chicago Pragmatists*, Minneapolis: University of Minnesota Press, 162.

本科生的教学上也享有很高的声誉，这在很大程度上是因为它可以让学生接触到美国一些顶尖的学者和科学家。

然而，随着芝加哥大学研究方向的确立，其本科教育开始越来越多地通过专业院系来实施，就像美国其他研究型大学一样。在20世纪的前20年里，一场反对这种趋势的全国性运动开展起来。① 尽管主张学术专业化的人坚持认为，只有接受专业领域的训练，才能让本科生应对复杂的现代社会，但有些人认为在这种新的制度下，学生缺乏共同的概念词汇和文化参照框架，因此呼吁重建古典课程。与这一争论相关的是另一种争论。专业化的倡导者们有时会援引杜威的观点，指出美国的教育体系，尤其是小学教育体系，应该沿着经验的道路来重建，以便教授学生思考的技能和技巧。难道不同学科的技能和技巧对于受过教育的精英人士来说是无益的吗？而且，考虑到科学的迅速发展，难道不需要专业教育来达到这一目的吗？针对这种观点，至少在新兴的通识教育运动中，有些人认为教育应该传授永恒的真理和美德，而这些都被记载在足以称为经典的伟大著作中。他们认为，这些文本应该被重新摆放到大学课程的中心位置。丹尼尔·贝尔（Daniel Bell）指出②，这场运动兴起的背后有一股更强大的社会力量。对通识教育的需求与这个国家要求移民社区美国化的呼声不谋而合。在这种情况下，属于白人和中上层阶级、一定程度上以古典艺术和文学知识来定义自身的新教文化，在其权威面临挑战时，便将自身奉为圭臬。哥伦比亚大学是第一个以重要方式响应这些号召的大学。1920年，"通才"约翰·厄斯金（John Erskine）在这里开设了一门多年制荣誉课程（honors course），学生们在课上阅读西方文明的杰作，也包括威廉·詹姆斯等一些近代作家的作品。③

---

① Anne Stevens, 2001, "The Philosophy of General Education and Its Contradictions: The Influence of Hutchins," *Journal of General Education* 50: 165-91.

② Daniel Bell, 1966, *The Reforming of General Education: The Columbia College Experience in Its National Setting*, New York: Columbia University Press.

③ Stevens, "The Philosophy of General Education," 168. 关于通识运动背后的社会因素，下面一本书给出了一种非常不同的解读：Donald Levine, 2006, *Powers of the Mind: The Reinvention of Liberal Learning in America*, Chicago: University of Chicago Press。

哈钦斯接任芝加哥大学校长的时候，正值这家机构处于迷茫的时期："这所大学……走过了一段辉煌的历史，却正对其未来感到不安。"① 哈珀于1906年去世，之后的两任校长在任期间并没有带来多少创造力。大萧条即将来临，芝加哥大学面临着来自其他大学日益激烈的竞争，比如中西部的州立大学正在巩固各自的研究领域，而许多本科生变得"对'大学生活'比对思想成长更感兴趣"②。在哈钦斯到来之前，有一项被付诸实施的计划改变了这里的本科教育，这项计划要求所有学生修完两年的通用调查课程，但这一改变对哈钦斯来说还不够彻底。哈钦斯自身是在欧柏林大学接受本科教育的，后来在耶鲁大学获得了法律学位，28 岁时成为耶鲁大学法学院院长。比起学者身份，哈钦斯更像是一位政治家和管理者，在学术问题上，他依赖于朋友莫提默·艾德勒（Mortimer Adler）的建议。艾德勒是一位哲学家，在厄斯金的指导下于哥伦比亚大学接受本科教育，哈钦斯曾与他"在一项关于证据法规则的研究中"③ 有过合作。作为经典著作教育法（the Great Books approach）的倡导者和托马斯·阿奎纳（Thomas Aquinas）的追随者，艾德勒直言不讳地批评了杜威，后者于1905年从芝加哥大学转到了哥伦比亚大学。艾德勒反对杜威的实用主义，他赞成杜威所否定的一切："否定形而上学和神学是独立于经验科学的，否定宇宙的稳定性和人类知识的确定性，否定超越于变化的环境和适于一切时空的道德价值，否定教育作为知识学科的合理性和学习的启明作用，否定自我显现的人格神和与人类超自然救赎有关的天意"④。在艾德勒的影响下，哈钦斯制定了一项计划，不仅要在芝加哥大学开设古典课程，而且还对哲学系进行改造，以削弱实用主义在芝加哥大学的影响。⑤ 哈钦斯对哲学系的架构所做的改变将在后面讨论，目前我们最关心的是其所实施的课程改革。在十年之内，学生将能够在读完高二之后进入芝加哥大学，因为哈钦斯认为，相比于美国教育系统的规定，有天赋的学生已准备好更早

---

① Hugh Hawkins, 1992, "The Higher Learning at Chicago," *Reviews in American History* 20：378-85，379.

② Ibid.，379.

③ Gary Cook, 1993, *George Herbert Mead：The Making of a Social Pragmatist*, Urbana：University of Illinois Press，184.

④ Mortimer Adler, 1941, "The Chicago School," *Harper's*, September, 377-88，382.

⑤ 在其对通识教育运动的修正主义描述中，莱文认为哈钦斯和杜威的共同点比通常认为的要多。总的来说，哈钦斯并不反对经验主义，这是千真万确的。

地接受大学的训练①，在那里他们将接受"四年通识教育，几乎包括所有需要学习的课程，而不必专注于某一专业或领域"②。在哈钦斯学院里，课程的"开发和教授是由自治的大学院系负责的……学院使用的主要教学材料是一些原创作品或其中的选段（'大片段'），而非教科书，主要的教学方法是就这些材料展开讨论，以应对非指定教师命题的考试"③。这些考试是综合性的，涵盖学生对某一学科应掌握的所有知识。正如厄斯金的荣誉课程一样，这所学院的课程也没有忽视最新的知识成果。其包括"三个领域的规定课程：社会科学、人文学和自然科学"；在每个领域，学生都要依次学习"三门相互关联的一年制课程"④，同时学习英语、数学、历史、西方文明和一门外语，然后再学习一门叫作观察、解释和整合（OII）的核心课程。尤其是在社会科学和自然科学领域，"大多数教材都是最新的"⑤。那些希望探索更专门学问的学生将"被鼓励继续留在学校学习，在所选择的领域里完成硕士学位"⑥。

2

哈钦斯大学的理念吸引了詹姆斯·罗蒂和维妮弗雷德·劳申布赫。理查德是一个智力早熟的孩子，在学校里没有受到足够的挑战，把15岁的他送到芝加哥，或许会有利于他的教育。在考虑这一举动时，詹姆斯和维妮弗雷德一定会因为对理查德的深深依恋而感到折磨，也担心一个15岁的擅长读书的孩子不适合独自生活。从一开始，维妮弗雷德的育儿哲学就是把理查德当作一个有巨大潜力的年轻人来对待："布科（Bucko，维妮弗雷德对理查德的昵称）除了是他将努力成为的样子外，我不期待，也不认为他会是其他什么样子……我在阅读林肯时发现，像布科这样优秀的孩子都有类似的特点。和布科一样，林肯也有敏锐的记忆力，特别友善，既是

---

① Robert Hutchins, 1933, "The American Educational System," *School Review* 41: 95-100.

② Hawkins, "The Higher Learning at Chicago," 381.

③ F. Champion Ward, no date, "Principles and Particulars in Liberal Education," RRP, 4-5.

④ Manuel Bilsky, 1954, "Liberal Education as 'Philosophy,' " *Journal of Higher Education* 25: 191-96 and 226-227, 192-93.

⑤ Ward, "Principles and Particulars," 5.

⑥ Stevens, "The Philosophy of General Education," 170.

一个孩子，也是一个男人。我会继续把布科既当作孩子也当作男人来对待，因为第一，我得到了更好的结果；第二，我认为布科也值得如此被对待。他认为自己就是那样的人。而在我的记忆中，我也是这么认为的。"①她和丈夫对儿子倾注的感情得到了回报。詹姆斯在旅行中为《生活更美好的地方》而奔波，该书的书名是从他先前所写的有关加利福尼亚的小册子中借用而来的，当时，维妮弗雷德在信中劝他回家，令人心酸的是，当时五岁的理查德用蜡笔在一本书的封面上潦草地写道："纽约：生活更美好的地方"②。

像其他拥有深厚文化资本的父母的孩子一样，理查德的许多童年活动都涉及对文化和思想世界的稚嫩探索。6岁时，理查德写了一出关于威尔士王子爱德华加冕礼的戏剧，并为父母及其朋友表演。③ 7岁时，他写信给哈佛大学天文台，表达了自己想成为一名天文学家的愿望，并询问他目前在学校里没有学习这门功课是否可行。④ 年仅12岁时，他就在新泽西州瓦尔帕克镇一所学校的毕业典礼上发表演讲，纪念作曲家斯蒂芬·福斯特（Stephen Foster）的生平和成就。⑤ 次年，他开始编辑学校的学生报纸《迷你峡谷新闻》（*Minisink Valley News*）。

如第一章所述，理查德曾在伯克利学院就读，这是布鲁克林的一所私立学校，其间大部分时候他都和父母住在纽约市。为此他还获得了奖学金。尽管从20世纪30年代末起，理查德的父母大部分时候都住在新泽西农村，但为了让理查德继续接受教育，在40年代初，他们曾试图在纽约市的其他私立学校为他争取奖学金。⑥ 这些似乎都没有成功，这不仅解释了为什么他仍然在农村学校上学，也解释了为什么中学时候，他陪父母长途旅行去纽约时，会暂时入读那里的公立学校。虽然他在纽约的课外经历值得回忆——在其自传体随笔《托洛茨基与野兰花》（*Trotsky and the Wild Orchids*）中，他回忆了12岁时的夏天，往返于父母在工人防御联

---

① 维妮弗雷德·劳申布赫写给詹姆斯·罗蒂的信，1934年11月8日，JRC。
② Book cover, 1936, RRP.
③ 18. Rorty, "It Has Happened Here."
④ 见写给理查德·罗蒂的《珍妮》，1938年5月12日，JRC。
⑤ 瓦尔帕克镇学校毕业典礼，1943年6月11日，RRP。
⑥ 在一封日期为1994年6月29日的信中，维妮弗雷德向布鲁克林的工业预备国家走读学校（the Polytechnical Preparatory Country Day School）的负责人为理查德争取奖学金："过去理查德在私立学校上学时，就是靠奖学金的帮助，因为我们有限的财力负担不起。"JRC。

盟（the Workers Defense League）和汽车搬运工兄弟会（the Brotherhood of Sleeping Car Porters）的办公室，为他们运送文件——但是当时他更喜欢在瓦尔帕克（Walpack）上学，这段经历成了他1943年在学生报纸上所发表社论的主题："虽然我们只有三十个学生，而城市的学校有三千多名学生，但过多的学生有害无利……人数不足正是乡村学校最好的礼物。"①

但他写的不仅仅是这些个人经历。例如，年仅13岁的他于1944年1月发表了一篇文章，为当时战争的胜利而欢呼，他认为开展饥荒救济，尤其是在印度这样的国家开展这样的活动，应该成为战后恢复计划的一部分，因为物质匮乏可能会导致法西斯主义的崛起，德国便是如此。② 2月，他表示支持美国的农业救济政策，他说，这需要扩大种植面积，发展新技术，目的都是预防饥荒。③ 在一份未注明日期的报纸上（可能是在圣诞节前后所写），他提到了一些可能会让沃特·劳申布赫感到自豪的主题："这场战争不止在一个方面可以与耶稣的斗争相提并论。基督就像是地下领袖，他在被罗马占领的巴勒斯坦为解放受压迫者而战斗。他那为了普通民众的自由原则，也是俄国人、法国人、中国人和我们美国人在各自的革命中为之奋斗的。"④ 这些文字，无论是其相对精巧的表述还是论述的主题，都体现了罗蒂父母的影响。这并不是因为罗蒂夫妇有着高收入，可以让理查德读最好的学校——他们一生都在经济上苦苦挣扎。⑤ 相反，罗蒂夫妇把他们的写作、批判性分析和政治论述才能传给了理查德。

想想理查德在语言方面的能力。1946年5月，在理查德收到芝加哥大学的录取通知之前，当时14岁的他在弗拉特布鲁克维尔住了一周，照顾父母的房子，处理他们的信件，那时他的父亲在田纳西州为田纳西河流域管理局工作，母亲则在纽约市。在那段时间里，他偶然看到了詹姆斯写给维妮弗雷德的一封信，信中詹姆斯担心他们无法供理查德上大学。理查德马上回信说道：

---

① *Minisink Valley News*，March 24，1943，RRP.
② *Minisink Valley News*，January 31，1944，RRP.
③ *Minisink Valley News*，February 28，1944，RRP.
④ *Minisink Valley News*，未注明日期，RRP.
⑤ 詹姆斯曾经告诉儿子，对他和维妮弗雷德来说，"赚钱并不容易"。詹姆斯·罗蒂写给理查德·罗蒂的信，1950年6月6日，RRP。

> 我不太明白你对我上大学的看法。我以为我已经为上大学的事尽了全力。无论如何都没有理由认为,我不可以随时去工作一两年。理性而言,我想我会说,我希望不去。我认为你并不愿意照你的方式供我读完大学。我在中学时努力保持高分,而且我认为自己做得相当好。我打算继续这样做。如果你发现我对钱的看法不现实,请马上告诉我。我知道自己时不时会这样,但那是因为我没有充分了解我们的财务状况。我还只有14岁,我希望这几年在所有这些方面都有所提高。①

理查德对这段文字的控制非常出色:他认为父亲的担心是毫无根据的,并将其解释为是更加理性的儿子未能"理解"这些担心;句子简练精确,搭配使用重点词汇和非重点词汇来强调自己的观点("理性而言,我想我会说,我希望不去。我认为你并不愿意照你的方式供我读完大学");无论是当时还是现在,他所运用的词汇和短语("我没有充分了解")显然对14岁的孩子来说是罕见的。

从这篇文章可以看出,罗蒂很可能是从父母及其社交圈中习得了这种复杂的语言使用习惯。罗蒂夫妇显然都是作家,他们家里充满了通常被认为高度符号化的语汇和语言用法。从家庭谈话到家庭成员之间的通信,再到塞满家中的书籍、手稿和杂志,都在展现着他们的语言能力,并使其不断发展。这给了理查德一定的优势,尤其是由此产生了一种期望,即理查德应该也能熟练地运用语言。虽然很多孩子会为父母和朋友表演戏剧,但很少有孩子会像理查德小时候那样在"艾伦·塔特(Allen Tate)及其妻子卡罗琳·戈登(Caroline Gordon)、罗伯特·佩恩·沃伦(Robert Penn Warren)和安德鲁·利特尔(Andrew Lytle)"这样的观众面前表演,他们曾在罗蒂小时候参加过他家的聚会。② 同样地,也很少有孩子生活在这样一个家庭里,复杂的政治讨论在这儿的日常生活中十分常见:悉尼·胡克或 A. 菲利普·伦道夫(A. Philip Randolph)可能会来共进晚餐,托洛茨基的秘书约翰·弗兰克(John Frank)在 20 世纪 40 年代初曾在这里待了几个月,以躲避苏联的暗杀。对理查德来说,即使是拜访家族其他成员也是学习如何使用语言的好机会。例如,罗蒂一家去威斯康星州麦迪逊市

---

① 理查德·罗蒂写给詹姆斯·罗蒂的信,1946 年 5 月 28 日,RRP。
② Rorty, "It Has Happened Here."

拜访维妮弗雷德的一个兄弟及其妻子——理查德在芝加哥开始学业后也独自去拜访过——他们并不是在拜访平庸之辈。保罗·劳申布赫（Paul Raushenbush）和伊丽莎白·布兰代斯·劳申布赫（Elizabeth Brandeis Raushenbush）是率先发展威斯康星州失业保险制度的经济学家；伊丽莎白的本科学业是在拉德克里夫（Radcliffe）完成的，她是威斯康星大学的教授，也是美国最高法院法官路易斯·布兰代斯（Louis Brandeis）的女儿。理查德的舅舅卡尔·劳申布赫（Carl Raushenbush）也是一名经济学家，卡尔的妻子艾斯特（Esther）是莎拉劳伦斯学院的文学教授，并于1965年被任命为该学院的第六任校长，理查德和他们在一起时，也可以学到英语的高阶用法。① 类似的例子在双方家族中都还可以找到很多。因此，理查德的童年长期浸淫于这样一种环境中：一个人是否能正确地提出观点和表达观点，在一定程度上决定了他的礼仪是否得体，是否可以得到社会认可。

但这并不是理查德磨砺其语言锋芒的唯一方式，他的父母也积极地教他如何写作。1943年，詹姆斯给12岁的儿子写了一封坦诚的信，信中他说自己对理查德"太不当回事了"②。他问理查德自己如何才能成为一个更好的父亲。"比如，我能更多地帮助你理解你成长的世界吗？通过多跟你谈谈？或者找到适合你阅读的书？"所有这些都表明，谈话以间接的方式教导着理查德如何很好地表达自己，但詹姆斯的建议并不仅限于此。"有史以来最好的教育方式，"他继续说，"是学徒制度，即老工人教年轻工人手艺。我试着用这种方式教你写作怎么样？"他毫不犹豫地称赞起自己，说道："我应该是一个优秀的诗人和散文作家；文集编撰者重印了我的诗歌和散文，老师们也在课本中引用我的文字。也许维妮弗雷德在历史学和人类学方面也会为你做同样的事情。"

与这些努力相一致的是，罗蒂夫妇开始考虑为在新泽西乡村学校就读的理查德换一种教育环境。事实证明，理查德的高中生活并不像初中那么美好：他记得自己在课堂上感到无聊，在学校操场上被人欺负。詹姆斯和维妮弗雷德希望理查德能有所成就，但他们负担不起把他送到私立学校的费用，而且他们已经完全沉迷于乡村生活的理想中，以至于不会为了理查德的教育而搬家。因此，他们开始考虑让理查德早点上大学。1946年5月，马里兰州安纳波利斯的圣约翰大学院长助理给维妮弗雷德写了一封

---

① "Educator of Women: Esther Raushenbush," *New York Times*, January 20, 1965, 28.

② 詹姆斯·罗蒂写给理查德·罗蒂的信，1943年9月3日，RRP。

信，信中显示维妮弗雷德曾写信询问理查德是否能在高中毕业前入学。①
1937年，圣约翰大学曾在破产后找到哈钦斯，请他担任董事会主席。哈钦斯同意了，并任命同为经典著作教育法倡导者的斯科特·布坎南（Scott Buchanan）担任院长（他后来也把布坎南带去了芝加哥大学，后者在那里短暂地停留了一段时间），同时按照厄斯金的方式重塑了该校的本科教育。② 此外，像在芝加哥大学时一样，他允许有天赋的学生在高中二年级后入学。院长助理告诉维妮弗雷德，她写信的时候太晚了，来不及为理查德争取秋季入学资格，而且无论如何，新生班的大部分名额都被退伍军人占据了，导致学校的平均入学年龄提高到了22岁。维妮弗雷德对芝加哥大学非常熟悉，她与里面的几位教授一直是朋友，包括人类学家罗伯特·雷德菲尔（Robert Redfield）及其妻子，后者是罗伯特·帕克的女儿，因此，选择芝加哥大学似乎是很自然的，罗蒂夫妇可以借助与这些人的关系，得到更多关于芝加哥大学是否适合理查德的信息。例如，1945年，在一次外出期间，詹姆斯写信给维妮弗雷德："理查德……给丹·贝尔（Dan Bell）写了一封关于芝加哥大学的长信。他不知道自己想成为什么样的人，认为芝加哥大学可以帮助他做出决定。具体的问题！才华横溢的信！"③ 理查德给贝尔的信和贝尔的回信都不见了，但回信肯定是令人鼓舞的。1946年4月，理查德在亨特学院花了一天时间参加芝加哥大学的入学考试，他向父亲讲述说："在我完成最后一场考试的时候，三分之二的学生已经回家了……总之，他们是我见过的最聪明的一群人。如果这些人留在芝加哥大学，那么芝加哥大学将会非常美好。"④ 他于1946—1947学年得到录取，并且获得了部分奖学金。从理查德考试结束后的另一句评论中可以明显看出，父亲在写作上对他的指导有所成效。理查德发现考试的数学部分很难，并且被阅读理解题的措辞方式弄糊涂了。然而，他在给父亲的信中写道："写作技能考试终于来了，你对我过去写作的批评很有价值。"⑤

---

① W·凯尔·史密斯写给维妮弗雷德·劳申布赫的信，1946年5月22日，RRP。
② Stevens, "The Philosophy of General Education," 172.
③ 詹姆斯·罗蒂写给维妮弗雷德·劳申布赫的信，1945年11月30日，WRC。
④ 理查德·罗蒂写给詹姆斯·罗蒂的信，1946年4月21日，RRP。
⑤ 理查德·罗蒂写给詹姆斯·罗蒂的信，1946年4月21日，RRP。

3

写作才能并不是罗蒂夫妇传给理查德的唯一东西。理查德还接受了詹姆斯和维妮弗雷德的政治和思想认同。他在 1995 年的采访中对约书亚·克诺布（Joshua Knobe）谈道："我从小就被培养成一个托洛茨基主义者，就像人们被教育成卫理公会教徒或犹太教徒之类。这就是这家人的信仰。"① 他大一时与父母的通信证实了这个自传式的说法。他一到芝加哥，就请父亲寄去自己发表在"《新领袖》（New Leader）、《H. 事件》（H. Events）、《公益》、《哈泼斯》、《评论》"等自由主义报刊上的所有文章的复印件，还有"我走了以后你的所有文章"②。在一封肯定是回复这一请求的信中，詹姆斯告诉理查德，自己为他订阅了艾萨克·唐·莱文（Isaac Don Levine）的杂志《浅谈》（Plain Talk），这是一份强烈反对共产主义的大开本报纸，试图就"共产主义意识形态和帝国主义的潜在影响和致命危险对公众进行启迪"③，"对当前的政治，包括共产主义政治进行了持续批判"。

在此期间，理查德还参与了学生联邦主义运动（Student Federalist movement），这是一个全国性的高中生和大学生团体，其中包括许多退伍军人，该组织在战后成立，主张建立一个强有力的世界政府，以防止未来的敌对行动。④ 这个团体在校园里很受欢迎。"去学生联邦主义那里数一下他们的投票结果，"罗蒂这样告诉他的母亲，"大约 95% 的学生希望现在就建立世界政府，参与投票的学生中有一半人说他们将加入学生联邦主义，这很令人鼓舞。"⑤ 虽然学生联邦主义运动在未来几年里将受到麦卡锡势力

---

① 采访手稿见 http://www.unc.edu/~knobe/rorty.html，引用于 2007 年 8 月 29 日。

② 理查德·罗蒂寄给詹姆斯·罗蒂的明信片，1946 年 9 月 28 日，JRC。

③ Isaac Don Levine, 1976, "Introduction," pp. xi-xiv in *Plain Talk: An Anthology from the Leading Anti-Communist Magazine of the 40s*, Isaac Don Levine, ed., New Rochelle: Arlington House, xii.

④ 见以下自助出版文献中的讨论：Gilbert Jonas, 2001, *One Shining Moment: A History of the Student Federalist Movement in the United States*, 1942-1953。1946 年，罗蒂告诉父母，自己"经常"参加学生联邦主义的"会议和讲座"。理查德·罗蒂写给父母的信，1946 年 11 月 2 日，RRP。

⑤ 理查德·罗蒂写给维妮弗雷德·劳申布赫的信，1946 年 11 月 12 日，RRP。

的攻击，但理查德认为它是和自己一样年轻、自由的反共产主义者的完美政治工具。当月早些时候，他写信给母亲说，学生联邦主义者"似乎是校园里唯一头脑清醒的自由派团体。而校园里有十种马克思主义者，他们相互称对方为伪自由主义者。我们中的一些人正在考虑组织一个官方的伪自由主义俱乐部。"① 这段话虽然带有玩笑的性质，但它清楚地表明罗蒂是如何看待自己的政治认同的。

他很快也开始从芝加哥的环境中汲取身份元素。罗蒂在《托洛茨基与野兰花》一书中写道："我在 1946 年到达芝加哥时，发现哈钦斯与他的朋友莫提默·艾德勒和理查德·麦克基恩（Richard McKeon）……使芝加哥大学笼罩在新亚里士多德式的神秘之中。他们最常嘲笑的对象是约翰·杜威的实用主义。（他们提出的）道德和哲学上的绝对（观念）……在我这个 15 岁的孩子听来相当不错……而且，由于杜威是我成长环境中所有人心中的英雄，所以蔑视杜威成了我们青少年反叛的便捷形式。"② 然而，罗蒂并没有马上转向艾德勒哲学的核心之一——哲学绝对主义。他在芝加哥的第一年所写的信表明他对哈钦斯的计划持有矛盾和怀疑态度。1946 年11 月，他写信给母亲说："校园里有一种新的说法，认为哈钦斯博士三年前就去世了。没人见过他，即使见过，他也和照片上的完全不同。我们认为学校（艾德勒）为了让哈钦斯的传奇继续下去，给他弄了一个笨拙的替身。还有一种更老的观点，认为哈钦斯从来也没有存在过，他只是艾德勒头脑里的一个'伟大思想'。"③ 第二周，他向母亲表达了类似的观点，说他昨晚去听了经典著作索引者组织的演讲，这群人每天坐在一起 8 个小时，阅读那 437 本经典著作，索引其中所有的观点，涉及"灵魂不朽""劳动退化""美的一致性"等主题。他们必须引用从荷马到弗洛伊德的所有人说过的话。这可能是一份非常有趣的工作，但如果他只有圣托马斯·阿奎纳（St. Thomas Aquinas）可读，那将十分可怜。"昨天截至当地时间下午 5 点，我学习了西方文明提出的 102 个伟大思想。"④

在 1946—1947 学年结束时，理查德·罗蒂报名参加了学校秋季综合

---

① 理查德·罗蒂写给维妮弗雷德·劳申布赫的信，1946 年 11 月 3 日，RRP。
② Rorty, *Philosophy and Social Hope*, 8-9.
③ 理查德·罗蒂写给维妮弗雷德·劳申布赫的信，1946 年 11 月 3 日，RRP。
④ 理查德·罗蒂写给维妮弗雷德·劳申布赫的信，1946 年 11 月 12 日，RRP。

课程（OII），他在一封给父母的信中开玩笑说，"我听说，这门课不久就会更名为敏锐的回顾、内省、归纳、演绎和整合"①。

到了第二年，这种怀疑态度就开始消退了。罗蒂回忆说，他在芝加哥大学的第一年暑假里，为了准备自己的 OII（观察、解释和整合）课程，深入阅读了柏拉图的著作。这次阅读，连同课程本身，是他年轻时哲学观发展的转折点。这一时期，他开始接近某种柏拉图主义，在后来的回忆中，这种柏拉图主义与他这一时期的生活是联系在一起的。事实上，柏拉图只是他在那个秋季为了上课读过的众多哲学家之一。他还读过亚里士多德、阿奎那、培根、笛卡尔和约翰·斯图亚特·密尔（John Stuart Mill）。但是 OII 课程并不是一门哲学研究课程。其课程内容和方法是由麦克基恩设计的，他于 1935 年被哈钦斯从哥伦比亚大学引进到芝加哥大学。此后不久，他被任命为人文系主任。这门课程最初被称为"知识的组织、方法和原理（OMP）"，其目的不是向学生灌输任何具体的本质哲学，而是教他们如何对待西方传统中出现的各种哲学。这门课以麦克基恩的元哲学为基础，为学生提供了"一种分析哲学家之间重要差异的图式和分类方法"②。对麦克基恩来说，这种图式化是基于这样一种观念，即"每一个（哲学）论证都包含对所使用材料的选择、推进论证所需的原理、从前提得出结论的方法，以及对方法所致结论的解释"③。麦克基恩认为这个四重矩阵中的每个元素都是同等重要的。哲学学生的任务是确定哲学元素间合理的组合，继而确定其形成的整体，如单个哲学家或哲学体系，并以此作为理解的基础。因此，虽然 OII 课程涵盖许多以往时代的哲学家，但该课程对他们的处理是非语境式的。"芝加哥大学的本科生被教导把这些思想家置入超历史的背景中，他们将历史作为观念的历史来学习，缺乏对社会、经济和文化背景的考察，而这些都是对著作进行更丰富的历史性理解所需要的"④。他们要从这些著作中汲取的是永恒的真理，以及对知识分支之间相互联系的洞见，"为自己进行整合做准备"⑤。

---

① 理查德·罗蒂写给父母的信，1947 年 5 月 18 日，RRP。
② Bilsky, "Liberal Education as 'Philosophy,'" 195.
③ David Depew, 2000, "Between Pragmatism and Realism: Richard McKeon's Philosophical Semantics," pp. 29-53 in *Pluralism in Theory and Practice: Richard McKeon and American Philosophy*, Eugene Garver and Richard Buchanan, eds., Nashville: Vanderbilt University Press, 38.
④ Stevens, "The Philosophy of General Education," 182.
⑤ Bilsky, "Liberal Education as 'Philosophy,'" 226.

关于罗蒂在芝加哥大学读大二时的哲学观念，没有确切的资料留存下来，所以不可能得知当时他是否已经确信麦克基恩的思想是有价值的。在 OII 这门课上，罗蒂考得不错，他告诉母亲自己在考试中得了 A，法语考试也得了 A。① 但是，对永恒真理的追求，无论其动力是来自柏拉图还是有其他来源，在他的思想中都变得相当重要，我们可以从他的书信中发现这一点。例如，1948 年 5 月，詹姆斯·罗蒂与田纳西河流域管理局的一位主管兼昆虫学家 H. A. 摩根（H. A. Morgan）签订了一份合同，共同撰写一本书，名为《人类的停泊处》（*A Mooring For Mankind*）（该书从未出版）。摩根提倡对官僚主义的决策和计划采取由下而上的应对方法，田纳西河流域管理局也因此而闻名。他也是一位环保主义者，认为人和自然是相互关联的，从这种相互联系中产生出某些伦理和政治上的需要。詹姆斯·罗蒂本人将逐渐认同这个观点。这种彻底的自然主义，与杜威的哲学是一致的，但在年轻的罗蒂看来，这种自然主义是有误导性的。他对父亲说：

> 我不太清楚摩根的学说到底指的是什么。如果是试图建构一种综合性的伦理哲学，那么这种尝试似乎是失败的。人类正是因为没有从自然中获取明确的指导原则，所以才建立起了思想和制度的上层建筑，这使人类从自然中分离出来。在我看来，这种发展是不可避免的。该死的，人远不止是一种动物，他不能像对待自然万物那样对待自己。在我看来，将人还原成他在生物体系中真正扮演的角色既是不可能的，也是毫无价值的。②

罗蒂逐渐相信存在着关于人类的永恒真理，发现它们是哲学家的工作，而不是环保主义者的工作，但这并没有改变他的政治同情心。他仍然坚定地反对共产主义。1948 年 3 月，他告诉母亲，自己在一家学校机构当服务员，并且这份新工作干得不错。他说，他通过这些轻松的工作，赚了不少钱。"这足以让一个人成为华莱士（Wallaceite）。"他指的是富兰克林·罗斯福总统任期内的副总统、1948 年在进步党支持下竞选总统的亨利·华莱士（Henry Wallace）。"说到这儿，这个校园里到处都是这样的人。学生报纸比《新共和》更共产主义，我遇见的人中有一半都戴着那该死的蓝白相间的华莱士徽章。我感到害怕，除非想到这里是美国除了纽约

---

① 理查德·罗蒂写给维妮弗雷德·劳申布赫的信，1948 年 4 月 7 日，RRP。
② 理查德·罗蒂写给詹姆斯·罗蒂的信，1948 年 5 月 14 日，RRP。

以外，唯一有众多人青睐共产主义的地方了。"① 但为了消除自己在弗拉特布鲁克维尔（Flatbrookeville）和芝加哥两种身份之间的差距，罗蒂坚持认为，政治文章要有坚实的哲学依据。在这一点上，他报名了1947年秋季的OII课程，并要父亲不要理会一年前提出的为他订阅《浅谈》杂志的计划。他可以读父亲留在家里的过期报刊；此外，"虽然它偶尔会有一些有趣的东西，但我认为那种凌乱、松散的政治宣传是没必要的，它会成为优秀事业的累赘"②。

4

罗蒂努力在思想上认清自己，这时他却面临着另一个障碍：抑郁。来到芝加哥的第二年的十一月，他告诉父亲："我的整个学业似乎远没有去年那么新鲜、多样了。"他还抱怨说，不得不辛苦地准备综合性考试，正让事情变得更糟，也只会让事情变得更糟。③ 他为自己的表现而担心，也担心父母因送他上大学而背负经济负担，进而妨碍他们的创造性。几个星期后，他问父亲："在另一封信中，你问我是否有什么问题需要你的帮助。好吧，有个问题只有你能帮上忙。是关于你和你的工作。我想知道的是，你是否在做你想做的事情，我是否成了你们的绊脚石。具体地说，如果你没有觉得必须使我接受良好的教育，你是不是已经去田纳西河流域管理局了？如果你一直这么觉得，你会留在那写摩根的书吗？"④ 不用求助于精神分析学就能看出，他学业上的焦虑与他因给父母带来经济困难而产生的负罪感之间存在联系：只有优异的学习成绩才能证明他们的牺牲是值得的。但是，他感觉这个目标难以实现，这是多么令人沮丧啊。他可能重新审视了自己的经历，觉得这些经历没有为自己的大学学业做好充分的准备。他问母亲："为什么没有人写一些关于公立学校教育质量的煽动性文章呢？除了教育家，似乎没有人考虑过这个问题。时尚战争结束后，也许你可以试试。"⑤ 接下来的一个季度里，他用典型的自嘲口吻告诉维妮弗雷德，虽然他在OII课程和法语考试中得了A，但分数"只比B高1分左右"⑥。

---

① 理查德·罗蒂写给维妮弗雷德·劳申布赫的信，1948年3月10日，RRP。
② 理查德·罗蒂写给詹姆斯·罗蒂的信，1947年11月4日，RRP。
③ 理查德·罗蒂写给詹姆斯·罗蒂的信，1947年11月4日，RRP。
④ 理查德·罗蒂写给詹姆斯·罗蒂的信，1947年11月23日，RRP。
⑤ 理查德·罗蒂写给维妮弗雷德·劳申布赫的信，1947年12月15日，RRP。
⑥ 理查德·罗蒂写给维妮弗雷德·劳申布赫的信，1948年4月7日，RRP。

他的父母设法安抚他，并且劝导他少些苦恼。"如果我对你有什么担心的话，"他的父亲写道，"那就是年轻人可以拥有的快乐，你拥有得太少了。"① 起初，理查德试图淡化父母的担忧：他们已经在经济上做出牺牲，不应该还要设法维系他的精神健康。"我很高兴你并没有怎么担心我，"他写道，"但也不要让你那少许的担心困扰你。我的青春当然和大多数人一样快乐。"② 但在芝加哥大学的第三年秋天，他不再假装自己的痛苦不严重了。他告诉父亲自己去看医生了，医生说他所经历的一切，根源都是心理上的，而不是生理上的。"也许他是对的，"罗蒂承认道，

> 我想向你描述一下我的感受。我已经不再关心我的学业、未来、坦雅（当时和他约会的一个年轻女生），或者其他任何事情。不管是从持续时间上还是从强度上来说，这似乎都不是一段简单的、时有时无的抑郁。最明显的结果是，在去年积极参与讨论、成绩一直遥遥领先的我，已经一整年没有在课堂上说过一句话，而且在每个方面都远远落后了……也许解决的办法就是埋头苦干，像以前一样坚毅，然后把事情做完。这似乎不起作用，可能是因为我还没有强烈地说服自己这样干。③

他的父亲也经历过抑郁症，他提醒理查德不要陷入其中："照料好自己，不要丢失你的状态；这在情绪上是灾难性的。有一种真正的危险，那就是陷入一种不断下降的恶性循环，健康的恶化导致状态的恶化，状态的恶化又导致健康的恶化；我记得你告诉过我，你见过这样的事发生在其他学生身上。"④ 事实上，理查德确实陷入了这样的恶性循环，他的成绩也受到了影响。那年春季，他向父母汇报说，自己在哲学课上得了"两个C"，"这个成绩会记录在案，而且在将来会一直拖我的后腿"⑤。他的父亲表示遗憾，说"对你而言这是艰难的一年"。他形容理查德的抑郁症严重到了疾病的程度，并指出他们的家庭医生曾坚决地警告过自己和维妮弗雷德，在理查德饱受抑郁症之苦时，他们本应该"带"他"离开学校"⑥。

---

① 詹姆斯·罗蒂写给理查德·罗蒂的信，1948 年 3 月 4 日，RRP。
② 理查德·罗蒂写给詹姆斯·罗蒂的信，1948 年 3 月 6 日，RRP。
③ 理查德·罗蒂写给詹姆斯·罗蒂的信，1948 年 10 月 25 日，RRP。
④ 詹姆斯·罗蒂写给理查德·罗蒂的信，1948 年 10 月 30 日，RRP。
⑤ 理查德·罗蒂写给父母的信，1949 年 4 月 6 日，RRP。
⑥ 詹姆斯·罗蒂写给理查德·罗蒂的信，1949 年 4 月 5 日，RRP。

关于罗蒂的本科生涯值得注意的一点是，他在抑郁的阴霾中，仍以某种方式表达了成为哲学家的愿望，并为之制订了具体的计划。他的父母都是学者，这让他在这两方面都具有决定性的优势。罗蒂第一次流露出想成为哲学家的抱负是1948年5月。他的母亲写信祝贺他写出了一篇出色的关于内分泌功能的自然科学论文。她说："如果你能像16岁时那样思考，那么你在26岁和36岁的时候应该就能做一些非常有用的思考了。我上上星期六在电话里听到的对吗？我猜测，你是打算研究生期间研究哲学？你似乎总是非常清楚自己想要什么，这是你让人很心安的一点，我相信你会继续这样做的。"① 然而，罗蒂并不确定他的哲学才能究竟有多大。1948年秋，他上了艾伦·格沃斯（Alan Gewirth）的一门课。格沃斯在哥伦比亚大学曾是麦克基恩的学生，哈钦斯也把他带到了芝加哥大学。格沃斯在自己的著作中，仔细梳理了西方哲学传统，从中寻找他可以用来构建义务伦理学的概念。这门课始于笛卡尔，终于康德。罗蒂甚至在他最抑郁的时候，也觉得这门课对他来说是一次很好的体验。他告诉父母，"我一直在忙着写论文，这是一种新的练习，他们现在已经将其应用到了大多数课程中。到目前为止，他们都在研究柏拉图，因为他一直都是被阅读的第一位作者。我的哲学课程进展顺利，我想自己学到了一些东西"②。但是，到了第二年春天，随着学士学位课程临近结束，以及当年早些时候他得知自己哲学得了两个C，他开始质疑自己继续学习哲学的计划。他写道："我真的不知道这些意味着什么。"他指的是自己的成绩。"也许我应该放弃研究哲学的想法，也许我只是太懒了。"③ 他不知道自己这一生该做些什么，甚至产生了上法学院的念头。但是最后，他告诉父母，自己决定留下来，再修一年的哲学课，好拿定主意。"当我回到学校，我可以选择法律或者哲学；我承认法律在各个方面都更实用，但是，如果你们觉得可以的话，我想花一年的时间学习哲学，只是为了知道我在研究什么。不管之后我会做什么，这都将永远具有重要价值。"④

他的父母从一开始就支持他攻读哲学研究生的计划。那年一月，理查德的父亲写信给他，鼓励他攻读哲学硕士，后者是哈钦斯大学的一个专业。"我们很高兴收到你的明信片，上面写着你的……中世纪哲学成绩不错。在我看来，这似乎对你的总体计划中的任一问题都做了'肯

---

① *维妮弗雷德·劳申布赫写给理查德·罗蒂的信，1948年5月2日，RRP。*
② *理查德·罗蒂写给父母的信，1948年11月7日，RRP。*
③ *理查德·罗蒂写给父母的信，1949年4月6日，RRP。*
④ *理查德·罗蒂写给父母的信，1949年4月6日，RRP。*

定'回答。很明显,你可以胜任哲学专业,所以你要做的就是继续下去。"① 他的母亲在下一学年也表达了同样的支持,同时也提醒他要警惕不问世事的危险:

> 我认为你的人生道路有时是,可能一直是,全部或者大部分与大学有关联。这可能是一个适合你的气质和天赋的地方……但你必须要在某个时候解决的一个问题是:熟悉和在一定程度上掌握非学术世界。这也是你自己已经意识到的一个问题。如果你为了逃避这个问题而坚持上大学——至少在这个国家,许多甚至大多数大学教师都是这么做的——那就不好了。(我认为欧洲的情况有所不同,因为学习在那里某种程度上更受尊重。)我有信心,你会在合适的时机跨越这个障碍,也相信你不会因为逃避而阻碍自己迄今为止美好的人生发展。②

对于那些不是学者的父母来说,当他们的子女袒露自己想当哲学家的愿望时,他们可能也会以类似的方式鼓励子女;或者虽然他们表示反对或漠不关心,但年轻人仍可能执着于自己的计划。这些并不是完全无法想象的。但罗蒂夫妇都是学者,往来于主要由学者构成的世界中,这让他们更有可能支持儿子成为学者的愿望,而放弃追求对其他阶层的父母有更大吸引力的、诸如法律或商科等更实用和更赚钱的领域。事实上,鉴于罗蒂夫妇对美国商业的批评,以及詹姆斯·罗蒂认定美国政府的大部分监管机构都是为商业利益服务的观点,如果理查德决定成为一名商人或律师,这很可能会让他们失望。如果说他们有什么意见的话,那就是詹姆斯觉得理查德继续其哲学研究的计划过于务实了——他真正需要的是花时间去做创造性的工作和发现自我。1949 年 6 月,詹姆斯写信给理查德,表扬他写的一篇关于叶芝的优秀课程论文,这门课程是由他们家的一位朋友艾伦·塔特(Allen Tate)所讲授的。这篇论文让詹姆斯想起了自己大学期间在导师里奥·刘易斯(Leo Lewis)的指导下写的关于易卜生的论文;他说,只是理查德的论文质量更高。他劝告儿子说:

---

① 詹姆斯·罗蒂写给理查德·罗蒂的信,1949 年 1 月 7 日,RRP。
② 维妮弗雷德·劳申布赫写给理查德·罗蒂的信,1949 年 9 月 30 日,RRP。

> 当你打算批评芝加哥大学,并且为自己这么年轻就处于艰难的情形而感到不幸时,请记住这样一个真理:总的来说,很可能没有什么比这更好的事情发生了。你也许受了一点苦,但你得到了很多。你会变得更加强大,并为下一步做好准备,无论下一步会是什么。我希望你能放松一下,给自己一点发现自我的机会,可以采取一些全新的尝试去释放自己的创造性需求;也许是通过写作,比如写作诗歌;总之是通过创造性的写作。我后悔把所有的精力都用在新闻事业上了。如果我不论有什么代价都坚持走创造性的道路就好了。①

撇开这种情绪不谈,当罗蒂说他想要更多地学习哲学时,父母表示支持,这无疑鼓励了他坚持这样做。

此外,父母的职业还为罗蒂提供了另一种优势:他们可以向自己的知识分子朋友征求关于理查德应该如何安排他的研究生学业的建议。考虑到理查德的抑郁症,罗蒂夫妇探讨了这样一种可能性:如果理查德不继续留在芝加哥——他在这里可能会得过且过——而去其他地方完成硕士课程,那么可能对他的精神健康,还有学术发展要更好一些。理查德对哈佛大学和哥伦比亚大学表示了兴趣,詹姆斯便匆匆写信给他的朋友和熟人,努力寻找申请入学的可能性。1949年2月初,詹姆斯问他的朋友、作家詹姆斯·法雷尔(James Farrell),是否可以替理查德四处打听一下。法雷尔同样就读于芝加哥大学,他在学生时代吸收了很多杜威和詹姆斯的思想,他写信给哈佛大学的莫尔顿·怀特(Morton White)(几十年后,当罗蒂在普林斯顿的时候,怀特在那里的高等研究院任教过一段时间)。那一年,怀特出版了《美国社会思潮:对形式主义的反抗》(*Social Thought in America: The Revolt against Formalism*)一书,这是一部有关19世纪后期实用主义运动及其相关发展的批评史。"詹姆斯·罗蒂的儿子理查德·罗蒂现在是芝加哥大学的学生,"法雷尔写道,"他打算继续学习哲学。他渴望进入哈佛大学,但不确定是否有这个可能。正因为如此,我想我应该给你写个便条,问问你是否可以帮忙,你能提些什么建议间接地帮助他获得录取资格吗?我最近在芝加哥和理查德·罗蒂进行了一次长谈。他是一个非常严肃、害羞、敏感的男孩,我相信他在哈佛会成为一名好学

---

① 詹姆斯·罗蒂写给理查德·罗蒂的信,1949年6月6日,RRP。

生的。"① 几天后,詹姆斯告诉理查德自己的打算:"法雷尔给我抄写了一封他写给哈佛大学哲学系莫顿·怀特的信,里面对你做了极好的推荐。我也给悉尼·胡克写了信,问他对哈佛大学、哥伦比亚大学、纽约大学等学校有什么了解。"② 理查德也在忙着"为申请哈佛大学收集推荐信"③,这件事因他在芝加哥读书而容易多了,因为那里能找到很多地位显赫的推荐人。几个月后,法雷尔写信告诉理查德有关怀特的回应。怀特说他帮不上什么忙,因为他没有参与录取工作。他建议法雷尔直接给哈佛大学文理研究生院写信。法雷尔告诉理查德,他随时都愿意去做这件事。"我还建议你给你父亲写信,"他补充说,"请他的两个朋友帮你写推荐信。"这表示他明白理查德可以将自己的社交网络有效地利用起来。④

与此同时,詹姆斯收到了胡克的回信。詹姆斯写信告诉理查德:

> 我收到了我们的老朋友、纽约大学哲学系主任悉尼·胡克亲切的来信。我曾写信给他,提到你对哲学的兴趣,以及你转去哈佛的可能性,等等。他信中的以下几点会让你感兴趣:
>
> 1. 哈佛大学、哥伦比亚大学、芝加哥大学、纽约大学的哲学都很好。具体取决于你的偏好。
>
> 2. 你的才能是在哪方面——数学和逻辑学?社会科学?还是所有方面?如果兴趣在于数学和逻辑学,年轻就不是障碍。否则,你可能就太年轻了,不适合从事哲学方面的专业工作。
>
> 3. 你是什么样的人?尤其是你为什么想做哲学方面的研究?
>
> 4. 因为你在芝加哥大学取得的是专科学位,所以在其他学校获得奖学金的机会相当渺茫。⑤

詹姆斯建议理查德直接给胡克写信,告诉他自己对哲学的具体兴趣。但没有证据表明理查德写了信。根据胡克的意见,理查德要在他优先考虑的这些学校中获得奖学金,机会是有限的,所以他开始考虑其他选择。几

---

① 詹姆斯·法雷尔写给莫顿·怀特的信,1949年2月4日,RRP。
② 詹姆斯·罗蒂写给理查德·罗蒂的信,1949年2月9日,RRP。
③ 理查德·罗蒂写给父母的明信片,1949年2月7日,RRP。
④ 詹姆斯·罗蒂写给理查德·罗蒂的信,1949年3月10日,RRP。
⑤ 詹姆斯·罗蒂写给理查德·罗蒂的信,1949年2月13日,RRP。

天之前，他在威斯康星州的舅舅和舅妈表示，如果他愿意在威斯康星大学麦迪逊分校完成研究生课程，他们可以帮他一把；他们可以安排让哲学系录取他。① 几年后，一方面为了申请博士学位，另一方面为了避免应征入伍，理查德再次将威斯康星大学视为保底学校，他在1949年对这所大学的看法可能与1951年无异："他们的哲学系当然毫无价值，但在这里能有一点收入，可以一年什么都不做，只在麦迪逊的湖上泛舟，再写一些小论文，这有多惬意啊。但如果我去了那里，为了挽回声誉，我必须马上转学到某个知名高校获得博士学位。"②

尽管罗蒂的父母人脉很广，但在他们的接触中，除了威斯康星大学外，没有学校真的提供了入学资格。哈钦斯学院的课程与美国其他大学不太同步，以至于其他学校不知道如何对待一个只修了三年课程、18岁就毕业的学生。理查德决定留在芝加哥，接下来在那里的三年经历对其后来的思想产生了重大影响。

---

① 詹姆斯·罗蒂写给理查德·罗蒂的信，1949年2月8日，RRP。
② 理查德·罗蒂写给维妮弗雷德·劳申布赫的信，1951年1月12日，RRP。

第四章
哲学硕士（1949—1952）

1

1949年，罗蒂开始在芝加哥大学攻读硕士学位，此时芝加哥大学哲学系在很多方面与全国潮流格格不入。在哲学领域日益被逻辑实证主义所统治时，芝加哥大学仍保持着一种兼收并蓄的风格。20世纪30年代初，哈钦斯对哲学系进行了改造，虽然自那以后该系已经发生了一些变化，但当时做出的任命为该系今后多年的工作奠定了基调。在哈钦斯来到芝加哥的前夕，爱德华·斯克里伯·艾姆斯（Edward Scriber Ames）、E. A. 伯特（E. A. Burtt）、乔治·赫伯特·米德、亚瑟·墨菲（Arthur Murphy）、T. V. 史密斯（T. V. Smith）以及詹姆斯·塔夫斯（James Tufts）都有哲学系终身教职。艾姆斯、伯特、米德和墨菲都是杜威的支持者。哈钦斯遂找塔夫斯商量，讨论是否有可能任命明确反对杜威的艾德勒、麦克基恩、布坎南和V. J. 麦吉尔（V. J. McGill）。塔夫斯在与系里其他成员磋商后，对此提出了异议，这并不足为奇。① 但哈钦斯相信，艾德勒从新托马斯主义出发对怀疑主义和相对主义的批判，代表了哲学的前进方向。他又回到了谈判桌，询问如果艾德勒在心理学系和法学系跨学科任职，系里是否就会接受他的任命。哲学系的态度缓和了下来，但他们不久就得知，

---

① 我在此处的论述很大程度上参考了 Cook, *George Herbert Mead*, 183-194。

艾德勒的年薪比几乎所有哲学系教师都高出1000美元。这激怒了塔夫斯，于是他利用这个机会退了下来。米德接任了系主任一职。第二年，哈钦斯又来到哲学系，这一次他要求任命布坎南，采用的方式与他为艾德勒争取任命的方式如出一辙。哲学系教师越来越清楚地认识到，有人正试图从根本上改造哲学系，将实用主义从中排挤出去。米德、伯特和墨菲随后或者退休，或者离开了芝加哥大学。三个月后，米德去世。

布坎南在芝加哥大学只待了一年，随后去了圣约翰大学。"1931年，为了安抚教员"①，哈钦斯任命米德的学生查尔斯·莫里斯（Charles Morris）为副主任。在20世纪30年代，他还任命查尔斯·哈茨霍恩（Charles Hartshorne）为助理教授，这位年轻的形而上学家在哈佛完成了他的学位论文，并在第一版皮尔士论文集的编辑项目中担任助理。其他重要任命对象还包括：伦理学家查纳·佩里（Charner Perry）和科学哲学家A.C.本杰明（A.C. Benjamin），他们也被任命为助理教授；瓦纳尔·耶格尔（Werner Jaeger），这位曾是难民的古典学者不久后将前往哈佛；以及麦克基恩和鲁道夫·卡尔纳普（Rudolf Carnap）。

如第三章所述，麦克基恩来自哥伦比亚大学。1928年，他在该校撰写了一篇关于斯宾诺莎的学位论文。当时，哥伦比亚大学哲学系内部是分裂的：一边是杜威，杜威坚定地支持自然主义，他那时出版的《经验与自然》（*Experience and Nature*，1925）几乎把实用主义推向了形而上学的方向；另一边则是弗雷德里克·伍德布里奇（Frederick Woodbridge），他像20世纪20年代的大多数美国哲学家一样，拥护实在论——就他自身而言，拥护的是亚里士多德实在论。伍德布里奇认同实用主义的自然主义和意义理论，同时却认为实用主义对真理的理解价值不大。②麦克基恩"在实在论者和实用主义者相互争辩的主导氛围中攻读研究生"③。他还曾在法国接受过新托马斯主义者艾蒂安·吉尔松（Étienne Gilson）的指导。因此，麦克基恩的哲学语义学可以被认为是试图"区分……实在论和实用主义之间的差异"④，同时整合吉尔松对哲学史的关注。在反对杜威的实用主义方面，麦克基恩拒绝将哲学观念视为社会发展的产物，认为伟大的哲学

---

① Mary Ann Dzuback，1991，*Robert M. Hutchins：Portrait of an Educator*，Chicago：University of Chicago Press，176.

② Frederick Woodbridge，1929，"The Promise of Pragmatism," *Journal of Philosophy* 26：541-52.

③ Depew，*Between Pragmatism and Realism*，35.

④ Ibid.，36.

家是在参与跨越时代的对话。在反对实在论者方面，麦克基恩认识到，想要在反映实在的诸多概念框架中确定一个最优的概念框架，既是不可能的，也是不可取的。他坚持认为，每个哲学方法在对其进行规定的特定假设中都是合理的，这不会导致相对主义，而是会形成这样一种观点，即哲学语义学本身的发展将悬置各种预设之间的争论，从而让哲学家达成对话式的理解。① 由于哲学系对麦克基恩的任命长期持反对态度，因而麦克基恩从哥伦比亚大学调到芝加哥大学时，只是一名希腊语教授。② 一年后，他成了人文学院的院长，但直至1937年才正式加入哲学系。③

卡尔纳普是分析哲学史上的关键人物，他的哲学兴趣独具一格。在耶拿大学获得博士学位后，卡尔纳普于1926年来到维也纳。在那里，他卷入了当时维也纳学派早期成员正在进行的讨论。这些成员包括赫尔伯特·菲格尔（Herbert Feigl）、汉斯·哈恩（Hans Hahn）、奥图·纽拉特（Otto Neurath）和莫里茨·石里克（Moritz Schlick）等，他们的讨论有关科学的本质及其对哲学的启示。虽然最初激发这些讨论的是恩斯特·马赫（Ernst Mach）的实证主义，但很快，他们的注意力转向了路德维希·维特根斯坦（Ludwig Wittgenstein）的《逻辑哲学论》（*Tractatus*）。《逻辑哲学论》对卡尔纳普产生了非常重要的影响，不亚于戈特洛布·弗雷格（Gottlob Frege）和伯特兰·罗素（Bertrand Russell）的思想。最初接受维特根斯坦意义的可证实性理论时，卡尔纳普和维也纳学派的其他成员只是为了对抗形而上学的发展，他们认为形而上学统治了大部分的哲学史，并在海德格尔（Heidegger）等当代哲学家的作品中表现出来，而大部分形而上学陈述在经验中是无法证实的，因而毫无意义。在积极的方面，卡尔纳普寻求开发一种概念性语言，这种语言以"限定时空的定量描述"④为核心，可以表达科学中所有有效的命题。他反对自然科学和社会科学是不同类型的科学的观点，并在之后成为国际统一科学运动的主要组织者之

---

① Wayne Booth, 2000, "Richard McKeon's Pluralism: The Path between Dogmatism and Relativism," pp. 213-30 in *Pluralism in Theory and Practice: Richard McKeon and American Philosophy*, Eugene Garver and Richard Buchanan, eds., Nashville: Vanderbilt University Press, 222.

② 实际上，1934—1935年间，麦克基恩一直在芝加哥大学担任客座教授，后来才被正式任命为教职人员。参见芝加哥大学图书馆关于理查德·彼得·麦克基恩论文的传记笔记。

③ Dzuback, *Robert M. Hutchins*, 176.

④ Norman Martin, 1967, "Rudolf Carnap," pp. 25-33 in *Encyclopedia of Philosophy*, Paul Edwards, ed., New York: Macmillan, 28.

一。卡尔纳普与当时在柏林大学的同事汉斯·莱辛巴赫（Hans Reichenbach）共同创办了一本名为《认识》（*Erkenntnis*）的期刊，专门探讨实证主义思想。然而，希特勒上台后不久，维也纳学派的大多数成员就被迫转移了。

尽管在随后几年里，实用主义反对逻辑实证主义对分析判断和综合判断的区分，反对它对伦理和政治问题的忽视，以及反对它对数理逻辑的依赖，但是在早期的实证主义运动中，实用主义和实证主义通常被视为盟友。皮尔士的实用主义格言被认为提供了一种类似实证主义的意义标准，而实用主义的经验取向则提出了一种同样适用于科学的哲学观。在芝加哥大学，这一观点得到了莫里斯的支持，他在 1936 年提出任命卡尔纳普和莱辛巴赫。然而，不管是艾德勒还是哈钦斯，都对逻辑实证主义者提出的哲学观不感兴趣："虽然实用主义者和逻辑经验主义者希望通过使哲学科学化来改革哲学，但是哈钦斯和艾德勒强烈反对哲学中一切科学性的东西……如果他们像杜威、莫里斯和统一科学运动希望的那样攫取了文化领导权，那么文明就会变得毫无意义，而且极可能回到野蛮状态"①。尽管如此，卡尔纳普的国际声誉——这种声誉在美国哲学界内部也在不断上升，哈钦斯对此类事情并非毫无知觉——使哈钦斯觉得不得不接受卡尔纳普的任命②，但哈钦斯提出这要以放弃聘任莱辛巴赫为条件，事实最后如哈钦斯所愿③。在一直有影响力的哈佛大学里，P. W. 布里奇曼（P. W. Bridgman）、C. I. 刘易斯（C. I. Lewis）、亨利·谢费尔（Henry Sheffer）等哲学家，以及当时还是研究生的 W. V. O·蒯因，都真切地将流亡的维也纳学派哲学家视为重要的对话者，以此可见卡尔纳普的声誉。20 世纪 30 年代初期，在美国哲学协会的系列会议上，维也纳学派的方法得到展示，并取得了"丑闻式的成功"④。1931 年发表在《哲学期刊》（*Journal of Philosophy*）上的《逻

---

① George Reisch, 2005, *How the Cold War Transformed Philosophy of Science: To the Icy Slopes of Logic*, Cambridge: Cambridge University Press, 74.

② William McNeill, 1991, *Hutchins' University: A Memoir of the University of Chicago*, 1929-1950, Chicago: University of Chicago Press, 77.

③ Charles Hartshorne, 1991, "Some Causes of My Intellectual Growth," pp. 3-45 in *The Philosophy of Charles Hartshorne*, Library of Living Philosophers Series, vol. 20, Lewis Hahn, ed., La Salle: Open Court, 33.

④ Herbert Feigl, 1969, "The Wiener Kreis in America," pp. 630-73 in *The Intellectual Migration: Europe and America*, 1930-1960, Donald Fleming and Bernard Bailyn, eds., Cambridge: Harvard University Press, 647.

辑实证主义：欧洲哲学中的新运动》（Logical Positivism: A New Movement in European Philosophy）就是其中的一份宣言，它描述这一运动展示了一种"对哲学的性质、范围和目的的全新解释"，因坚持"不存在先天综合命题"①而超越了"旧的实证主义、经验主义和实用主义"，这引起了相当大的关注。A.J.艾耶尔（A.J. Ayer）1936年出版的《语言、真理与逻辑》（Language, Truth, and Logic）也是如此。到了20世纪30年代末，维也纳学派的最初成员已在美国各地的哲学系任职：莱辛巴赫任职于加利福尼亚大学洛杉矶分校；卡尔·亨普尔（Carl Hempel）先后任职于皇后大学、耶鲁大学和普林斯顿大学；古斯塔夫·伯格曼（Gustav Bergmann）任职于艾奥瓦大学；阿尔弗雷德·塔斯基（Alfred Tarski）任职于加利福尼亚大学伯克利分校；菲格尔先任职于艾奥瓦大学，后来去了明尼苏达大学。在接下来的十年里，实证主义者通过出版物和教学将哲学的使命描述为通过澄清关键术语和概念来促进科学的发展，这产生了巨大的影响。

麦克尼尔（McNeil）指出，"当他到达芝加哥时，卡尔纳普发起了一项大规模的合作项目，旨在从实证主义角度来阐释科学的统一性。莫里斯担任这个项目的联合编辑"②。杜威也参与了这一出版项目。与此同时，卡尔纳普和莫里斯联合举办了一次讨论会，"在会上，（他们）与来自不同科学领域的科学家讨论了方法论问题，试图在不同领域的代表之间达成更好的理解，并进一步澄清科学方法的本质特征"③。尽管这些努力有助于巩固卡尔纳普在美国以及在国际上的地位，却没有为他在芝加哥大学带来什么声望："尽管卡尔纳普名声在外，但他对校园生活的影响微乎其微……卡尔纳普虽然从布拉格流亡到了芝加哥，但他更喜欢与志同道合的欧洲哲学家交往，对芝加哥本地的争论则几乎未加注意。"④ 这听起来好像是卡尔纳普的错。与之相反，卡尔纳普20世纪30年代末的一个学生亚伯拉罕·卡普兰（Abraham Kaplan）回忆道，他刚到学校时，学校哲学系主要划分为"古代派和现代派"，麦克基恩是前者的主要人物，而卡尔纳普是后者

---

① Albert Blumberg and Herbert Feigl, 1931, "Logical Positivism: A New Movement in European Philosophy," *Journal of Philosophy* 28: 281-96, 281-82.
② McNeill, *Hutchins' University*, 77.
③ Rudolf Carnap, 1963, "Intellectual Autobiography," pp. 3-84 in *The Philosophy of Rudolf Carnap*, Paul Arthur Schilpp, ed., Library of Living Philosophers Series, vol. 11, La Salle: Open Court, 35.
④ McNeill, *Hutchins's University*, 78.

的主要代表。作为现代派之一的卡普兰说,他曾警告自己即将上芝加哥大学的侄子:"小心!当心亚里士多德主义者!"而且他"记得很清楚……双方实力差距悬殊"。卡尔纳普"几乎没有真正的学生",而且"系里的奖学金……很少发给现代派"①。卡尔纳普在本地孱弱的声誉,既是哲学系其他人投身亚里士多德主义所致,也是他对芝加哥大学本地事务漠不关心的结果。

哲学系里这些人所关注的是亚里士多德主义,而不是托马斯主义。尽管有哈钦斯的支持,艾德勒在20世纪40年代仍被逐渐边缘化,特别是在一次臭名昭著的演讲之后,他在这次演讲中对教授们抵制新托马斯主义大加指责,认为他们对文明造成的威胁不亚于希特勒。而麦克基恩及其哲学诠释学方法逐渐赢得了学校里人文主义者的尊敬,部分原因是麦克基恩愿意"在学术科层制内部进行运作",并"将智性的说服和行政的措施结合起来以影响他人"②。虽然麦克基恩是作为新托马斯主义浪潮的一员被引进到芝加哥大学的,但是他受惠于亚里士多德甚于阿奎那,即使他也不是严格意义上的亚里士多德主义者。可以肯定的是,阿奎那的哲学体系是根据对亚里士多德的神学解读而建立起来的。但对麦克基恩来说,虽然将亚里士多德的物理学和理性主义与宗教世界观相结合十分重要,但他从亚里士多德那里学到的是,强调把哲学当作一种实践活动,即强调哲学说服和修辞的本质。大卫·迪普(David Depew)认为,麦克基恩的哲学语义学允许分类学中的每个变量都恰好取四个值,因为在他看来,每种哲学方法都是根据其与亚里士多德的四因(质料因、形式因、动力因和目的因)的关系来定义的③。然而,更一般地说,芝加哥大学哲学系的内部分歧表现为大多数师生与少数派之间的对立,前者坚持认为哲学洞见来自对哲学史的谙熟,后者与卡尔纳普一派,认为哲学是一种现世的事业,其进步可以通过其拒绝回顾过去那些陈旧思想的意愿来衡量。

2

罗蒂在哲学系读研的前几个学期里,选修了各种各样的课程。1949年9月,他写信给母亲说,"今天开始上课。我选修了中世纪哲学、

---

① Abraham Kaplan, 1991, "Rudolf Carnap," pp. 32-41 in *Remembering the University of Chicago*: *Teachers*, *Scientists*, *and Scholars*, Edward Shils, ed., Chicago: University of Chicago Press, 34-35.

② McNeill, *Hutchins's University*, 79.

③ Depew, *Between Pragmatism and Realism*, 39.

伦理学和数学。数学课程是对微积分和高等数学的入门介绍。我选择这门课是因为我觉得自己不能继续像现在这样（对数学）无知下去了……，而且它还可以帮助我理解数学逻辑"①。在接下来的几个月里，他对上课的热情只增不减。他在十月初说，"我的阅读现在变得相当有趣。关于基本伦理问题的阅读材料特别好，我在数学课上开始学习的逻辑技巧也很好。我的老师也都相当不错，我想自己会学到很多东西"②。一周后，他以同样的口吻继续说道："我的学习进行得相当顺利。我对中世纪哲学课程尤其感兴趣。整个课程使我着迷，在翻阅这些作品的过程中我收获了巨大的喜悦。我认为我不会把中世纪哲学作为我的研究方向，但我想更多地了解它。"③

　　罗蒂很快意识到，他可以选择历史哲学作为自己的职业。中世纪哲学课程并不是唯一引起罗蒂注意的历史类课程。在他读研究生的第二个学期，他告诉母亲，他将上"逻辑、欧洲历史与数学"这门课，其中他最热衷的是历史课程。"我这个学期很可能只写一篇论文，"他写道，显然对此很满意，"是关于'19世纪对中世纪思想的诠释'的——我现在正在读亨利·亚当斯关于这个主题的文章。"④ 他预感自己会喜欢这门课，后来也确实如此。1950年3月，他告诉姨妈伊娃·比尔德（Eva Beard）："我在学业上比以前更有安全感和满足感了。我刚刚完成了两门有趣的课程，这让我对观念史中的问题产生了兴趣。"⑤ 大约在同一时期，他在一篇自传体文章中谈到，他开始对那些概括性地讲述哲学史的书籍感兴趣，比如黑格尔的《精神现象学》（*Phenomenology of Spirit*）、怀特海的《观念的历险》（*Adventures of Ideas*）和洛夫乔伊的《存在巨链》（*Great Chain of Being*）。如果说他的兴趣和才能明显地体现在思想史方面，那么同样明显的是，这些兴趣和才能并没有体现于逻辑分析领域。1949年12月，他在数学期末考试中得了C+。下一个学年，他告诉父母："我现在必须去（系里），以确定我是否需要修一门逻辑课，或者我是否能修一些我喜欢的课程。"⑥ 罗蒂和他的父母都认为，他对思想史的兴趣和才能显示出他将来

---

① 理查德·罗蒂写给维妮弗雷德·劳申布赫的信，1949年9月27日，RRP。
② 理查德·罗蒂写给维妮弗雷德·劳申布赫的信，1949年10月5日，RRP。
③ 理查德·罗蒂写给维妮弗雷德·劳申布赫的信，1949年10月18日，RRP。
④ 理查德·罗蒂写给维妮弗雷德·劳申布赫的信，1950年1月11日，RRP。
⑤ 理查德·罗蒂写给伊娃·比尔德的信，1950年3月20日，RRP。
⑥ 理查德·罗蒂写给父母的信，1950年9月29日，RRP。

有能力从事这方面的哲学工作。他的父亲口气很直接,他在1950年4月给儿子的信中写道:"你能为我们做的最好的事情,就是你一直在做的事情:好好利用你所有的机会,挖掘自己和身处的世界,探寻并选择你的目标。"他就罗蒂上过的一门文化历史课继续谈道:"在哈茨霍恩和伯格斯特拉斯(Bergstrasser)的课上得到A等成绩,在我看来非常重要,不仅能保证你继续取得奖学金,也有助发挥你的天赋和才能。"①

当逻辑实证主义在美国哲学界如日中天的时候,罗蒂很幸运地处在一个重视历史才能的院系里。由于自己对这个领域的兴趣日益浓烈,罗蒂采取了一些行动来提高自己的相关技能。在这方面,他所做的,或者说试图做的一件事,是学习语言技能,以更好地理解历史文本。他在本科时已经学过一些法语,此时则打算学习德语和希腊语,正如他在研究生院第一年春天告诉他姨妈的那样:"我决心今年夏天学习德语,我妈妈会帮助我②。也许我也可以试着和你对话。你在法语口音方面对我的帮助很有用。我也想很快学会希腊语。听到我的教授说'翻译当然不能清晰传达亚里士多德的意思',这让我恼火。"③ 他认识到,在具有历史思维的哲学家中,能够用文本原来的语言来讨论思想是一种有威望的标志,正如他在第二年秋天的信中半开玩笑说的那样:"我将在下学期写一篇关于柏拉图的《理想国》(Republic)的论文(我打算大幅引用希腊语原文,只为了增强我的自尊心)。"④ 为了真正掌握法语,他在芝加哥大学读研二时制订了一项计划,打算去巴黎学习一年。这项计划还受到了另外两个因素的推动:第一,虽然他觉得自己修的课程很有趣,但他在芝加哥待的时间太长了,感到厌倦和不安,从而对在其他地方写作硕士论文产生了兴趣,尤其是在哈佛大学,如果不能去哈佛,去某个欧洲的大学也可以;第二,如果研三没能在美国获得奖学金,那么他将无法以学生身份推迟应召入伍。他再次向哈佛递交了申请,同时也开始准备在国外留学一年的计划。他向父亲解释了自己为什么要去欧洲:"首先,这可能是我最后的机会。我不能长久地逃避入伍,尽管从军队的观点来看,目前关于研究生的入伍规定太不切实际了。而且如果我硕士期间在美国获得了研究生奖学金,我想我不会拒绝它,那样就哪里也去不了。其次,我认为这对我有好处。"⑤

---

① 詹姆斯·罗蒂写给理查德·罗蒂的信,1950年4月15日,RRP。
② 维妮弗雷德家里经常说德语,因此她对德语相当精通。
③ 理查德·罗蒂写给伊娃·比尔德的信,1950年3月20日,RRP。
④ 理查德·罗蒂写给伊娃·比尔德的信,1950年9月21日,RRP.
⑤ 理查德·罗蒂写给詹姆斯·罗蒂的信,1951年5月6日,RRP。

在考虑这一举动时，理查德才 19 岁，他再次得到了父母广泛的社会网络的帮助。他父亲给许多认识的人写信，试图为他在欧洲谋份工作。例如，他联系了曾师从约翰·R. 卡蒙斯（John R. Commons）的劳动历史学家戴维·萨波斯（David Saposs），他在欧洲拥有广泛的人脉，并且和詹姆斯·罗蒂一样，也写过关于美国工会共产主义化的文章。詹姆斯·罗蒂询问萨波斯，说自己的儿子正考虑来巴黎，他能不能提供点帮助，比如帮他谋一份职位。① 此外，他还让他的朋友，《人间事》（Human Events）的编辑弗兰克·汉尼根（Frank Hannigan），为理查德写了一封引荐信给政治哲学家伯纳德·德·茹弗内尔（Bertrand de Jouvenel）。② 詹姆斯·罗蒂也向朋友们询问他儿子的计划是否明智。就理查德未来的哲学家生涯来看，他是应该利用在欧洲的时间修几门课，然后回到芝加哥完成硕士论文，还是应该直接在欧洲的大学就读？一封写给理查德的信给出了答案：

> 亲爱的迪克：我与美国之音剧作家雅各布斯博士进行了交谈，他是纽约大学的哲学博士，师从胡克。但纽约大学无法为他提供一份工作；很遗憾他没有去哥伦比亚大学，那里的毕业生是可以得到安置的。芝加哥大学可以将毕业生安置在中西部的大学，因此雅各布斯认为在芝加哥大学攻读硕士学位是可取的，其间也可以在索邦大学学习获得学分。提醒一下，麦克基恩与索邦大学联系很密切。你也许还可以从牛津和/或剑桥获得一两个学分，今天这两所大学比索邦大学更有声望，虽然索邦大学仍很知名。然而，如果在索邦大学读研，这将破坏你与芝加哥大学的关系，你也无法获得芝加哥大学在职业生涯上提供的帮助，因此麦克基恩对这一选择提出了质疑。
>
> 你可能已经考虑和讨论了所有这些问题，但雅各布斯熟悉职业哲学家在大学体制中有限的就业市场，并且经受了一些波折，他的说法可能会对你的计划有所启示。③

罗蒂最终在那年夏天晚些时候去了巴黎，但只待了两个月。也许是听从了雅各布斯的建议，但也许是因为想家了，并且意识到自己的法语并不

---

① 詹姆斯·罗蒂写给大卫·萨波斯的信，1951 年 6 月 3 日，RRP。
② 弗兰克·汉尼根写给伯纳德·德·茹弗内尔的信，1951 年 5 月 23 日，RRP。
③ 詹姆斯·罗蒂写给理查德·罗蒂的信，1951 年 5 月 8 日，RRP。

如想象的那么好，这让他在索邦大学旁听课程变得困难①，所以他决定回到芝加哥完成硕士学业。罗蒂在那年秋天回到了海德公园，他的法语水平只略有提高，不过他在美国学术界的职业发展轨迹并没有因为与外国大学的密切联系而受到损害。

3

在努力磨炼外语能力的同时，罗蒂意识到，他在芝加哥大学的日常经历进一步增强了自己对哲学史的兴趣。他与芝加哥大学里对思想史感兴趣的其他学生交往，在他们之中，他可以发挥自己的思想史才能。尽管具有历史倾向的麦克基恩在哲学系最有声望，但比起和哲学系的其他学生待在一起，罗蒂更愿意和社会思想委员会的学生共度时光，他们中的许多人都是列奥·施特劳斯（Leo Strauss）的追随者。施特劳斯是一位政治哲学家和正统的犹太人，于1932年逃离了自己的家乡德国，并在纽约社会研究新学院任教十多年。1949年，他以终身教授的身份来到芝加哥大学，并在抵达芝加哥大学后的一系列讲座中，面向大学师生宣讲了其思想和学术的基本主题。正如弗雷德·达梅尔（Fred Dallmayr）所描述的那样，这些主题围绕着两个问题：一是与古代的道德特征相对立的现代性的道德特征，二是理性与宗教的关系。② 按照施特劳斯的观点，现代性应该从人类中心主义的角度来理解，它关注利益而非美德，追求变革和创新。由于现代性所带来的视角上的转变，自然权利等长期存在的概念，其意义发生了变化：在古代，自然权利意味着服从社会等级秩序的要求，这些要求对社会正常运作必不可少，而在现代，自然权利在自由主义的背景下，意味着在面临他人威胁时保持自身自由的权利。虽然"施特劳斯不是以哲学家的身份，而是以学者、政治哲学史家的身份出现"③，但人们通常认为，施特劳斯对两种概念都表示赞同。④ 施特劳斯的观点在当时多少有些异类，而

---

① 理查德·罗蒂写给作者的电子邮件，2005年6月23日。

② Fred Dallmayr, 1994, "Leo Strauss Peregrinus," *Social Research* 61: 877-906.

③ Edward Banfield, 1991, "Leo Strauss," pp. 490-501 in *Remembering the University of Chicago: Teachers, Scientists, and Scholars*, Edward Shils, ed., Chicago: University of Chicago Press, 494.

④ 要了解施特劳斯对自由主义的"怀疑"观点，参见 Steven Smith, 2006, *Reading Leo Strauss: Politics, Philosophy, Judaism*, Chicago: University of Chicago Press.

且有时必须在他进行历史分析的字里行间中加以解读,但这与他提出的哲学文本阅读方法是一致的。因为"哲学和社会之间经常存在着冲突"①,哲学家们可能不得不隐藏其真实观点和意思,以免冒犯宗教权威、赞助人和其他人。哲学系学生的任务是通过精读文本本身,来挖掘这些隐藏的意义。完成这个任务需要能够流利阅读原始文本,因为翻译往往掩盖了隐藏的含义。正是因为施特劳斯认为"人性"在"本质上是不变的"②,所以学生通过这种方式阅读文本时,并不是靠探究过去来判断哲学的进步,而是寻找如今仍然适用的智慧,这种智慧就是所有哲学家都参与的伟大历史性对话的主题。

施特劳斯周围很快就聚集了一群醉心于其深奥方法的学生:"这里有一个人……似乎读过所有值得一读的东西,甚至包括这些文字的言外之意,而且全都记得;他看起来无意于在被俘获的观众面前炫耀自己;他全神贯注于弄清楚通常很模糊的东西……一个学生怎么能……不敬畏这样的老师呢?"③ 在罗蒂求学时期,施特劳斯在芝加哥大学的拥趸有后来的政治哲学家艾伦·布鲁姆(Allen Bloom)、维克多·古列维奇(Victor Gourevitch)、骆思典(Stanley Rosen)和古典学者瑟特·伯纳德特(Seth Benardete)。罗蒂和他们都是朋友。伯纳德特写给罗蒂的一封信典型地体现了这群人的交流方式,这封信没有注明日期,大概就写于那一时期。伯纳德特当时正在度假,他写道"自己当时在读柏拉图的《忒阿格斯》(*Theages*),对自然有了一种美好的想象,自然'包罗万象',万物浑然一片"④。虽然这封信接着谈了一些不那么重要的问题,但这样一份非正式的通信很大程度上仍在谈论着古典哲学,更不用说这封信是用拉丁文写的,并用希腊语引用了柏拉图的话,这表明罗蒂的朋友圈强化了他作为哲学史学生的身份,并且为他提供了一个重视思想史知识的非正式环境。

罗蒂还找到了一位谈心的伙伴——阿梅丽·奥克森伯格(Amélie Oksenberg),并在此期间与她成了朋友。阿梅丽出生在比利时,父母是来自波兰的犹太人,她在弗吉尼亚州的一个农场长大。她的父亲是"做钻石生意"的,但"生意不大——只够资助他的各种哲学实验";她母亲曾受

---

① Banfield, "Leo Strauss," 494.
② Ibid, 496.
③ Ibid, 497.
④ 塞特·伯纳德特写给理查德·罗蒂的信,未注明日期,RRP。感谢亚当·基赛尔的翻译。

过语言学的教育。① 阿梅丽很年轻就被芝加哥大学录取了，和罗蒂一样，她当时也在攻读哲学研究生。二人都对哲学史很感兴趣，阿梅丽尤其注重古典哲学。1951年，在罗蒂的一封通信中，首次透露出他们已经确立了恋爱关系。罗蒂的朋友查尔斯是哥伦比亚大学的研究生，他在那年2月写信给罗蒂说："你对一位优秀的年轻女性的评论引起了大家的好奇。目前，我认为只有既聪明又好看的年轻女性才值得花时间与之相处；另一种类型的女性可能很聪明，谈吐得体，但是谈到由外表和钦慕而引发的纯粹的感官满足，他们就差得很远了。一个女人既漂亮又聪明是非常重要的，把二者结合成一种魅力当然是件大事。"② 理查德去欧洲的时候，阿梅丽也在欧洲旅行。③ 但几年后，奥克森伯格夫妇反对阿梅丽和理查德结婚，理由是理查德即将参军，他也不是犹太人，而且正如詹姆斯·罗蒂在一封信中暗示的那样④，两个家庭之间存在着贫富差距，所以他们不赞成阿梅丽延长欧洲的学习之旅，这也许是担心他们两人之间有所接触。然而，到了9月，阿梅丽从伦敦给理查德写了一封信，信中说父母已经不再试图劝阻她了。⑤ 阿梅丽整个学年都留在欧洲，而理查德则在芝加哥撰写硕士论文；两人随后都申请了耶鲁的博士学位并被录取。当然，他们在一起的大部分时间都在讨论世俗的事情，但从他们之间仅存的几封书信可以明显看出，至少在恋爱的早期阶段，哲学问题也是他们谈论的一部分。例如，1952年7月，阿梅丽在瑞士给理查德写了一封信，当时她正在那里跟随存在主义者卡尔·雅斯贝尔斯（Karl Jaspers）学习。"雅斯贝尔斯阴沉、自负、固执，"她说，"他的话语满是巴洛克式的华丽辞藻，仿佛每一片花瓣都沾满了灰尘。他那种德国式的自以为是让我怒火中烧，还有他对黑格尔《精神现象学》（*Phenomenology of Spirit*）的狂热。呸！这让我感到恐惧。我宁愿与逻辑实证主义者一道，也不愿与这些毒蛇为伍。"⑥

---

① Amélie Oksenberg Rorty, 1977, "Dependency, Individuality and Work," pp. 38-54 in *Working It Out: 23 Women Writers, Artists, Scientists, and Scholars Talk about Their Lives and Work*, Sara Ruddick and Pamela Daniels, eds., New York: Pantheon, 39.
② 查尔斯写给理查德·罗蒂的信，1951年2月28日，RRP。
③ 罗杰写给理查德·罗蒂的信，1951年6月25日，RRP。
④ 詹姆斯·罗蒂写给阿梅丽·奥克森伯格的信，1954年4月12日，RRP。
⑤ 阿梅丽·奥克森伯格写给理查德·罗蒂的信，1951年9月16日，RRP。
⑥ 阿梅丽·奥克森伯格写给理查德·罗蒂的信，1952年7月7日，RRP。

4

罗蒂在芝加哥读研究生期间，曾上过哲学系许多教授的课，包括麦克基恩、格沃斯、卡尔纳普、曼利·汤普森（Manley Thompson，1949年担任助理教授）以及哈茨霍恩。这份名单引人注目的是，它显示出在芝加哥大学有如此之多的老师对古典美国实用主义感兴趣，或者曾经对其有过研究，或者对其持认可态度。如前所述，麦克基恩曾在杜威的指导下学习，他至少赞同实用主义对实在论的批判。卡尔纳普虽然算不上实用主义者，但他尊重莫里斯"将实用主义和逻辑经验主义结合起来"[①] 的努力，尽管"维也纳学派中的大多数人"是在"几乎不了解美国哲学"[②] 的情况下发展自己的哲学方法的。就汤普森和哈茨霍恩而言，他们是美国研究查尔斯·皮尔士的顶尖学者。

罗蒂最终选择了哈茨霍恩作为自己的硕士论文导师。在论文的前言部分，罗蒂对哈茨霍恩表达了感谢，因为他不仅"对这篇论文……给予了善意和帮助"，而且帮助罗蒂塑造了"自己研究的整体方向"[③]。哈茨霍恩出生于宾夕法尼亚州的一个小镇，由作为圣公会牧师的父亲及其妻子抚养长大。在父亲的坚持下，他在哈弗福德学院（Haverford College）学习了两年，其间深受贵格会神学家鲁弗斯·琼斯（Rufus Jones）讲座的影响，琼斯鼓励他阅读乔西亚·罗伊斯（Josiah Royce）的《基督教的问题》（*The Problem of Christian*，1913）。从罗伊斯那里，哈茨霍恩获得了这样一种观点，即没有共同体就没有自我，同情和利他心理比自利动机更自然，基督教会的意义就存在于其宣扬的伙伴友谊中。这一观念对于实用主义非常重要，同时也是新黑格尔观念论的核心。罗伊斯对实用主义的很多方面都推崇有加，他和杜威等实用主义者从中获得灵感，提出了新黑格尔观念论。哈茨霍恩回忆说，他在军队服役时，意识到这个世界是以知觉的形式呈现给我们的，而不是以情感中立的感觉材料的形式呈现的。[④] 他服完兵役后转学到了哈佛，并在那里取得了学士和博士学位。他的主要老师有詹姆斯的学生、注释家拉尔夫·巴顿·佩里（Ralph Barton Perry），曾花两

[①] Carnap, "Intellectual Autobiography," 34.

[②] Feigl, "The Wiener Kreis in America," 644.

[③] Richard Rorty, 1952, "Whitehead's Use of the Concept of Potentiality," M. A. Thesis, Department of Philosophy, University of Chicago, iii.

[④] Hartshorne, "Some Causes of My Intellectual Growth," 18.

年时间整理皮尔士的论文同时发展自己的概念论实用主义（conceptual pragmatism）的 C. I. 刘易斯（C. I. Lewis），以及观念论者和形而上学家 W. E. 霍金（W. E. Hocking）。其中最吸引哈茨霍恩的是霍金的哲学项目，他的学位论文"充满了对当时（他的）形而上学体系——一种受限的精神一元论的富有活力的论证"①。哈茨霍恩在欧洲做了两年博士后，跟随海德格尔和胡塞尔（Husserl）学习。1925 年，他回到哈佛担任讲师，在那里度过了三年的职业成长期。他的职责包括为阿弗烈·诺夫·怀特海（Alfred North Whitehead）的形而上学课程批改论文，协助保罗·韦斯（Paul Weiss）整理皮尔士的论文并将其汇编出版。

怀特海当时在学术界内外都是非常受欢迎的人物，他 62 岁时转到哈佛，正从数学和科学哲学家向形而上学家转变。怀特海反对机械论和唯物论的世界观，认为现实是由事件和生成过程构成的，两者在他称为"有机体"的统一系统中共存。有机体基于"永恒客体"来构造现实，这种永恒客体类似于柏拉图的型相，是在"摄入"（prehension）中被把握到的。这种把握并不完全是模仿式的，因为每一个生成过程都以崭新的、变化的方式使永恒客体现实化。怀特海认为有机体是通过感觉来联系和感知环境的。与此同时，他坚持一种形而上学的统一原则。在他看来，有机体的概念不仅指涉生命形式，而且涉及现实的各个方面，这一现实甚至可以是原子和分子层面上的。这种活力论的立场与哈茨霍恩独立形成的观点很明显是一致的，因此，哈茨霍恩立即成了怀特海形而上学的阐释者和拥护者。怀特海曾努力研究其体系的神学含义，这成为哈茨霍恩的主要关注点之一。② 对于怀特海和哈茨霍恩来说，世界本身是一种有机体；它不是运动中的分子和物质构成的机械系统，而是各种彼此独立的联系的集合，通过这些联系，存在才成为可能，哈茨霍恩认为，这正是上帝一词所意指的东西。③ 哈茨霍恩在芝加哥大学是作为一个对神学有浓厚兴趣的哲学家而知名，他也很快接受了神学院的联合任命。至少罗蒂所了解的他是这样的：

---

① Charles Hartshorne, 1990, *The Darkness and the Light: A Philosopher Reflects upon His Fortunate Career and Those Who Made It Possible*, Albany: State University of New York Press, 113.

② Lewis Ford, 1991, "Hartshorne's Interpretation of Whitehead," pp. 313-37 in *The Philosophy of Charles Hartshorne*, Lewis Hahn, ed., Library of Living Philosophers Series, vol. 20, La Salle: Open Court, 313.

③ Ibid.

罗蒂在 1950 年向母亲描述哈茨霍恩，称他是"一位著名的世俗神学家，怀特海 20 世纪 20 年代的学生"①。

但是哈茨霍恩也深受皮尔士的影响。虽然在几个关键的方面与其意见不同，比如认为皮尔士的形而上学未能解释"限定的单个事件的观念"②，但哈茨霍恩在思想上与实用主义的如下观点是一致的，即"自发性是最基本的范畴"③，这种实用主义观点在皮尔士这里得到了最系统的阐释。康德从对判断的分析中得出了 12 个基本范畴，没有这些范畴，经验就不可能存在。虽然皮尔士对康德评价甚高，但他认为这 12 个范畴并不能令人满意，并且着手发展一种对判断的新理解，以发现一组更令人满意的范畴。他认为，命题的逻辑元素之间是一种符号关系：命题的主词是其谓词的符号。因此，所有的思想都是符号化的。但如果是这样的话，那么思维就是意识的一个特定范畴，在这个范畴里，符号是互相联系的。皮尔士进一步指出，指号过程（semiosis）的显著特征在于它是三分的：（1）符号；（2）指称对象；（3）主体人。皮尔士后来写道，符号是"能决定某种他物（它的解释项）以同样方式指代自己所指的对象（它的指称对象）的东西，这个解释项反过来又成为一个符号，如此无穷无尽"④。由于符号关系的三分性质，皮尔士把进行思维的那一类意识范畴称为"第三性"。另外两种意识范畴也是必要的，它们用来提供思维的材料。皮尔士将这些范畴命名为"第一性"和"第二性"："第一性是经验的一元元素，通常认为与知觉有关；第二性是经验的二元元素，通常认为与施受行动有关。"⑤ 对于皮尔士来说，第一性、第二性和第三性不仅是意识不可化约的范畴，也是规定

---

① 理查德·罗蒂写给维妮弗雷德·劳申布赫，1950 年 1 月 11 日，RRP。

② Manley Thompson, 1984, "Hartshorne and Peirce: Individuals and Continuity," pp. 130-48 in *Existence and Actuality: Conversations with Charles Hartshorne, John Cobb and Franklin Gamwell*, eds., Chicago: University of Chicago Press, 138.

③ Donald Lee, 1991, "Hartshorne and Pragmatic Metaphysics," pp. 529-49 in *The Philosophy of Charles Hartshorne*, Lewis Hahn, ed., Library of Living Philosophers Series, vol. 20, La Salle: Open Court, 548.

④ Charles Peirce, [1901-5] 1991, "Sign," pp. 239-40 in *Peirce on Signs: Writings on Semiotic by Charles Sanders Peirce*, James Hoopes, ed., Chapel Hill: University of North Carolina Press, 239.

⑤ Nathan Houser, 1992, "Introduction," pp. ixx-xli in *The Essential Peirce: Selected Philosophical Writings*, vol. 1 (1867-93), Nathan Houser and Christian Kloesel, eds., Bloomington: Indiana University Press, xxxi.

所有观念的一般范畴。这些范畴一方面为皮尔士对哲学的划分（如现象学、规范研究和形而上学）提供了根据，另一方面也为他的形而上学打下了基础，他的形而上学试图理解这三种范畴可以呈现出一种怎样的宇宙。哈茨霍恩并不完全接受这个范畴体系①，但他确实同意三分的符号关系超越了人类意识领域，形成了世界本身的一部分，正如他的"泛心论"学说所表达的那样，他也同意新颖性和创造性天然地存在于每一个指号行为中。

哈茨霍恩在芝加哥大学哲学系的立场并不明确。他于1928年受聘，当时哈钦斯还没有接管芝加哥大学。他对皮尔士的兴趣和了解与该系的实用主义取向非常契合。正是因为这个原因，他成了反对哈钦斯重塑哲学系的一分子。虽然他对神学问题很感兴趣，但他对新托马斯主义的上帝观几乎没有耐心，因此不赞成艾德勒的哲学。与此同时，在研究哲学史上的某些问题时，他发现自己不像麦克基恩那样愿意"努力去理解过去哲学家的著作，从而在很大程度上排挤对自然和超自然的哲学理解"②。莫里斯试图聘请卡尔纳普和莱辛巴赫，哈茨霍恩也热心支持，但这并没有让他受到管理层的青睐。可以肯定的是，他和卡尔纳普在一些问题上达成了一致。哈茨霍恩是一个形而上学家，而卡尔纳普则希望克服形而上学。哈茨霍恩和怀特海一样，说的都是高深的抽象概念，卡尔纳普觉得这些概念太过模糊，难以理解。在一段对卡尔纳普的自传式颂词中，哈茨霍恩回忆道："如果我给他（卡尔纳普）看一份手稿，几乎所有的旁注都会是'n.c.'，即'not clear'（不清晰）。"③ 不过，他们之间的关系似乎很融洽，哈茨霍恩本人也深信，卡尔纳普的存在可以增强哲学系智性的多样性，这是一件好事。

然而，罗蒂以及他的一些同学对这种情形有不同的理解。在他们看来，哈茨霍恩对形而上学的兴趣与逻辑实证主义的思想项目是对立的。罗蒂早期的信件中几乎没有对实证主义议题的谴责，但从他1950年12月写给母亲的信中可以清楚地看出，他认为哈茨霍恩的工作——以及他自己的工作——是站在反实证主义的立场上的。罗蒂当时在上卡尔纳普的一门课，并这样描述自己写的学期论文："为卡尔纳普完成了一篇论文——冗长、乏味，只有实证主义的反对者才感兴趣。如果你愿意，也可以看看，

---

① Charles Hartshorne, 1980, "A Revision of Peirce's Categories," *Monist* 63: 277-89.

② Hartshorne, "Some Causes of My Intellectual Growth," 32.

③ Hartshorne, no title, pp. xliii-xlv in *PSA 1970: In Memory of Rudolf Carnap*, Boston Studies in the Philosophy of Science vol. 8, Roger Buck and Robert Cohen, eds., Dordrecht: D. Reidel, xliii.

但我看不出它有什么有趣的地方,你、卡尔纳普还有其他人都会觉得无趣,除了一小撮反动的形而上学家们(正是我向往的圈层),他们试图阻止实证主义的入侵。论文标题是'逻辑真理,事实真理,以及先天综合判断'(Logical Truth, Factual Truth, and the Synthetic A Priori)。有人建议配上一个副标题——'如何取悦维也纳学派'(How to Square the Vienna Circle)。"① 在罗蒂的档案中,这篇论文已经遗失了。然而,罗蒂的硕士学位论文为我们掌握他在芝加哥大学后期的思想特点提供了主要证据,尽管里面没有提及实证主义,却与他自我描述的智性认同相一致。这篇论文在1952年完成了答辩,毫无疑问,它是形而上学的。

5

罗蒂硕士学位论文的主题可能是哈茨霍恩建议的。1948年,在伊利诺伊州盖尔斯堡的诺克斯学院(Knox College)举行的美国哲学协会西部分会上,三位怀特海研究专家哈茨霍恩、维克多·洛威(Victor Lowe)和A. H. 约翰逊(A. H. Johnson)被要求向一个特别小组提交关于怀特海的论文。哈茨霍恩的论文在1950年发表,其总结出了怀特海思想的12个特点,包括具有现象学色彩的经验论、有神论,以及像皮尔士一样对关系逻辑的运用,这些特点使怀特海成了"极其伟大"② 的形而上学家和宇宙论者。然而,在哈茨霍恩看来,怀特海的理论并非无可指摘,尤其是在某些地方的明晰性方面。哈茨霍恩从中指出了一处急需澄清的地方,他在论文结语部分写道:"怀特海有一个难以理解的概念,即创造力,或者说终极基础、实质活动。这是一种超越上帝的上帝吗?我有些怀疑在这个问题上(怀特海)的所有言论是否自洽。"③

这与罗蒂在硕士学位论文中所讨论的主题非常相似。与哈茨霍恩一样,罗蒂高度赞扬了怀特海的方法:"怀特海构建了一种宇宙论,其细节的完备,以及随之而来的应用的恰切,可以与那些最伟大的理论构造相媲

---

① 理查德·罗蒂写给维妮弗雷德·劳申布赫,1950年,12月16日,RRP。
② Charles Hartshorne, 1950, "Whitehead's Metaphysics," pp. 25-41 in *Whitehead and the Modern World: Science, Metaphysics, and Civilization: Three Essays on the Thought of Alfred North Whitehead*, by Victor Lowe, Charles Hartshorne, and A. H. Johnson, Boston: Beacon Press, 25.
③ Ibid, 40.

美。"① 从本质上来说，罗蒂所分析的主题不是创造力，而是与之密切相关的形而上学范畴——潜在性。与哈茨霍恩一样，罗蒂认为潜在性是怀特海形而上学的一个支点，而问题是怀特海关于潜在性的观点与其哲学的其他方面是否融贯。在这方面，罗蒂思考了怀特海的永恒客体理论，以及关于上帝的永恒本质的理论。根据后者，上帝作为一种原始存在，是"秩序的秩序，是将所有永恒客体置于一种秩序中的组织者"②。罗蒂还思考了怀特海的扩展连续统理论，扩展连续统是"秩序的基础，这种秩序关涉世界的所有现实性（即实在的可能性）的总体"③。关于永恒客体理论，罗蒂提出了关于摄入的问题。永恒客体似乎"在确定性方面是完全既定的，同时在位置方面又是完全未定的"④。那么，内在于摄入中的创造力是否只涉及永恒客体在时空坐标中的位置呢？还是说，摄入可能给世界带来真正革新这一观点，要求我们认识到观念和实在之间是相互作用的，即先前存在的永恒客体的创造性现实化可以产生新的永恒客体？这种偏离柏拉图主义的做法很快遭到了罗蒂的拒绝，因为"将永恒的事物去永恒化"这种方法"借助现实性损害了永恒客体"⑤。相反，他对怀特海体系做了改进，在该体系中，"每个现实存有（actual entity）在物理层面都预设了一种内容上的二元性，即既定性和未定性的二元性。这种二元性是不可分析的，因为它是终极范畴所要求的根本假设"⑥。这一修正允许摄入与时空位置的确定相关联，同时也认识到现实在摄入永恒客体之外，也可以摄入其现实化的其他产物，这样创造力就能在不影响理念的情况下产生新的秩序形式。

关于上帝及其原始本质，罗蒂没有提出主张，但他指出了怀特海体系中的一个悖论。

> 关于过程的实在性的断言是和关于未定性的断言同一的。现实的未定性暗示着存在一种纯粹的潜在性领域，目的是为通过自由选择获得的崭新观念赋予意义。这些纯粹的潜在性需要在它们之间有一个组织者，也需要在它们与现实性之间有一个中介者。这个中介者和组织者就像一条引导线，引导可能性按

---

① Rorty, "Whitehead's Use of the Concept of Potentiality," 101.
② Ibid, 43.
③ Ibid, 61.
④ Ibid, 34-35.
⑤ Ibid, 34.
⑥ Ibid, 35.

照既定的路线通往过程的最终状态，这个最终状态是对未定性的否定。过程原则中的这种明显的自相矛盾表明，潜在性与现实性的中介理论存在着不连贯的地方。①

只有结合扩展连续统的观念，才能找到解决这一悖论的办法。罗蒂在现实存有的物理层面预设了一种二元性，现在他坚持认为哲学家应"将情绪从心理层面转移到现实存有的物理层面，即否认主观形式是借助对永恒客体的观念摄入而构成的，后者正是怀特海的观点。怀特海说，某个现实存有所感知到的特性，以及感知时的情绪，都是构成这个现实存有的明确性的要素。我们的意见是，情绪是这个现实存有的位置的构成要素"②。只要采取这一步骤，并且充分认识到与扩展连续统上的物理摄入和位置定向相关的活动范围，原始本质就会失去决定现实世界进程发展方向的权力，怀特海竭力主张的未定性将得到保留。罗蒂的总体结论是"自由……属于物理层面，属于实在时间（real time），属于由主观形式决定的位置"③。"观念的潜在性……是秩序的基础，"他在一段充满形而上学色彩的段落中的总结让人感到困惑，"实在的潜在性是自由的基础……把观念的潜在性看作是限定的未定性，这是没有意义的，在不考虑具体情形的情况下，这种限定的未定性就是实在的潜在性。作为创造力的实在的潜在性，'只是因为偶然的机缘才是现实的'，也就是说，如果没有受到某种制约，如果没有被择选而出，它就什么也不是。"④ 罗蒂希望"（他）对这些问题的清晰的思考，可以加强怀特海思想基础的融贯性"⑤。

---

① Ibid，59.
② Ibid，89.
③ Ibid，100.
④ Ibid.
⑤ Ibid，102.

第五章
耶鲁的博士生涯（1952—1956）

1

罗蒂在努力攻读硕士学位的时候，决心继续他的哲学研究。尽管对博士项目的选择，对于接下来他将接受的学术训练类型和未来的职业发展轨迹至关重要，但是他在做出这一选择时，和大多数研究生一样，既没有获得充分信息来决定上哪所学校是最好的，也没有亮丽的履历可以让他在选择学校时不受限制。他考虑了三种可能性：就读哈佛大学哲学系或耶鲁大学哲学系，或者留在芝加哥大学从社会思想委员会那里获得学位。留在芝加哥大学是最没有吸引力的选择。1951 年 6 月，他的舅舅保罗·劳申布赫写信给他说："我们猜测，你并不是真的想继续待在芝加哥大学。无论如何，我们也认为你不应该再待下去了。你在那儿待得够久了，转变一下是合理的。"① 罗蒂在芝加哥大学哲学系的导师可能也告诉他，从他们那里拿博士学位是不明智的，但他的一位本科老师、古典学家大卫·格雷纳（David Grene）② 鼓励他入读社会思想委员会，并且承诺给予他奖学金。尽管罗蒂的希腊语不太流利，但他至少已经证明自己在处理古典材料方面是有前途的。事实上，

---

① 保罗·劳申布赫写给理查德·罗蒂的信，1951 年 6 月 10 日，RRP。
② 关于格雷纳，见 Todd Breyfogle, ed., 1999, Literary Imagination, Ancient and Modern: Essays in Honor of David Grene, Chicago: University of Chicago Press。

当他十年后首次受聘于普林斯顿大学时，他的职责就是教授古代哲学，尽管人们很快就发现他的语言技能不足以胜任这项工作。但是，作为一个刚刚起步的跨学科博士项目，社会思想委员会能否顺利地将其毕业生安置在教学岗位上，当时还不清楚。至少，这是他父母所关心的，他们建议理查德不要接受格雷纳的提议。"我们保证不把你和格雷纳的谈话告诉任何人，"母亲在1952年1月的信中这样说道，"不可否认的是，这项私下的提议是很诱人的。但如果你想教书，谋取一个相对稳定的教学职位，那么我就会质疑入读委员会的这种想法。如果你想进入政府等部门，那这一想法可能是可行的。"① 考虑到他们经常向朋友和熟人征求有关理查德职业生涯的建议，这条建议很可能也是来自他们的关系网。虽然没有直接的证据支持这一说法，但是罗蒂夫妇的确给他们的朋友们写过信询问关于博士项目的其他问题。例如，在维妮弗雷德给理查德写信的一个月后，耶鲁大学人际关系学院的查尔斯·沃克（Charles Walker）写信给詹姆斯，说他"很高兴听到你的儿子理查德想在耶鲁大学攻读哲学博士学位。我认为，我们有全国最好的哲学系"②。沃克说他认识研究生院的院长和副院长，理查德在必要时可以报他的名字。理查德因为确实想在学术界发展，所以把目光锁定在了哈佛大学和耶鲁大学上。

哈佛大学哲学系和耶鲁大学哲学系的学术布局截然相反。最早针对美国哲学系声誉的调查开始于1925年，此项调查结果中，排名第一的是哈佛大学，其次是哥伦比亚大学、芝加哥大学、康奈尔大学和耶鲁大学。到1957年进行第二次类似调查时，哈佛大学仍是第一名，然后依次是耶鲁大学、密歇根大学、哥伦比亚大学和康奈尔大学。③ 它反映出当时对哲学本性的理解仍未取得共识，以致两个顶尖的哲学系可以如此不同。在第一次世界大战前后，包括詹姆斯和罗伊斯在内的一代哈佛学者把指挥棒交给了他们的学生——哈佛的哲学家们自视甚高，因此他们通常都是雇用自己的人——这种转变是在两个哲学时代之间发生的。④ 在校长 A. 劳伦斯·洛威尔（A. Lawrence Lowell）的领导下，那些"倾向于认为自己是专业

---

① 维妮弗雷德·劳申布赫写给理查德·罗蒂的信，1952年1月29日，RRP。
② 查尔斯·沃克写给詹姆斯·罗蒂的信，1952年2月20日，RRP。
③ 这些排名参见 Allan Cartter, 1966, An Assessment of Quality in Graduate Education, Washington, D. C.：American Council on Education, 29。
④ 我在此处的讨论转述自 Bruce Kuklick, 1977, The Rise of American Philosophy：Cambridge, Massachusetts, 1860-1930, New Haven：Yale University Press。

人士"的学者得到了特权。① 在哲学中，这意味着他们"促成了学术才能的客观标准；他们自己的工作都很出色，且往往集中于一个特定的哲学分支"②。在霍金、佩里和怀特海等人身上，还保留着一种更古老、主题更广泛、更面向公众的哲学观念，但同为逻辑学家的刘易斯和亨利·谢佛（Henry Sheffer）采纳了新的观念。刘易斯是其中更为重要的人物。在佩里和罗伊斯的指导下，刘易斯最初持有为观念论辩护的立场，认为只有观念论才能有效地回应休谟对因果关系的批判，但他很快就滑向了实在论。世界中的对象作为被给予物呈现给我们，展示出一种最低限度的秩序，但我们只有运用心灵提供的概念框架才能理解它们。然而，我们所接受的框架并不像康德所认为的那样是逻辑上必需的，而是我们在试图理解经验时被证明不可或缺的东西。尽管刘易斯的概念实用主义在哲学史上占有重要地位，但其思想中最引人注目的是它所采用的形式。随着对逻辑问题的日益关注，刘易斯不仅在哲学著作中大量运用符号逻辑，而且逐渐相信逻辑"反映了人类推理的原则，而研究尽可能广泛的秩序体系有助于我们掌握这些原则"③。这种倾向不仅体现在刘易斯的身上，而且——部分通过他的影响——体现在哲学系其他年轻成员的身上。布鲁斯·库克里克（Bruce Kuklick）对1893年至1930年间获得哈佛大学博士学位学生的专业进行分类后发现，专攻宗教和道德哲学的人数下降了近50%，攻读形而上学专业的人数下降幅度相对较小，在1920年至1930年间都保持在31%，而偏向技术的学生却增加了100%不止。随着时间的推移，对符号逻辑感兴趣、偏向技术的学生得到了最好的工作。④

这种技术主义日渐兴盛的趋势在20世纪30年代和40年代仍在继续。1930年，费格尔在哈佛大学向那里的学生——尤其是那些学习经验心理学的学生，当时他们尚不属于独立的院系——介绍维也纳学派的思想，蒯因也这样做过，他在20世纪30年代初曾向卡尔纳普学习。仅仅几年后，刘易斯等哈佛系成员就与A.J.艾耶尔（A.J. Ayer）、J.L.奥斯汀（J.L. Austin）和斯图尔特·汉普希尔（Stuart Hampshire）等牛津哲学家之间建立了学术纽带。这些牛津哲学家们受G.E.摩尔（G.E. Moore）、罗素和维特根斯坦作品的影响，在不同程度上同情逻辑实证主义者的观点，

---

① Ibid., 453.
② Ibid.
③ Ibid., 539.
④ Ibid., 476-77.

"将哲学视为澄清日常语言和科学结构的活动"①。这些思潮与本土的认识论思潮汇合，形成了一种关于哲学的技术观点，在20世纪三四十年代为许多哈佛教师所推崇。刘易斯和蒯因是这些教师中的典型，对他们来说，"符号逻辑是进行哲学推理的必要工具。尽管他们对任何绝对的科学观念都持怀疑态度……但是（他们）经常把科学理解提升为唯一的理解方式，事实上，他们与逻辑经验主义者一起，使'科学哲学'变成了哲学的一个主要子领域……几乎与认识论一样。在详解语言是如何使用的过程中……分析哲学家（后来人们这样称呼他们）发明了'语言哲学'，形成了另一个重要的子领域……尽管分析学家们并不认为传统的哲学领域毫无意义……但他们对这些领域的忽视，暗示着这些领域可以不被重视"②。20世纪20年代末，哈茨霍恩在怀特海的指导下学习的那种思辨形而上学，在哈佛几乎绝迹。

在这种背景下，耶鲁大学的哲学家们试图树立一种独特的学科定位，他们将自己视为技术主义的抵抗者和传统的哲学探索方式的鼓舞者，尤其是在伦理学、形而上学和宗教哲学方面。③ 耶鲁大学长期以来在制度上与哈佛大学对立，认为高等教育应该以维护宗教和文化的正统性为目的。在20世纪的第一个十年，耶鲁大学哲学系为履行这项使命聘请了一些学者，尤其是来自哈佛的学者。这些学者因而得以摆脱詹姆斯的影响，进而摆脱实用主义的相对主义和反传统倾向。查尔斯·贝克威尔（Charles Bakewell）和威尔蒙·谢尔登（Wilmon Sheldon）也在这次任命的范围内。他们"认为自己是西方思想传统的传承者，这一传统始于希腊人，经历了中世纪时期，在现代哲学经典中达到顶峰。这些人的任务是反思人类的本性和命运，并向有教养的公众展示在历史中积累而成的真知灼见。现在美国高等学府的哲学家们正在推进这一崇高的事业"④。

---

① Bruce Kuklick, 2001, *A History of Philosophy in America*, 1720-2000, Oxford: Clarendon Press, 244.

② Ibid., 246.

③ 此处我再一次非常依赖库克里克的著作，参加 Bruce Kuklick, 2004, "Philosophy at Yale in the Century after Darwin," *History of Philosophy Quarterly* 21: 313-36。20世纪50年代在耶鲁就读的彼得·赫尔（Peter Hare）担心，对哲学系的这种定性可能会导致误解。他坚持认为，"假设技术主义哲学的支持者能够容忍系统的形而上学和道德哲学"，那就没有对技术主义哲学的敌意。见彼得·赫尔给作者的电子邮件，2006年10月19日。

④ Kuklick, "Philosophy at Yale," 319.

然而，随着实用主义的影响在 20 世纪 30 年代被各种各样的技术主义所取代，贝克威尔和谢尔登的观点发生了改变。他们将实用主义看作对抗那些将哲学简化为语言、概念和逻辑分析的人的同盟。作为高级教员和行政人员，他们聘用了新一代的学者（其中有些人同情实用主义），这些学者"决心让纽黑文（注：耶鲁大学所在地）成为思辨哲学和宗教哲学的代表"①。耶鲁大学哲学系与神学院建立了新的联系，专注于讨论永恒哲学问题的本科教育得到了重新强调，将"多元主义"视为首要的、神圣的学术道德成了一种院系文化。"多元主义"重视从广泛多元的角度探讨哲学，而不是仅仅采用实证主义等任何单一的方法。

形而上学者和伦理学者勃兰德·勃兰夏（Brand Blanshard）曾就读于密歇根大学、哥伦比亚大学、牛津大学和哈佛大学，在为论文集《哲学与美国教育》（*Philosophy and American Education*，1945）撰写引言时，介绍了哲学系的意识形态。《哲学与美国教育》中的论文源自美国哲学协会召集的系列会议和讨论，内容涉及哲学的本质以及如何向本科生教授哲学。勃兰夏写道，哲学家们普遍感觉到，哲学已在最近的时期失去了威信，尤其是在本科生中。"数学、物理学、工程学、医学——所有与战争有关的科学，不管是理论科学还是应用科学，都进入了鼎盛时期，而包括哲学在内的人文学科却暂时暗淡了。"② 这是一种耻辱，因为哲学原本是可以发挥重要的教学功能的。除了战争使哲学相对于科学失去声望之外，美国哲学家之间的两场争论也削弱了哲学的影响。首先是实用主义者和非实用主义者之间的争论，勃兰夏将其描述为知识工具论者和非知识工具论者之间的分歧。③ 勃兰夏对自己在这场争论中的立场毫不犹豫：实用主义导致了对形而上学的淡化，从而削弱了该学科为学生提供人生哲学的能力，这种人生哲学与学生关注的终极问题是相协调的。尽管如此，实用主义者至少愿意与意见相左的哲学家一起讨论这些重要问题，同时他们也应该因面向更广泛的公众而受到赞扬。其次是实证主义者和非实证主义者之间的争论，这场争论使哲学系的声望受到了更大的损害。和实用主义者一样，

---

① Ibid.，320.

② Brand Blanshard，1945，"The Climate of Opinion," pp. 3-42 in *Philosophy in American Education: Its Tasks and Opportunities*，by Brand Blanshard, Curt Ducasse, Charles Hendel, Arthur Murphy, and Max Otto, New York: Harper and Brothers，8.

③ Ibid.，21.

实证主义者也宣称"几乎整个形而上学,传统哲学的核心部分……毫无意义"①,但是他们的依据与实用主义者不同。与实用主义者不同的还有,实证主义者回避了伦理学。勃兰夏断言,在实证主义的影响下,哲学家们已经停止了对重要问题的研究,陷入了一种狭隘的专业主义,"全神贯注于——嗯,什么?比如感觉材料的状态,意义的含义,如何减少演绎逻辑所需的基本命题数量,是否所有的先天命题,抑或部分先天命题是同义反复"②。"哲学并不总是如此,"勃兰夏继续说道,"在世纪之交,它仍然有宏大的构想,并致力于解决重大问题,帮助我们理解世界和学会如何在其中生活。"③ 勃兰夏对转向实证主义表示强烈反对,他呼吁哲学家们坚持哲学领域的永恒理想,让哲学再次成为具有"通达的智慧、丰富的经验、合宜的实践判断,对事物价值有深刻洞察,思维清晰而平静"④ 的人所从事的职业。将哲学重新定位到这个更传统的方向上,是耶鲁大学哲学系给予自身的使命,这所需要的不是某一种特殊哲学的进步,而是不同哲学方法的倡导者在严肃对待哲学的历史使命的基础上进行对话。

耶鲁大学哲学系在20世纪30年代末至50年代初做出的大多数人员聘用,都是为了推进勃兰夏所认同的哲学理想:查尔斯·亨德尔(Charles Hendel)于1939年来到该系,他是"社会和政治思想史家";勃兰夏本人于1945年受聘,他"以罗伊斯和自身导师霍金的风格为观念论辩护,并写了三册让人印象深刻的探索形而上学的书";保罗·韦斯(Paul Weiss)也是1945年受聘,他是一位"风格华丽的形而上学家"⑤;约翰·E. 史密斯(John E. Smith)1952年来到这里,他在哥伦比亚大学获得博士学位,研究实用主义和宗教哲学。罗蒂在校期间,学院里的其他哲学家还包括F. S. C. 诺斯洛普(F. S. C. Northrop),一位对宗教和跨文化交流感兴趣的科学哲学家,也是一位通才;卡尔·亨普尔是系里"象征性的"实证主义者,他取代了实证伦理学家C. L. 史蒂文森(C. L. Stevenson),后者在勃兰夏和韦斯受聘的那一年被拒绝授予终身教职;亚瑟·帕普(Arthur Pap)是系里的另一位分析哲学家,1955年在亨普尔离开耶鲁去普林斯顿后,耶鲁大学哲学系对于把分析哲学家提升为高级教师员工的做法仍存疑虑,因而只是延长了帕普的任期而没有授予终身教职;年轻的皮

① Ibid., 26.
② Ibid., 32.
③ Ibid.
④ Ibid., 40.
⑤ Kuklick, "Philosophy at Yale," 320, 323.

尔士学者鲁伦·威尔斯（Rulon Wells）1942年获得哈佛大学的博士学位；弗雷德里克·费奇（Frederic Fitch），一位同样对怀特海的形而上学感兴趣的逻辑学家，于1951年获得终身教职。① 其中，韦斯和威尔斯对罗蒂的思想发展最为重要，尽管史密斯的存在也并非无关紧要，罗蒂在一门关于实用主义的课程中担任过他的助教。分析哲学家威尔弗里德·塞拉斯（Wilfrid Sellars）是罗蒂取得博士学位后才加入该系的，他对罗蒂晚期的工作产生了很大影响。

2

耶鲁大学的大多数哲学家都是新教徒，史密斯等人明确地关注神学问题，而另一些人则与罗伯特·卡尔霍恩（Robert Calhoun）、雷茵霍尔德·尼布尔（Reinhold Niebuhr）的弟弟H. 理查德·尼布尔（H. Richard Niebuhr）等神学院的杰出教授建立了联系，但是耶鲁大学哲学系对那些持有不同信仰的人并不完全怀有敌意。尽管耶鲁大学因为反犹主义而臭名昭著，它还是聘用了犹太人韦斯，并授予其终身教职，即使这引起了相当大的争议。韦斯出生在纽约一个工薪阶层移民家庭。1927年，他从城市学院毕业，师从悉尼·胡克的导师莫里斯·科恩（Morris Cohen）。但他不顾科恩的建议，去了哈佛大学研究生院，跟着怀特海学习。搬到剑桥后，他发现"哈佛的哲学系……已被逻辑学家所统治……他们看上去很蔑视思想史"②。虽然韦斯对怀特海有深刻的印象（怀特海似乎是独自在抵制逻辑学家的项目），并像他的老师一样致力于研究形而上学，但他没有哈茨霍恩那么热衷于捍卫怀特海的观点。即使是他和哈茨霍恩展开密切合作，共同编辑皮尔士的论文时，情况也是如此。韦斯接受这份工作是因为科恩对皮尔士的评价很好。韦斯感觉到，哈佛哲学系很少有人对哲学领域的历史感兴趣。他在自传中写道，他们在整理成千上万页的手稿时，系里几乎没有人来看望他和哈茨霍恩。这种处于院系边缘的感觉在他提交《逻辑和系统》（Logic and System）这篇论述形而上学的学位论文时也产生过，这篇论文一开始就被委员会拒绝了。韦斯获得了去欧洲学习一年的

---

① John Lango, 2002, "Fitch's Method and Whitehead's Metaphysics," Transactions of the Charles S. Peirce Society 38: 581-603.

② Paul Weiss, 1995, "Lost in Thought: Alone with Others," pp. 3-45 in *The Philosophy of Paul Weiss*, Library of Living Philosophers Series, vol. 23, Lewis Hahn, ed., Chicago: Open Court, 9-10.

"二等"奖学金,在那里他听了海德格尔和吉尔森等人的讲座,随后在怀特海的推荐下在布林莫尔学院找到了一份工作。

尽管教学负担重,韦斯在布林莫尔学院还是颇有建树。他发表了一些文章,话题涉及伦理学、皮尔士、形而上学等多个方面。他的许多形而上学主张被认为是对实证主义者的直接挑战。例如,他 1934 年发表在《哲学评论》(*Philosophical Review*)上的一篇短文就以这样的论断开篇:"新实证主义关于形而上学没有意义的挑战,还没有得到回应——也许是因为答案太过明显。"[①] 韦斯在其早期的著作中写道,认识论和本体论是互为前提的。认识需要我们先行领会我们所知道的宇宙是怎样的。而本体论,正因为它不能通过感觉经验来认识,所以会永远保持神秘。这并不意味着本体论是一个不合理的研究主题。我们所能希望的最多是建立一种理解存在的系统框架,其与我们所能间接了解的一切在逻辑上是融贯的;我们不能在形而上学问题上获得更大的确定性,这一点不应吓住我们。

韦斯得知仅靠发表文章无法获得终身教职后,便开始写书。他的第一本著作《现实》(*Reality*)于 1938 年出版。1946 年到耶鲁大学后,他又很快连续完成了三本书:《自然与人》(*Nature and Man*,1947)、《人的自由》(*Man's Freedom*,1950)、《存在的模式》(*Modes of Being*,1956)。罗蒂后来成了他的学生,并于 1956 年取得博士学位。

韦斯的形而上学观念在他漫长的职业生涯中经历了许多变化,甚至在《存在的模式》出版之前,他的形而上学观念就已几经变迁[②],所以很难对这些观念进行概括。《现实》处理的是怀特海所关注的一个问题,即"调和过程与持存"[③],但他们的处理方式不同。怀特海关注的是在永恒客体上形塑自身的独立的现实(actuality),而韦斯则认为,存在从内在来说永远是不完整的,因为它面向着自身将成为的未来。与此同时,他指责怀特海所强调的柏拉图式的理念图景忽视了个体存在的多样性。这不仅仅是对怀特海的批判,也是对"20 世纪早期相互关联的各种过程哲学"的批判,其中包括柏格森和詹姆斯的过程哲学,它们"注重过程、延续,以及现实的创造性和动态性方面",透露出一种"破坏统一性的倾向,阻碍可以创

---

① Paul Weiss, 1934, "Metaphysics: The Domain of Ignorance," *Philosophical Review* 43: 402-6, 402.

② Andrew Reck, 1995, "The Five Ontologies of Paul Weiss," pp. 139-58 in *The Philosophy of Paul Weiss*, Library of Living Philosophers Series, vol. 23, Lewis Hahn, ed., Chicago: Open Court.

③ Ibid., 140.

造性地、动态地和自由地存在的现实持存下去"①。为了找出一个更令人满意的方法,韦斯提出了一个复杂的、包括66个范畴的形而上学方案。

在《存在的模式》一书中,韦斯推翻了他早期的范畴框架,用一系列命题展示了新的形而上学体系,这些命题以存在的四种不同但相互关联的模式为基础:现实(Actuality),包括"时空中的有限存在",它们"致力于通过实现相关的、本质的目标"来"使自我变得完整","这些目标是他们根据一个单一的、共同的未来——善(Good)——以不同的方式进行规定的"②;理念(Ideality),"是指与任何意在实现善的特殊现实剥离开的善"③;实存(Existence),是一种"永无休止的力量,既构成又超越现实的边界,使它们彼此相连,形成理念的焦点"④;神(God),或者说是统一其他所有模式的原则。正如他在最早期的文章中所做的那样,他把自己对形而上学的贡献与分析哲学联系起来。他在《存在的模式》中指出,在他那个时代,思想所面临的巨大挑战是如何在专业知识不断增长的情况下实现自身的统一。"似乎有一段时间,"他说,"一群训练有素、一丝不苟、精力充沛的'分析'哲学家以一种最有希望的方式接受了这一挑战","他们看起来愿意把发现标准和原则作为自己的任务,借助这些标准和原则,不同学科的工作和成果就可以得到评估和组织"⑤。然而,"他们很快就把自己变成了另一个专家种族,专注于澄清其他人的意图、方法论或用处这一相当局限的任务"⑥。但分析哲学的问题不仅在于它未能兑现承诺,更重要的是,分析哲学家们试图禁止的恰恰是形而上学这种哲学探究形式,而形而上学为知识的统一提供了最大的希望,因为"只有当我们知道所要成为的、所要探寻的、所要认识的是什么的时候,我们才能明白,我们是在研究同一主题的不同侧面"⑦。韦斯自己的形而上学将努力克服这种分析视野的局限,并提出一个全面的哲学体系。

---

① Richard Bernstein, 1987, "Human Beings: Plurality and Togetherness," pp. 200-17 in *Creativity and Common Sense: Essays in Honor of Paul Weiss*, Thomas Krettek, ed., Albany, SUNY Press, 202-3.

② Ibid., 212.

③ George Kimball Plochmann, 1987, "Methods and Modes: Aspects of Weissian Metaphysics," pp. 15-42 in *Creativity and Common Sense: Essays in Honor of Paul Weiss*, Thomas Krettek, ed., Albany: State University of New York Press, 20.

④ Weiss, *Modes of Being*, 14.

⑤ Ibid., 3.

⑥ Ibid., 4.

⑦ Ibid.

韦斯在布林莫尔学院担任哲学系主任，他从布林莫尔学院来到耶鲁大学的直接原因是勃兰夏一到纽黑文就病倒了，需要有人临时替代他，于是韦斯得到了这份工作。他在那个学期得到了学生们的好评，勃兰夏和诺斯洛普便趁机建议授予韦斯终身教职。丹·奥伦（Dan Oren）在讲述韦斯就职耶鲁大学，并因反犹主义而面临阻力的事情时指出，"从学术的角度看，韦斯的资历令人惊叹"①，但这不仅仅是因为他获得过大量的奖学金和毕业于顶级院校。他是一个对伦理学感兴趣的传统形而上学者，一个反对分析技术的哲学家，并以这种职业身份为自己在全国赢得了声誉。谁能更好地引领耶鲁大学哲学系呢？

然而，并不是所有关心院系前景的人都支持韦斯的任命。亨德尔和当时已退休的贝克威尔、谢尔登都对此有疑虑。他们表示反对，并非因为韦斯本身是犹太人，而是认为他的工人阶级出身和移民成长经历将他塑造成了"一个无所不知、咄咄逼人的犹太人形象"②。他们没有质疑他的学术能力，只是想知道他将如何融入其他有教养的老师，也想知道当他面对一群有着更优越背景的本科生时，他将如何应对。勃兰夏和诺斯洛普赢得了系里的这场争论，当校方最终确定任命的时候，头脑更清醒的人占了上风。这不仅是因为耶鲁大学因反犹主义的名声在国内日渐失去合法性，而聘用韦斯将向大家显示耶鲁大学的大门正向犹太人敞开，并且在此过程中他们还可以获得一位一流的同事。③ 在搬到纽黑文的两年内，韦斯采取措施，更广泛地宣传该系回归传统哲学的信念，并于 1947 年创办《形而上学评论》（Review of Metaphysics）和担任该刊编辑。该刊没有专注于某种单一的形而上学观点，一份写于 1953 年的备忘录明确指出，该刊特别关注的哲学家非常多元，如雅斯贝斯、罗梅罗、尤因、诺斯洛普、勃兰夏和哈茨霍恩等。④ 事实证明，这本期刊是韦斯等思想家的重要家园，对他们来说，形而上学探究本身就是哲学。

---

① Dan Oren, 1985, *Joining the Club: A History of Jews and Yale*, New Haven: Yale University Press, 262.

② Ibid., 262.

③ Ibid., 266-67.

④ Paul Weiss and Irwin Lieb, "A Report of the 6th Year from the Editor and Managing Editor," November 19, 1953, RRP.

3

考虑到耶鲁大学哲学系的传统主义和形而上学取向,以及哈茨霍恩和韦斯之间的密切联系,罗蒂向耶鲁大学研究生院提出申请时受到热烈欢迎也就不足为奇了。哈佛大学也给了他入学机会,但没有像耶鲁大学一样给他全额奖学金。① 他在芝加哥大学学到的技能和知识在耶鲁大学更有价值。除了对形而上学感兴趣外,罗蒂还是一位涉猎广泛的年轻学者,他不仅通晓哲学史,而且还接受过人文学科的古典教育。罗蒂在他的研究生入学申请文书中就是这样评价自己的。他写道:

> 我想通过自身独立的工作,拓展自己的语言知识,并深入而广泛地推进我对哲学史的理解。在我正式的研究计划中,我想更好地掌握论及逻辑本质和内容的不同观点,最重要的是,尽我所能地了解存在主义的先行者和倡导者在方法和结果上的具体区别和相似之处,我想,这种哲学的方法和结果在怀特海及其继任者身上发展到了顶峰……最后,我想去欧洲学习,更全面、更直接地了解欧洲哲学的最新发展。②

这正是耶鲁大学的哲学家们想要吸引的那种年轻人。亨德尔在给《美国教育哲学》(*Philosophy in American Education*)的一篇投稿中,谈到研究生招生程序时指出,"真正的学者十分罕见,以致各个大学不顾体面地争相为他们提供奖学金,场面看起来像是奴隶市场:学校感激涕零地交上现金后带走学生"③。识别这类学生非常困难,但在亨德尔看来,最起码的条件是接受过自由的人文教育。他写道:"没有接受过良好人文教育的人,是不应该被录取为哲学研究生的。"④ 录取这种背景的学生之所以十分必要,是因为这样做可能阻止专业化、技术化以及追逐冷僻问题和偏门方

---

① 耶鲁大学写给理查德·罗蒂的信,1952年3月31日,RRP。
② 研究生入学申请文书草稿,无日期,RRP。
③ Charles Hendel, 1945, "The Teachers of Philosophy and the Graduate School," pp. 252-78 in *Philosophy in American Education: Its Tasks and Opportunities*, by Brand Blanshard, Curt Ducasse, Charles Hendel, Arthur Murphy, and Max Otto, New York: Harper and Brothers, 256.
④ Ibid.

法的趋势。亨德尔认为，今天的哲学"明显地处于文化贫困的境地"。"我们的学者专注于他们所接受过的训练，全身心投入专业领域。他们涉猎狭窄，也没有出于对经验的热忱而读书。他们对英语或其他语言的文学作品中表达人类情感、思想和愿望的丰富表达没有多少鉴赏力……他们没有意识到'思想的工匠'也必须是自身语言的工匠，没有意识到在此前的数个世纪里，哲学一直是吸引各个时代人类的好文学，而不仅仅是一种深奥的东西"①。罗蒂就是这样的工匠。

然而，亨德尔认为有这种资质且被耶鲁哲学家看重的芝加哥大学学生，并不只有罗蒂一个。阿梅丽、他的朋友理查德·施密特（Richard Schimitt）和罗杰·汉考克（Roger Hancock），以及他后来结识的理查德·伯恩斯坦（Richard Bernstein）几乎都在同一时间入学。罗蒂和阿梅丽同时被耶鲁大学录取，这无疑让他们更加难以拒绝奖学金，尽管他们之间的关系还有很大的不确定性。阿梅丽从欧洲给罗蒂写了一封信，说到自己决定转到纽黑文，"因为种种原因，我明年将会去耶鲁，希望你得知此事时是惊讶，而非生气"②。不管怎样，很明显，如果没有奖学金，罗蒂的父母是负担不起他上哈佛大学的。虽然他们可以安慰说，"在耶鲁完成学业后"他可能有资格获得哈佛青年奖学金③，以让罗蒂感觉好受一些，但罗蒂不得不去最希望录取他的地方，在那里他可以得到经济支持。

4

罗蒂在耶鲁的经历可说的远不如他在芝加哥的经历那么多，因为随着他抵达纽黑文，信件的数量也就减少了。这可能是因为他更成熟，他与阿梅丽建立了新的关系，以及学业压力增大，这些因素都使得他不那么需要也没有时间与父母亲密交流。而在早期，父母是他的主要通信对象。罗蒂还在自传中说，他在耶鲁学到的哲学知识不如在芝加哥那么充实，因为他在那里花的学习时间变少了，耶鲁的老师也没有那么优秀，而且他忙于写论文。他的信表明了一件事——撇开他对一些教授的怀疑态度不谈——当时他认为耶鲁的气氛很适合他。1952年11月，曾在芝加哥大学教授文学的米尔顿·克莱恩（Milton Crane）写信给他："我和妻子很高兴了解到，

---

① Ibid., 269.
② 阿梅丽·罗蒂写给理查德·罗蒂的信，1952年7月7日，RRP。
③ 詹姆斯·罗蒂写给理查德·罗蒂的信，1952年4月20日，RRP。

你觉得耶鲁大学很好。从芝加哥大学毕业的其他学生也告诉我,他们在新大学里出奇地愉快。你知道,芝加哥可能真有点出奇。"① 同样,施密特在当年12月致罗蒂的一封信中写道:"我已经有一段时间没有收到你的来信了,鲍勃·亨德里克森(Bob Hendrickson)说你在耶鲁成了一个出名的有实学的人。这一切都要归功于你的同事们,他们已经意识到了这一点。"② 施密特接着说,自己也申请了耶鲁大学和哈佛大学,不过"在收到你热情洋溢的来信之后,我很想去耶鲁试试"。另一个来自芝加哥的朋友说:"耶鲁帮了你很多。比起我记忆中你在芝加哥的样子,你听起来更快乐、更满足。"③

与在芝加哥大学的时光相比,罗蒂在耶鲁大学的日子发生了什么改变,让他的教育经历如此快乐?一种可能性是,耶鲁大学赋予了研究生们一种历史使命感:他们将是把哲学拉回正轨的人,将对抗分析哲学家们的有害影响,恢复哲学这个领域应有的视野、范围和担当。耶鲁的哲学家们围绕多元主义的使命走到一起,这可能给了罗蒂一种站在重大思想运动前沿的感觉。罗蒂也是《形而上学评论》的编辑助理,《形而上学评论》承诺将成为哲学复兴的家园,这进一步强化了这种感觉。

5

耶鲁大学的教授和研究生们为有效回应分析哲学家,利用了大量的学术资源:古代哲学、当代形而上学、大陆思想的最新发展,等等。特别地,考虑到苏珊·哈克(Susan Haack)等哲学家曾批评道,罗蒂的实用主义与查尔斯·皮尔士的实用主义不符,因而是不现实的④,这便无论如何也应指出,对罗蒂来说,皮尔士也是这样一种资源⑤。皮尔士在罗蒂的毕业论文中没有太多体现(尽管他在罗蒂最早发表的作品中比较重要),但从罗蒂的信件中可以清楚地看出,在耶鲁大学的那些年里,皮尔士一直

---

① 米尔顿·克莱恩写给理查德·罗蒂的信,1952年11月2日,RRP。
② 理查德·施密特写给理查德·罗蒂的信,1952年12月20日,RRP。
③ "玛丽"写给理查德·罗蒂的信,1953年5月2日,RRP。
④ Susan Haack, 1998, *Manifesto of a Passionate Moderate: Unfashionable Essays*, Chicago: University of Chicago Press.
⑤ 关于皮尔士在罗蒂初期发表的文章中所起核心作用的讨论,参见本书第六章。

都在他的脑海中。① 罗蒂还在一次采访中回忆说，他和自己的研究生朋友谈了很多关于皮尔士的事情。②

更有力的证据表明，罗蒂十分关注皮尔士，不仅是因为他曾在韦斯手下工作过，或之前在汤普森和哈茨霍恩手下学习过，还因为一份长达14页的详细笔记。这份笔记记录于罗蒂在1952—1953学年修读的由鲁伦·威尔斯（Rulon Wells）开设的有关皮尔士的课程。③ 虽然无法从笔记中分辨出威尔斯关于皮尔士的哪些主张是让罗蒂觉得有说服力的（因为笔记中注释很少），而且笔记记录的关于皮尔士哲学的观点有些零散，并未给出单一的、专题的解释，但这些笔记至少在一定程度上透露了罗蒂关于皮尔士看法的形成背景。笔记中有两点很突出。首先是皮尔士被讨论的程度，他不是作为历史人物被提及，而是作为当代哲学争论的主题。最近重燃的对美国实用主义的兴趣背后，有一个顽固的误解，认为在20世纪五六十年代，实用主义在美国主要的哲学系里无人问津。但是对哲学学位论文数据的分析表明，事实并非如此；实际上，耶鲁大学是当时实用主义活动的中心。④ 作为实用主义学术圈的一个节点，耶鲁大学中对实用主义感兴趣的学者知道并且能够在更广泛的范围内，与讨论实用主义思想的意义和重要性的美国哲学家群体相联系。威尔斯在介绍皮尔士时正是这样做的，皮尔士是一位古典实用主义者，因对科学哲学、逻辑哲学、语言哲学等方面的贡献而在分析学界备受尊敬。例如，在10月1日的讲座中，威尔斯向学生们介绍了韦斯在1934年出版的《美国传记词典》（*Dictionary of American Biography*）中关于皮尔士的一篇文章，还有托马斯·古奇

---

① 例如，1952年1月，他写信给父母说自己"周六去了纽黑文，并和一位朋友再次驱车去了纽约星期一大街参加（美国哲学协会）会议。我早上听了皮尔士的论文，下午又去莎拉·劳伦斯那里听了美学论文"。见理查德·罗蒂写给父母的信，1952年1月2日，RRP。

② 与作者的采访，1998年12月22日。对阿梅丽·罗蒂而言，她不记得耶鲁有那么多关于皮尔士的讨论。

③ 在本章的初稿中，我曾认为这些笔记来自约翰·史密斯教授的一门课程，罗蒂是该课程的助教（这些笔记没有标签）。这是因为演讲者多次提到威尔斯的名字，而威尔斯用第三人称称呼自己，这似乎很奇怪。然而，罗蒂的记忆是，这些笔记是在威尔斯的课上记的。鉴于这种不确定性，最好还是尊重罗蒂的记忆。因此，我假定，在笔记明确提到威尔斯的地方，是罗蒂草草记下的威尔斯自己的观点。

④ Neil Gross, 2002, "Becoming a Pragmatist Philosopher: Status, Self-Concept, and Intellectual Choice," *American Sociological Review* 67: 52-76.

(Thomas Goudge) 在 1950 年出版的《C.S. 皮尔士的思想》（*The Thought of C.S. Peirce*）一书，以及当时在《哲学期刊》上发表的几篇文章。在后来的系列讲座中，威尔斯还引用了斯托·彭森斯（Stowe Persons）在 1947 年出版的《自由宗教：一种美国信仰》（*Free Religion: An American Faith*）一书，来描述皮尔士思想的宗教背景①，另一些人则引用了阿瑟·伯克斯（Arthur Burks）的著作，伯克斯在皮尔士思想体系中发现了矛盾②。其中一些讲座参考了皮尔士评注家或史学家的著作，但也提及了蒯因和石里克等当代的哲学家。③ 这种将皮尔士与当代文献联系起来的倾向所传达的核心信息是，皮尔士仍然是一个值得认真对待的哲学家——这是罗蒂在其早期职业生涯中所留意到的一点。

威尔斯对皮尔士的介绍引人注目的地方还有其多维性。在课程中，他总结了皮尔士的"主导思想"，说它们包括连续主义（synechism）、经验主义、逻辑主义和人文主义，并指出皮尔士的这些思想元素结合在一起产生了其他思想。"目的论＋连续主义产生了实在论，"罗蒂在笔记中记录道，"连续主义＋逻辑主义产生了建构主义（architectonism），人文主义＋逻辑主义产生了理论与实践的分离"，以及"连续主义＋经验主义（观察到的变化）＋人文主义产生了随机论（tychism）"。但这种公式化的讨论是为了对之前的详细介绍进行总结，而不是取代它。威尔斯早期的讲座囊括了皮尔士的方方面面，从皮尔士反对数学是逻辑分支的观点，到他对直觉和怀疑的讨论，到第一性、第二性和第三性之间的区别，再到皮尔士的符号理论以及皮尔士、詹姆斯和杜威之间的关系。威尔斯的讲座反复引用哈茨霍恩和韦斯编辑的皮尔士文集，虽然不知道它能否让当代皮尔士学者满意，但它明确地把皮尔士描述为一个技术的和系统的哲学家，这位哲学家不仅颠覆了笛卡尔主义，而且从根本上重新思考了现代哲学，同时也没有放弃与康德、苏格兰常识现实主义者等的联系。罗蒂在职业生涯的后期远离了皮尔士，但这并不是出于无知。

---

① 1952 年 10 月 28 日的讲座，RRP。

② 1952 年 12 月 17 日的讲座，RRP。

③ 这并不奇怪，因为威尔斯对语言哲学非常感兴趣。参见 Adam Makkai and Alan Melby, eds., 1985, *Linguistics and Philosophy: Essays in Honor of Rulon S. Wells*, Amsterdam: J. Benjamins. 正如我在后面的章节中所提到的，威尔斯的课程可能已经为罗蒂提供了一些他所需要的知识材料，以便在实用主义和分析传统之间建立一座桥梁。

6

皮尔士在罗蒂的毕业论文中没有扮演重要角色。罗蒂的论文以潜在性为主题,是一部长达600页的大部头。论文回顾和评估了这一概念和相关概念在三个哲学体系中得到运用的充分性:亚里士多德体系,十七世纪理性主义者笛卡尔、斯宾诺莎和莱布尼茨的体系,以及逻辑经验主义者的体系。这一历史性研究不是为了研究而研究,而是有特定的目的。罗蒂在引言中引用麦克基恩的话说,哲学学派之间的一个重要区别就在于他们所关注的事物、思想、判断以及语词的区别。① 任何时期的哲学家都可能固守其中一点,但在罗蒂看来,他们代表了一个独特的历史次序,希腊人主要关注事物,理性主义者主要关注思想和判断,逻辑经验主义者主要关注语词。这种图式化含蓄地将逻辑经验主义定性为哲学史上的一场重要运动,而罗蒂毫不犹豫地将这种定性明确化。罗蒂在后几页写道,逻辑经验主义"可以说是目前最活跃的学派,至少在美国是这样"②。然而,逻辑经验主义者对这场运动所获得的成就产生了误解,以为这些足以证明它能够独自解决所有重大的哲学问题,参考其他的哲学方法并不会带来什么帮助。因此,逻辑经验主义者回避多元主义,贬低哲学史的地位,"并且……未能理解其他方法的贡献"③。这是个错误。罗蒂在写作中探讨潜在性概念,是因为逻辑经验主义者对这一概念的处理在很大程度上是不成功的;只有通过与其他学派的对话,才能在这个问题上取得更大进展。因此,该项目旨在找出分析方法的薄弱之处,并展示罗蒂及其导师们所推崇的形而上学工作仍具有重要性。"的确,"罗蒂写道,"选择潜在性作为这篇学位论文主题的动机之一,在于我认为,在这一主题中,逻辑经验主义的问题与传统形而上学和认识论的问题的关系可能最容易被感知到。"④

罗蒂在谈论逻辑经验主义的两个长篇章节中指出,新近对语言的分析式关切是与休谟的经验主义一脉相承的。"在休谟的经验主义中,"他写道,"终极的实在是感觉材料。感觉材料类似于亚里士多德的实体和笛卡尔清楚明白的观念,因为所有的解释都必须以它们为依据,而它们本身必

---

① Richard Rorty, 1956, "The Concept of Potentiality," Ph. D. Dissertation, Department of Philosophy, Yale University, xi.
② Ibid., xvi.
③ Ibid.
④ Ibid.

须被视为哲学研究无须解释的起点。""在我们这个时代,"罗蒂接着写道,"这个项目正在以一种新的方式进行……如何证明休谟所说的感觉材料足以为我们所有的知识提供解释基础的问题,已经变成了如何说明科学和常识想说的一切都可以用一种现象学语言来表达的问题,而这种语言的初始谓词指称的就是感觉材料。"① 一些当代的形而上学家对这个项目表示不屑,因为它"似乎没有任何可能为传统哲学问题提供洞见"②,但这就落入了一种陷阱,认为分析哲学与先前的哲学传统并无关联。

罗蒂使用"逻辑经验主义"这一词汇称谓的学派,是其论文的主要批判对象,但他既没有轻率地使用分析运动中某些人青睐的术语,也没有使用语义学将分析运动与休谟联系起来。相反,这表明分析哲学最近进入了一个新的阶段。在亨普尔、纳尔逊·古德曼(Nelson Goodman)和塞拉斯等思想家的著作中,这场运动在过去几年里经历了一次"解放……使其摆脱了实证主义某些教条的方面"③。这种解放的一个关键特征是"认识到评价经验重要性的标准与特定的概念框架有关"④。正是由于这种认识,诸如潜在性这些所谓的形而上学概念才得以进入分析性的讨论中,即使只是间接地得到讨论,而且不会因为不可能得到直接证实而被完全否定。在分析性讨论中探究潜在性概念的主要方式与用科学话语描述实体的特定方式等"系列"问题有关。这涉及"如何解释表示'外征'(disposition)等术语的问题;……分析反事实条件句的困难;以及……区分'规律'和'偶然的普遍化'的问题"⑤。在论文前面讨论亚里士多德和17世纪理性主义者的章节中,罗蒂已经表明,潜在性(potentiality)和可能性(possibility)这对相关概念所提供的"主要服务"是"显示某种不确定性的存在"⑥,现在他认为,"外征术语、反事实以及规律"⑦ 在逻辑经验主义的框架内也服务于相同的目的。这是因为"外征术语和反事实,在实际的研究中,显示出了既定情形的不确定性",这是通过指出"这种情性的某一特性依赖于另一特性"这一事实来实现的。⑧ 规律,就其本身而言,"是指

---

① Ibid., 400-01.
② Ibid., 402.
③ Ibid., 412-13.
④ Ibid., 414.
⑤ Ibid., 415.
⑥ Ibid., 460.
⑦ Ibid., 461.
⑧ Ibid.

不确定实例的确定范围；如果每一个实例都是确定的，那么在某种意义上，规律就不再是近似的了……因为我们会指向表达'规律'的陈述中谓词的外延，而不是谓词可以应用其上的'所有可能的'实例"①。罗蒂承认这种建构所隐含的不确定性与其他哲学传统所考虑的不确定性之间存在区别：对于早期的学派来说，潜在性意味着存在的不确定性，而对于逻辑经验主义者来说，潜在性意味着指称的不确定性。撇开这一点不谈，问题在于逻辑经验主义者提出的阐释不确定性的解决方案由于技术原因而失败，这与二值外延逻辑的局限性有关。更概括地说，逻辑经验主义者将潜在性置于哲学体系的附属和边缘地位，从而略过了一个无法回避的哲学范畴。

  罗蒂在对逻辑经验主义的局限性进行简要论述时，并不认为完全放弃分析框架并回归亚里士多德或理性主义，是解释潜在性问题的最好办法。他指出，当代哲学家对新亚里士多德主义的兴趣日益浓厚，特别是形而上学者——他特别提到了麦克基恩和韦斯的著作——他们的"副标语"是"让我们认真对待潜在性！"②尽管罗蒂说自己"支持"这一运动，几乎像关注逻辑经验主义者一样关注亚里士多德，但他对亚里士多德的讨论只是在表明，亚里士多德以"对实体变化的分析"为中心的潜在性观念，不会符合"在实体的一系列偶然的变化中可以发现科学知识那种可理解的必然性特征"③。鉴于这种批判，罗蒂认为有必要对亚里士多德主义进行认真的重建。另一些学者则寻求回归莱布尼兹的理性主义——勃兰夏是其中的佼佼者——但"主张'纯粹可能性'的存在"，无论是以"桑塔亚那的'本质'、怀特海的'永恒对象'、（还是）皮尔士的'第一性'"的形式，都面临这样一个问题："可能性（因而）如此确定，以至于它们与现实无法区分"④。罗蒂并没有支持这些方法中的任何一种，而是以像极了麦克基恩的方式，认为"我们的研究应具有广泛性和灵活性，这种立场不能被'反驳'"⑤。罗蒂通过表明上述三种方法都面临着共同的问题，试图指出，如果它们之间有更多的对话，将会是多么富有成效。因此，他博士论文的写作目的是"促进不同立场的拥护者之间相互了解，并……寻求共同问题的可能解决办法"⑥。

---

① Ibid., 461-62.
② Ibid., 566.
③ Ibid., 548.
④ Ibid., 568-69.
⑤ Ibid., 564.
⑥ Ibid.

罗蒂在 1956 年初进行了论文答辩。关于答辩的情况，目前没有材料留存下来，我们知道的仅是韦斯显然充分思考过他的论文，并在接下来几年里为罗蒂求职写了推荐信。同样地，我们可以推断，答辩委员会委员亨普尔对罗蒂产生了非常深刻的印象，几年后，当普林斯顿考虑聘用罗蒂时，他并没有阻止这次任命。

罗蒂没有资格再推迟服兵役了，他于 1957 年 2 月入伍，在新泽西州迪克斯堡接受基础训练。在此三年前，也就是 1954 年 6 月，他和阿梅丽结婚了，尽管阿梅丽的父母一直反对。

第六章
韦尔斯利学院（1958—1961）

1

理查德·罗蒂与父亲一样，在情感上觉得自己两年的军旅生涯很痛苦。如第一章所述，第一次世界大战期间，詹姆斯·罗蒂在陆军救护队服役，这一经历引发了一系列的情绪危机。相比之下，1953年朝鲜战争结束，4年之后入伍的理查德是在和平时期的军队服役。在迪克斯堡的基本训练尚可忍受。"日常作息……没有太糟，"他在给父母的信中写道，"干部们都比较正派（队长是黑人，我有提到过吗？），而且训练时间很少是从4点到11点，通常是从5点到5点，忙碌的时候（清洁步枪和擦洗营房）会到10点。"① 在完成基础训练后，他利用自己受到的哲学教育帮助陆军信息部队计算机发展办公室完成一项任务。尽管这项工作对于军队雇员来说一定是相当有趣的，但他的书信表明，他觉得整个经历让自己失去了人性，而且与自己的情感格格不入。理查德·罗蒂是左派反共产主义者，也是有着精致文化品位的学者；军队，即使是其最有教养的部门，也都逃不开保守主义、严苛纪律、官僚气息和暴

---

① 理查德·罗蒂写给父母的信，1957年2月11日，RRP（这封信的日期错写成了1956年）。

力色彩。无论理查德·罗蒂多么支持军队在冷战中的作用，他都觉得自己的才能和道德在服役期间被浪费和削弱了。①

兵役结束后，他努力弥补自己在专业发展上失去的时间。当时也像现在一样，大多数来自顶级的人文和社会科学院系的毕业生并没有立即被吸纳到学科精英群体中作为助理教授，罗蒂也不例外。在这样的背景下，他的第一份工作是1958年在韦尔斯利学院担任讲师，1960年升为助理教授，这只能被视为一种普通的而非耀眼的成就。虽然韦尔斯利的职位在顶级研究生院的毕业生中并没有那么受青睐，但仍然是值得接受的，尤其是对耶鲁大学的毕业生来说，因为学校的整体声誉不错，生源的质量也好，而且韦尔斯利等顶尖文理学院的学生坚持认为哲学应具有历史性和包容性。此外，韦尔斯利学院靠近波士顿，而且当时的系主任维吉尼亚·昂德顿克（Virginia Onderdonk）曾在芝加哥大学读研究生，后来在剑桥留学时——也许——曾是维特根斯坦后期的学生。作为一名逻辑学家，昂德顿克将符号逻辑纳入了哲学系的课程，但没有减少其他课程，如古典哲学导论、道德哲学导论、美学、伦理理论、康德、知识论和形而上学。② 哲学系以教学为定位，因此并不适于开展研究，但它有非常可靠的声誉。在一封未注明日期但可能写于这个时期的信中，阿梅丽描述道，在所有的工作前景中，她向该系申请的职位是"最不可能"实现的，"因为这是一份人人都想拥有的工作"③——尽管她对这件事情的评论也可能反映了这样一个事实：韦尔斯利是一所女子学院，在学术就业市场严重歧视女性的时期为女性哲学家提供了就业机会。

罗蒂推测，他之所以收到韦尔斯利学院的邀请，是跟韦斯在那里有关系。这似乎是合理的。韦斯的熟人艾伦·哈林（Ellen Haring），1945年凭借硕士学位来到韦尔斯利学院做讲师，1959年从拉德克利夫学院获得博士学位。哈林是一位对形而上学感兴趣的古典学家。她的第一篇论文是由三部分组成的系列文章，发表在1956—1957年韦斯编辑的《形而上学评论》上，这构成了她博士毕业论文的基础，主题是"亚里士多德《形而

---

① 见阿梅丽·罗蒂写给理查德·罗蒂的信，未注明日期（可能是1957年），RRP。

② 1957—1958年所开设课程的部分名单摘自该系网站：http：//www.wellesley.edu/Philosophy/history.html。查询于2007年2月9日。

③ 阿梅丽·罗蒂写给维妮弗雷德·劳申布赫的信，未注明日期，WRC。

上学》Z 篇中的实体形式"。1962 年,她又为韦斯的期刊撰写了文章,主题是"怀特海的本体论",这也是罗蒂硕士论文的主题。① 因此很可能是哈林促成了对罗蒂的任命。

在一篇自传体文章中,罗蒂坦率地回忆说,昂德顿克和哈林对"那个骄傲自满、野心勃勃、27 岁的人"提供了很大帮助。② 的确,系里的人很快就明白,罗蒂将不会在韦尔斯利待太久,他将以这份工作为跳板通往更显赫的职位。罗蒂到韦尔斯利三年后,哈林写信解释了韦尔斯利面临的困境:"毫无疑问,我和维吉尼亚想让你留在系里。事实上,我们也是这么打算的,当然,我们也希望你能在合适的时候获得终身教职……这里有一个问题,虽然不是不可解决的:(1)你和系里其他一些有能力的教员很可能同时获得资格申请我们空缺的一个终身教职;(2)学院的政策倾向于限制院系里终身教授的数量……(3)你几乎肯定会收到耶鲁大学和芝加哥大学等学校的邀请,有些邀请可能好得你不应该拒绝。"③ 第三点提出了一个有趣的问题:罗蒂在 1958 年到 1961 年间做了什么来提升他在顶尖研究生院中找到工作的机会?

理查德还在韦尔斯利的时候,父亲写信给他,建议他应该如何规划自己的事业。詹姆斯·罗蒂认为自己未能充分发挥出自身的潜力,虽然"自己一直试图维持情绪和心理的稳定,这对充分释放能量是必需的,也努力避免任何形式的焦虑,比如避免急于发表作品和得到赞扬"④,但并没有做好。他警告儿子不要跟风:"尽管胡克建议'尽早、尽多地出版作品',但我还是劝你不要操之过急,尤其是不要焦虑不安;事实上,如果你能这样做,你会走得更快更远。"理查德早年很成功,但这并不是因为听从了父亲的建议。他的内心充满了焦虑。1961 年 7 月,他和阿梅丽写信向家人和朋友宣布儿子杰伊(Jay)的诞生,夫妻俩在信中说自己"恐惧多于敬畏……我们生了一个小孩,这是不是太天真了点?他会

---

① Ellen Haring, 1962, "The Ontological Principle," *Review of Metaphysics* 16: 3-13.

② Richard Rorty, forthcoming, "Intellectual Autobiography," in *The Philosophy of Richard Rorty*, Library of Living Philosophers Series, vol. 32, Randall Auxier, ed., La Salle: Open Court.

③ 艾伦·哈林(名字在原文中模糊了)写给理查德·罗蒂的信,1961 年 11 月 1 日,RRP。

④ 詹姆斯·罗蒂写给理查德·罗蒂的信,1961 年 3 月 19 日,RRP。

像我们一样紧张易怒吗？"① 此外，理查德·罗蒂也很早就发表文章了，而且经常发表。

2

罗蒂采取了两种研究路径。首先，他使自己成为分析方法和非分析方法之间的一名传译者。作为一个受过广泛训练、有着多样兴趣的学者，他的贡献在于指出了不同哲学传统之间在主题上的连续性和共同性，使哲学研究上升到了更高的综合水平。在一份未标明日期但可能写于20世纪60年代末的资助申请书中，理查德·罗蒂指出，"我早期的哲学工作大多是对哲学史上重要人物所讨论的论题和近期分析哲学中讨论的论题进行比较……所有这些作品……都试图表明当代哲学运动与传统哲学家之间要比人们所想的有更多的连续性"②。罗蒂常常把这些工作解释为对元哲学的贡献。在1961年的一篇文章中，他将元哲学定义为"对（一个）不融贯的三元组进行反思的结果：（1）如果一个游戏中的每个玩家都可以随心所欲根据自己的愿望改变规则，那么这个游戏既不能赢也不会输；（2）在哲学争论中，表示不同争论的评价标准术语对于不同的哲学家有不同的含义……；（3）哲学上的争论实际上有赢有输，事实上，有些哲学观点确实比其他哲学观点缺乏说服力"③。元哲学不仅仅是一种比较，它还借助筛选不同哲学方法的高阶标准来评估这些方法的价值，从而合理地解决哲学争论。更概括地说，元哲学家是对各种相互竞争的学派和传统都非常熟悉的学者，他们能够超越关于特殊的实质性问题的分歧，并尝试指出本领域最有希望取得成果的道路。这对于一位年轻的学者来说，是一个雄心勃勃的项目，这显示出罗蒂有相当大的自信。④

罗蒂并没有发明元哲学。20世纪60年代，围绕这一主题有六篇重要文章发表。1964年，史密斯学院的哲学家莫里斯·拉泽罗威茨（Morris

---

① 理查德·罗蒂和阿梅丽·罗蒂写给家人和朋友的信，1961年7月18日，RRP。

② Richard Rorty, no date, "Brief Narrative Account of Previous Accomplishments," RRP.

③ Richard Rorty, 1961, "Recent Metaphilosophy," *Review of Metaphysics* 15: 299-318, 299.

④ 感谢查尔斯·卡米克的评论。

Lazerowitz)出版了一本名为《元哲学研究》(Studies in Metalphilosophy)的书。罗蒂想赶上这一思想的潮流。①

在他转到普林斯顿大学之前,他曾写过两篇论文,显然是想把自己打造成一位元哲学家。这两篇论文分别是 1960 年在一次会议上宣读的《现实主义、范畴与"语言学转向"》(Realism, Categories, and the "Linguistic Turn")和 1961 年出版的《还原的界限》(The Limits of Reduction)。第一篇文章后来发表在《国际哲学季刊》(International Philosophical Quarterly)上,其目的是让非分析的实在论者与分析哲学家们一起讨论日常语言的多样性。"在当代的实在论哲学家中有一种倾向,认为从笛卡尔到维特根斯坦的哲学史是一个不断收集罪恶代价的过程,"② 罗蒂以此为开头。"有趣的是,"他继续写道,"在语言分析学家中,似乎正在重新发现实在论……如果这个学派的某些著作第一眼看上去更像编纂的词典而不是哲学,那么第二眼就会发现,这些著作充满了对现象主义的毁灭性批评,对休谟怀疑论的轻蔑和不屑……对笛卡尔二元论的粗暴拒绝,甚至(在某些情况下)对阿奎那式的区分和格言的大段借用。"③ 为了促进"传统实在论者和分析哲学家"之间开展"富有成效的对话",该文提出"重新修订当代哲学的战线图"④。

罗蒂想要揭示日常语言哲学正呈现出日益实在论化的趋势。作为这一努力的一部分,他指出至少有两条路可以让哲学家认识到语言的中心地位。第一条路是康德的假设,即不可能"穿透一系列认识范畴抵达物自体";第二条路是作为"实际问题的务实解决方案",也就是说,"我们如何保持关于终极存在的哲学命题的合法性,这些终极存在处于被给予的系列范畴背后,同时既不落入自我指涉的困境,又不存在解释循环?"罗蒂

---

① 关于这一子领域起源的讨论,见 Armen Marsoobian, 2007, "Metaphilosophy," pp. 500-501 in *American Philosophy: An Encyclopedia*, John Lachs and Robert Talisse, eds., New York: Routledge.《元哲学》(*Metaphilosophy*)期刊由哲学家特里·拜瑞姆(Terry Bynum)和威廉·里斯(William Reese)于 1970 年创办。20 世纪 60 年代,拜瑞姆曾是罗蒂在普林斯顿的学生,他认为罗蒂在元哲学方面的研究成果非常出色。关于科学领域的潮流,见 Joan Fujimura, 1996, *Crafting Science: A Sociohistory of the Quest for the Genetics of Cancer*, Cambridge: Harvard University Press.

② Richard Rorty, 1962, "Realism, Categories, and the 'Linguistic Turn,'" *International Philosophical Quarterly* 2: 307-22, 307.

③ Ibid., 308-9.

④ Ibid., 309.

写道,"答案就是:应该认识到,提出一组范畴并不是去提供对非语言事实的描述,而是提供一个权宜的工具……那些通过第二条道路实现语言转向的人这样做,恰恰是为了避免在将元哲学建立在认识论基础上时会遇到的辩证循环。"① 采取这第二条更务实道路的哲学家更有可能接受日常语言哲学的假设——日常语言的解决方案比理想语言的解决方案更实际。罗蒂以吉尔伯特·赖尔(Gilbert Ryle)为例,说明这些哲学家引人注目的地方,不仅在于他们对支持理想语言的对手发起的攻击,这种攻击让人联想到非分析的实在论者对还原论的攻击,而且在于他们最近正在推进"一种听起来非常像亚里士多德主义的认识论和形而上学"②。在这种情况下,非分析的实在论者的批评并不适用于日常语言哲学,如果双方中的任何一方愿意认真对待对方,那么两种方法之间就有可能进行富有成效的对话。

元哲学作为对根本标准的思考,甚至在《还原的界限》中更为重要。在这里,罗蒂思考的是,当一位哲学家指责另一位哲学家主张还原论时,到底是在说什么。然而,无论这种分析多么重要,它都不能最终回答有意义的还原的极限在哪里。也许可以给出一个临时的答案,罗蒂的答案是"如果还原使不同层级的构造不可能的话,那它就走得太远了"。但他认为,这个答案只有在实用主义的基础上才能成立,因为在这个问题以及所有其他形而上学问题上,"追求绝对中立性,以及平等约束所有哲学家的绝对命令,都是没有希望的"③。罗蒂希望认识到对还原论的指责只有与某些认知兴趣相关时才是有意义的,这将会鼓励不同哲学流派之间进行更多的对话和克服因意见不同而造成的"僵局"。在这些哲学流派中,所谓的交流"常常表现为相互指责对方咬文嚼字"④。这在当代哲学中很常见,罗蒂说道,"语言哲学家质疑它们同事的工作是在愚蠢地操纵语词,而非语言哲学家则认为语言哲学家的工作是在恶意和故意地玩弄语词以取代哲学探究"⑤。两大阵营的哲学家不应该相互指责对方是还原论,并以此为借口各说各话,而是应该着手讨论哲学探究的目标,并评价相关哲学方法的价值。元哲学家的作用是做必要的哲学基础工作,以促成对立阵营之间的讨论。

---

① Ibid., 311, 313-14.
② Ibid., 319.
③ Richard Rorty, 1961, "The Limits of Reductionism," pp. 100-116 in *Experience, Existence, and the Good: Essays in Honor of Paul Weiss*, Iwrin Lieb, ed., Carbondale: Southern Illinois University Press, 110-11.
④ Ibid., 116.
⑤ Ibid.

不难看出元哲学为何对罗蒂有吸引力，因为在许多方面，它仅仅只是罗蒂在学位论文中所采用的方法的一种延伸。在学位论文中，他也试图表明分析主义者和非分析主义者之间的对话将是富有成效的，并欣然接受对话性和多元主义这些麦克基恩式主题。虽然这篇论文在很大程度上批评了逻辑经验主义未能充分处理潜在性的问题，但罗蒂现在更多地站在分析主义者一边，并试图说明，分析哲学如果吸纳了其他哲学方法的洞见，是可以得到加强的。罗蒂是哲学家中少有能说多种哲学语言的人，他为这种吸纳工作奠定了基础。

3

罗蒂采取的第二条论证路径，是依据他的美国古典实用主义知识，说明在分析哲学项目中实用主义应居于中心地位。为了理解罗蒂在这方面的举动，必须简要地讨论20世纪中期美国哲学中两种相互关联的进展：第一，即使不考虑罗蒂的主张，分析哲学也越来越具有实用色彩；第二，后期维特根斯坦的思想影响越来越大。

让我们从罗蒂在这方面最初发表的一篇文章《实用主义、范畴与语言》（Pragmatism, Categories and Language）开篇的评论开始，这篇文章发表于1961年的《哲学评论》。"实用主义正在重新获得尊重，"罗蒂指出，"一些哲学家仍然满足于把它看作是逻辑实证主义的一种笨拙的近似物，而逻辑实证主义反过来又被他们看作是我们这个启蒙时代的序幕。但是，做过更细致考察的人已经意识到，这里所涉及的思想运动更像是钟摆在来回摆动，而不是像射出的箭一样单向前进。"[①] 鉴于实用主义在20世纪中叶通常被边缘化，这种说法似乎令人惊讶，但罗蒂并不是唯一做出这种论断的人。当时还在道格拉斯学院的阿梅丽·罗蒂在其1966年出版的选集《实用主义哲学》（*Pragmatic Philosophy*）一书的序言中，也注意到一些哲学家，"比如……蒯因、莱辛巴赫、卡尔纳普和普特南""对一些实用主义论题做了激进的调整和发展"，尽管他们"认为自己并不属于实用主义传统"[②]。阿梅丽赞扬了理查德·伯恩斯坦对她整理选集的帮助。伯

---

① Richard Rorty, 1961, "Pragmatism, Categories, and Language," *Philosophical Review* 70: 197-223, 197.

② Amélie Rorty, 1966, "Preface," pp. v-vi in *Pragmatic Philosophy: An Anthology*, Amélie Rorty, ed., New York: Anchor Books, v-vi.

恩斯坦先是被读研究生时的母校耶鲁大学聘用，但被公开拒绝授予终身教职，后来到了哈弗福德学院任教。① 所以几年后的 1971 年，当伯恩斯坦在著作《实践与行动》（*Praxis and Action*）中重复同样的主题时，也就不足为奇了。这本著作特别指出，在蒯因、塞拉斯及其他人的著作中，人们可以发现"实用主义主题在当代盎格鲁-撒克逊哲学中普遍存在"②。

但 20 世纪 50 年代末和 60 年代初，实用主义思想并不只是扎根在耶鲁毕业生这个小圈子中。这种实用主义思想并不是指皮尔士、詹姆斯和杜威的全部著作所阐释的思想，而是他们思想的某些方面与当代分析哲学家的思想相融合的产物。这一观点最著名的阐释者是哈佛大学的莫顿·怀特（Morton White），尤其体现在他 1956 年的著作《走向哲学的重新联合》（*Toward Reunion in Philosophy*）中。理查德·罗蒂在阐述实用主义重新流行的观点时引用过这本书。怀特 1917 年出生在纽约市，在从哥伦比亚大学获得博士学位之前，他就读于纽约市立大学。他曾在哥伦比亚大学的自然主义传统下接受训练，虽然他对那里的一些教授心存疑虑，并且对更形式化的方法产生了兴趣。他先在宾夕法尼亚大学任教，并于 1948 年来到哈佛。与罗蒂一样，怀特思想广博，对思想史也很感兴趣。因此，他对系里最近的分析转向感到矛盾，在他看来，这让他的同事们对哲学史不那么感兴趣了。然而，他并没有把美国哲学向逻辑分析路径的转向看作是受欧洲和英国思想影响的结果，反而把它解释为之前实用主义运动的意外产物。"皮尔士和詹姆斯鼓励哈佛的哲学家们去探寻所有陈述的实用意义，"他在 1957 年一篇关于哈佛哲学现状的文章中写道③，"他们希望通过这种做法，可以将大量虚妄的和混乱的语言作为无意义的而清除掉。"这种立场与实证主义观点相结合，最终"鼓励了一种更严格、更科学，但不再宏大的哲学"。但哲学向更严谨的方向发展本身并不值得遗憾。在 1947 年的一篇著名文章中，怀特将实用主义描述为学者"反抗形式主义"运动的一部分，但他的意思是支持"历史主义"和"文化有机论"，而不是拒斥技术性的哲学话语。事实上，正如他在关于哈佛哲学的一篇文章中所指出的，"伟大的哈佛哲学家不是临时凑数的学者；他们主要是技术思

---

① John Delvin, 1965, "Yale Pickets Win Tenure Review," *New York Times*, March 3, 35.

② Richard Bernstein, 1971, *Praxis and Action: Contemporary Philosophies of Human Activity*, Philadelphia: University of Pennsylvania Press, 174.

③ Morton White, 2005, *From a Philosophical Point of View: Selected Studies*, Princeton: Princeton University Press, 146.

想家，致力于解决困扰前人的问题"①。除了缺乏历史感之外，当代哲学日益专门化和语言分析化所造成的损失，还包括对不同哲学领域的内在关联缺乏认知。但怀特认为，一项正在开展的思想运动将纠正这一点。

P. M. S. 哈克（P. M. S. Hacker）认为，"在《逻辑哲学论》之后，分析哲学的一个基本原则是，哲学和科学之间存在着明显的界限。从20世纪20年代开始，在分析传统中的哲学，无论是否被认为是一门认知学科，都被视为是先验的，因此与科学没有连续性，并且与科学有着截然不同的方法论。同样，分析哲学一般认为意义问题先于真理问题，并且与关于事实的经验问题是可以分开的"②。哈克接着指出对于分析哲学来说至为重要的三个具体的观念，这是逻辑实证主义者和受英美思想影响的人所制定的。它们分别是：分析与综合的区别，也就是因语词定义而为真的陈述和作为"经验事实"而为真的陈述之间的区别；还原论，或者说"所有重要的经验语句都可以还原为被给予的直接经验"；语句证实主义，即"存在经验意义的语言单位是句子，它在经验中被证实或被否定"③。

20 世纪 50 年代，分析运动的思想家们对这三个观念发起了攻击。与怀特的项目最直接相关的是他的同事兼导师 W. V. O. 蒯因的工作。蒯因在哈佛大学曾是怀特海的学生，后来在维也纳向几位实证主义学者学习过，随后又去了剑桥。在《逻辑体系》（*A System of Logistic*，1934）和《数学逻辑》（*Mathematical Logic*，1940）中，他对集合论做出了贡献。然而，在这方面，最重要的是他在认识论方面的著作，《经验主义的两个教条》（*Two Dogmas of Empiricism*，1951）和《词与物》（*Word and Object*，1960）对他的认识论做了勾勒。与实证主义者提出的观点相反，蒯因主张一种整体论经验主义，认为知识是由相互关联的命题系统组成的。虽然与离散的经验事实相关的观察句（observation sentence）可以从其他命题中分离出来，但科学知识包含了一系列命题和概念元素，其中许多无法被经验验证，但却构成了其他命题的重要基础。此外，任何特定的经验事实都可以在不同的思想体系中以不同的方式表现出来，而且没有一种合宜的立场可以超出所有这些思想体系对这些不同的表现进行仲裁。对

---

① Ibid. , 144.

② P. M. S. Hacker, 1996, Wittgenstein's Place in Twentieth-Century Analytic Philosophy, Oxford: Blackwell, 195.

③ Ibid.

于蒯因来说,"每一种理论都是整体性的;它的构成语句和语词的意义取决于它自身的性质"①。

在《走向哲学的重新联合》一书中,怀特将曾帮助他在哈佛获得工作的蒯因视为近期分析哲学家中最重要的一位,这些哲学家认识到所有观念图式都具有相对性。这些图式的价值,不在于它们准确地描述了经验而与这个世界相符合。怀特认为,这有两个含义。一方面,这意味着实证主义者对不同于传统形而上学的意义标准的追寻只是一种偏好,是哲学家们可能持有的多种偏好之一,并没有逻辑的或经验的根据。另一方面,哲学探索都带有我们想实现的某种目的,为我们对观念图式的选择提供了基础,这意味着在所有的哲学探索中都具有一种内在的规范性元素。但这正是古典实用主义者所倡导的路线。因此,怀特将当前的哲学时代描述为"决定性的时代",即"分析运动的传统与实用主义的传统相融合"②。指出哲学必须进行语言学转向——怀特本人认为这种转向是必要的——这可能是分析哲学的关键性贡献,但"关键时代的哲学家""并不是简单地探索词语是否在以某种方式被使用……(而是)进一步追问它们是否应该以某种方式被使用"③。怀特认为,这意味着在"描述、行动和评估"之间无法做出严格的区分。④ 虽然他不同意詹姆斯主义的如下主张,即引发道德厌恶的科学陈述违反了真理性的实用标准,但他坚持认为,当代分析哲学的实用主义转向为形而上学和伦理学开辟了空间,这正是逻辑实证主义者所忽视的,并为分析这些领域之间的相互关系提供了条件——准确地说,这是一次哲学的"重新联合"。

要理解罗蒂早期职业规划的第二个方面,必须提到另一个发展背景,即后期维特根斯坦思想的影响。正如哈克所说,维特根斯坦《逻辑哲学论》的"特征是具有单一的统一图景。人们认为,其关于基本命题的本质的洞见,促成了对逻辑的本质和世界的形而上学结构的全面解释"⑤。相

---

① Avrum Stroll,1999,"Karl Popper and W. V. O. Quine," pp. 647-52 in *The Columbia History of Western Philosophy*,Richard Popkin,ed.,New York:Columbia University Press,651.

② Morton White,1956,*Toward Reunion in Philosophy*,Cambridge:Harvard University Press,299.

③ Ibid.,19.

④ Ibid.,299.

⑤ Hacker,*Wittgenstein's Place in Twentieth-Century Analytic Philosophy*,99.

反,《哲学研究》(*Philosophical Investigations*)"打碎了……这一宏大的图景"①,这部著作的主要部分是在20世纪40年代末完成的,到1953年才作为遗作出版。维特根斯坦后期主张对关于哲学事业的观念进行彻底的修正。他指出,认为哲学应该提供关于知识、存在、伦理等所有一切的理论是没有意义的。传统哲学认为这些领域都有某种本质——知识的本质、存在的本质、伦理的本质——哲学的任务就是揭示这些本质。相反,维特根斯坦认为,只要这些领域事关事实,它们就是实证科学的主题,而不是哲学的主题。哲学的唯一任务就是记录和描述这些领域中承载思想的语词的意义;这里没有什么本质性存在,这种描述性的任务所涉及的仅仅是展示这些语词在语言实践中的各种不同用法。当哲学开展这项工作时,有三件事变得显而易见:第一,传统哲学家认为有问题的许多语词,如"知识"或"时间",在普通的语言使用者那里并没有遇到太多使用上的问题;第二,尽管规定"语言游戏"的非正式规则有时可能不精确、不清晰,但这种语言的日常用法还是产生了;第三,哲学往往为其所探究的对象寻找一种图像、图画或象征,而这样做并没有解决问题,反而人为制造了困惑和谜题。事实上,维特根斯坦认为,这种寻找图像或图画的惯常做法是哲学的一个关键特征。通过将哲学重塑为特定语言游戏中语词用法的分析,维持根斯坦希望避免出现这个问题,而不是像一些日常语言哲学家所想象的那样,认为可以从语词中揭示出什么本质来。因此,他呼吁一种哲学的疗治,这种方法不在于解决长期存在的哲学争论,而是希望说明,在大多数情况下,并不存在需要解决的争论,从而治愈哲学的一些不良成见。

《哲学研究》的出版是一件大事。虽然随之而来的有许多争议,涉及维特根斯坦试图表达的观点、其主张的逻辑连贯性及其建议是否可取等问题,但该书还是吸引了相当多的关注。在美国,维特根斯坦的观点被他的学生马克斯·布莱克(Max Black)和诺曼·马尔科姆(Norman Malcolm)等传播,他们"把康奈尔大学哲学系变成了美国首屈一指的哲学院系之一,并成了开展维特根斯坦学术研究和发展维特根斯坦哲学的领军机构"②。到1960年,英语世界已经出版了一些关于维特根斯坦作品的专著,大部分研究集中在《逻辑哲学论》时期,但也有几本是关于他后期思想的,同时还出版了大量学术论文。

罗蒂在20世纪50年代末和60年代初的工作引起了哲学界的注意,

---

① Ibid., 99.

② Ibid., 146.

他利用上述两种发展趋势——分析哲学的实用主义倾向日益明显,人们对维特根斯坦的兴趣日益浓厚——来论证美国古典实用主义新的重要性,这也间接地向人们证实了他的才能。① 他的做法是,指出皮尔士、蒯因等分析哲学家以及后期维特根斯坦之间有着惊人的相似之处,并指出分析哲学家能够通过更深入地研究皮尔士而获益。一些罗蒂的诠释者指出,罗蒂对实用主义的兴趣远不是在他与分析哲学决裂之后才产生的,他最早的作品就希望利用实用主义的见解来修正关于分析哲学的观念。

早在1959年,罗蒂就指出,当代分析哲学的话语带有实用主义色彩。罗蒂在《伦理学》(*Ethics*)期刊上评论阿兰·帕施(Alan Pasch)的著作《经验与分析》(*Experience and the Analytic*,1958)时指出,在当代哲学中,人们普遍感觉到"经验主义的沉闷"②,这种经验主义是由实证主义者实践的。这里有两种可能的应对形式:"较激进的形式假设'还原论'是一个巨大的错误,并指出了抵达……《哲学研究》的道路",而"较温和的形式……主张……放松旧的口号,仅'还原'可还原的一切,而把注意力放在探索科学的方法和整理其结果上"③。帕施是第二种方法的倡导者。"穿过蒯因、怀特和古德曼用发表的文章依序铺就的雷同的土地,"帕施认为,分析/综合和给予/供给的区别只有在某些特定的认知兴趣下才有意义。罗蒂认为,"帕施重建实用主义的核心主题"——他在别处指出,这本书的"基本主题和论点""对于杜威及其追随者来说再熟悉不过了"——即"问题永远是语境中的问题,语境永远是可能语境中的一个,而人们通过选择语境来达到自己的目的"④。尽管这听起来像是"一个显而易见的真理",但罗蒂认为,如果哲学界内部承认这个真理,将会产生积极的意义,而哲学界常常把客观性而非主体间性作为研究的目标。

虽然从这篇评论中可以看到,罗蒂利用自己对实用主义的基本认识,将其带入了最近的分析潮流中,但他是在1961年的文章《实用主义、范畴与语言》中,才更加深入地阅读了皮尔士,为实用主义持久不衰的意义

---

① 至于罗蒂接触维特根斯坦的时间,他在一封电子邮件中写道,自己"还在芝加哥的时候就读了《逻辑哲学论》,但没有太理解。在耶鲁的时候,我读过《蓝皮书和棕皮书》的未发表版(借自鲁伦·威尔斯)。在韦尔斯利时,我读了《哲学研究》"。见罗蒂给作者的电子邮件,2007年2月11日。

② Richard Rorty, 1959, "Review of *Experience and the Analytic*: A Reconsideration of *Empiricism*," Ethics 70: 75-77, 75.

③ Ibid., 75.

④ Ibid., 75-77.

提供了更坚实的基础。这篇文章的论点直白而大胆："我想表明，皮尔士早就预见和批判了由逻辑实证主义所实践的经验主义阶段，这种预见建立在一组洞见和一种哲学氛围之中，我们可以在维特根斯坦的《哲学研究》，以及受后期维特根斯坦影响的哲学家的著作中发现相似的洞见和氛围"①。虽然皮尔士和维特根斯坦这两位哲学家在某些方面有所不同，特别是他们来自不同的学术传统，但他们的相似之处多于不同之处："二人都反对奥卡姆主义的偏见，这种偏见认为确定性总是——实际地，而不仅仅是可能地——隐藏在不确定性的背后。二人都承认，在某种意义上，我们不可能突破丛聚的事物抵达更确定的某物，并让其取代这些事物。皮尔士将这些事物称作第三性，维特根斯坦则将这些事物的运作称为'逻辑规定'（如符号、词语、习惯、规则、意义、游戏、理解）。"②罗蒂受皮尔士和维特根斯坦的影响，相信语言是无法被超越的，概念的意义完全在于其使用，现实是不确定的。

罗蒂接着说，从皮尔士的角度来解读维特根斯坦，可以"帮助我们从对次要的哲学论证策略的偏执中解放出来……并将我们引向产生主要的哲学论证策略的关键见解"③。罗蒂暗示道，这种策略将最终引导我们走向一种严谨的日常语言方法，其在克服甚至解决哲学问题和争议方面能够取得真正的进展。这一论点再次将罗蒂置于广义的分析哲学阵营中，他试图将自身本被低估的对哲学传统——这里指的是实用主义——的熟知转变为有价值的资产。

4

但是，罗蒂是在什么时候，因为什么原因，并以什么方式开始认为自己更像是一个语言哲学家，而不是分析传统的批评者的呢？我猜测大概是在他博士论文答辩和参军期间，他开始致力于分析哲学，此时他读到了威尔弗里德·塞拉斯（Wilfrid Sellars）的作品，塞拉斯的出现对于完整理解罗蒂向分析哲学的转向是必要的。罗蒂曾说塞拉斯对自己影响很大，在阅读了他的作品之后，"很快就把他作为我新的哲学偶像，在接下来的20

---

① Rorty, "Pragmatism, Categories, and Language," 197-98.
② Ibid., 216.
③ Ibid.

年里，我发表的大部分内容都离不开塞拉斯的思想"①。作为耶鲁大学的一名博士研究生，罗蒂很清楚分析思想的重要性正在与日俱增，也很清楚这一领域正朝着不同于实证主义者最初提出的方向发展。他在自传中回忆道："即使在耶鲁，人们也越来越感觉到，卡尔纳普和蒯因将会引导未来的潮流。所以我开始四处寻找不那么具有还原论和实证主义倾向，且不认为哲学是最近才发展成熟的分析哲学家。"② 塞拉斯就是这样的人物。

威尔弗里德·塞拉斯是重要的实在论哲学家罗伊·伍德·塞拉斯（Roy Wood Sellars）的儿子。罗伊·伍德·塞拉斯在密歇根大学任教多年，他反对实用主义，认为实用主义是一种可疑的观念论，同时支持自然主义、唯物主义和直接感知理论。他的儿子先后就读于密歇根大学、布法罗大学和牛津大学，专攻分析哲学，并曾在艾奥瓦大学和明尼苏达大学任职，1958 年来到耶鲁大学，同一年罗蒂从耶鲁大学毕业。1950 年，威尔弗里德·塞拉斯和赫伯特·费格尔一起创办了倡导分析思想的期刊《哲学研究》（*Philosophical Studies*）。1956 年，也就是罗蒂进行论文答辩的那一年，塞拉斯与费格尔合编的《明尼苏达科学哲学研究》（第一卷）（*Minnesota Studies in the Philosophy of Science*，Volume I）出版，塞拉斯在上面发表了一篇具有里程碑意义的论文——《经验主义与心灵哲学》（Empiricism and the Philosophy of Mind），这篇论文最初来自伦敦大学的一个讲座内容。塞拉斯是一个自然主义者，同时也是一个"心理唯名论者"，他否认知觉可以让我们接触到共相。在他的理解中，将知觉和感觉置于"认知话语"语境中，依赖于认知者对语言实践的掌握，这种语言实践在主体互动中是必要的，以使主体可以合理地声称自己具有这种知觉和感觉。在此意义上，他削弱了他所称的"被给予性的神话"，这种神话对于实证主义者来说至关重要，他们试图从直接被给予的感觉材料中推出知识。但需要关注的是公共的语言实践，被给予物是通过语言实践才产生的。然而，像实用主义者一样，塞拉斯并不认为超出语言为信仰奠基的不可能性会削弱怀疑论。哲学的任务正是调和世界的"外显现象"与"科学图像"，如果后者最终否定了前者固有的某些矛盾，那么哲学就完成了它的任务。

罗蒂在塞拉斯身上看到了一种志趣相投的精神。与罗蒂一样，"塞拉斯在……第二次世界大战后的美国哲学家中，是另类的。他与蒯因和维特

---

① Richard Rorty, "Intellectual Autobiography."
② Ibid.

根斯坦的不同之处在于，他对哲学史有广泛而深刻的理解"①。"哲学家前辈的知识不断地侵入（塞拉斯的）作品"②，这吸引了具有历史思维的罗蒂，虽然罗蒂越来越青睐分析哲学的技术严谨性，但他仍然希望在技术主义和历史主义之间找到一条中间道路。同时，塞拉斯和皮尔士之间似乎也有明显的相似之处。皮尔士对思想的符号学本质的主张，以及对认知的实践方面的强调，集中体现了这一点。此外，像罗蒂十分欣赏的怀特、蒯因和维特根斯坦一样，塞拉斯的方法也使实证主义的还原论受到了质疑。不过，维特根斯坦后期的哲学计划主要是摧毁性的，而塞拉斯的分析与此不同，他的分析有一个额外的优点，那就是为哲学难题提供了新的、建设性的解决方案。罗蒂成为语言哲学家，并不仅仅是因为他阅读了塞拉斯的作品并受其影响。但是，在至为重要的哲学工作需要进行语言分析的情况下，塞拉斯与维特根斯坦、蒯因、怀特等人一起为罗蒂提供了可以遵循的模式，这一模式不需要他放弃其他方面的哲学兴趣，如对不精确的现实、丰富的知识史、评估主体间性的兴趣，这些都是他此前十分珍视的。

5

罗蒂未出版的手稿《作为专家的哲学家》（*The Philosopher as Expert*），是他在韦尔斯利的时候写的，他到普林斯顿后又做了修订。这份手稿突出了他将自己重新塑造成一个分析哲学家时不得不面对的复杂的"认同工作"③。罗蒂与父母之间复杂的关系，可能在多个方面影响了这份手稿的内容。如前所述，罗蒂的父母在他学术生涯之初就警告过他学究主义的危险。他们坚持认为，学术研究应该服务于现实利益，并与现实世界中的问题保持联系。他们虽然大体上仍支持理查德·罗蒂的职业选择，但现在怀疑他对精确的和技术性的哲学日益浓厚的兴趣是否符合这些标准。1961年，也就是在理查德·罗蒂遭遇精神崩溃的前一年，他的父母写信告诉他：

---

① Richard Rorty, 1997, "Introduction," pp. 1-12 in *Empiricism and the Philosophy of Mind*, by Wilfrid Sellars, Cambridge: Harvard University Press, 3.

② Ibid.

③ 对这一概念的讨论，见 David Snow and Leon Anderson, 1987, "Identity Work among the Homeless: The Verbal Construction and Avowal of Personal Identities," *American Journal of Sociology* 92: 1336-71。

> 谢谢你给我们寄来你发表在《哲学评论》上的文章《实用主义、范畴与语言》的重印本。我毫不费力地一口气把它看完了，甚至感觉自己明白你在说些什么。只要给我时间，我现在也会是一个哲学家了；一旦学会了那些术语，这会比我想象的还要容易。我后知后觉地意识到，哲学关心的更多不是所相信的是什么，而是如何相信、怀疑或思考——至少这是哲学家目前主要关注的问题，我在牛津字典中查阅第 20 次后，发现它被叫作认识论问题。①

任何认识詹姆斯·罗蒂的人都会知道这是对理查德·罗蒂的挖苦。如果哲学不是关于应该相信什么，如果一个受过良好教育的人必须查阅参考资料 20 次才能理解它，那么它对生活有什么用呢？鉴于这样的批评如此直击痛处，《作为专家的哲学家》也许可以被解读为理查德·罗蒂在父母及其哲学圈外的朋友和同事面前为自己的职业选择做辩护的尝试。

这篇文章正是写给这样一群读者的。罗蒂指出，《纽约时报》的读者如果看到美国哲学协会年会的报告，可能会对当代哲学状况感到好奇。难道今天的哲学家只关心那些除了他们自己以外谁也不关心的琐碎问题吗？罗蒂认为，《文汇》和《党派评论》等杂志的读者可能会特别迫切地提出这样的问题——罗蒂的父母接触到这些杂志并不意外——因为在这些杂志上，常常可以发现作者"轻视……专业的哲学工作……他们做了一些简单的历史性概括：'近来英美哲学沉迷于琐碎的语言问题'，'战后欧洲哲学表现出歇斯底里的非理性主义'，'事实与价值的想象性分离对文艺复兴以来的哲学造成了损害'，'自柏拉图以来对数学的崇拜戕害了哲学思辨'"②。罗蒂接着写道："这种表示轻蔑的陈词滥调，通常采用的是第三手资料，它使文人得以担起文化评论者和维护文化良知的角色，而不必费心去弄清楚为什么专业哲学家放弃了这些角色，甚至不必弄清专业哲学家是否已经放弃了这些角色。"那么，当代哲学的本质是什么呢？一切正常吗？

罗蒂的回答很复杂，复杂到《耶鲁评论》（*Yale Review*）都拒绝了这篇文章，认为它"风格上太过呆滞"，"为了表达观点，简直太冗长了"③。

---

① 詹姆斯·罗蒂写给理查德·罗蒂的信，1961 年 4 月 8 日，RRP。
② 理查德·罗蒂未注明日期的手稿《作为专家的哲学家》，RRP，4。
③ 保罗·皮克雷写给理查德·罗蒂的信，1963 年 4 月 22 日，RRP。

在托马斯·库恩作出革命科学和常规科学的区分之前,罗蒂就认识到有两种类型的哲学家:一种大胆提出新问题并革新哲学话语的伟大哲学家,另一种是研究哲学的细节、隐含意义、内部紧张和矛盾的次要哲学家。这两类哲学家所实践的哲学都既不是纯粹的科学,也不是纯粹的艺术:

> 与科学不同,在哲学中,"证据"或"根据"的标准本身就有待澄清。但是,与艺术相反,我们习惯于认为哲学是整体性的,一旦分裂为不同的哲学,本质上就是不完整的。如果有人问,如何可以打破某个时代的专业哲学家相互理解和评价构成的循环圈,答案是,可以诉诸其他时代的哲学家尚未得到解答的问题。但是,如果有人问,怎样才能在作为哲学史的对话之外来衡量哲学的"进步",那么就没有答案了。这个问题无法回答。这种对话是自发的。①

哲学事业中不可逃避的对话性牵涉到对这一领域现状的评估。尽管罗蒂承认,哲学在不同历史时期的发展可能有好坏的差别,但对哲学的贡献只有在不断进行的哲学对话的背景下才能得到恰当的评价,这是哲学的本质。区分专业哲学家与业余哲学家的,就是其是否在参与一种持续不断的对话:"哲学家之所以是哲学家,并不是因为他们有共同的目标和兴趣(他们没有),或是有共同的方法(他们没有),或是同意讨论共同的问题(他们没有),或是被赋予共同的能力(他们没有),而仅仅是因为他们在参与一个单一的、持续的对话。"② 近年来,这种对话已经转向了分析和语言的方向。实证主义者,这些大胆的哲学空想家,提出了难以捉摸的"完美语言"概念。但是经过无数次要哲学家的细心工作,人们最近终于意识到,虽然关注语言至关重要,但永远都无法构建一种完美语言。罗蒂从中看到了从观念论到实在论的转变——这种转变在哲学史上已经上演过无数次了——他以此为例说明这样一个事实:"哲学……没有被杀死,但是……随着对话的进行,它们几乎(但从未完全)已被改变得面目全非。"③ 他更重要的观点是,既然转向日常语言是这一领域的总体趋势,就必须将其视为合法的。这种元哲学论点融合了来自麦克基恩(对对话的关

---

① Rorty, "The Philosopher as Expert," 16.
② Ibid., 24.
③ Ibid., 22-23.

注)、皮尔士（探索者共同体概念，以及真理作为共同体成员的最终共识）和维特根斯坦（哲学是一种语言游戏）的元素。

　　罗蒂在韦尔斯利期间的工作成果令人印象深刻。在四年里，他发表了三篇重要的文章和六篇书评，还有许多其他作品等待发表。这些成果的内容和质量，足以让更出色的哲学系认真考虑将他列为待聘用的候选人。

第七章
普林斯顿大学（1961—1965）

1

在一篇自传体文章中，罗蒂回忆了自己获得普林斯顿大学工作邀请的情况：

> 1960年是我在韦尔斯利的第三年，这年12月，在美国哲学协会的会议上，我接受了格里高利·弗拉斯托斯（Gregory Vlastos）的面试。他最近刚接任普林斯顿大学哲学系的系主任，并且从勃兰夏那里听说了我的博士论文。他问我是否认为自己可以"为美国哲学做出贡献"，我坚定地回答说，我当然希望如此——我的回答与其说是自信的产物，不如说是害怕任何其他的回答会毁掉我得到这份工作的机会。令我非常惊讶的是，几个月后，弗拉斯托斯打电话给我，邀请我到普林斯顿大学进行为期一年的访问，在那里教授希腊哲学（尤其是亚里士多德哲学，这样弗拉斯托斯自己就可以专心教授柏拉图了）。1961年秋天，我刚到普林斯顿就意识到，自己对希腊语的了解远远不够，无法满足弗拉斯特斯的要求，我很可

能不是他想要的那个人。我想，第二年秋天我得回韦尔斯利了。但是，让我再次惊讶的是，我得到了三年的聘期。①

这种谦逊的讲述会让人觉得罗蒂最初被招进普林斯顿大学哲学系，只是为了满足系里短期的教学需要。这是有可能的，但同样有可能的是，普林斯顿大学看中了罗蒂，打算给他终身教职，只不过是利用这个短期任命来了解他。然而，罗蒂在哲学界的声名越来越大，并不只有普林斯顿大学哲学系向他伸出橄榄枝。

在普林斯顿大学承认客座教授可以作为升任终身教授的履历后不久，得克萨斯大学、耶鲁大学、哈佛大学、约翰·霍普金斯大学和康涅狄格大学等高校就纷纷询问罗蒂是否有可能调任他校。第一个是得克萨斯大学。1962年，在得克萨斯大学哲学系的系列学术讨论会上，罗蒂获邀发表一篇论文，题目是《为什么怀特海不错，而威尔弗里德·塞拉斯更好？》。查尔斯·哈茨霍恩这时也在得克萨斯大学，他在离开芝加哥大学后又在埃默里大学工作了七年，随后转到这里。约翰·西尔伯（John Silber）从奥斯汀写信给罗蒂，说哈茨霍恩，也就是罗蒂的硕士论文导师，对他以前的学生选择这个题目感到愤慨。② 但这不是重点。西尔伯想邀请罗蒂去他那里演讲，不过不是因为仅仅想听听耶鲁同窗的哲学观点。"毫无疑问，我们非常想让你加入我们的教师队伍。"西尔伯在信中这样写道。③ 然而，罗蒂刚刚从韦尔斯利转到顶尖的普林斯顿大学，所以并不想离开。出于礼节的需要，他无法在回信中表达这一点，于是他礼貌地回绝了西尔伯的提议，同时又保留了自己未来调动的可能性。他告诉西尔伯，自己目前在普林斯顿过得很好。"很高兴你能担任系主任，"他在收到西尔伯的信一周后写道，"但弗拉斯特斯做系主任也是一件令人愉快的事。"④ 同时，阿梅丽在附近的道格拉斯学院得到了一份工作。罗蒂写道："我很可能会作为助理教授再得到一段三年任期，虽然还不是很确定……我相当肯定（除非我写了一本很有价值的书，让我自己和他们都大吃一惊），在这里授予我的不

---

① Rorty, "Intellectual Autobiography."

② 西尔伯写道："你可能有兴趣知道，哈兹霍恩甚至不相信你写了这样一篇文章；他觉得这个想法太荒谬了。"约翰·西尔伯写给理查德·罗蒂的信，1962年10月25日，RRP。

③ 约翰·西尔伯写给理查德·罗蒂的信，1962年10月10日，RRP。

④ 理查德·罗蒂写给约翰·西尔伯的信，1962年10月17日，RRP。

会是终身教职。但这个问题还很遥远,我认为没有必要为此担心……总的来说,即便以后可能会失业,最好还是继续待在这里,因为如果一个人不停地变换工作,他就永远无法持续地做好一件事情(至少我做不到)。"虽然不知道罗蒂此刻是真的相信自己没有机会获得终身教职,还是为了保险起见才这么说,我们都可以看到,他在很谨慎地维护任何可能的机会:"如果得克萨斯以后仍在考虑我,我自然会非常感激。普林斯顿大学迟早会让我离开,那时我可能会不好意思地给每个认识的人寄去乞讨信。你也会收到一封的。"

不到一周后,罗蒂收到了耶鲁大学约翰·史密斯(John Smith)的来信,罗蒂曾给他做过助教。史密斯写道:"如果你想回到老地方,请告诉我。"① 史密斯给罗蒂提供了一个助理教授的职位,年薪7500美元,外加1000美元的暑期研究经费,以2007年的美元价值计算,大约折合58000美元。总的来说,罗蒂对在耶鲁的生活感到愉悦,所以当他回复道"上帝知道的,我正被(回到)老地方的想法所吸引"②,他毫无疑问是真诚的。但究竟是什么样的职位呢?史密斯重申,该职位提供的是有可能晋升终身教职的助理教授职位,而不是临时职位。虽然众所周知,在耶鲁和哈佛这样的学校,想要从内部获得终身教职是不太可能的,但史密斯向罗蒂保证,他在升任终身教授前,至少可以在纽黑文待上六年。此外,他很快就有资格获得莫尔斯奖学金,这使他可以有一年的时间免于教学的负担而专心于研究。史密斯在这封信中介绍了耶鲁大学哲学系一贯的多元主义立场,以强调耶鲁大学的优势:"当前,我们希望,而且不只是希望(这是一个政策问题),哲学系保持观点和立场的多元性;继续坚定地关注真正的哲学问题,同时与整个专业领域的发展保持同步,避免哲学系局限于当前任何一种流行的具体潮流或观点上。如你所知,在过去二十年里,这一直都是耶鲁大学哲学系的主要趋势,我想向你保证,我们无意改变这一方向。"③ 然而,在这封信发出的第二天,罗蒂还没有看到这封信的时候就写信拒绝了史密斯,理由是他更想待在同一个地方完成工作。④ 鉴于哲学领域日益走向分析化,在求职市场上,罗蒂在耶鲁的教育经历不再那么受人青睐,他虽然被耶鲁大学的多元主义所吸引,但是认为耶鲁提供的这份工作

---

① 约翰·史密斯写给理查德·罗蒂的信,1962年10月22日,RRP。
② 约翰·史密斯写给理查德·罗蒂的信,1962年10月25日,RRP。
③ 约翰·史密斯写给理查德·罗蒂的信,1962年11月15日,RRP。
④ 理查德·罗蒂写给约翰·史密斯的信,1962年11月16日,RRP。

没有他现在的工作好,因为他在耶鲁大学获得终身教职的希望要比在普林斯顿更渺茫,而且史密斯对时下哲学运动的轻蔑,也暴露了他的无能。这些想法当然不能向史密斯表达出来,如果指控耶鲁大学不再处于哲学的前沿地位,史密斯会做出糟糕的反应的。所以几天后,罗蒂将自己的决定得体地描述为"或是懦夫般地寻求安全感的结果,或是践行实践智慧(phronesis)的结果。我希望我能知道如何解释它"①。史密斯仍希望在未来的几年里,有可能同时向理查德和阿梅丽发出邀请②,但是此次对话再没有下文。

第二年,霍普金斯大学和康涅狄格大学向罗蒂发出的邀请也没有成功。霍普金斯大学找到罗蒂,问他是否对助理教授职位感兴趣;而康涅狄格大学表示,它们提供的职位不会比系主任低。当时的康涅狄格大学和现在一样,是一个较低梯队的学校,罗蒂毫不犹豫地拒绝了这个邀请。但对于霍普金斯,他与那里的分析史学家莫里斯·曼德尔鲍姆(Maurice Mandelbaum)有过接触,所以至少表现出了兴趣,但表示只有在授予终身教职的情况下,他才会同意过去。这被证明是不可能的,具体原因尚不清楚,所以他仍留在了普林斯顿。

但是哈佛大学的情况就不一样了。这里的院系是顶级的,没有哪个哲学学者能够拒绝它的诱惑。就在几年前,哈佛的哲学学者甚至都不愿意给罗蒂提供研究生奖学金,现在却邀请他加入他们的队伍,这证明了在这一很短的时间里,罗蒂已经把自己塑造成了得到广泛认同的有前途的年轻学者。但这里有个问题。就像罗蒂刚来到普林斯顿时获得的是一个客座职位一样,哈佛也只是提供了一个客座讲师的职位,这个职位很难晋升为助理教授。提供的年薪是 1 万美元,虽然薪水不错,但未来没有保障。对于罗蒂来说,只有普林斯顿大学同意让他离开一年,并且愿意当他在哈佛大学进展不顺时让他回到原来的工作岗位,接受哈佛的邀请才是合理的。但普林斯顿一心想留住罗蒂,便拒绝了这个提议。1963 年,罗蒂怀着沉重的心情给哈佛大学哲学系主任罗杰斯·阿尔布莱顿(Rogers Albritton)写信,在谈到自己有机会在普林斯顿大学获得终身职位时,他的语气与谈论其他学校时截然不同:

---

① 理查德·罗蒂写给约翰·史密斯的信,1962 年 11 月 19 日,RRP。
② 约翰·史密斯写给理查德·罗蒂的信,1963 年 1 月 2 日,RRP。

我从未想过有一天我会拒绝哈佛的邀约，但我似乎不得不如此。普林斯顿大学哲学系不愿意给我无薪假期来让我接受这个任命……哲学系的这个决定是在一次高级成员会议上做出的，也许不是不可动摇的。如果我要求举行听证，然后大闹一番，他们可能会向系主任提议批准假期。然而，出于礼节的顾虑和审慎的考虑，似乎不要采取这种做法为好。从礼节方面来说，普林斯顿大学哲学系对我非常慷慨（比如，他们刚刚给了我一大笔加薪），我不想显得忘恩负义，尽管我认为他们关于我请假的后果的论点是站不住脚的。从长远来考虑，既然我有希望最终在这里获得终身职位，我就不希望因为太过轻率和"不忠"而毁了我的机会。①

很难知道罗蒂在考虑这些邀约时是怎么想的，但是他应该考虑过薪资谈判的问题。当代美国学术界的评论者谴责学术明星们通过获取其他学校竞争性的聘约，来向自己所在的单位索要更高工资的做法，但罗蒂的例子提醒我们，这并非一个新现象，也并不只出现在高级教师层面。十年后，罗蒂又一次拒绝了霍普金斯大学的聘约，他向好友弥尔顿·菲斯克（Milton Fisk）吐露心扉："我拒绝了霍普金斯大学的工作，而我现在不知道自己有没有认真考虑过这个决定。我想自己也许从来都不知道；当时，这看起来像是一场存在主义危机，而一周后，这似乎仅仅是一种获得加薪的时机。普林斯顿大学甚至不愿意在生活成本上升时提高工资，除非你用工作邀约威胁或者提醒他们，这使得你很难知道自己是真的在考虑邀约，还是假装在考虑邀约以说服自己必须走进系主任的办公室并告诉他，如果得不到加薪，你就会离开。"②

2

但是普林斯顿大学哲学系是什么样的呢？詹姆斯·阿克塞尔（James Axtell）在他最近的普林斯顿历史研究中，展示了该校在20世纪上半叶是如何从一个重视教学和道德、宗教教育的大学，转变为一所顶尖研究型大学的。19世纪70年代末，普林斯顿大学在校长詹姆斯·麦考什（James

---

① 理查德·罗蒂写给罗杰斯·阿尔布莱顿的信，1963年12月2日，RRP。
② 理查德·罗蒂写给米尔顿·菲斯克的信的信，1974年2月16日，RRP。

McCosh)的领导下开始开设研究生课程。麦考什本人就是一位哲学家。但直到1902年伍德罗·威尔逊（Woodrow Wilson）就任校长后，普林斯顿才开始进行改革，从而转变成了研究中心。在这方面，筹集捐赠基金尤为重要，这些资金被用于建造新的设施，招募有前途的杰出教师。例如，由于威尔逊的改革，普林斯顿得以在1906年从格拉斯哥大学引入哲学家诺曼·坎普·史密斯（Norman Kemp Smith）。作为哲学史上的关键人物，坎普·史密斯对康德、笛卡儿和休谟的评论在那个时代是具有权威性的，这帮助确立了该系在观念论和历史研究方面的声誉。然而，威尔逊在他的改革过程中遇到了许多阻碍，包括教师和监督委员会的抵制，已转型成功的研究型学校的竞争，以及自身对"教师-学者"综合身份的偏好，当时得到更多强调的仍是"教师"这一身份。直到几十年后，在第二次世界大战结束后不久，普林斯顿才成为今天这样颇有影响力的研究型大学。"战后，"阿克塞尔写道，"拿骚厅（Nassau Hall）用于自我识别的词汇几乎就是'大学'（而非'学院'）。其代表性的声音来自 J. 道格拉斯·布朗（J. Douglas Brown），一位劳资关系专家、造诣深厚的天才法官，道兹（Dodds）和戈欣（Goheen）任职校长时的系主任（1946—1967），他也是普林斯顿第一任督导（1966—1967）……布朗越来越频繁地将普林斯顿大学称为一所'自由的大学'和'全国性大学'，而把它的全体教师说成是'学者-教师'，因为这些教师有责任'领导'人们去探索新知识。"[①] 这种呼声之所以有意义，离不开美国高等教育环境的改变。正是在这种环境中，布朗和其他管理人员才做出了重大的机构变革。相对于本科生人数的显著增长，研究生招生规模的滞后产生了一个需求旺盛的学术劳工市场，涌入大学的联邦研究资金则使得新的研究机构和奖学金的设置成为可能——在这种背景下，旨在招募学术明星的高工资既变得合理，也可以得到支付。以前，教学能力一直是衡量教师晋升的重要标准，但到了"20世纪50年代末，当普林斯顿大学彻底成为世界一流的研究型大学时……它的师资奖励……更多地并决定性地倒向学术能力，而不是教学能力"[②]。

本书第十章将指出，战后高等教育的这些变化及相关情况的发展，使得美国学术界出现了第二波专业化浪潮。我认为，这波浪潮的影响因素之一，是那些声称比其他方法更严谨、更科学的方法在人文和社会科学领域

---

① James Axtell, 2006, *The Making of Princeton University*, Princeton: Princeton University Press, 88.

② Ibid., 94.

取得了优势。卡尔·休斯克（Carl Schorske）所称的"人文科学中的新严格主义（rigorism）"①并不是只体现在分析哲学中，在人文科学这一领域的合法性受到质疑的时期，新严格主义既不能通过自身的思想渊源，也无法通过自身的存在来为人文科学做出辩护。然而，推动学术职业化发展的管理者、学科倡导者和资助机构在描述二战后知识界的变化时，经常援引"严谨"这种辞藻，他们认为这些变化对于美国人文领域和社会科学领域的学术发展取得类似自然科学的成功是必要的。除此之外，虽然对严谨和科学性的强调在不同学科中有不同的阐释，但在高校快速成长和变革的时期，它为学术成果的评价提供了一种统一的标准，成为诸多关心自身在国内科学界和知识界中地位的学术机构的"通用货币"。

虽然普林斯顿大学哲学系并不是学校里唯一受到地方和国家的这些发展影响的院系，但它确实受到了影响。和国内其他许多哲学系一样，普林斯顿大学哲学系在20世纪一二十年代见证了自身内部流行的观念论被各种实在论流派所取代。②虽然在1925年进行的一项声誉调查中，该系在全美排名第六③，但在20世纪30年代和40年代初，它并不属于最杰出的院系，当时哲学系里除了对形而上学和哲学史感兴趣的经验主义者沃尔特·斯塔斯（Walter Stace）以及系主任、古典主义者罗伯特·司康（Robert Scoon）外，大都转向了实证主义。④直到20世纪40年代末和50年代初，普林斯顿大学哲学系才获得了国际声誉。它在1947年引进了沃尔特·考夫曼（Walter Kaufmann），一位尼采哲学、存在主义和整个欧陆传统的重要阐释者。一年后，它又延请了法国托马斯主义者雅克·马里坦（Jacques Maritain）。这些人事聘任使该系引起了人们的注意，它符合司康在不同哲学流派间寻求"平衡"的想法，但在国内日益分析化的气候下，它还不足以提升该系在国内的声誉。然而，20世纪40年代末和50年代，系里一批高级教师相继退休和死亡，腾出了新的职位。普林斯顿大学哲学系由于急于提升自己的地位，尤其是面临着密歇根大学、伯克利大学和加州大学洛杉矶分校等公共研究机构的挑战，便做出了一系列关键的人事聘

---

① Carl Schorske, 1997, "The New Rigorism in the Human Sciences: 1940-1960," *Daedalus* 126: 289-309.

② James Ward Smith, "The Department of Philosophy," http://etcweb.princeton.edu/CampusWWW/Companion/philosophy_department.html, accessed August 29, 2007.

③ Cartter, *Assessment of Quality in Graduate Education*, 29.

④ Smith, "The Department of Philosophy."

用。1955年，从耶鲁大学引进了卡尔·亨普尔，从康奈尔大学引进了弗拉斯托斯；1963年，从伦敦大学学院聘请了日常语言哲学家斯图尔特·汉普希尔；1967年，从斯坦福大学邀请到了唐纳德·戴维森（Donald Davidson）；1969年，引进了逻辑学家达纳·斯科特（Dana Scott）。① 在1957年的声誉调查中，普林斯顿大学哲学系排名第六，但到了1964年，该系在师资质量方面已攀升至第四名，排在哈佛大学、密歇根大学和耶鲁大学之后②，而在研究生项目的可见成效方面，该系是首屈一指的。这种声誉排名的变化不仅有聘请高级雇员的作用，也得益于对初级雇员的招募，而且间接反映了匹兹堡大学等后起之秀对耶鲁大学等造成的冲击，无论如何，耶鲁大学都在走下坡路。③

从罗蒂的两封信中，我们可以看出在他来到普林斯顿的最初一段日子里，普林斯顿哲学系的特点。这两封信都是罗蒂在获得终身教职后所写，但反映了他担任助理教授时所遇到的一些情况。 第一封信写于1967年，

---

① Smith，"The Department of Philosophy."

② Cartter，*Assessment of Quality in Graduate Education*，29.

③ 布莱恩·莱特指出："在20世纪90年代，粗泛来看，美国顶尖的哲学项目来自哈佛大学（W. V. O. 蒯因、老刘易斯、莫顿·怀特、罗德里克·弗斯等），其次是康奈尔大学（马克斯·布莱克、诺曼·马尔科姆、年轻的约翰·罗尔斯等）、密歇根大学（威廉·弗兰克纳、库珀·兰福德、查尔斯·史蒂文斯等）、普林斯顿大学（特别是1955年前后卡尔·亨普尔和格雷戈里·弗拉斯托斯的加盟）、耶鲁大学（亨普尔，直到他离开去了普林斯顿，还有年轻的威尔弗雷德·塞拉斯、勃兰德·勃兰夏、艾伦·安德森、阿瑟·帕普等），如果你想了解的话，还有加利福尼亚大学洛杉矶分校、芝加哥大学、哥伦比亚大学、布朗大学，也许还有加利福尼亚大学伯克利分校。十年后，也就是1965年前后，哈佛大学仍然高居榜首（蒯因、罗尔斯、年轻的普特南、欧文等），但普林斯顿大学也很强了（亨普尔、弗拉斯托斯、汉普希尔、年轻的吉尔·哈曼、年轻的理查德·罗蒂、年轻的乔尔·芬伯格等），它们和康奈尔大学（布莱克、马尔科姆、年轻的修梅克等）、密歇根大学（阿尔斯通、勃兰特、弗兰克纳、史蒂文森、年轻的阿尔文·戈德曼等）、匹兹堡大学（塞拉斯、雷舍尔、K.拜尔、格鲁鲍姆等）仍然位列前五，耶鲁大学在教员大量流失到匹兹堡大学之后，排名开始下滑，虽然或许还能跻身到前十；哥伦比亚大学和芝加哥大学也是如此；而加利福尼亚大学洛杉矶分校（卡尔纳普、蒙塔古、年轻的卡普兰、年轻的大卫·刘易斯等）、伯克利大学（费耶阿本德、梅兹、年轻的赛尔、年轻的斯特劳德）、或许还有斯坦福大学（苏佩斯、戴维森）现在都稳居前十。"参见他在 http：//leiterreports. typepad. com/blog/2003/10/the_us_philosop.html#中的更多讨论，网址访问于2007年2月9日。

是写给斯沃斯莫尔学院的哲学家查尔斯·吉尔伯特的，吉尔伯特曾代表美国哲学协会的教育政策委员会写过函信。罗蒂当时已经是研究生项目的负责人，吉尔伯特问他，哲学系倾向于录取什么样的学生，这个问题吉尔伯特也向其他在国内担任类似职位的人问过。罗蒂强调，虽然普林斯顿大学录取的学生应该有一定的哲学史背景，但真正重要的是他们应该熟悉并有能力参与关于分析哲学的讨论。罗蒂写道：

> 我们期望申请研究生项目的学生已经学过几门哲学史课程（两门或三门，也许是入门级的），这足以让他们对哲学史上的重要人物有所了解。我们也期望他们学过一些逻辑学——至少是一门符号逻辑学（命题演算和一阶泛函演算）基础课程。我们认为他应该上过几门讨论当代哲学问题，如心灵哲学、知识论、伦理学的课程。特别地，我们期望他对维特根斯坦、奥斯汀、黑尔和其他备受讨论的当代哲学家的思想有一定了解。这些课程都不是入学的必要条件，但一个学生如果完全没有接受过这些训练，他被录取的机会就会大大减少。总的来说，虽然我们有时会谴责哲学领域不断发展的专业主义，并声称我们应该确保不会排斥对分析哲学缺乏了解的申请者，他们在研究生学业上可能需要先花一年时间熟悉分析哲学家现在探讨的问题和使用的方法，但我们确实偏爱那些相当"专业化"的候选人。我们每年会招收几个并没有怎么接触过分析哲学的学生（比如14个学生中招2到3个），但我们是怀着担忧和战栗的心情录取他们的，他们来这里的第一个月可能会有点"迷失"。①

这封信体现出在20世纪60年代的前半期，普林斯顿大学哲学系具有浓厚的分析色彩，这种分析导向在哲学系的日常话语中甚至被等同于专业主义这一概念。但是，这封面向公众而写的信并没有提到哲学系内部的分裂，也没有提到哪个派别掌握了主导权。相比之下，罗蒂1971年写给普林斯顿大学校长R.F.戈欣（R. F. Goheen）的信在这个问题上没有任何保留。信里讨论的是哲学系主任的职位问题，在弗拉斯托斯担任系主任多年之后，该职位出现了空缺。罗蒂支持谁来顶替这个空缺呢？他首先为戈欣描绘了当前的形势。罗蒂指出："我在这里的十年，大部分时间里，

---

① 理查德·罗蒂写给查尔斯·吉尔伯特的信，1967年2月9日，RRP。

哲学系的发展形态和方向主要是由几个资深人士——弗拉斯托斯、亨普尔、汉普希尔和戴维森设定的，系里其他人都很尊重他们的意见，因为他们非常优秀，在一定程度上也是因为他们有特殊的人格魅力。"① "但现在汉普希尔和戴维森都走了"，汉普希尔 1970 年就退休了，戴维森同年去了洛克菲勒大学，罗蒂接着写道："而弗拉斯托斯和亨普尔似乎不久后也将离开，从而出现了一种权力真空。"（事实上，直到 1976 年，弗拉斯托斯才离开普林斯顿去了伯克利；亨普尔于 1973 年退休，1977 年去了匹兹堡。）② 在罗蒂看来，这些近期发生的和即将发生的人员流失已经损害到了哲学系的声誉。"一旦亨普尔和弗拉斯托斯都离开了，对系里最新情况有所了解的人都不会想着把普林斯顿大学哲学系排在'第一'梯队。如果让我来排名，而同时我们没有任命任何新的高级教师，那么在 1974 年，普林斯顿大学哲学系将排在第十到第十五名之间……所以，除非引入一批非常出色的学者，普林斯顿大学哲学系将不再是杰出的哲学系了，虽然它仍会很优秀。"在哲学系内部，人们提出了纠正这一状况的多种建议，但由于分析阵营和多元主义阵营的对立，决定性的行动迟迟未被实施。罗蒂认为，这反映了"一直困扰哲学系的常见意识形态差异"。"一方面，"他说，

> 是强硬的技术派（如哈曼、贝纳赛拉夫、格兰迪、刘易斯、菲尔德），他们对那些看来不属于当前被关注的"主流"工作不理不顾。而那些数量更多、温和而开明的人（如考夫曼、史密斯、弗拉斯托斯和我），认为哲学系需要进一步做到"平衡"（这个词如今已成为"减少逻辑学家和语言哲学家"的委婉说法）。这并不是说系里存在着明确的派系（恰恰相反，我们都是这样的人，虽然票数经常非常接近，但很少能预测到谁会站在哪一边），而是说双方之间持续存在着紧张关系，一方希望院系对某些领域保持非常密切的关注，另一方则希望将关注点分散开来而不是在某些热门问题上投入太多资源。就目

---

① 理查德·罗蒂写给 R·F·戈欣，1971 年 10 月 22 日，RRP。
② 对于任命的这些细节和其他细节，我参考了 Stuart Brown, Diané Collinson, and Robert Wilkinson, eds., 1996, Biographical Dictionary of Twentieth-Century Philosophers, London: Routledge. 有关普林斯顿大学的任命，参见 http://philosophy.princeton.edu/our_history.html，访问于 2007 年 5 月 14 日。

> 前情况来看，双方都掌握着某种否决权，而且没有太多意愿做出让步或妥协。①

20世纪60年代末和70年代推动罗蒂加入"温和而开明"阵营的事件将在本书第8章和第10章介绍。不过，当前需要重点指出的是，罗蒂在他获得终身教职时，认为系里最有影响的高级教员是弗拉斯托斯、亨普尔和汉普希尔。罗蒂1971年将弗拉斯托斯归入开明的阵营，这是因为弗拉斯托斯是一个古典主义者，他的柏拉图研究具有独特之处，试图通过分析的视角来重建古代哲学，这种分析的视角来自维特根斯坦的影响。在所编辑的一本柏拉图著作的序言中，弗拉斯托斯写道："过去三十年里，全世界的哲学家又重新燃起了对柏拉图的兴趣……对柏拉图研究的这种新的热情，在很大程度上产生于逻辑和语义分析技术的引入，这些技术在当代哲学中已经证明是卓有成效的。借助这些技术，我们现在可以更好地理解柏拉图试图解决的一些问题……其结果是，我们对柏拉图的思想与当代本体论、认识论、伦理学所关心的问题之间的关联有了更清晰的认识。对我们来说，柏拉图不再是一座古老的纪念碑，而更多是一个活生生的存在。"②

亨普尔和汉普希尔属于分析阵营。战前，亨普尔曾是莱辛巴赫和卡尔纳普的学生，自1937年移民美国后，他的职业路径一路上扬，先是在纽约城市学院和皇后学院工作，然后去了耶鲁大学，后来又去了普林斯顿大学。作为一位科学哲学家，亨普尔并没有严格遵循逻辑实证主义，而是追随蒯因，拒绝分析和综合的区分，并批判证实主义。③ 他进一步研究了可以证实观察句的情形，并试图将这种证实置于"覆盖律"的解释框架中。汉普希尔是一位在牛津大学接受教育的道德哲学家，他提出的问题与其他分析哲学家关注的问题非常不同，这些问题涉及"自我的本质"等，但他

---

① 吉尔伯特·哈曼指出，这里对哲学系的评论遗漏了托马斯·内格尔和玛格丽特·威尔逊。事实上，罗蒂在这封信的稍后部分提到了二人，对他们是否适合担任主任一职发表了评论。

② 引自 Donald Davidson and John Ferrari, 2004, "Gregory Vlastos," Proceedings of the American Philosophical Society 148: 256-59, 257。

③ A. R. Lacey, 1996, "Carl Hempel," pp. 332-33 in Biographical Dictionary of TwentiethCentury Philosophers, Stuart Brown, Diané Collinson, and Robert Wilkinson, eds., London: Routledge.

是通过对语言的分析提出这些问题的。汉普希尔是 A.J. 艾耶尔的对头，但他娶了艾耶尔的前妻，造成了一桩公开的丑闻。汉普希尔试图拓宽分析哲学的框架范围，尝试与欧陆传统中的思想家接触，如莫里斯·梅洛-庞蒂（Maurice Merleau-Ponty），二人都强调人类主体性的肉身层面。然而，终其一生，汉普希尔仍然更偏爱一流的逻辑学家，而不是一流的欧陆哲学家，这在罗蒂 1969 年写给他的信中有所体现。当时汉普希尔还在国外，但他非常希望系里聘请达纳·斯科特，后者是位逻辑学家，1958 年毕业于普林斯顿大学，曾在伯克利大学和斯坦福大学任职。罗蒂则希望聘请赫伯特·马尔库塞（Herbert Marcuse）。"很抱歉，在此之前我没有回复你关于任命斯科特的信。"罗蒂在写给汉普希尔的信中写道。①

> 我们对这些事情有着非常不同的直觉。我没有感觉到逻辑学家本身有多么高贵……如果实话实说，恐怕我看待他们，就像文学评论家看待英语学院需要有一个盎格鲁-撒克逊人一样。每个英语学院都需要一个这样的人，但是他除非证明自己另有用处，否则就是无害的苦工。你肯定已经从唐纳德·戴维森那里知道了，斯蒂芬·格劳伯德（Stephen Graubard）拒绝了我们提供的政治哲学助理教授职位，所以现在我们又对马尔库塞感兴趣了。我想我对他的评价比你对他的评价高。我最近一直在读《单向度的人》（*One-Dimensional Man*），我想，他可以与奥特加（Ortega）、尼布尔（Niebuhr）相提并论。（毫无疑问，这不是最高的赞美，但至少是某种赞扬。）

学院里最有影响的人物都在致力于分析工作②，在这种情形下，罗蒂非常清楚，要想获得终身教职，就必须在分析思想上做出重大贡献。无论罗蒂对自己的能力有多自信，他对终身教职的担忧都不是没有道理的。在未来几十年里，普林斯顿大学的终身教职比率将会下降，因为管理层希望进一步保证高级教师队伍的质量，但早在 20 世纪 60 年代，也仅有三分之一的初级教授可以获得终身教职。③ 罗蒂收到过很多工作邀请，其中不乏

---

① 理查德·罗蒂写给斯图尔特·汉普希尔的信，1969 年 2 月 3 日，RRP。
② 普林斯顿大学因严谨的、技术性的哲学而在国内外享有的盛誉，因为逻辑学家和数学家科特·哥德尔和阿朗佐·丘奇的出现得到了进一步加强。哥德尔就职于高等研究院，而丘奇就职于数学学院（同时受聘于哲学学院）。
③ Axtell, *Making of Princeton University*, 98.

哈佛大学的邀请，这无疑减少了他可能会有的不安全感，但是，他在普林斯顿获得晋升的唯一途径仍是做出分析哲学界认为重要的工作。因此，他再一次进行了两个大方向的研究。

3

第一项研究将他对元哲学的兴趣推向了新的方向。他不再简单地要求将非分析方法的洞见融入分析思维中——这是种有趣的操作，曾帮助他获得普林斯顿的教职，但这种方法不太可能为他在分析哲学界赢得重要的、原创贡献者的声誉——现在他开始用元哲学的技巧来思考为什么哲学家首先应该成为分析学家。他在 1967 年编辑出版的论文集《语言学转向》（*The Linguistic Turn*）的序言中对这一观点进行了最充分的阐述。序言表明，他意识到将元哲学研究作为谋取终身职位的策略是多么重要。同时也表明，在完成博士论文后不久，他就开始将自己视为语言哲学家了。早在 1962 年，他就向出版商阐释过这本书的思想。那年 5 月，他写信给普伦蒂斯-霍尔出版社的哲学编辑理查德·特鲁根（Richard Trudgen），继续早前一次关于这本书的谈话。"这本选集的标题将是这样的：《语言学转向：哲学方法论文集》。"他建议道。

> 它将囊括很多在过去三十年里由哲学家所写的"纲领性"论文，这些哲学家都分享着这样的观点，即在"语言"的某些重要意义上，许多传统的哲学问题都是语言问题，因此哲学方法涉及对这些问题由以表述的语言的分析。这本文集试图通过再现和评论关于目标和方法的各种"古典的"陈述以及对它们的各种"古典的"批评，来阐明最近"语言"哲学中出现的各种"运动"的目标和预设。因此，它将是一本元哲学论文集：讨论当前的哲学是怎样的，它可能发生的变化，以及它必须做什么才能成其所是。①

这本书的目标读者是哲学专业的研究生以及其他领域希望了解分析思想的学者，该书将用于研讨班用途。罗蒂所设想的是，这本书是用来教学的，它不会替代当时出版的其他类似作品，而是可以与这些作品相结合，

---

① 理查德·罗蒂写给理查德·特鲁根的信，1962 年 5 月 30 日，RRP。

比如安东尼·傅卢（Antony Flew）的《逻辑与语言论文集》（*Essays on Logic and Language*，1951）和《概念分析论文集》（*Essays in Conceptual Analysis*，1956）、A. J. 艾耶尔的《逻辑实证主义》（*Logical Positivism*，1959）以及吉尔伯特·赖尔的《哲学革命》（*The Revolution in Philosophy*，1956）。

然而，这些作品当时都刚刚出版不久，所以特鲁根所咨询的评审们认为，市场上谈论分析思想的文集已经够多了。一个月后，特鲁根写信告诉罗蒂这个令人失望的消息，虽然"一些评审看起来强烈地认为这本书非常有用，但有些人也建议做一些修改……还有一两个人对这本书的态度不是很确定"①。特鲁德建议暂时先把这个出版提案放置一两年，然后再来考虑它。

然而，罗蒂当时刚得知自己已从客座导师升为副教授，他不可能为了一个出版机会而等待数年。所以他联系了认识的人，看看他们是否能帮他解决问题。他的朋友维尔·查普尔（Vere Chappell）1958年时，正在耶鲁大学就关于过程哲学的博士论文进行答辩，后来去了芝加哥大学。大概在那年秋天，他在给罗蒂的回信中对普伦蒂斯-霍尔出版社的决定表示惋惜。"我对你元哲学论文集的遭遇感到惊讶。你愿意让芝加哥大学出版社看一下吗？他们希望出版可以在课堂上使用的平装本选集，而且会给你和商业出版社一样的待遇。（上周我和芝加哥大学出版社主管罗杰·舒格（Roger Shugg）谈过这件事，所以这个建议是半官方的。）"② 除了借机帮朋友出版一本重要著作之外，查普尔这么做也有自己的打算："如果你愿意让芝加哥大学出版社看看的话，"他继续写道，"你是否愿意把你的提案发给我，让我转交给他们？他们说要我帮他们获取一些手稿，他们会付钱给我。也就是说，我会为你的提案写一封推荐信，交给他们，然后自己从中得到一些东西，这会增加一笔读者费用，但每一小笔费用都会有用的。"

罗蒂完全听从了这些建议，他后来还在序言中感谢查普尔"在这个出版计划的每一步都提供了帮助"③。获取文章的出版授权和起草长篇导言的过程比最初预计的要长。芝加哥大学出版社要在作品基本完稿并获得同行

---

① 理查德·特鲁根写给理查德·罗蒂的信，1962年6月27日，RRP。
② 维尔·查普尔写给理查德·罗蒂的信，9月（没有年份），RRP。
③ Richard Rorty, [1967] 1992, "Preface," pp. i-ii in *The Linguistic Turn: Essays in Philosophical Method*, Richard Rorty, ed., Chicago: University of Chicago Press, ii.

评议结果后，才会签署最终的合同，而直到1964年，这些都没有完成。①1965年，罗蒂仍在给学者写信寻求出版授权，比如他询问卡尔纳普是否愿意将自己的《论哲学问题的性质》和《经验主义、语义学和本体论》放入选集中。②卡尔纳普同意了，蒯因和其他25位分析哲学领域的杰出人物也同意了。由于塞拉斯已出版的作品都不符合这本书的要求，因此罗蒂写信问他是否可以为这本书专门写点什么："我没有要求其他任何人为这本选集写点什么，因为已经出版的文章就够丰富了。但我很想这本书里面有您的东西，而您到目前为止写的东西似乎都不合适……您可能认为元哲学是一个难以驾驭的主题，但正如我所说的，如果您愿意发表您的观点，我会很高兴的。"③塞拉斯的回复已经找不到了，但这本书中没有出现他的任何内容。

虽然《语言学转向》出版得很晚，没有为罗蒂获得终身教职提供直接帮助，但它即将出版的事实可能对此提供了一些助益。事实上，正是由于如今人们对研究成果有更高的预期，因此编辑一部重要著作已不算是获得主要研究院系终身职位的筹码。普林斯顿大学的哲学学者可能读过罗蒂为这本书所撰写的长篇导言的草稿。草稿中不仅是对选文作者思想的总结，罗蒂还在其中论证了语言分析的价值，这一论证与他的思想发展过程有关。"哲学史不时被那些对以前哲学家的反叛和将哲学转化为科学的尝试所打断"④，罗蒂开篇写道。由于这种思想的骚动从来没有停止过，我们很容易认为哲学从来没有进步，尤其是因为哲学革命者经常提出评价哲学是否取得成功的新标准。但是判断当前哲学状态的一个标准是"通往当代共识"——此处罗蒂复述了他在《作为专家的哲学家》一文中提出的皮尔士式论点——这样一种共识体现为"哲学问题可以通过革新语言或者更多地了解我们目前使用的语言来解决（或消解）"，基于此，《语言学转向》旨在"为反思提供材料"⑤。罗蒂称颂道："这个观点，被许多支持者认为是我们这个时代，甚至是所有时代最重要的哲学发现。"尽管他也同时承认，

---

① 芝加哥大学出版社编辑肯尼斯·道格拉斯写给理查德·罗蒂的信，1964年12月12日，RRP。

② 理查德·罗蒂写给鲁道夫·卡尔纳普，1965年7月8日，RRP。

③ 理查德·罗蒂写给威尔弗雷德·塞拉斯，1965年6月24日，RRP。

④ Richard Rorty, [1967] 1992, "Introduction: Metaphilosophical Difficulties of Linguistic Philosophy," pp. 1-39 in The Linguistic Turn: Essays in Philosophical Method, Richard Rorty, ed., Chicago: University of Chicago Press, 1.

⑤ Ibid., 2-3.

"在其反对者看来,这是我们灵魂疾病的一种表现"①。问题是,分析哲学家和非分析哲学家之间不再就各自立场的意义进行严肃的辩论。就分析哲学家而言,他们的思想已经进入了这样一个阶段,即摒弃传统的哲学主张不再是他们的主要关注点,现在,他们只需要指向自己的劳动成果就可以证明自己的方法是正确的,而非分析哲学家仍拒绝承认语言分析的好处是确凿无疑的。大多数分析哲学家之所以是分析哲学家,是因为到头来,对于"什么可以算作支持或驳斥(哲学)观点的真理性的证据"这个问题,没有其他方法能提供如此清晰的答案,也因为语言分析"似乎确实为这个方法论问题的澄清带来了希望",它独自为"哲学家之间最终达成一致"铺平了道路。②但是,在这一问题上各方缺乏坦率的辩论,显示出一种不健康的思想氛围,而这本书中的文章正是为了让分析哲学家更清楚地理解他们的元哲学根据才汇编在一起的。

罗蒂继续思考这类讨论中的两个核心问题:第一,"语言哲学家关于哲学本质和哲学方法的论述是否如某些人所声称的那样真的没有前设";第二,"语言哲学家是否真的掌握评判哲学是否取得成功的明确标准,这些标准可以让人们在理性上达成一致"③。关于第一个问题,他先是采纳了艾耶尔和卡尔纳普给出的回答,这些回答主要是对指称、意义和可证实性的评论,它们据称属于逻辑范畴,但实际上依赖于某种本体论承诺。但很快罗蒂放弃了这一答案,转而认为古斯塔夫·贝格曼关于理想语言的观念更令人满意。如果能够构造一种语言,所有非哲学陈述都可以由之表达出来,而传统的哲学命题却不能,那么这就意味着哲学问题"之所以被提出来,仅仅是因为我们在使用当前的语言这一历史事实"④。这并不意味着哲学问题应该被忽视;相反,贝格曼认为,在他的理想语言中,"所有的哲学命题都可以被重构为关于其句法和解释的陈述"⑤。基于这种理解,过去的哲学家被视为在"寻找一种在其中哲学命题无法得到陈述的语言",尽管这种尝试并不令人满意。⑥"如果说有一个重要的事实可以解释当代语言哲学的流行,"罗蒂在讨论中总结说,"那就是其反对者无法对此问题给出

---

① Ibid., 3.
② Ibid., 4.
③ Ibid.
④ Ibid., 7.
⑤ Ibid., 6.
⑥ Ibid., 7.

满意的回答……"① 这个问题是"如果过去的哲学家不是在做这件事，那他们在做什么"。此外，没有人批评贝格曼的方法是建立在非分析哲学家永远不会认同的命题之上的。事实上，罗蒂认为，贝格曼几乎没有预设任何东西，他主张语言转向是基于"实践的基础"而不是"理论的基础"。

但根据罗蒂的观点，这并不是说没有人批评贝格曼。最重要的批评是由勃兰德·勃兰夏等唯心主义者提出的，他们指出，语言分析使我们只关注到词汇，而不关注这些词汇所表征的概念。当时，勃兰夏在一篇书评中猛烈抨击了分析哲学，罗蒂为了反驳勃兰夏和为贝格曼辩护，在吸收维特根斯坦的思想的基础上，主张"方法论上的唯名论"观点，即所有关于普遍存在的问题都不能通过经验研究得到回答，但是可以以某种方式"通过回答有关语言表达用法的问题来回答"②。这一论点无法得到确切的证明，但没有任何非分析哲学家对其进行过有效的反驳。罗蒂认为，不是只有支持理想语言的人，才可以从贝格曼的论证中获益，因为那些最优秀的日常语言哲学家也持有同样的元哲学立场，他们将日常语言当作理想语言，以常识为武器，就像理想语言哲学家以符号逻辑为工具一样。但是建构主义者和日常语言哲学家之间激烈的争论——罗蒂曾评述过这一争论——并没有削弱双方都支持的语言转向的价值。

关于语言分析是否提供了明确的标准来判断哲学的成功，罗蒂采取了一种谨慎的立场。他认为，最好换一种方式来提出这个问题，即询问语言分析是否提供了任何明确的标准来确定某个特定的哲学问题是应该被消解的。分析哲学家最近提出的标准是，如果一个问题的"特定表述……涉及一种语言表达方式的使用，这种表达方式非常罕见，以至于我们有理由要求提出该表述的哲学家用其他术语来重述其问题"，那么这个问题就应该被消解。③ 虽然这个标准可能看起来"空洞无物"，但事实并非如此，"因为尽管罗素、卡尔纳普、维特根斯坦、赖尔、奥斯汀等作家和其他许多人的元哲学设想有可疑之处，但他们已经成功迫使那些希望提出传统问题的人承认，这些问题再也不能以传统的方式提出了"④。

鉴于这些讨论所揭示的语言转向的价值，哲学的未来将会如何？罗蒂预测了六种可能性。比如，如果方法论上的唯名论被削弱了，就像现象学可能对它做的一样，那么语言转向的前提就会被破坏，分析哲学也就不再

---

① Ibid., 8.
② Ibid., 11.
③ Ibid., 32.
④ Ibid., 32, 33.

重要了。此外，人们也有可能"（在哲学中）放弃寻求一致而明确的标准"，在这种情况下，哲学将"不再是一门论证性的学科，而更接近于诗歌"，这是海德格尔后期思想的模式。① 或者，哲学家可能继续坚持方法论上的唯名论，但放弃寻求一致的标准，这将开启一个体系林立的新时代，"唯一的区别是，所构建的体系将不再被视为是对物或人类意识的本质的描述，而是关于如何言说的建议"，用于评价这些建议的标准是看它们是否"新颖、有趣和富有成效"②。另一种可能是遵循维特根斯坦的立场，这会导致我们"把哲学视为一种已经治愈的文化疾病"③；这不会让哲学家失业，而是会引导他们致力于鉴别糟糕的哲学言说方式。哲学的另一种未来是与语言学领域融合，这最终可能会"为我们提供关于判断命题真假的充分必要条件的精彩表述，以及对词语意义的精彩阐释"④。最后，是像P. F. 斯特劳森（P. F. Strawson）等学者所提出的，在新康德主义的影响下，哲学可能会去确定"语言本身之所以可能的必要条件"⑤。在罗蒂看来，目前哲学领域的共识是，最后两种前景是最有可能的，尽管他对斯特劳森的观念表示怀疑。

　　罗蒂最后提出了一个有先见之明的警告。虽然在前面的导言中，他将语言分析描述为无预设的，但他并没有考虑哲学是如何与文化或者智识的历史变迁交织在一起的。但这一问题很重要，因为根据罗蒂的观点——他说这一观点是自己在阅读杜威、汉普希尔、萨特、海德格尔和维特根斯坦等哲学家后形成的——"过去三十年里，哲学界发生的最重要的事情，不是语言转向本身，而是人们开始彻底反思某些认识论难题，这些难题自柏拉图和亚里士多德以来一直困扰着哲学家们"⑥。这种反思主要表现为拒绝"关于知识的旁观性描述"，这种描述"将心灵视为一种'无形体的眼睛'"。如果这种反思取得成功的话，会"产生对所有哲学的重新表达"，并使哲学与科学的区分受到质疑，以及导致"本书中的大部分文章都……变得陈旧"。⑦ 值得注意的是，罗蒂早在 20 世纪 60 年代中期，在导言写好的时候，就预见到了他将在《哲学与自然之镜》一书中提出的论点。同样

---

① Ibid., 34.
② Ibid.
③ Ibid.
④ Ibid., 35.
⑤ Ibid.
⑥ Ibid., 39.
⑦ Ibid.

明显的是，在《语言学转向》一书中，他在向分析哲学家表达敬意。早在导言部分，他就赞赏地指出，"在过去的30年里，语言哲学已经成功地把整个哲学传统，从巴门尼德到笛卡儿和休谟，再到布拉德利和怀特海，置于防守的境地。它是通过仔细、透彻地考察传统哲学家如何使用语言表述他们的问题来做到这一点的。这一成就足以使这一时期跻身哲学史的伟大时代之列"①。但25年后，罗蒂在回忆起自己写过这样一个导言时感到非常尴尬，他写道，这段话"只不过是一个33岁的哲学家在试图说服自己，他幸运地生在了一个正确的时代，说服自己在碰巧发现自我的领域里……不仅仅是一个又一个哲学流派，以及一场又一场学术茶壶里的风暴"②。这只是强调他当时在表达一种坚定持有的信念。

4

但是，运用元哲学来论证语言转向的重要性并不是罗蒂获得终身教职的唯一策略。事实上，罗蒂在20世纪60年代初经历了一次重大转变，这很可能是出于终身教职的压力：他开始时主要是一名元哲学学者，就像他在韦尔斯利时一样，后来在分析性辩论中做出了实质性贡献。在前面引用过的20世纪60年代末期的申请信中，罗蒂指出，他一直沿着两条平行的轨道工作。彼时，他的很多作品都是关于元哲学的，先是试图将各种非分析性的话语引进分析性视野中，然后说明语言分析方法应比非语言分析方法更受青睐的原因。然而，他同时也在研究另外一些问题：

> 除了这些元哲学作品和历史作品，我还写了一些论精神实体本质的形而上学文章——有几篇是关于心身同一论的论文（已发表了一篇，其他的还没有），还有几篇是关于"私人语言问题"的论文（这几篇都还没有发表）。在这些论文中，我试图论证，人们可以同时（a）拒绝逻辑行为主义和接受心理实体的存在，（b）承认这些实体可能只是某种心灵状态，（c）避

---

① Ibid., 33.

② Richard Rorty, 1992, "Twenty-Five Years After," pp. 371-74 in The Linguistic Turn: Essays in Philosophical Method, Richard Rorty, ed., Chicago: University of Chicago Press, 371.

> 免笛卡尔认识论中精神实体的存在导致的不良后果。大致来说，我试图证明，一个人可以在支持维特根斯坦和唯物论者提出的反笛卡尔观点的同时，避免这两个学派中的反直觉理论。①

在申请信的其他地方，罗蒂强调了这些思想之间的连续性，其中心主题是当代哲学以各种不同的方式"抛弃"了笛卡尔具有深远影响的"观念之幕"（veil of ideas）理论。罗蒂对心身同一论和私人语言问题的研究受到塞拉斯、维特根斯坦和皮尔士的影响——这些哲学家塑造了他早期作品的特点——但它们应被解读为特殊的作品。它们表现出罗蒂试图与他那一代聪明的、年轻的分析哲学家一起，为分析思想做出贡献。换句话说，它们是罗蒂坚定地将自己置于主流哲学中而努力的一部分。我这样说并不是指罗蒂是出于提升自己作为分析哲学家的声誉，而有意地调转航向，进入一个更实际的领域，从而从普林斯顿大学高级教员中的关键成员那里获得更多支持，他们将在罗蒂申请终身教职时投出一票。而是指出他在这些领域的工作与其对晋升的兴趣之间存在可能的联系，所以他才在不得不为申请终身教职做准备的那几年里开始写一些相关的文章。而且很明显，他想在重要的分析哲学场合发表这些作品，他在对这些文章进行修改时，曾向本地他信赖的分析哲学权威寻求建议和意见。

例如，他 1965 年发表在《形而上学评论》上的《心身同一、私人性和范畴》一文，最初是为康奈尔大学分析哲学家马克斯·布莱克编辑的《美国哲学》（*Philosophy in America*，1965）所写的一个章节。《美国哲学》旨在展示杰出的"年轻同事"的作品，他们提出了"重要的但尚待解决的"问题。② 在布莱克看来，这些问题应该会在未来几年成为哲学讨论的核心问题。这本书的撰稿人名单如同记录着当代重要的年轻分析哲学家的名人录，从布鲁斯·艾恩（Bruce Aune）到斯坦利·卡维尔（Stanley Cavell），从杰里·福多尔（Jerry Fodor）到约翰·赛尔（John Searle）等。这本书声望很高，布莱克不无自喜地指出，有 160 多名年轻哲学家提交了作品。罗蒂就是其中之一，但在 1963 年，布莱克拒绝了他的投稿，这无疑打击了罗蒂的自尊。③ 考虑到布莱克和弗拉斯托斯多年来一直是亲

---

① Richard Rorty, "Brief Narrative Account of Previous Accomplishments."
② Max Black, 1965, "Preface," p. 9 in *Philosophy in America*, Max Black, ed., Ithaca: Cornell University Press.
③ 参见马克斯·布莱克写给理查德·罗蒂的信，1963 年 11 月 26 日，RRP。

密的同事，布莱克对罗蒂的总体评价也同样令人不安："也许你会允许我补充一句，你的风格总体上是有力和直率的，但偶尔也会陷入学术浮夸之中。我这样说并没有不安，因为我也经常犯同样的毛病。"罗蒂从投稿的失利中恢复过来后，并没有遇到多少困难就将这篇文章发表在了《形而上学评论》上，他的研究生朋友伯恩斯坦在一年前从韦斯手中接任了该杂志的编辑工作。虽然这不是他为了追逐终身教职最青睐的刊物，但这篇文章后来成了他最常被引用的文章之一。

他为《哲学百科全书》(*The Encyclopedia of Philosophy*, 1967) 写的两篇文章更为成功。《哲学百科全书》是麦克米伦出版社出版的八卷本图书，收录了近 1500 篇文章，研究主题覆盖整个哲学领域。这部《哲学百科全书》是由出生于维也纳的伦理学家保罗·爱德华兹（Paul Edwards）编辑的，他曾在纽约大学任教 17 年，后来于 1966 年转到布鲁克林学院。在哥伦比亚大学接受教育的爱德华是一名分析哲学家，他并不否认自己的"偏见"和"意识形态取向""影响了……［《哲学百科全书》］的内容"①。虽然他没有排除其他哲学路径上的重要人物和概念，但他"像我大多数最亲密的顾问一样……是在盎格鲁-撒克逊哲学的经验主义和分析主义传统中成长的"。《哲学百科全书》是分析领域的一项重要工作，其撰稿人包括这一领域的许多杰出人物。鉴于这一点，以及入选的很多文章都做出了重要的实质性贡献，而不是简单的总结，因而罗蒂成功地将其作品发表在这本书上是值得骄傲的。毫不奇怪，他在撰写文章草稿时得到了普林斯顿大学分析学派同事的帮助，以使论点更加严谨，并根据收到的建议做了修改。1964 年 9 月，他写信给《哲学百科全书》项目的高级编辑菲利普·卡明斯（Philip Cummings），说"当我 7 月 17 日向您寄去我凭直觉写就的作品草稿时，我以为几周后就可以寄去一个打磨好的版本。然而实际情况是，我的同事们对那份草稿的批评使我不得不坐下来写一篇实质上是全新的文章。我现在已经完成了修改，我会寄来其副本作为定稿"②。人们猜测，他的另一篇文章《内在关系和外在关系》（Relations, Internal and External）也遵循了类似的程序，尽管没有直接证据证明这一点，也没有迹象表明他收到了什么样的修改意见。

在罗蒂试图成为一名真正的分析思想家时，他提出了什么观点？《哲学百科全书》中的这两篇文章，都声称当代分析哲学家已从根本上重新思

---

① Paul Edwards, 1967, "Introduction," pp. ix-xiv in *The Encyclopedia of Philosophy*, vol.1, Paul Edwards, ed., New York: Macmillan, xi.

② 理查德·罗蒂写给菲利普·卡明斯，1964 年 9 月 18 日，RRP。

考了很多长期存在的哲学争论。在关于内在关系和外在关系的文章中，这些争论被认为本质上是形而上学的。规定实体的属性是与实体有本质性关联，因而内在于实体，还是没有本质关联，因而外在于实体呢？罗蒂指出，近代哲学家给出了两种类型的答案。一些与观念论传统有关的人认为，事物的一切属性都是内在的。虽然过去很多哲学家基于自我同一性认为这是真的，但像勃兰夏这样的观念论者则从因果性的角度提出了更有说服力的论点："如果……关于特定物的所有真关系命题都是由于这些命题中提到的特定物之间的因果关系而为真，那么就可以推出，所有的特定物都通过逻辑关系与所有其他的特定物相联系，每一个这样的命题都会被视为（全知地）包含关于所有此类特定物的逻辑真理。"① 然而，语言哲学家们认为这种观点是行不通的。他们坚称，特定物与特定物之间并没有内在关系，因为"唯一能够在内部相互关联的实体是特定物的特征（characteristics）"②，即在语言描述中获得的特征。在这篇文章的结论部分，罗蒂发出了麦克基恩式的警告，即这两种立场"都是内部融贯的哲学体系的一部分"，并且"离开了常识这个试金石，就很难在这些体系之间做出理性的选择"③，但他显然倾向于这样一种观点，"谈论'X 自我同一的逻辑必要条件'，只不过是在隐晦地谈论'将 X 描述为 K 的逻辑必要条件'"④。然而，罗蒂的目的不只是强调语言哲学家在这个问题上取得的进展。他和赖尔一样注意到，对于有些分析哲学家来说，这种关于关系的思考方式导致他们认为特定物是"空洞的"，因为它们"在逻辑上可能具有任何属性"⑤。但这个概念似乎与常识相悖，罗蒂对此表示"不安"。在这方面，他支持蒂莫西·斯普里格（Timothy Sprigge）最近提出的实用主义立场。斯普里格是受威廉·詹姆斯影响的一位英国分析哲学家。他认为，内在性和外在性之间只是程度上的差别，并取决于人们谈论实体的兴趣取向。根据这一理解，特定物并不是"空洞的"，因为我们"将（内部属性的）概念相对化了，并说某种属性内在于 X 是相对于某个人 S 来说

---

① Richard Rorty, 1967, "Relations, Internal and External," pp. 125-33 in *The Encyclopedia of Philosophy*, vol. 7, Paul Edwards, ed., New York: Macmillan, 128.
② Ibid., 129-30.
③ Ibid., 132.
④ Ibid., 130.
⑤ Ibid.

的，S用于识别X的个人标准中就包含了这些属性"①。这种方法既避免了亚里士多德的本质主义，也避免了逻辑行为主义更麻烦的纠缠。

在分析哲学史上，更具独创性和重要性的是《形而上学评论》上关于同一论的那篇论文，这篇论文在导言中讨论了同一论。仅自1975年艺术人文引文索引诞生以来，这篇论文就被引用了大约125次。文章对同一论的"消失形式"（disappearance form）的辩护是一个大胆的新论点，其不久后将被重新命名为"消除主义"（eliminative materialism）。虽然在某些方面，这一论点只是对罗蒂所推崇的（维特根斯坦、塞拉斯等的）哲学观点做了些引申，但它并不止于在元哲学的基础上对其进行辩护。尽管布莱克可能不太喜欢这篇论文，但这篇论文使罗蒂成了一场激烈辩论的焦点，对许多人来说，这似乎都是一篇有争议但重要的论文。虽然我们无法确切地知道，这篇文章在说服普林斯顿大学哲学系推荐授予罗蒂终身教职方面发挥了什么作用②，但很可能的是，它向哲学系的成员展示出罗蒂不仅可以持续产生成果，而且有能力参与分析哲学的核心辩论并推动其向前发展。借助这篇文章，罗蒂从怀特海式形而上学家和麦克基恩式哲学史家彻底转变为主流的分析哲学家。他的母亲注意到了这种变化。她在1966年给一位记者的信中写道："迪克和阿梅丽正在沿着正确的职业道路向上发展。他们都在编辑一本选集，阿梅丽的已经出版了，迪克的很快也会出版，迪克还是他系里的副主任……迪克感到快乐和放松，阿梅丽很漂亮，他就是一个承载着欢乐和健康的男孩子。还有，他们都在改变……阿梅丽休了一个学期的假，获准去做人类学研究……迪克则不再是一个形而上学家了。"③

---

① Ibid．，131.
② 我没有获准查看罗蒂的终身教职档案。
③ 维妮弗雷德劳申布赫写给"MR"，1966年11月6日。为了表示强调，我把最后一句重新排序了。

第八章
普林斯顿大学（1965—1982）

1

罗蒂在1965年获得终身教职，此后的几年相对来说是他产出较多的一段时期。1966年，他几乎没有发表什么作品，只有两页长的论亚里士多德的百科词条，以及对约翰·波勒（John Boler）的《查尔斯·皮尔士与学院实在论》（*Charles Peirce and Scholastic Realism*）一书的评论。但次年，他的《语言学转向》和为保罗·爱德华兹编辑的《哲学百科全书》所写的文章得到发表。1970年，他被提拔为正教授，此间他已经发表了几篇更重要的文章，它们在风格和主题上都体现了分析性。例如，1970年发表在《形而上学评论》上的《斯特劳森的客观性论证》（Strawson's Objective Argument），就批判性地审视了分析哲学家 P. F. 斯特劳森（P. F. Strawson）在1966年出版的《感觉的界限》（*The Bounds of Sense*）一书中所做的尝试，斯特劳森在这里试图进一步发展康德的观点——"经验的可能性以某种方式关涉着与对象相关的经验的可能性"。[①] 同年发表在《美国哲学季刊》上的《维特根斯坦：自我独断性和不可交流性》（Wittgenstein, Privileged Access, and Incomuunicablility），则与罗蒂的普林斯顿同事乔治·皮彻（George Pitcher）展开了交锋，皮

[①] Richard Rorty, 1970, "Strawson's Objectivity Argument," *Review of Metaphysics* 24: 207-44, 207.

彻认为，维特根斯坦在谈及私人语言不可能存在时，他是在说"我无法想象在我感到疼痛时，另一个人可以感受到和我一样的疼痛"①。罗蒂坚持认为，这种解释源自维特根斯坦并不持有的一种"自相矛盾"的观点。此外，他在《形而上学评论》上的一篇短文，为其早期的取消主义理论进行了辩护，这种理论近来招到了一些攻击。② 同样在 1970 年，罗蒂在《哲学期刊》上发表了《不动性作为心灵的标志》(Incorrigibility as the Mark of the Mental) 一文，对关于心灵的标准解释提出了反驳，这种标准解释认为心灵是由意向性、直觉性或非空间性等属性来定义的。罗蒂反驳道，"心灵事件不同于任何其他事件"的唯一之处是"关于它们的某些知识主张不能被证伪。我们没有标准可以把关于思想和感觉的第一人称实时表述视为错误的而将其弃置一旁"③。这之所以被认为是正确的，并不是因为其存在着"逻辑可能性"④，而是由于他在后续文章中所描述的"启发性规则，即关于某些心灵状态的第一人称实时表述与其他证据相冲突时，前者应胜于后者"⑤，这一规则得到了今天人们的认同。罗蒂承认，"(关于心灵的) 本体论的真理在一定程度上取决于共同体的语言实践"⑥ 这个断言可能有些奇怪，但这正是那些认为在语言实践之外不可能谈论本体论的维特根斯坦学派所声称的。

那些对罗蒂的职业生涯了解不多的人可能会将罗蒂在《语言学转向》之后发表的大量分析性作品视为罗蒂已经加入分析阵营的证据，并认为他的作品与其他分析哲学家的作品没什么区别。如前一章所述，他确实经历了从形而上学家到分析哲学家的转变，而且常常可以发现他在颂扬分析哲学的优点。例如，1968 年夏天，他应邀参加了在圣母大学校园举办的一个哲学工作坊。该工作坊由卡耐基基金会赞助，旨在让天主教学校的哲学教授了解分析思想的最新发展。罗蒂帮助主持了这个工作坊，他还建议未

---

① George Pitcher, cited in Richard Rorty, 1970, "Wittgenstein, Privileged Access, and Incommunicability," *American Philosophical Quarterly* 7: 192-205, 193.

② Richard Rorty, 1970, "In Defense of Eliminative Materialism," *Review of Metaphysics* 24: 112-21.

③ Richard Rorty, 1970, "Incorrigibility as the Mark of the Mental," *Journal of Philosophy* 67: 399-424, 413.

④ Ibid., 417.

⑤ Richard Rorty, 1972, "Functionalism, Machines, and Incorrigibility," *Journal of Philosophy* 69: 203-20, 214-15.

⑥ Rorty, "Incorrigibility," 423.

来继续为这个项目提供资金，因为让更多的天主教哲学家熟悉分析传统是一件好事。① 同样地，罗蒂把体现"分析智慧"的程度作为评价哲学作品的标准，这里的"分析智慧"指的是以全面的和透彻的方式思考论证的每一个步骤的能力。"非常敏锐的分析智慧、充沛的精力和干劲"，他在一封给研究生院的推荐信中写道，这封信是他 1969 年在天主教大学担任客座教授时为他的一个学生所写②，"就我所知，我的研讨会（关于维特根斯坦、塞拉斯、普特南等）是这位学生第一次接触分析哲学的地方，但他掌握起来如鱼得水"。

然而，如果就此推断罗蒂是对分析事业毫无批判的参与者，那就错了。事实上，20 世纪六七十年代，他对主流的分析哲学越来越鄙弃。在他看来，主流的分析哲学在面对其他思想传统时过于封闭了。他对系里的同事感到特别失望，认为他们中间孕育着分析方法最好的和最差的发展趋势。

2

获得终身教职后的几年里，罗蒂在普林斯顿过得很开心。1965 年 10 月，他拒绝了卫斯理大学哲学家肯特·本德尔（Kent Bendall）邀其加入的非正式邀约。"卫斯理是一个好地方，"罗蒂告诉他，"但是，综合各方面来考虑，我和阿梅丽认为我们最好还是在这待一段时间。现在我们都有终身教职，虽然我们经常对现在的一些安排不太满意，但这里真的挺好的……有一天，我可以想象，我们可能会对普林斯顿和道格拉斯感到无聊和厌倦，但是目前我们都倾向于坐下来，观察事态的发展。"③ 罗蒂并不是虚伪。尽管他可能永远不会在学术等级这么低的学校就职，但他的确发现普林斯顿有很多地方可以让他在学术上感到满足。大概是因为这种满足感，他在 1966 年拒绝了匹兹堡大学的一份邀约，而当时匹兹堡大学哲学学科的地位正在迅速上升。④ 除了有来自普林斯顿大学同事们的激励，罗蒂也很高兴在自己工作的机构里有高质量的研究生。1974 年，他向朋友米尔顿·菲斯克透露，有一个院系正在联系他，但那里的"研究生很差

---

① 理查德·罗蒂写给卡内基公司的信，1968 年 9 月 11 日，RRP。
② 理查德·罗蒂，给托马斯·罗斯曼的信，1970 年 12 月 5 日，RRP。罗斯曼最终进入了普林斯顿大学，并于 1976 年获得博士学位。
③ 理查德·罗蒂写给肯特·本德尔的信，1965 年 10 月 26 日，RRP。
④ 库尔特·贝尔写给理查德·罗蒂的信，1966 年 1 月 25 日，RRP。

劲，我不知道我是否能放弃拥有优秀的研究生"①。普林斯顿相对较轻的教学工作量和行政责任也让罗蒂心生欢喜，因此，当他1968年拒绝纽约大学研究生中心的邀请时，他向彼得·卡斯（Peter Caws）解释道，"一个人有大量的时间从事自己的（研究）……这看起来太珍贵了，我不能失去"②。

但没过多久，罗蒂就和系里闹翻了。问题始于1967—1968学年，罗蒂与吉尔伯特·哈曼共同主持了一个名为"语义学与形而上学"的研讨班。正如罗蒂在给塞拉斯的信中所解释的那样，举办研讨班的目的是更好地理解塞拉斯、卡尔纳普和蒯因在不同的形而上学立场中所涉及的一些关键问题。③ 罗蒂至少一开始是享受这次经历的。"听起来你和哈曼的研讨班很有趣，"菲斯克在1968年3月给罗蒂的信中写道，"我相信你很快就会在逻辑学和语言学上超越我了。"④

但不久之后，罗蒂与哈曼之间的分歧就显现出来了。在一封没有注明日期但很可能写于这段时期的致母亲的信中，罗蒂描述道："问题主要在于，我来到这里的时候，就被系里这个聪明的年轻人所吸引，我以为我找到了一个朋友、一个可以谈论哲学的人。然而，在过去的几个月里，这个家伙却认为我没有他以为的那么聪明；他那种对笨蛋嗤之以鼻的方式，让我对此看得特别清楚。这带来的失望（我觉得我留在普林斯顿已经没有意义了，因为看起来我和系里的其他人没有什么好交谈的了）一直在困扰我。"⑤ 罗蒂没有具体指明这个人就是哈曼，但在第七章引用的给普林斯顿大学校长戈欣的信中，罗蒂曾称哈曼为"系里最杰出的哲学家"，并补充说，虽然这是事实，但哈曼"根本没有实践智慧"⑥。

除了与哈曼产生了分歧外，罗蒂与最初聘用自己的格里高利·弗拉斯托斯的关系也恶化了。虽然不清楚他们之间的摩擦始于何时，但1974年，罗蒂与爱德华·李（Edward Lee）就弗拉斯托斯的问题进行了频繁的交

---

① 理查德·罗蒂写给米尔顿·菲斯克的信，1974年2月16日，RRP。
② 理查德·罗蒂写给彼得·卡斯的信，1968年3月25日，RRP。
③ 理查德·罗蒂写给威尔弗雷德·塞拉斯的信，1967年7月13日，RRP。
④ 米尔顿·菲斯克写给理查德·罗蒂的信，1968年3月7日，RRP。
⑤ 理查德·罗蒂写给维妮弗雷德·劳申布赫的信，5月25日（年份不详），RRP。
⑥ 理查德·罗蒂写给R.F.戈欣信，1971年10月22日，RRP。哈曼曾读过这封信，但怀疑这里指的不是他本人，而是保罗·贝纳塞拉夫。罗蒂告诉我说，他记不起这件事的具体情况了，这两种解释都有道理。

流。爱德华·李1964年在普林斯顿完成博士论文后，就到了拉贺亚市，就职于加利福尼亚大学圣地亚哥分校。①

罗蒂与弗拉斯托斯的分歧部分源于罗蒂与阿梅丽离婚一事，这在后面会有介绍；可能还与弗拉斯托斯聘请罗蒂教授希腊哲学，而罗蒂对此并没有兴趣有关；但可以肯定的是，这些分歧与罗蒂看待哲学事业的观点有关系，他与哈曼之间产生分歧也有这方面的原因。1976年，罗蒂在讨论汉斯-格奥尔格·伽达默尔（Hans-Georg Gadamer）的笔记中指出，有两种根本上不同的哲学家：一种是"论证性的"哲学家，另一种是"符号性的"哲学家。"有些哲学家，像蒯因、塞拉斯、哥德尔、盖梯尔（Gettier），他们所提出的东西是可以重复的，取得的结果是客观的……另一些哲学家则是符号性的，他们以其语词、以其发明了一种新的语言游戏而闻名，而不是在既有的语言游戏中做出有名的贡献。一种哲学家与'客观性'和'哲学作为科学'的概念相关，另一种哲学家则与文人趋近。"② 罗蒂在《哲学与自然之镜》的最后一章中也表达了同样的观点，他将这种区别解释为体系哲学家和启示哲学家的区别。不管被贴上怎样的标签，重要的是，尽管罗蒂一直在用分析的方式工作，但他逐渐意识到，自己对启示哲学家或符号性哲学家抱持着最大的尊重。罗蒂在紧密跟踪分析哲学的前沿论题时，并不掩饰自己广泛阅读哲学史和当代欧陆思想的事实。他在普林斯顿大学哲学系的大多数同事都没有这样做，至少罗蒂认为他们没有，这是罗蒂对他们越来越失望的主要原因。

罗蒂的哲学兴趣之广在其论文中随处可辨。1966年秋，在《语言学转向》出版的前一年，他在教授一门关于宗教哲学的课程，要求学生阅读约翰·希克（John Hick）和保罗·蒂利希（Paul Tillich）等神学家的著作。③ 同年，他与约翰·霍普金斯大学的一位同事通信，交流保罗·利科（Paul Ricoeur）关于埃德蒙·胡塞尔的讲座的内容。④ 次年，他写信给普伦蒂斯-霍尔的哲学编辑，敦促他出版一套有关欧陆思想的新丛书。"我还想到一点，"他告诉艾伦·勒斯库（Alan Lesure），后者曾写信征求他对一些出版提案的意见，"是一本关于现象学和存在主义诞生的文化背景的书。在这个问题上，人们已写了很多垃圾（都是关于法国抵抗运动、纳粹等），这要求出现一本好书。布朗大学的理查德·施密特，或者多伦多大

---

① 爱德华·李写给理查德·罗蒂，1974年3月28日，RRP。
② 1976年美国国家人文基金会研讨会记录，RRP。
③ 1966年哲学教学大纲，RRP。
④ "埃德"写给理查德·罗蒂的信，1966年4月17日，RRP。

学的查尔斯·泰勒（Charles Taylor）是写这本书的合适人选。"① 1968年7月，他写信给唐纳德·戴维森，表示支持沃尔特·考夫曼邀请苏珊·桑塔格（Susan Sontag）在下一学年教授哲学和文学课程的计划。② 1969年，罗蒂曾支持聘请赫伯特·马尔库塞（Herbert Marcuse），这在前文提到过；1971年，罗蒂与尤尔根·哈贝马斯交换过手稿③；在一封未注明日期但可能写于20世纪70年代初的信中，罗蒂向古根海姆基金会建议给予亚历山大·内哈马斯（Alexander Nehamas）研究资金，内哈马斯是他这一代为数不多的能同时认同和理解这两种哲学的哲学家之一，他提出的尼采研究项目"不仅对于我们理解尼采有重要贡献，而且是一本在盎格鲁-撒克逊哲学和欧陆哲学之间'搭建桥梁'的重要著作"④。1976年，他以类似的口吻告诉伊恩·哈金（Ian Hacking）："我承认我自己也对德里达（Derrida）感到犹豫。我认为他是认真的，既不是骗子，也没有胡思乱想。我喜欢他的一点是，他充分领会了后期海德格尔的思想，而没有被其吓倒或打败，并能与其平等地对话。在我看来，这和与尼采对话一样困难，我很钦佩德里达这一点。"⑤

虽然罗蒂涉猎广泛，但这并不意味着他不再写作分析哲学作品。与其他分析哲学家不同的是，罗蒂绝没有轻视其他的哲学传统。他特别尊重以分析的方式写作同时在可能时将分析哲学和其他哲学结合起来的哲学家，他自己也是这么做的。正是基于这些理由，他对阿瑟·丹托（Arthur Danto）的著作给予了好评。1973年，他推荐丹托获得美国哲学协会资助资金："丹托教授是美国最杰出的哲学家之一，他正计划写一本关于萨特的书，这是个好消息。他是美国对分析哲学做出重要贡献的哲学家之中，少有的就'分析'传统习惯忽视的主题发表过充满同情和有所贡献的作品的人。"⑥

---

① 理查德·罗蒂写给艾伦·勒斯库的信，1967年9月5日，RRP。
② 理查德·罗蒂写给唐纳德·戴维森的信，1968年7月25日，RRP。
③ 理查德·罗蒂写给尤尔根·哈马贝斯的信，1971年6月9日，RRP。
④ 写给古根海姆基金会未注明日期的推荐信，RRP。
⑤ 理查德·罗蒂写给伊恩·哈金的信，1976年11月29日，RRP。在对乔什·诺伯的一次采访中，罗蒂回忆道，他在加入普林斯顿大学由文学教授乔纳森·阿拉克领导的阅读小组时，开始阅读德里达。见 http://www.unc.edu/~knobe/rorty.html，访问于2007年8月27日。
⑥ 理查德·罗蒂写给美国哲学学会的信，1973年4月23日，RRP。

他对普林斯顿的一些分析哲学同事越来越不满的一点是,在他看来,他们对非分析哲学缺乏鉴赏能力,并且拒绝承认其他哲学传统或哲学史的工作有其自身的价值。1974 年,罗蒂写信给他的系主任亚伦·莱蒙尼克(Aaron Lemonick),他们才认识不久,罗蒂说自己已经决定拒绝约翰·霍普金斯大学的工作邀请:"我很高兴有机会和你谈谈,也很高兴行政部门知道我们院系正往哪个方向发展……格雷戈利·弗拉斯托斯与我早已默契地意识到,我们没有共同的立场,也不会进一步讨论这个问题,但有时我会有一种冲动,想要击碎同事们的自满情绪,我还在系里一次会议上针对院系令人难以忍受的褊狭发表了一篇争辩性的但适得其反的演讲"①。罗蒂认为,这种褊狭主要表现为拒绝从事非分析工作的趋向,他强烈希望哲学系能想办法任命古典学家迈克尔·弗雷德(Michael Frede),他在给莱蒙尼克的信中也表达了这一愿望。普林斯顿大学最终向弗雷德发出了邀请,罗蒂在给弗雷德和他同为哲学家的妻子多萝西娅(Dorothea)的信中明确表示,他对这个地方的主要不满正在于它缺乏历史的和多元的维度。有关普林斯顿大学哲学系,他在 1974 年说:

> 它和其他任何哲学系一样好,也许除了匹兹堡大学和哈佛大学外。我觉得系里不好的地方在于,它非常自满,非常势利,非常在意继续成为"主流的"、前卫的存在,以及诸如此类无意义的事情。这就是说,它有点过犹不及了。我觉得有些可怕的是,我们不断培养出这样一些博士,他们非常严肃地认为,哲学只是一门学科,如果不是为了通过老派的考试外,不用阅读 1970 年以前写的任何东西。我认为,可以肯定的是,现在正在形成一种新的哲学流派,在这一流派中,人们都没有必要阅读四年以前的文献。但我想让我们的学生知道,这里还有其他类型的哲学。②

罗蒂真正想要的是在一个更开明的哲学系工作,这也是他拒绝霍普金斯大学的主要原因之一。"使我们最终做出决定的是,"他写信给另一个人,"霍普金斯大学与普林斯顿大学比较起来,也没有那么不同——去那里似乎不会有大的改变,不像去西海岸、出国、去定位完全不同的哲学

---

① 理查德·罗蒂写给亚伦·莱蒙尼克的信,1974 年 1 月 28 日,RRP。
② 理查德·罗蒂写给迈克尔·弗雷德和多萝西娅·弗雷德的信,1974 年 10 月 20 日,RRP。

系,或者去一个小型学院那样"①。就像同年他对曼德尔鲍姆说的那样,"在最终离开这里之前,我应该非常确定,我要去的地方有我愿意用余生与之交谈的人。(或者,至少有人愿意聆听我的那套哲学——大致地说,是带有历史主义和激情色彩的治疗实证主义(therapeutic positivism)——并能够明白我想做什么)……霍普金斯大学哲学系是比普林斯顿大学哲学系更令人愉快的地方,但它们走在同一条路上,有着相同的律动"②。拒绝霍普金斯这份工作的坏处在于,"我现在不得不再花一年的时间和普林斯顿的同事们坐在一起开没完没了的会议,听他们解释自己有多棒,我们考虑任命的候选人没有一个真正适合我们,等等"。

罗蒂是如何将其对分析工作持续的热情与他对思想史和多元主义的关注统一起来的呢?准确地说,他的方式是将自己想象成一个"治疗实证主义者",正如一些人认识到的一样,哲学问题是通过文化遗留给我们的,尽管语言分析在帮助我们理解这些问题时非常重要,但它并不是一种揭示永恒真理的方法,而只是一种处理文化悖论的技术。罗蒂的许多分析哲学同事并没有认识到这一点。罗蒂将这一观点与后期维特根斯坦思想关联起来,最终对分析哲学采取了一种限制性的立场:分析哲学很重要,但其重要性只是体现在揭示出大多数哲学问题是人为产生的而已。在罗蒂看来,他在普林斯顿的同事很少有人持这种态度。他们倾向于把自己看得太重,认为自己所代表的哲学学派比实际上更加具有世界历史意义,并且回避其他哲学传统和风格的工作。

3

在罗蒂及其普林斯顿同事的哲学分歧之上,还有一个更加私人性的分歧。1977年,阿梅丽·罗蒂在一篇论及自身生活的精彩文章中,描述了成功学者和专家的妻子们所面临的处境:

> 那些作为学界人士,或者律师、医生等专家的随从的女人,在生活中面临着额外的危险。虽然邮差或杂货商的妻子也可以从他们丈夫的工作中获得个人满足感,但她们知道,自己也是可以从事这份工作的……这可不像嫁给牧师或为著名外科

---

① 理查德·罗蒂写给"彼得"的信,1974年7月28日,RRP。
② 理查德·罗蒂写给莫里斯·曼德尔鲍姆的信,1974年1月28日,RRP。

> 医生担任护士，里面没有什么神圣的东西。但是那些环绕在男性学者、科学家、政治家身边的女人却是在为他们服务，而这些男人认为要求他们的女人做出牺牲是天经地义的，并且不会感到羞愧。他们不是以自己的名义这么做的，他们借用的是一个应该超越他们所有人的东西的名头。①

在这段文字之前，她提到，这是对她自己经历的描述。她谈到理查德时说，"作为一个年轻的男人，我的丈夫有着远大而简朴的信念，他相当固执，非常矜持，也是一个杰出的哲学家。他致力于通过哲学给上帝带去更大的荣耀，并努力提升自己的自尊"②。因此，尽管阿梅丽也接受过哲学家的训练，但她不得不顺从地接受这样一些职位，它们"总是处于丈夫工作的通勤距离之内"③。在这段时间里，她也写了一些东西，但没有她希望的那样多。"学者和专业人士的妻子通常和她们的丈夫一样训练有素，"她说，"而且往往一样专注于他们的工作和学术项目。但通常的情况是，在双方都开始寻找工作的时候，男人会比女人得到更好的工作机会；女人便追随在男人后面，在其工作地点附近碰碰运气。但几乎没什么工作在工作环境和激励条件上比得上男人；如果她有幸谋得这样一份工作，那是她的运气。常见的情况是，她被迫滞留在家，努力写书或完成论文，同时责怪自己进步太少。"④ 这使女性感到忧伤、沮丧，并且自认为是个失败者。"最终，她的丈夫会接受她的说法，并疏远开来，转而在工作中、在同事和年轻的研究生中寻找真实的生活，那里的女人引人注目而未尝苦涩。"⑤ 在阿梅丽这里，"出于这样或那样的原因，很可能根本就没什么原因，我在 1971 年决定接受资助去剑桥的国王学院进行为期两年的研究。因为我丈夫不同意这个想法，这意味着离婚。所以我就离婚了"⑥。

这段关于婚姻失败的叙述暗示着，如果阿梅丽能在普林斯顿大学这类令人振奋的学术环境中谋得一份工作，他们的婚姻应该会幸福一些，但我

---

① Rorty, "Dependency, Individuality, and Work," 46-47.
② Ibid., 40.
③ Ibid.
④ Ibid., 47.
⑤ Ibid., 48.
⑥ Ibid., 41.

们无从知道是否真会如此。不管离婚的原因是什么，它对理查德日常工作和生活的影响是显而易见的：除了必须花时间协商离婚协议的细节外，他与许多同事也越来越疏远，他认为他们站在了阿梅丽一边。

事实上，理查德·罗蒂这时遇到了一个人——哲学家玛丽·瓦内（Mary Varney），她将成为他的第二任妻子——他还说，和瓦内在一起很幸福。① 1971年1月，罗蒂写信给他的朋友米尔顿·菲斯克："非常感谢你祝我好运。我相信，这运气真的如我所想的一样好。我刚刚和我提到的那位女士待了三个星期回来，我想我从来没有享受过比这更美好的三个星期了。我们是在加利福尼亚度过的，那地方本身就很美。我们在雷斯岬看鲸鱼和海狮，在博莱纳斯潟湖看长嘴杓鹬，还有诸如此类的事情，这段时光很美妙。我们都有相同的品位，或者我们都在假装如此。"② 这与他和阿梅丽的关系形成了鲜明的对比。他继续对菲斯克说道："我怀疑，任何从耶鲁大学开始就见证我和阿梅丽这两个初出茅庐的哲学家的人——甚至包括你——都可以想象我们之间的家庭生活会是怎样的。感谢上帝，婚姻真是这世上最能揭开隐秘缝隙的东西了。"③

罗蒂很快发现自己陷入了一场与阿梅丽争夺房子所有权的法律诉讼中④，但是他和玛丽在一起很开心，使他可以忍受这些困难。甚至有一段时间，他的这种幸福感使他减少了对普林斯顿同事的不满。他对菲斯克说："虽然我丧失了抵押物赎回权和所有的一切，但目前我的生活都很好，因为（在阿梅丽离开后不久）我爱上了一个女人，出于某种奇怪的原因，她似乎并不讨厌我的书呆子气、肥胖的肚子和花白的头发。Omnia vincit amor（爱情胜过一切），让我惊讶的是，我以前从来没有真正理解这一点。只要这种情况可以持续下去，我对任何事情都不会有怨言，甚至是对抵押贷款和那可怕的哲学系也是如此（尽管如此，我还是经常为之烦恼，这纯粹出于习惯）。"⑤

---

① 此外，罗蒂在一封电子邮件中告诉我，他逐渐将瓦内看作他的"缪斯——赐予我不可缺少的自信，让我可以随心所欲地写作，而不必担心读者的反应"。见罗蒂写给作者的电子邮件，2007年4月17日。

② 理查德·罗蒂写给米尔顿·菲斯克的信，1971年1月7日，RRP。

③ 阿梅丽·罗蒂在35年后读到了这封信，她回忆道，他们的婚姻中，出现更多的是压抑的情绪，而不是为家庭琐事争吵。我没有找到任何档案表明，理查德·罗蒂在这里暗示的那种争吵在他们的生活中是司空见惯的。

④ 理查德·罗蒂写给离婚律师的信，1971年9月12日，RRP。

⑤ 理查德·罗蒂写给米尔顿·菲斯克的信，1971年10月26日，RRP。

但这种情况很快就改变了。这并不是说他和阿梅丽的关系恶化了。相反，正如罗蒂所述，阿梅丽在他的同事中很受欢迎，他们对她很友好，继续和她保持着交往。阿梅丽在英国时，这都没有问题，但在 1974 年她回国后，就发生了一件大事。那年 5 月，理查德给保罗·贝纳塞拉夫（Paul Benacerraf）写了一封愤怒的信："如你所知，我参加了系里为希拉里·普特南举办的晚宴，却（和玛丽）看到了我的前妻。昨天我问乔治·皮彻和格里高利·弗拉斯托斯是怎么回事，他们解释说，是你邀请她来哲学系做客的，因为她是一位杰出的哲学家。乔治立即得体地表示了歉意和遗憾，但格里高利却认为我妻子的受伤和尴尬毫无理由，你听到这一定会很高兴吧。"①

罗蒂指责说，任何熟悉社交礼仪的人都知道，不应该邀请一个男人和他的新婚妻子以及前妻参加同一个晚宴。他认为贝纳塞拉夫并不是不知道这些惯例，因此他一定是有意要引起不安。几周后，弗拉斯托斯写信为贝纳塞拉夫辩护：

> 在我们这个时代（既不是爱德华七世时代，也不是二战前的时代），我很确定没有任何习俗规定 A 和 B 一旦离婚，就不再是朋友。相反，A 或 B 在现任配偶的陪同下参加共同朋友举办的聚会或参加彼此的聚会，这是时有发生的，而且没有违反任何惯例。更加无可置疑的是，如果 A 和 B 都被邀请参加系里为演讲嘉宾举办的晚宴，那就更不算打破常规了。A 和 B 离婚时保持怎样的关系，是他们自己的事情，无关于他人。只有他们自己有权决定是否要成为朋友。如果他们选择不做朋友，他们的熟人自然会表示尊重，因此 C 不会要求 A 和 B 一起来自己家，但这项禁令并不适用于为普特南举办宴会这样的院系事务。如果 D 符合被邀请的条件，仅仅因为 D 碰巧与系里一名成员 E 或 E 的妻子有交情而被排除在外，这是非常不恰当的：这种限制对 D 是不公平的，对系里也是不公平的。②

在罗蒂的信件中没有见到关于这件事更多的记录，但很显然，这件事无助于增进他的同事对他的好感。罗蒂在一次采访中提道："我记得在普林斯顿的头十年里，我被视为男孩中的一员。但在接下来的十年里，人们

---

① 理查德·罗蒂写给保罗·贝纳塞拉夫的信，1974 年 5 月 24 日，RRP。
② 格里高利·弗拉斯托斯写给理查德·罗蒂的信，1974 年 6 月 15 日，RRP。

认为我越来越特立独行,越来越难以相处……我离婚后又再婚,我的第一任妻子是一位哲学家,也是我同事的朋友,所以我遇到了一些问题。这不是一次友好的离婚,我处理得也不是很好。"① 罗蒂回忆道,《哲学与自然之镜》出版前,"我对同事们很反感,他们对我也是如此,所以我们之间没怎么交谈"②。

4

当罗蒂着手发展一种历史性的、治疗性的哲学来替代普林斯顿同事和其他人所实践的分析哲学时,没有别的著作比托马斯·库恩的著作对他更重要了。在1997年一篇关于库恩的文章中,罗蒂回忆道:"在我20岁出头的时候,卡尔纳普等人使我相信,哲学家应该努力变得更加'科学'和'严谨'。在它们的影响下,我甚至一度认为,学习符号逻辑很可能是实现这一目标的好方法。"③ 然而,阅读库恩的书却让他对事物有了不同的看法。根据库恩的描述,"我开始认为分析哲学只是做哲学的一种方式,而不是一种将哲学引入可靠的科学之路的哲学发现"④。罗蒂认为,库恩的"社会学视角让不同学科领域的人不再因为缺乏严谨的研究方法而感到如临大敌",任何愿意认真对待库恩的分析哲学家都会表现出"一种不断增强的历史性,他们认为将哲学史断然分为有意义的和无意义的没有根据,即使是黑格尔和海德格尔,也都可能做过有益的哲学工作"⑤。

1964年,库恩辞去伯克利的科学史教授职位,前往普林斯顿任教。⑥ 两年前,芝加哥大学出版社出版了库恩的《科学革命的结构》（*The Structure of Scientific Revolutions*）一书。库恩认为,传统的科学史是有缺陷的,相关学者认为科学在本质上是线性累积的,一种发现建立在另一种发现的基础之上;他们没有意识到,科学家所浸淫其中的理论或概念框架,会在多大程度上影响其对数据的解释;他们也没有意识到科学内在的

---

① Richard Rorty, quoted in James Ryerson, 2000—2001, "The Quest for Uncertainty: Richard Rorty's Pragmatic Pilgrimage," *Lingua Franca* 10: 42-51, 47.

② 见作者对理查德·罗蒂的采访,1998年12月22日。

③ Rorty, *Philosophy and Social Hope*, 177-78.

④ Ibid., 178.

⑤ Ibid., 181-82.

⑥ Lawrence Van Gelder, 1996, "Thomas Kuhn, 73; Devised Science Paradigm," *New York Times*, June 19, B7.

社会性，特别是代表一个学派或方法的科学家们可能会联合起来捍卫彼此的研究。与此相反，库恩提出了一个著名的观点：科学史就是不同的知识生产模式，即常规科学和科学革命相互交替的历史。在常规科学中，科学家从事的是受既定框架或范式规定的经验研究。然而，随着研究的深入，与既定框架的预测相龃龉的异常发现可能会逐渐出现。信奉旧范式的科学家可能不会认为这些是真正的异常现象。但是有些科学家会建议放弃现有的范式，转而采用一种完全不同的范式。新方法的拥护者与旧科学秩序的保守捍卫者展开激烈的斗争，这代表着人们进入了一个科学革命的时期。最终，新的框架可能成为科学的范式。

库恩使用的例子大多来自自然科学史，但罗蒂很快就发现，他的理论也适用于哲学史。在《语言学转向》的引言中，以及他为杰罗姆·诺伊（Jerome Neu）准备的关于哲学方法的参考书目中，都没有出现库恩的身影。但到了 20 世纪 60 年代后期，库恩的思想开始出现在罗蒂的作品中。例如，1968 年 10 月，罗蒂向美国学术团体协会（American Council of Learned Societies）提交了一份研究经费申请，期望能从教学工作中抽身一个学期，以研究哲学史。这项研究不完全是历史性的，而是为了回答一个更普遍的问题："是否有什么有趣的方式可以将哲学与其他学科区分开来？"① 罗蒂并不认为哲学的独特性体现在其研究主题或方法的历史连续性上，他认为哲学是建立在一系列问题之上的。在他看来，"任何此类观点都存在一个明显的障碍，那就是希腊哲学所要解决的问题似乎与 17 世纪哲学并不相同，而 17 世纪哲学的问题与 20 世纪哲学的问题也不相同"。罗蒂并不打算人为制造一种同质性以消除这些问题之间的差异，也没有采取实证主义的立场，把"某个日期之前的所有哲学都视为哲学与其他事物的混淆"，而是接受了这样的观点：不同时代的哲学家往往研究不同的问题。如果能够重构这个问题集，就有可能将它们"按相互依存的顺序"关联起来，并认为这种依存性构成了哲学史的统一性。他在项目申请中提议对 17 世纪到 18 世纪的哲学进行研究，以确定当时的关键问题，并引用了他当时的一篇论文中的话："克服认识论中的怀疑主义成了 17 世纪和 18 世纪哲学的范式。"——他在这里没有指出引用了库恩的论述，但这是第一次显示出，他认可范式这一概念也适用于哲学。

罗蒂提到的这篇论文是《笛卡尔式认识论与本体论的变化》（Cartesian Epistemology and Changes in Ontology），于 1970 年由约翰·史密斯

---

① 理查德·罗蒂，1968 年 10 月，美国学术团体协会奖金申请书，RRP。

编辑出版，其中罗蒂明确引用了库恩的观点。柏拉图、斯宾诺莎、康德甚至怀特海等古典哲学家关于本体论的论述似乎不再令人满意，我们该如何理解这一事实呢？罗蒂坚持认为，我们不应该把他们的观点视为纯粹的错误而予以抛弃。相反，我们应该根据以下事实来理解它们："对于'什么是真的？'这个本体论问题，在不同的时代，回答的方式有很大的差异。"①在 17 世纪，本体论通常是由"科学和常识都不能充分回应怀疑论这一事实"来规定的。②当时的怀疑论者认为，知识最终是建立在感觉的基础上的，而感觉是不可信的，因此我们无法确信任何知识。笛卡尔式哲学家为解决这个问题，通过"对知识的本质进行纯粹反思演绎出"③本体论体系，他们的目标是论证不容置疑的知识是可能的。然而，在我们这个时代，"将后笛卡尔传统（以维特根斯坦、奥斯汀、塞拉斯、杜威和蒯因为代表）凝聚在一起的原则是经验知识无需基础……因此，他们无法想象，对如何获得知识的探索会得出与科学或常识相冲突的结论"④。这预示着本体论范式的根本转变，罗蒂指出，"很明显，我在这里借鉴了库恩提出的术语和观念"⑤。尽管库恩的词汇可以用于这里，但罗蒂认为，哲学的范式不同于科学的范式。"科学时代由被视为范式的解决方案来定义，而哲学时代由被视为范式的问题所定义。"⑥

《笛卡尔式认识论与本体论的变化》以及库恩潜在的影响，为罗蒂差不多十年后出版的《哲学与自然之镜》奠定了基础。1973 年，罗蒂获得了古根海姆基金会的研究资助，开始另一次学术休假，并着手写作《哲学与自然之镜》。1974 年，这本书的大部分内容都已完成。在写给基金会主席的一封信中，罗蒂描述了其手稿的中心主题：

> 这本书试图说明"现世哲学"（即自笛卡尔以来的认识论和形而上学）是对笛卡尔如下观念所产生的后果的详述，这一观念认为，人类知识是内在表象的一种序列。我认为，心灵作

---

① Richard Rorty, 1970, "Cartesian Epistemology and Changes in Ontology," pp. 273-92 in *Contemporary American Philosophy*, John Smith, ed., New York: Humanities Press, 274.
② Ibid, 275.
③ Ibid, 283.
④ Ibid.
⑤ Ibid, 275.
⑥ Ibid.

为自然之镜这一图景，使心灵成为在形而上学上独特的存在领域，从而产生了这样的哲学观念，即哲学是围绕以下问题展开的一个领域："主体是如何（透过观念之幕）通达客体的？"以及"人如何既是心灵——一种难以理解的镜像本质——又是物质的？"换句话说，我认为，将哲学视为由认识论和形而上学所构成，是一个出现较晚而略有褊狭的概念——如果没有关于观念之幕和身心关系的问题，我们也就没有关于"认识论"或"形而上学"的观念，而这些问题几乎没有得到阐明（而且在笛卡尔之前很难被理解）。①

《哲学与自然之镜》经常被描述为罗蒂在转向实用主义的过程中出现的一部关键作品，事实也确实如此。但值得注意的是，库恩在这本书中被引用的次数和杜威一样多，其思想通过三种形式体现出来。首先，罗蒂仍然相信，主流的哲学范式会开启新的历史时期，这在其早期的著作中尤其明显。他在这一主张的基础上表明，20 世纪出现的多种哲学潮流共同标志着与前代哲学质的决裂。"维特根斯坦、海德格尔和杜威"与早期的哲学家不同的是，他们"通过引入那些不包含此前占主导地位的特征的地形图（即人类活动的全景图）把我们带入了一个哲学'革命'时期（在库恩的科学'革命'的意义上）"②。尽管这三位哲学家的观点彼此不同，但他们都聚焦于历史主义和反基础主义主题，这表征着一种自笛卡尔-康德时代以来的范式转变。这本书除了提出这种共同关注的论题并论证其重要性外，还有一个目的是"追溯自笛卡尔和霍布斯反对学院哲学至 19 世纪将哲学重建为一门自主、自足、'学院化'的领域这一过程中出现的一些关键阶段"③。罗蒂为了实现这一目的，描述了哲学"参照系"的一系列突破和转变④，这些参照系是哲学革命者在挑战当时的主流范式时所拥抱的对象。

这种对库恩思想的运用与其早期的做法是一致的，但第二种运用方式却是新近的产物。1972 年，罗蒂在美国哲学协会的一次演讲中，引用了库恩、蒯因、费耶阿本德和塞拉斯的观点，称他们都是主张"未定性"（underdetermination）理论的思想家：科学可以以多种方式解析和解释现

---

① 理查德·罗蒂写给戈登·雷的信，1974 年 9 月 16 日，RRP。
② Rorty, *Philosophy and the Mirror of Nature*, 6-7.
③ Ibid, 136.
④ Ibid, 147.

实；因此，现实可能因为选择不同的概念和理论框架而呈现出不确定性；在这种情况下，就不可能严格区分理论和观察了。罗蒂在《哲学与自然之镜》中也是这样运用库恩的思想的。库恩像"波兰尼（Polanyi）……汉森（Hanson）等作家"一样，"想要完全放弃观察的概念"。① 罗蒂在别处也提到，"蒯因推翻（经验主义）教条时所遭逢的恐惧，以及库恩和费耶阿本德关于观察的'负载理论'（theroy-ladenness）的例子，其产生都是因为担心可能不存在"可靠的途径"将与现实的联系作为真理的基石"②。这里的关键是库恩所坚持的观念，即范式是不可比较的。和费耶阿本德一样，库恩"关注的是，当一种新理论出现时，语言中的大量陈述，包括很多'观察'陈述，其含义都发生了变化；或者至少，承认发生这种变化要比标准教科书中的观点更能解释科学史事实，而标准教科书意图固化语句的意义，只为信念留出变动的空间"③。罗蒂认为，库恩在这方面基本上是正确的，而这削弱了康德的基础主义纲领。

然而罗蒂认为库恩没有清楚地领会其中的意义。库恩"怀疑科学哲学是否可以构建一种算法，以在不同的科学理论中作出抉择"④。但在作出这一主张时，库恩经常将范式之间的不可通约性解释为"不同理论的支持者""生活在不同的世界"。⑤ 这种论断及其观念预设使他陷入了哲学家的困境。他应该说的内容"简单来讲"，即"没有可供作出理论选择的算法"⑥。在这种情况下，认识论和解释学之间的区别就有了新的意义。正如罗蒂所理解的那样，认识论是根据如下观念来定义的："要理性，要成为全人……我们需要有能力与他人达成共识。"⑦ 在过去的几个世纪里，认识论曾在存在、形式、直觉和语言等不同的概念中寻找过这个共同的地基。相比之下，解释学"将不同的话语看作是某种可能对话的组成部分，这种对话并不预设存在联结对话者的学科母体，但只要对话持续下去，就永远不会失去在彼此间达成共识的希望"⑧。罗蒂认为库恩是在主张：在常规科学的背景下，认识论之类的东西往往占上风；而在科学革命的背景下，要

---

① Ibid, 225.
② Ibid, 269.
③ Ibid, 270.
④ Ibid, 322.
⑤ Ibid, 324.
⑥ Ibid, 325.
⑦ Ibid, 316.
⑧ Ibid, 318.

在相互竞争的范式中作出抉择,唯一可行的路径是解释学——它们的诉求不是寻找一种中立的翻译语言,而是寻找在日常对话中可以觅见的那种跨越差异进行说服和理解的战略和策略,只是其更倾向于科学的价值而已。因为革命科学对于科学的发展和进步是必不可少的,所以科学永远不能被简化为认识论,而科学知识最终是建立在对话基础上的。库恩因为提出了这方面的论点,而亵渎了"启蒙运动的理想",他的作品受到了"极度愤慨"的对待,尤其是那些对有关自然之镜隐喻的事物很敏感的"专业哲学家"。①

对库恩的这种解读引出了这本书对库恩的第三种也是最后一种运用。虽然哲学和科学一样,会在常规时期和革命时期之间交替,但并不是所有的哲学革命者都希望自己提出的哲学方案能够制度化,并作为后续研究的范式。胡塞尔、罗素、笛卡尔和康德等"建构哲学家"(constructive philosopher)对这种制度化是感到欣喜的。他们"提出论证"②,建立历经时间考验的哲学体系,并根据所生产知识的确定性来衡量自身的成败。相比之下,"启示哲学家"(edifying philosopher)则"担心自己的词汇被制度化"③。他们的目标是以新颖的、有趣的方式去动摇既有的话语,而不是向我们提供关于这个世界的更切近的知识——这个世界被认为独立于我们的对话之外,但这一理念在启示哲学家看来是虚妄的。启示哲学家意图使我们避免一种危险,即"人们看待自身的方式"④可能会逐渐固化。如果这种危险成为现实,那么"在启示哲学家的眼中,凝固下来的文化将是非人性化的"⑤。因此,库恩对常规科学和科学革命的区分,为罗蒂提供了思考两种哲学家的区别的方式:一种是前面提到的那些哲学家,更直率地说,即大多数当代分析哲学家;另一种是像杜威、海德格尔和维特根斯坦那样的哲学家,他们更受罗蒂青睐,在罗蒂看来,他们的哲学意图基本上是解构性的。

这些对库恩的引用清晰地显示出库恩对于罗蒂的重要性,也显示了库恩的《科学革命的结构》和后来的《必要的张力》(*The Essential Tension*, 1977) 等著作在引导罗蒂走向反基础主义、实用主义以及批评主流分析哲学方面起到的作用。1976 年冬天,罗蒂在普林斯顿大学主持了一

---

① Ibid,333.
② Ibid,369.
③ Ibid.
④ Ibid,377.
⑤ Ibid.

场由美国国家人文基金会（NEH）赞助的研讨会，邀请了来自全国各地的 11 位哲学教授，这场研讨会进一步证明了库恩的重要性。这次活动的官方标题是"经验主义、实用主义、历史主义"，但研讨会的真正主题，正如罗蒂对研讨会特邀发言人希拉里·普特南所说的那样，是"库恩的科学观对认识论和一般哲学的影响"①。罗蒂的笔记记录了他们第一次会谈的情景，罗蒂告诉与会者："近代哲学中最有趣的事情是实证主义的衰落和历史主义的兴起，'实用主义'大致是杜威所特有的那种态度的代名词。科学哲学已经成为认识论的同义词。库恩似乎已经表明，无论是哪种科学哲学，它都不是实证主义。"②他接着说：

> 从库恩出发，有四条道路：（1）向后追溯至影响库恩的蒯因和维特根斯坦，以及在他们之前的实用主义者和观念论者；（2）向前展望那些想超越库恩的人，如费耶阿本德、威尔、麦金太尔和图尔明（Toulmin），或者进一步发展库恩思想的人（如巴恩斯关于理性与人类学的论述）；（3）向前进到那些想要批评库恩的人，如普特南、克里普克、达米特等，其中或许也包括蒯因和维特根斯坦；（4）从侧面通向这样一群人，他们认为实用主义和实证主义是浅薄、天真的，因为他们从未领会黑格尔-海德格尔关于 17 世纪思想根源的观点、哈贝马斯对文化的解释学阐释，以及福柯关于如阅读文本一样阅读自然的前古典方式的论述。

研讨会对上述每条道路都做了探索。

5

为什么库恩对罗蒂如此重要？虽然罗蒂在分析哲学领域做了大量的工作，但他在芝加哥大学和耶鲁大学期间所受的宽泛的哲学史训练以及对历史主义和多元主义的认同，使他不同于其他顶尖分析哲学家。罗蒂作为一名分析哲学家是很出色的，但他日益意识到，自己在分析哲学界格格不入。因此，他需要寻求一套论证，来证明自己超越分析范式的合理性。将

---

① 理查德·罗蒂写给希拉里·普特南的信，1976 年 10 月 26 日，RRP。
② 理查德·罗蒂，美国国家人文基金会研讨会笔记，1976，RRP。

库恩的科学革命理论应用于哲学史，便提供了这样一个证明。在库恩的描述中，主导范式对其实践者来说——比如，分析哲学最初对罗蒂来说——总是意味着思想史的终结，是每个人用以研究特定主题的最终框架。但库恩认为，这些范式将不可避免地被超越，他们所研究的对象也会从根本上得到重新思考。这一观点为罗蒂提供了急需的关于美国哲学最新发展的意见，使他得出这样的结论：他和其他人在分析哲学项目中辨识出的问题只不过是预示着分析哲学即将灭亡的异常现象。库恩也使罗蒂想到，分析哲学的统治地位与其说反映了其内在的知识优势，不如说可能只是偶然的社会和历史环境的产物。库恩还使罗蒂相信，被视为相互竞争范式的不同知识传统，确实就像麦克基恩所教导的那样，很难相互理解。与后期维特根斯坦一样，库恩以一种更直接的方式，为罗蒂提供了他所需要的代表性资源，使他得以从主流的分析哲学中走出来，进入对哲学事业更开放的理解中。

库恩是罗蒂在普林斯顿大学的同事，这是促使罗蒂大量运用《科学革命的结构》的另一个重要因素，但这并不是因为罗蒂和库恩的关系特别密切。像众多顶尖研究型大学中的学者一样，他们两人都很忙，很少见面。罗蒂在1974年写信给莫里斯·曼德尔鲍姆，告诉他自己决定拒绝约翰·霍普金斯大学的邀请，继续在普林斯顿待几年。罗蒂说道，尽管霍普金斯看上去很有吸引力，但这并不是因为曼德尔鲍姆曾告诉他，在哲学系外，他有机会和很多有趣的人交流。罗蒂的经验告诉他，在院系之外，很少能见到其他人。他怀疑霍普金斯大学的情况也不会有什么不同。"举个例子，"罗蒂说道，"我和托马斯·库恩之间有很多共同之处"——库恩有哲学和科学史的双重职位——"我们在哲学上经常相互支持，但我发现自己一年只见到他大约三次——这没有什么原因，也许我们之间缺乏相互靠近的动力，但也可能只是因为我们两人都觉得对方没空"①。

罗蒂被库恩吸引也不是因为库恩在普林斯顿大学哲学系是受人尊敬的人物。事实上，正如罗蒂在《哲学与自然之镜》的最后几章中说到的，库恩受到了一些分析哲学家的严厉批评，这些人希望捍卫更传统的认识论概念，其中包括普林斯顿大学哲学系的杰出人物，如卡尔·亨普尔，库恩曾与他一起教授同一门课程。尽管亨普尔承认，库恩和费耶阿本德所属的

---

① 理查德·罗蒂写给莫里斯·曼德尔鲍姆的信，1974年1月28日，RRP。

"历史主义-实用主义学派""开启了富于启发性的和极具前景的新视角"①，但他对库恩试图提供一种"既是经验的又是规范的"的科学解释的做法持怀疑态度②。亨普尔并没有以先验的理由反对库恩的方案，但他认为库恩用来解释理论选择的理论工具还不够完善，不足以"为科学探究开出处方"③。此外，亨普尔指责库恩的观点不够精确，称库恩和与他相似的人"就科学中的理性或非理性发表了各种声明……而没有……对其心中的理性概念给出合理和明确的描述"，这"或多或少令人不安"④。虽然还不确定这类考虑是否曾导致亨普尔及其同事对库恩在哲学上的贡献持否定态度，但在罗蒂看来，他的同事们确实看不起库恩。在 1997 年一篇关于库恩的文章中，罗蒂回忆道："库恩经常被我的哲学同事们当作哲学界的二流公民来对待，这让我很气愤。有时候，他甚至被认为是哲学系的一个非法闯入者，无权在他没有受过训练的领域制造功绩。"⑤

但是，在普林斯顿的学术共同体里有一个重要的中心，即成立于 1930 年的高等研究院（IAS），这里很重视库恩的思想，以及更广泛意义上的，对思想史和科学的历史性理解。罗蒂不是研究院的成员，也从来没有担任过研究院的教员。但他与 20 世纪 70 年代中期将历史主义推向前沿和中心的运动有密切的关联。这些发展与经济学家卡尔·凯森（Carl Kaysen）的研究院建设方案有关，他从罗伯特·奥本海默（Robert Oppenheimer）手中接过了高等研究院的院长职务。在 20 世纪 60 年代后期，凯森制订了一项计划，要在研究院内建立一个社会科学学院，学者们可以在这里利用复杂的理论工具和方法论手段来解决与社会演化和变革有关的问题。⑥ 在这方面，他发现社会学家爱德华·希尔斯（Edward Shils）的著作很有启发性，并将其 1966 年在《泰晤士报文学增刊》（*Times Literary Supplement*）上发表的文章《看见整体》（Seeing It Whole）传给了罗素·赛奇基金会主席小奥威尔·布里姆（Orville Brim Jr.）以及卡内基

---

① Carl Hempel, 1979, "Scientific Rationality: Analytic vs. Pragmatic Perspectives," pp. 46-58 in *Rationality Today*, Theodore Geraets, ed., Ottawa: University of Ottawa Press, 58.

② Ibid, 48.

③ Ibid, 57.

④ Ibid, 50.

⑤ Rorty, *Philosophy and Social Hope*, 175.

⑥ 卡尔·凯森写给小奥威尔·布里姆的信，1967 年 1 月 17 日，高等研究院社会科学学院主任办公室，学校档案。

公司的负责人，这篇文章呼吁社会科学要更加具有历史性。凯森还邀请希尔斯加入社会科学学院，一同邀请的还有埃里克·埃里克森（Erik Erikson）和西摩·马丁·利普塞特（Seymour Martin Lipset）①，罗素·赛奇基金会、卡内基基金会以及福特和斯隆基金会都为学院慷慨地提供了资助。然而，第一个获得终身任命的是克利福德·格尔茨（Clifford Geertz），他为"解释性社会科学"奠定了基础，学院后来将以此知名。②

高等研究院与罗蒂相关的重要任命涉及的都是访问职位，而不是终身职位。早在1963年，库恩就写信询问，如果他从伯克利调到普林斯顿，是否有可能成为高等研究院的一员。③ 但直到10年后，他才如愿以偿。彼时，库恩把他在普林斯顿的教学任务减少了一半，将另一半时间花在了高等研究院的写作项目上。1975年，格尔茨、库恩和凯森讨论决定，应该将科学社会学作为研究院下一学年社会科学项目的主题。显然，这是库恩感兴趣的主题，但格尔茨对此也很感兴趣。因此，1976—1977学年的访问学者包括科学社会学家巴里·巴恩斯（Barry Barnes）、约瑟夫·本·戴维（Joseph Ben-David）、戴安娜·克兰（Diana Crane）和尼古拉斯·马林斯（Nicholas Mullins）。在一场为期一周的研讨会上，人们讨论了当前正在开展的一些工作，讨论的第一篇论文便是库恩的《物理学发展中的数学与实验传统》（Mathematical vs. Experimental Traditions in the Development of Physical Science），这篇论文1976年发表在《跨学科史学期刊》（*Journal of Interdisciplinary History*）上。另一些研讨会则讨论了马林斯和贝尔弗·格里弗斯（Belver Griffith）关于"共引团体的社会分析"的研究、罗伯特·科勒关于"医疗改革与生物化学学科的建立（1895—1940）"的研究、杰罗姆·拉维茨（Jerome Ravetz）关于"放任主义与基因剪接"的研究，以及克兰（Crane）关于"科学中的理论创新评价"的研究。

罗蒂是普林斯顿大学收到研讨会通知的几位教授之一。几年前，他和格尔茨逐渐走得很近，偶尔一起共进午餐，罗蒂还在1974年给格尔茨寄过一份关于《哲学与自然之镜》的介绍，其中强调的正是他的历史主义，并表示他对当时所践行的哲学的价值越来越怀疑：

---

① 凯森写给爱德华·希尔斯的信，1966年8月6日，高等研究院社会科学学院主任办公室，学校档案。

② Joan Scott and Debra Keates, eds., 2001, *Schools of Thought: 25 Years of Interpretive Social Science*, Princeton: Princeton University Press.

③ 托马斯·库恩写给罗伯特·奥本海默的信，1963年9月13日，托马斯·库恩档案，高等研究院。

随函附上数语介绍下我的工作情况：我正努力完成一本书，其主题是作为自然之镜的知识图像（即精确或不精确的表象集合）、机器中的魂灵图像（赖尔对笛卡尔"非实存的实体"的说法）和哲学图像（作为有别于艺术和科学的学科，致力于解决我们的内在表象的精确性问题，以及内在表象与机器中的魂灵之间的关系问题）。最好是这样来理解："哲学"作为一门独立的学科在古代和中世纪并不存在，它是跟随17世纪的另外两种图像而出现的。如果它在未来不再是一门自主的学科，一方面被各种形式的历史学和社会学研究所取代，另一方面被各种神话虚构所淹没，那也算不上是什么悲剧。①

罗蒂依次阅读了格尔茨的作品，还向自己的学生罗伯特·布兰顿推荐了《关于文化的解释》（*The Interpretation of Cultures*）中的几篇文章，以及拉维茨的《科学知识及其社会问题》（*Scientific Knowledge and Its Social Problems*，1971），据罗蒂所说，后者"到处都是关于科学学科实际是如何运作的有趣讨论"②。1976年，格尔茨写信给罗蒂，以自己的名义邀请他参与高等研究院的研讨会。他在信中说道："我们将举办某种形式的研讨会，我相信是关于历史学、社会学和科学哲学的（我们在这方面可没有少费思量），因为这是我们今年关注的重点……如果你能出席，我和阿尔伯特·赫希曼都会非常高兴。我希望除了研究院的各位同仁之外，阿诺德·萨克雷（Arnold Thackray）也能加入我们，当然托马斯·库恩也将积极参与其中。"③ 同年，罗蒂邀请巴里·巴恩斯在美国国家人文基金会研讨会上发表关于库恩的演讲，尽管巴恩斯认为大多数哲学家可能因为他强调科学知识生产的社会维度而表示不满，但罗蒂还是说服了巴恩斯接受这份邀请。④ 罗蒂对参加高等研究院的研讨会非常感兴趣，他在同年回复库恩发出的邀请时表达过这一点。罗蒂感兴趣的原因，是他自身正在用历史的和准社会学的话语来思考思想史问题："非常感谢你邀请我参加你

---

① 理查德·罗蒂写给克利福德·格尔茨的信，1974年10月4日，RRP。
② 理查德·罗蒂写给罗伯特·布兰顿的信，1976年8月23日，RRP。
③ 克利福德·格尔茨写给理查德·罗蒂的信，1976年8月31日，RRP。
④ 巴里·巴恩斯写给理查德·罗蒂的信，1976年10月20日，RRP。

们可能举行的科学社会学研讨会。我非常愿意参加……虽然我除了通常的旁观议论外，不知道还能对这次研讨会有什么实质贡献。但在某种程度上，我想看看他们是否会感兴趣于一些关于专业化对哲学的影响的评论，特别是对康德时期的哲学和美国20世纪早期哲学的影响。"①

昆汀·斯金纳（Quentin Skinner）也参与了高等研究院关于科学社会学的讨论。斯金纳分别于1974—1975年和1976—1979年访问过高等研究院。斯金纳的代表性文章《思想史中的意义与理解》（Meaning and Understanding in the History of Ideas）主张，确定作者意图的唯一方法是重建文本写作时的社会思想背景。他的史学贡献引起了研究院人员的极大兴趣，凯森在宣布斯金纳到来的备忘录中对此表达得很清楚："斯金纳的兴趣是探究政治理论和政治之间的关系。他对这些问题的关注，既源于一般思想史研究的角度，也源于具体研究现代早期欧洲政治思想史的角度……在斯金纳对方法和历史的兴趣中，他关注的是如何理解社会政治理论与社会政治行为之间的关系。"②

罗蒂和斯金纳成了朋友，斯金纳也在科学社会学研讨会的邀请名单上。他们二人不仅共同致力于历史主义和语境主义的研究，而且试图为不同的知识传统搭建沟通的桥梁。斯金纳从英国写信给罗蒂，描述了他的剑桥大学哲学系的同事们"对欧陆哲学表现出的强烈敌意"③。罗蒂基于自身在普林斯顿的经历，肯定能理解这里的意思。"我认为他们是真的感到，"斯金纳解释说，"他们正在对付一种传统，这种传统并不重视清晰性和严谨性，而这正是其成长过程中被教导关注的事物。因此，他们试图逃避那些先知般的断言，人们怀疑这些断言除了是对陈词滥调的粉饰外空无一物。"斯金纳称这是"一种令人遗憾的事态"，考虑到欧陆哲学与分析哲学之间"同样的问题确实在被解决"，他就接着评论哈贝马斯、伽达默尔、普特南和戴维森的优势和问题所在了。

罗蒂非常欣赏斯金纳对历史主义的投入和广泛涉猎，在接下来的几年里，他与斯金纳、J. B. 施尼温德（J. B. Schneewind）合作，在剑桥大学出版社合编出版了一套重要的丛书，名为"语境中的思想"（Ideas in Context）。该丛书的第一卷，《历史上的哲学：哲学史研究论文集》（*Philosophy in History: Essays on the Historiography of Philosophy*），是根据

---

① 理查德·罗蒂写给托马斯·库恩的信，1976年10月11日，RRP。
② 凯森写给全体教师的信，1975年11月10日，昆汀·斯金纳档案，高等研究院。
③ 昆汀·斯金纳写给理查德·罗蒂的信，10月30日（年份不详），RRP。

约翰·霍普金斯大学1982—1983年的一系列讲座编成的。罗蒂在为丛书撰写的篇章中，表达了对斯金纳和福柯的史学计划的理解和认同，尽管他认为思想史不应只包括斯金纳或福柯的讲述。与斯金纳不同的是，罗蒂认为，历史作品的诸种诞生背景中，何种背景具有优先地位，并没有标准答案，因为这"取决于我们想从对该论断的思考中得到什么"[①]。与福柯不同的是，罗蒂并不认为唯名论和历史主义就不需要采用某种叙事将信奉某些学科规范的思想家联结起来。"我完全赞成摒弃那些已经变得古怪的规范，"罗蒂坚称道，"但我认为，没有规范，我们就无法自处"，因为要想使有价值的思想论述呈现出形式上的连续性，使思想家们相信"欧洲历史上以前各时代的学者形成了一个共同体"[②]至关重要。然而，有一点上，罗蒂是赞成斯金纳和福柯的，即反对"思想汇编"（doxography）这种处理哲学史的方法，这种方法假定哲学是"这样一门学科的名称，它在任何时代和任何地点所探索的，都是同一些深层的、基本的问题"[③]，其目的在于揭示这些问题是什么，以及展示不同的思想家对这些问题的回应。

斯金纳写道，他在高等研究院的那段时间对他影响很大，当时研究院里有着强烈的反基础主义气息，这使得他比以前更加怀疑马克思主义关于意识形态的观念：

> 我成为非马克思主义者的另一个主要原因和马克思主义的实证主义有关，我在70年代逐渐意识到的马克思主义的这个缺陷。在普林斯顿大学高等研究院工作的那些年里，我有幸成为克利福德·格尔茨和托马斯·库恩的同事。（我的办公室就在库恩的隔壁。）他们帮助我认识到一个事实的重要性，即马克思仍然停留在一个十分简单的世界里，在这里，他可以谈论真实意识和虚假意识。但是，在后现代的文化中——就像我在普林斯顿接触到的那种文化——人们更愿意把意识看作本质上是建构的产物，相对而言，马克思主义看待社会的方式是非常

[①] Richard Rorty, 1984, "The Historiography of Philosophy: Four Genres," pp. 49-76 in *Philosophy in History: Essays on the Historiography of Philosophy*, Richard Rorty, J. B. Schneewind, and Quentin Skinner, eds., New York: Cambridge University Press, 55.

[②] Ibid, 73.

[③] Ibid, 63.

> 质朴的。更有趣的问题在于，应如何协调这些不同的意识建构，因为它们可能都有话要说。①

虽然没有办法确定高等研究院如何影响了罗蒂的思想，但我想大胆提出一个假设，即高等研究院的教师和成员为罗蒂提供了一种新的思想参考系，为他内心逐渐生长的对历史主义的认同和对分析范式的怀疑提供了思想支持和社会支持。罗蒂之所以成为历史主义者，并不是因为他看到当时的一些知名人士坚持认为思想史和科学史应该被视作关于具体社会制度和实践的历史。这些人士是真实存在的，不仅有库恩、斯金纳和格尔茨，还有费耶阿本德、福柯、哈贝马斯、马尔库塞和其他科学社会学家，罗蒂饶有兴趣地阅读着他们的著作。实际上，罗蒂早在芝加哥大学和耶鲁大学的时候，就已经是历史主义者了，虽然直到20世纪70年代，他才意识到历史主义会引起对分析范式的质疑，但他早期受益于后期维特根斯坦的分析性论文，与他后来的元哲学设想并不背离，而是内在一致的。与斯金纳、格尔茨、库恩以及高等研究院的其他人的接触，虽然不是罗蒂转向历史主义的原因，但却可能使他更加相信，他基于之前的观点发展起来的哲学论证是有价值的。在这里，罗蒂得到了一些杰出学者的认同，他们在考虑哲学的命运时，认为哲学史以及历史性不应该被忽视。虽然不久后，库恩等学者从自身立场出发，选择与罗蒂的主张保持距离，但罗蒂在20世纪70年代中期与高等研究院的交往很可能使他有了更坚定的底气来面对分析哲学家对《哲学与自然之镜》和《实用主义的后果》的批评。②

---

① Quentin Skinner, 2002, "Quentin Skinner," pp. 212-40 in *The New History: Confessions and Conversations*, Maria Lúcia G. Pallares-Burke, ed., Cambridge: Polity, 221.

② 在这方面值得一提的另一个因素是罗蒂的精神分析。阿梅丽·罗蒂曾向我暗示，理查德在《哲学与自然之镜》出版前的几年里所做的精神分析，可能为他提供了写作这本书所必需的信心，认为他在书中把自己描绘成了一个训练有素的挑衅者。这似乎很有道理，但遭到了罗蒂的否认。前面曾提到，罗蒂把他的自信归功于他那幸福的二次婚姻。关于罗蒂的精神分析的本质，他在一封电子邮件中报告说："从1962年底我父亲患精神病开始，我一直在接受艾伦-西蒙博士的治疗，直到1968年左右，60年代末和70年代初也做过一些后续的跟踪治疗，但真正的分析开始于1963年的某个时候，并于大约五年后结束。"（理查德·罗蒂写给作者的电子邮件，2007年2月11日）。在《实用主义的后果》出版后的几年里，弗洛伊德逐渐成为罗蒂作品中的重要元素。但是罗蒂说他直到自己的精神分析结束后才开始阅读弗洛伊德——事实上，他说他的治疗师要求他不要读任何精神分析的文献。

6

下文将提到,《哲学与自然之镜》甫一出版就大获成功,引起了热烈讨论。然而在该书出版的那年,也就是 1979 年,罗蒂所关注的争论主要不是关于这本书的,而是关于美国哲学协会的。前一年,罗蒂当选享有盛名的美国哲学协会东部分会的主席,这证明了他在哲学界的地位。但他刚开始履职,就发现自己不得不应对哲学协会在领导上遭受的重大挑战:所谓的多元主义的反叛。

多元主义的反叛反映了非分析哲学家的一些要求,即分析哲学家放弃对美国哲学协会的控制,允许其他思想取向和传统中的哲学家担任领导职务,并允许他们在协会的年度会议上发表论文。这些要求并非毫无道理。在整个 20 世纪六七十年代,由分析哲学家领导的研究生院系在声誉调查中排名最高,关注分析哲学工作的期刊也最受推崇,而非分析哲学家则感觉到他们正遭受着分析哲学家同事的轻视。分析哲学家们利用他们在知识界的影响把持着美国哲学协会。从 1960 年到 1979 年,几乎所有东部分会的主席都是分析哲学家。

由于分析哲学家掌握着美国哲学协会的要职,因此他们可以攫取协会的一种关键资源——在年度会议上发表论文。在 1979 年起草的一份报告中,罗蒂注意到,"许多'非分析'人士觉得自己的论文被会议接受的机会很小,以至于懒得去提交……这类感觉可能在某些地方有夸张的成分,但我不认为它们都是夸大的……(分析哲学家)占据了年度会议组织机构的主要职位,他们往往……对怀特海、杜威等人的追随者和现象学家持怀疑态度,更不用说德勒兹或伽达默尔的那些年轻的崇拜者了"①。在许多非分析哲学家看来,这种局面令人苦恼。

对美国哲学协会的不满导致非分析哲学家创建起自己的论文发表平台。20 世纪六七十年代,美国哲学协会的"卫星组织"急剧增长,这些卫星组织致力于特定的哲学领域,常常在美国哲学协会举办会议的同时举

---

① 理查德·罗蒂致美国哲学协会东部分会执行委员会成员的信,1979 年 6 月 15 日。关于借机发表自己论文的事情,见 Neil Gross and Crystal Fleming, 2007, "Academic Conferences and the Making of Philosophical Knowledge," unpublished manuscript.

办自己的会议，组织成员可以就自己感兴趣的风格或主题向会议提交论文。①

到了 20 世纪 70 年代末，因美国哲学协会被分析哲学家控制所导致的不满情绪高涨。非分析哲学家"已经被边缘化几十年了，他们早已陷入了屈从和绝望之中"②。但在 70 年代接近尾声时，发生了一件事，催化了这些积怨，并促使非分析哲学家采取了集体行动，这件事就是对纽约社会研究新学院哲学系进行的评估。在 20 世纪 50 年代和 60 年代的声誉调查中，新学院哲学系在哲学研究生院排名中一直名列第三。1978 年，新学院哲学系授予了 8 个博士学位，有 152 名研究生注册了课程，但只有 3 位终身或准终身教授。③ 这些教授是美国传统哲学、欧陆哲学以及古代哲学方面的专家。

罗蒂是派去评估新学院团队的一员，他在一次采访中描述了导致这种评估结果的情况：

> 我参与了……纽约州政府的一个计划，（其任务是）撰写一份关于纽约州内所有哲学研究生项目的报告，并指出哪些项目是好的，哪些项目是不好的……这个计划是个坏主意……它意味着要使哲学系变得标准化。（非分析哲学家）认为，这是作为建制派的分析哲学对所有非建制派发动的攻击。回想起来，我认为他们是对的。④

这一评估无论怎样都会激起反应，但它选择的时机尤其糟糕，因为新学院哲学系当时正陷于危机之中。研究生院院长约瑟夫·格林鲍姆

---

① 布鲁斯·威尔希尔注意到，到 20 世纪 70 年代末，"旁听会议的哲学学者比参与会议的还要多。许多边缘组织发展起来：形而上学学会、过程研究学会、现象学学会……他们很多会在美国哲学协会举办会议期间另行聚集在一起。事实上，如此多的边缘学会和协会的形成，使美国哲学协会面临着从内部瓦解的危险"。Bruce Wilshire, 2002, Fashionable Nihilism: A Critique of Analytic Philosophy, Albany: State University of New York Press, 52。威尔希尔的观点可以通过比较 1964—1965 年版和 1974—1975 年版的《美国哲学家名录》中列出的哲学学会清单得到证实。

② Ibid.

③ Directory of American Philosophers, 1978-79, vol. 9, Bowling Green: Philosophy Documentation Center, 99; Review of Metaphysics, 1978, 32: 182.

④ 作者对罗蒂的采访，1998 年 12 月 22 日。

(Joseph Greenbaum)刚刚宣布暂停招聘,结果学院没有足够的高级教员为研究生提供教学和咨询服务。部分是因为这个原因,学院决定"停止为学生提供博士学位"①。在系主任阿尔伯特·霍夫斯塔特(Albert Hofstadter)看来,这一决定"导致教员和学生士气都很低落"。正是在这种情况下,由莫里斯·曼德尔鲍姆主持的评估委员会的到访加剧了这种焦虑。

对罗蒂来说,他不希望看到这家哲学系关闭。尽管他认为哲学系有必要进行组织机构的重大调整——他在给格林鲍姆的信中,建议雇用阿拉斯代尔·麦金太尔来取代霍夫斯塔特——但他最不希望的事情,就是对哲学系进行分析化的改造。相反,他认为,鉴于新学院与欧陆思想的关联,其在复兴美国哲学方面可能会发挥重要作用:

> 评估委员会的任务已于上周五结束,没有必要再考虑那份评估报告了。现在,我作为一名普通公民想说的是,在我看来,新学院似乎正面临着一次黄金机会,可以促进美国哲学家了解德国哲学家正在做的激动人心的工作……美国的哲学已经穷途末路,它正四处寻找可以使自己重焕生机的东西。全国各地的哲学系的年轻人认为,目前在德国发生的哲学争论提出了所有地方都想追求的最有趣的哲学问题。在这种情况下,新学院因其与德国学术界的联系,及其对社会科学内部哲学问题与理论问题之间关系的关注,恰恰是人们可以寄予期望的地方。如果哲学在新学院凋零的话,那么,这将是我们时代,甚至所有时代的一个悲剧。②

但是,非分析学家并不是这样理解评估委员会的意图的。他们显然不熟悉罗蒂最近的作品,只知道他是编辑《语言学转向》的重要分析哲学家,而且对曼德尔鲍姆抱有怀疑态度。在他们看来,委员会的主要行动就是"威胁……使(新学院的)项目得不到国家的认可,以顺利地将其关闭。其中一个主要理由就是这个项目的课程设置过于专业化"③。

---

① 阿尔伯特·霍夫斯塔特写给约瑟夫·格林保姆的信,1977年10月24日,RRP。
② 理查德·罗蒂写给约瑟夫·格林保姆的信,1977年6月10日,RRP。
③ Wilshire, *Fashionable Nihilism*, 53.

对于纽约地区的非分析哲学家来说，新学院的哲学系有着近乎神圣的地位，可能是因为多年来新学院在纽约市的思想生活中发挥了重要作用，或是因为学校曾经是遭到纳粹迫害的受害者的避难所，抑或是因为在20世纪70年代中期以前，这里一直是汉娜·阿伦特、汉斯·乔纳斯等杰出思想家的家园。非分析哲学家很快组成了一个联盟来捍卫新学院，并着手讨论制订一项拯救新学院的计划。这个联盟被称为"星期六小组"，"联盟的成员向组织外的朋友们散发信件申明新学院面临的困境，并得到了令人欣慰的反应。许多哲学家在信件上签了名"①。然而，星期六小组所关心的事物逐渐超出了新学院的范畴。耶鲁大学的约翰·史密斯回忆说，这个小组很快就变成了一个"关注各种事物的复合体，不仅关注哲学讨论，相互交流经验和共同关注的问题，而且还很关心美国哲学协会东部分会发生的事情，特别是关于……委员会的人事构成、年度计划的制订以及研究奖项的分配"②。

星期六小组为了扩大自己的事业，决定当年在华盛顿特区举行的美国哲学协会东部分会年会上举行一次会议，看看大家是否愿意在全国范围内采取集体行动，挑战分析哲学在哲学界的主导地位。罗格斯大学的哲学学者布鲁斯·威尔希尔（Bruce Wilshire）报告说，有"一百多人"③参加了这次会议，并且在会上成立了一个"多元主义哲学委员会"，致力于使"美国哲学协会更多代表美国哲学活动的多样性"④。会议休会后，"多元主义"哲学学者们又前往出席参与人数很少的美国哲学协会业务会议。在那里，他们由于人数众多，得以通过一项"阳光议案"，要求提名委员会的活动以公开的方式进行以接受公众的监督。尽管委员会有权提名任何其青睐的人担任组织的行政职务，但它应该考虑到委员会以外的成员的意见，这些意见可以见诸他们发给所有美国哲学协会成员的建议书。多元主义者的阳光议案要求，在未来的业务会议上，这些建议应得到大声宣读。

面对多元主义者在会上采取的活动，协会财务主管秘书，布朗大学的欧内斯特·索萨（Ernest Sosa）向美国哲学协会执行委员会的其他成员，其中也包括新任主席罗蒂，写了一封充满忧虑的信。哲学学者们在20世纪60年代末就开始抱怨美国哲学协会已经政治化了，活动人士坚持要求

---

① Ibid., 54.
② 约翰·史密斯写给作者的备忘录第2页，1998年11月4日。
③ Wilshire, *Fashionable Nihilism*, 54.
④ "Committee for Pluralism"，未公开文件，1979年，见南伊利诺伊大学卡本代尔分校肯尼斯·斯提克的档案。

美国哲学学会面对当前的问题要采取立场。但据索萨看来，1978年的会议是"这些年来第一次"，在业务会议上"党派色彩是如此明显"。① 索萨认为多元主义者的阳光议案不仅仅是要求提高协会的透明度；他担心在下一年的会议上，多元主义者可能试图直接提名并选举自己的候选人。他建议执行委员会考虑修改组织细则，以禁止这种选举，然后视后续情况，在下一年做出实际调整。

罗蒂和索萨一样，也认为全体选举是个坏主意，并同意索萨的计划。② 但他并不是要阻止非分析哲学家在美国哲学协会中获得代表权。事实上，他告诉罗伯特·索科洛斯基（Robert Sokolowski），"我非常认同（多元主义者）表示抗议的合理性。唉，在哲学领域确实有一种'分析建制'（analytic establishment），它时不时地会对多数人做出一些专制的事情——我想，这并不是出于恶意，而是出于自满和轻率。美国哲学协会最好想办法改掉这些坏习惯"。

但罗蒂也承认，他面对这个问题感觉有些无能为力：

> 我对这一切感到有点畏缩，因为从1978年的那次业务会议来看，（纽约州立大学石溪分校的）唐·伊德（Don Ihde）似乎是在这个问题上嗓门最高的那个人。他把我视为敌人，因为几年前我曾是一个委员会的成员，该委员会（与评估新学院的委员会是同一个）向纽约州立大学校务委员会汇报了关于石溪分校的评估结果。伊德不喜欢这份报告，并非常尖刻地批评了委员会。（我发现自己被这件事弄糊涂了，因为我不习惯被视为分析建制（Analytic Establishment）的打手。但普林斯顿大学的同事们又把我看作是意图颠覆分析建制的人，在海德格尔、德里达等人面前表现得"心慈手软"。）如果在业务会议上，有人挑起这种冲突，那么我与伊德的矛盾将使我无法和他们坐在一起交谈，把问题说清楚。

尽管罗蒂没有与伊德取得联系，但他多次试图解决多元主义者所指出的问题。例如，他提议彻底改革项目委员会，该委员会负责决定哪些论文

---

① 欧内斯特·索萨写给东方分会执行委员会成员的信，1979年2月23日，RRP。

② 理查德·罗蒂写给罗伯特·索科洛斯基的信，1979年3月27日，RRP。

可以被美国哲学协会评议小组接受。他还建议委员会应由代表各种方法和传统的哲学学者组成。① 但罗蒂意识到，这种变化本身在鼓励非分析哲学家向美国哲学协会提交论文以供评议方面并没有什么帮助，因此他建议项目委员会"发表一份声明，表明自己已经意识到这个问题，并着手做出调整来避免此一问题，而且相信，将来人们可以免于在先的恐惧而自由地提交任何自己所写的东西"②。

这些提议与罗蒂的多元主义者和历史主义者身份有关。如果他没有将自己看作多元主义者和历史主义者，那么他无疑会比曾经表现的那样更加反对多元主义运动。此外，这些提议也渗透着并加强了他对哲学的库恩式理解。他对变革美国哲学协会的呼吁与以下观点密不可分，即他认为哲学正日益被不可通约的两种哲学范式所分裂。现实可能确实如此，正如他在给提名委员会主席门罗·比尔兹利（Monroe Beardsley）的一封信中所说的，多元主义委员会"正被那些内心怀有的怨恨多过对哲学现状的理解的人所控制"③，但是多元主义者有一点是对的，未来并不会出现"分析哲学多数派和非分析哲学少数派之间界限的软化，基于当前研究生所接受的两种不同类型的训练，这种两极分化将进一步加深。其中一种类型（以普林斯顿和哈佛为代表）是训练人们解决新近文献中所提到的那些问题，另一种类型则强调对历史文本的熟知。如此生产出来的两种哲学家现在就已几乎无法交流，未来会越来越难以交流的"④。只有在项目中为这两种哲学家都预留空间，才可能在它们之间保持和谐。

罗蒂把自己看成是多元主义者和历史主义者，这使他在普林斯顿大学哲学系成了一个例外，同样地，这也使他在更广阔的分析哲学界成了一个例外。他希望推动协会朝着更加多元化的方向发展，但其他人却并不希望如此。这年 11 月，就在冬季会议召开前的一个月，他沮丧地向索科洛斯基报告说，"我在美国哲学协会全国委员会会议上详细论证了协会的各个委员会没有包容足够丰富的哲学观点，但没有得到多少同情。事实上，（一些委员会成员）对我提出这个问题感到愤怒。我黯然地倾向于这样一种观点，即分析建制拒绝做出让步，并不简单地是轻率

---

① 理查德·罗蒂写给东方分会执行委员会成员的信，1979 年 6 月 5 日，RRP。
② 理查德·罗蒂写给罗伯特·索科洛斯基的信，1979 年 4 月 25 日，RRP。
③ 理查德·罗蒂写给门罗·比尔兹利的信，1979 年 7 月 10 日，RRP。
④ 理查德·罗蒂写给欧内斯特·索萨的信，1979 年 7 月 9 日，RRP。

和自我陶醉的结果，而是由于他们对那些拒绝承认分析霸权的人有一种强烈的敌意"①。

在筹备1979年于纽约召开的美国哲学协会年会的过程中，多元主义运动的领导人发现，他们向提名委员会提出的建议"一旦被认为是令人不愉快的，就会遭到忽视，然后被搁置一旁"②。多元主义者通过邮件传播了这一消息，随着在纽约的会议日益临近，他们宣布了一项计划，要在召开业务会议的前一天晚上举行一场集会。实际参加集会的人数超过了多元主义者的想象。史密斯回忆说，"酒店的主舞厅挤满了"哲学家，他们"对这种无视其权利的行为表达着愤怒"③。此次活动引起了《纽约时报》的注意，活动上的演讲者声称，"美国哲学协会已经成了'一尊怪物'，变得'不宽容'，它的运作'忽视了基本的哲学问题'，它的领导层'已经与其他哲学家失去了联系'"④。在第二天的业务会议上，提名委员会的成员一如往常般宣布了他们关于执行委员会的提名人选。比尔兹利代表该委员会提名匹兹堡大学的阿道夫·格伦鲍姆（Adolf Grünbaum）为副主席，他将在第二年转任主席。⑤ 多元主义者援引阳光议案，要求知道全体成员中哪些人得到了提名，于是很多人的名字被大声宣读出来，其中包括史密斯的名字。在阳光议案的约束下，委员会成员也被迫披露了其提名建议。委员会主席"……不愿意宣读这份名单。他犹豫不决地开了口。全体提名中每个职位得票数最高的人都不在委员会的提名之列"⑥。即使面对公众的监督，提名委员会仍旧这样公然无视全体成员的建议，这在会议室里激起了愤怒的浪潮。支持多元主义事业的人为这一事件的转折做好了准备，他们通过全体直接投票来提名那些他们一直计划提名且获得最多票数的人作为候选人，以进一步增强其作为协会民主改革倡导者的合法性。在这种方式下，史密斯很快得到了提名，同时得到提名的还有约翰·拉赫兹（John Lachs）、昆汀·劳尔（Quentin Lauer）以及约翰·麦克德谟特（John McDermott）——他们是这场多元主义抗议运动的另一些组织者——随

---

① 理查德·罗蒂写给罗伯特·索科洛斯基的信，1979年11月6日，RRP。
② Wilshire, *Fashionable Nihilism*, 55.
③ 约翰·史密斯写给作者的备忘录，第2页。
④ Thomas Lask, 1979, "Philosophical Group's Dominant View Is Criticized," *New York Times*, December 30, 23.
⑤ 事实上，比尔兹利早在前一年的11月就向格伦鲍姆通知了关于他的提名。见门罗·比尔兹利写给阿道夫·格伦鲍姆的信，1979年11月10日，RRP。
⑥ Wilshire, *Fashionable Nihilism*, 57.

后，他们进行了投票表决。早在两天前，在执行委员会会议上，罗蒂宣布美国哲学协会将对非分析性论文更加开放的提案得到通过，但直到在业务委员会会议上选举出执行委员后，人们才对索萨提议的本可以组织全体选举的章程修正案进行表决。由于会场里的多元主义者实在太多了，因此史密斯最终以198票对165票击败了格伦鲍姆。但是随后有指控说，有一些学生在选举中投了票，因此选举结果无效。休会后，罗蒂考虑起应该怎么做。会议备忘录显示，第二天，他重新召集了会议并报告道："在对出席业务会议第一次会议的代表的资格进行核查后发现，约有56张选票分到了与东部分会无关的人手上……但调查同时显示，出席的合法投票人的数量（368人）超过了历次选举的投票数量，在这些选举中，每人都可以投出一票"①。罗蒂最后宣布选举有效，史密斯胜出。罗蒂的裁决受到了质疑，但在口头表决中，这一裁决得到了支持。鉴于投票人存在不规范的地方，罗蒂是有权裁定选举无效的，但他没有这样做。

在这种纷乱的背景下，罗蒂在协会会议上发表了重要演讲《实用主义、相对主义和非理性主义》（Pragmatism, Relativism, and Irrationalism），引起了很大轰动。这篇演讲在大多数方面都是在做一篇主席演讲通常所做的事情：它重述了演讲者在他自己最近的作品中所提出的观点，以此为契机来宣传自己的学术观点。这篇演讲随后刊发在《实用主义的后果》一书中。虽然《哲学与自然之镜》对杜威、维特根斯坦和海德格尔报以同等的推崇，但罗蒂此时认为杜威和詹姆斯需要得到新的关注。分析运动中的一些人认为，实用主义者"对早期逻辑经验主义者的原子论进行了全面的修正"②，因而做出了重要的贡献，但罗蒂提出了更为激进的解释，他认为杜威和詹姆斯在本质上是反基础主义的，并且拒绝了大多数分析哲学家仍然在坚持的哲学观点。詹姆斯和杜威"要求我们放弃为我们的文化、道德生活、政治、宗教信仰'寻找哲学基础'的观念，从而解放我们的新文明。他们要求我们放弃笛卡尔式的对确定性的神经质追求……认为康德把思想置于永恒的非历史背景中是反动的"③。罗蒂鼓励听众在这方面跟随詹姆斯和杜威，认为他们二人的立场是从以下认识中自然得出的：虽然有可能将特定的观察句与现实世界进行比较，以确定这些句子是否与现实相符，但近期哲学和科学史方面的工作表明，没有办法以这种方式将整个词汇表和

---

① 欧内斯特·索萨对1979年美国哲学协会东方分会会议的记录，1980年1月14日，RRP。

② Rorty, *Consequences of Pragmatism*, 160.

③ Ibid., 161.

现实世界整体进行比较。说到选择词汇,我们必须以实践为指导。特别是涉及道德和政治哲学时,我们更应该放弃一种想法,即我们可以借助"毫无遮翳的心灵之眼"来接近这个世界的真相,从而指导我们应该如何行事。① 要决定政治和道德中哪些是好的,唯一的途径是与我们的人类同胞进行交谈,并试图与他们达成某种主体性认同。

这是一个有争议的说法。但是在多元主义正蓬勃兴起的背景下,真正引起听众注意的,是罗蒂认为实用主义哲学观念预示着美国哲学实践方式的重大变化。罗蒂声称,当代大多数美国哲学家——当然包括分析哲学家群体——都赞同某种版本的基础主义。他们"坚信哲学家应该尽可能地像科学家一样"②,寻找哲学真理。从实用主义的角度来看,问题不仅在于他们所强调的精确性和完成性导致他们采用技术方法从而使哲学工作难以理解,而且还在于他们正处理的问题与这个世界真正关心的问题之间几乎没有关系。从这个角度来看,"人们往往会把哲学家们提出的针对这些问题的'客观、可验证、可交流的'解决方案看作是历史古董,是遗留自启蒙运动对知识和道德本质的错误探索。这是我们的许多同行所采用的观点,他们认为美国的哲学教授陷入了时空错位,竟想要重新体验一番启蒙运动"③。罗蒂主张,美国的学院哲学应该摆脱科学主义,重新审视人类的问题和关切,放弃对永恒真理的追求,转而拥抱这样一个观点:哲学仅仅是推动文化对话向前发展的一种尝试。这位拒绝阻止异议浪潮的美国哲学协会现任主席在讲话中公开同意异见人士的说法,认为哲学领域存在一些不合宜的现象,这让罗蒂在其他分析哲学家看来似乎成了一个变节者,尽管罗蒂也对一些自称是多元主义者的学术成果心存犹疑。

然而罗蒂并不怎么担心。他相信,哲学向非分析方法和问题开放是一件好事。确切地说,他是在怀疑多元主义反叛本身或者自己作为美国哲学协会主席的举动并不会产生什么持久的影响。他觉得分析哲学太根深蒂固了。④ 与此同时,他认为任何改变协会的努力都应该受到赞扬。他在会后一个月告诉安妮特·拜尔(Annette Baier):

---

① Ibid., 165.
② Ibid., 170.
③ Ibid.
④ 理查德·罗蒂写给阿道夫·哥伦鲍姆的信,1980年2月27日,RRP。

> 多元主义者的反叛很有趣，但也让人筋疲力尽。他们原来有两百多人，足以把那些坏蛋赶走……（逻辑学家）露丝·巴坎·马库斯（Ruth Barcan Marcus）像泼妇一样疯狂，她在工作会议上四处追逐，试图让选票作废，以逆转选举结果。但是我认为，在大多数人看来，这没什么大不了的，如果接下来几年里大家都能保持冷静的话，大家又会恢复往日的和谐。虽然我觉得史密斯不是一个好的候选人……但我认为多元主义者是对的，建制派已变得过于自以为是——也许，他们的幸福感会在圣诞节活动上稍稍提升。①

7

到1980年，罗蒂对普林斯顿同事和美国哲学事业的不满已经有一段时间了。在此之前，他曾多次考虑转到更温馨的学术环境中去，此时他打算利用《哲学与自然之镜》的成功来实现他梦想的永久调动。他所要考虑的问题是是否要继续在哲学系教书。但留在哲学系教书的念头从来没有在罗蒂头脑中彻底消失过。例如，1980年，他联系了当时的伯克利大学哲学系主任巴里·斯特劳德（Barry Stroud），打听语言哲学家保罗·格莱斯（Paul Grice）退休后将出现的空缺职位。② 虽然罗蒂对伯克利大学哲学系中一些更倾向分析哲学的人，如约翰·塞尔，几乎没有什么好感③，但是在那里，罗蒂确实有一些志同道合的人，尤其是休伯特·德雷福斯（Hubert Dreyfus）。1980年，德雷福斯开办了一所关于现象学和存在主义的暑期研讨班，罗蒂、塞拉斯、阿瑟·丹托、吕迪格·布纳（Rüdiger Bubner）、约翰·郝格兰（John Haugeland）、罗伯特·布兰顿、保罗·拉宾罗（Paul Rabinow）以及约翰·康普顿（John Compton）都是主讲人。在接下来的几年里，德雷福斯和罗蒂有多次交集，罗蒂推荐德雷福斯参加国

---

① 理查德·罗蒂写给安妮特·拜尔的信，1980年1月17日，RRP。
② 巴里·斯特劳德写给理查德·罗蒂的信，1980年2月13日，RRP。
③ 关于罗蒂对塞尔的看法，见理查德·罗蒂写给理查德·沃森的信，1980年6月5日，RRP。

家人文基金会赞助的海德格尔研讨会①，并作为芝加哥大学出版社的审稿人推荐德雷福斯与拉宾罗（Rabinow）②合著的《米歇尔·福柯：超越结构主义和解释学》（*Michel Foucault：Beyond Structuralism and Hermeneutics*）一书出版。拉宾罗于1978年加入伯克利大学人类学系，他帮助罗蒂与福柯取得了联系，罗蒂于1981年在《伦敦书评》（*London Review of Books*）发表了一篇关于福柯的文章，这为他在20世纪八九十年代撰写的许多关于后结构主义的哲学著作奠定了基础。③然而，虽然罗蒂对伯克利很有兴趣，但相较而言，伯克利对罗蒂的兴趣没有那么大。斯特劳德说自己"非常喜欢《哲学与自然之镜》"，但他告诉罗蒂，系里已经将这个高级职位给了另外的人。④

斯特劳德不是唯一读过这本书的人。罗蒂的朋友和以前的学生也写信告诉他这本书的成功。例如，布兰顿1980年在匹兹堡写信告诉罗蒂，"这周我们成立了罗蒂讨论小组。我和安妮特、亚历山大、保罗组织了这次活动，一起阅读你的书和最近的论文，大约有20名研究生参加。应学生要求，科学史与科学哲学系也成立了一个类似的小组。我想，我还没有见过哪本书有这样的影响力，受到研究生和年轻教师如此热烈的欢迎。我认为，没人能够在不接受或反驳你的论述的前提下讨论认识论或哲学在文化中的地位的问题"⑤。类似地，哥伦比亚大学和巴纳德学院的哲学讲师、《纽约书评》（*New York Review of Books*）的特约编辑乔纳森·利伯森（Jonathan Lieberson）写道，"在哥伦比亚大学哲学系里，如果有人没见过一个指向学生读书会的、潦草地写着'罗蒂是对的吗？'的牌子，那就出不了电梯"⑥。这本书在1979年和1980年的销售数据无法得知，但有证据表明，人们对这本书的兴趣从一开始就很高，因为罗蒂在该书出版后的头两年里受邀做了许多讲座——包括加利福尼亚州、佐治亚洲、艾奥瓦

---

① 理查德·罗蒂写给美国国家人文基金会的推荐信，1980年8月22日，RRP。
② 理查德·罗蒂写给芝加哥大学出版社弗兰·盖姆威尔的信，1980年11月3日，RRP。
③ 就福柯而言，他喜欢《哲学与自然之镜》，还努力为其寻找一位法语翻译。"请原谅我，自从你把你的著作寄给我以来，我一直没有回复你，"福柯在1981年4月写道，"我饶有兴趣地阅读了一遍。在我看来，它提出了过去几年被忽视的一些基本问题。"见米歇尔·福柯写给理查德·罗蒂的信，1981年4月16日，RRP。
④ 巴里·斯特劳德写给理查德·罗蒂的信，1980年2月13日，RRP。
⑤ 罗伯特·布兰顿写给理查德·罗蒂的信，1980年10月5日，RRP。
⑥ 乔纳森·利伯森写给理查德·罗蒂的信，1980年6月25日，RRP。

州、堪萨斯州、缅因州、南卡罗来纳州和得克萨斯州等地,这还只是他去过的部分地方。① 事实上,他应邀做了太多演讲,以至于不得不开始拒绝一些邀请,一方面是因为时间问题,但更重要的原因是他担心自己变得重复。1980 年美国哲学协会会议组织了一个《哲学与自然之镜》特别小组,由伊恩·哈金和金在权(Jaegwon Kim)发表评论。到 1982 年,这本书在艺术与人文引文索引中被引用了 58 次,美国和国际上约 35 本学术期刊和杂志发表了关于该书的书评。

如果考虑到罗蒂未来的调动,那么这些评论中最重要的一篇将是昆汀·斯金纳(Quentin Skinner)写的,于 1981 年 3 月发表在《纽约书评》上。一些读过这本书的哲学家对罗蒂的观点持批评态度,甚至不屑一顾,而斯金纳却认为《哲学与自然之镜》"令人不安",而且"论述精彩"。尽管他质疑罗蒂是否有效地表达了自己的一些观点,例如,罗蒂一直不清楚启示哲学会带来什么后果,也没有令人信服地证明知识是非表象的,但斯金纳的总体结论是,罗蒂关于"哲学家再也不能言之凿凿的事物的总体观点,是如此有力量和让人诚服,因此我完全打算相信,我接下来所表达的怀疑只不过是在佯装我的哲学精神仍很饱满罢了"②。

虽然罗蒂的学术声誉已经很高了,但这篇评论仍立即对罗蒂的学术声誉产生了更积极的影响。罗蒂写信给他的朋友斯金纳,感谢他的美言。罗蒂说:"我并非不知道你的评论会给我带来一些纯粹的商业利益。"

> 信不信由你,上周末有两所我之前没想到的,也没接触过的大学给我打电话,一所大学说他们通过投票同意给我提供一份工作,另一所说他们为我特设了一个职位,想知道我是否有兴趣。两所大学一开始都问我是否看过你的评论——这显然是激发他们兴趣的原因。而且,最近几周我一直收到耶鲁的报告,说那里有人想给我安排一份工作。昨天我得知,这一巨大

---

① 这些邀请函通常是对这本书的直接回应。例如,1980 年 7 月,罗蒂收到马里兰大学斯蒂芬·斯蒂奇的一封信:"在过去的六周里,我和一些同事每周都要开会讨论《哲学与自然之镜》。在最近的一次会议上,有人建议我们应该试着让你加入我们的讨论。"斯蒂芬·斯蒂奇写给理查德·罗蒂的信,1980 年 7 月 10 日,RRP。

② Quentin Skinner, 1981, "The End of Philosophy?" *New York Review of Books*, March 19, 46-48, 46, 48.

的努力也是由于你的评论所致——显然，我的支持者们正在把你的评论发给院长们。杰出的思想写作所产生的后果真是令人惊奇。①

事实上，罗蒂一年前差点就去了西北大学。近年来，西北大学哲学系为自己赢得了一席之地，成为美国国内研究欧陆哲学的主要中心，兴趣广泛的罗蒂本可以成为该系完美的补充力量。除了广泛阅读欧陆思想外，近来罗蒂还在欧洲待过一段时间，并与欧陆哲学领域的关键人物逐渐熟识起来。1977年冬天，他在法兰克福教书，其间前往南斯拉夫参加在杜布罗夫尼克新成立的大学校际中心参加相关活动。在那里，一群持不同政见的学者不顾政府的镇压聚集在一起。② 罗蒂也曾在1981—1982学年在海德堡大学任教。在德国期间，罗蒂又一次穿过铁幕去布拉格做一系列的演讲，并为哈贝马斯安排了这次旅行。③

西北大学的行政人员试图用联合任命的承诺向罗蒂示好，系主任1981年2月给罗蒂写信，为他提供55000美元的薪酬（相当于2007年的124000美元），并提供哲学与人文系约翰·C.谢弗教授职位（John C. Shaffer Professor of Philosophy and Humanities）④——但罗蒂不愿意接受，部分原因是他认为哲学系的组织状况不佳。更重要的是，罗蒂在等

---

① 理查德·罗蒂写给昆汀·斯金纳的信，1981年3月2日，RRP。《纽约书评》上的出版日期是3月19日，但实际出版时间应该更早，因为罗蒂给斯金纳的信比出版日期早了两周。也可能是罗蒂的信写错了日期。

② 1978年，罗蒂、理查德·杰弗里和罗伯特·塔克写信给普林斯顿大学校长，询问他是否能找到支持该中心的方法。"我们提出这一建议的主要动机是支持南斯拉夫的学者，他们受到政府的压力，大学校际中心是他们的避难所。特别是所谓的'贝尔格莱德八人组'——一群哲学家和社会学家，他们因为捍卫学术自由和人权而被解职——仍然可以在大学校际中心避难。这是南斯拉夫唯一可以举办讲座或研讨会的地方。这些年来，我们所有人都与他们有过相当多的接触。罗蒂去年春天参加了大学校际中心的一个课程。我们可以证明，大学校际中心是东欧自由主义者与西方学者和学生之间一个非常有价值的接触点。"1978年9月27日，RRP。

③ Barbara Day, 1999, The Velvet Philosophers. London：Claridge Press。感谢杰西·拉博夫给我指出了这一点。

④ 鲁道夫·写给理查德·罗蒂，1981年2月23日，RRP。

待更好的工作——一份完全超出哲学范畴的工作。如上所述，尽管他对是否接受邀约仍有些矛盾，并继续取悦伯克利等学校，但他在1980年告诉他的朋友理查德·沃森（Richard Watson），总的来说，他已经厌倦了与其他分析哲学家打交道，因此他想完全退出这个职业。沃森问他在普林斯顿是否快乐。罗蒂回答说，

> "作为一名严肃的专业人士，我在普林斯顿是否非常快乐？"什么样的严肃专业人士？哲学家吗？不。作家吗？没错。大学允许一个人阅读书籍，报告自己对书的看法，并从中获得报酬。我很高兴有幸进入了一所大学，这所大学给我报酬，让我去编造故事，然后告诉他们。至于"哲学行业"，我倒不在乎。这个行业只不过是19世纪各种偶然的历史力量作用在大学管理者身上所形成的一种组织形式的具体化。我想我的书会受到历史系和文学系的喜爱，如果我能在这样的系里找到一份工作，我可能会接受它。①

当普林斯顿校长威廉·鲍恩（William Bowen）问罗蒂，面对西北大学和其他学校的邀请，普林斯顿是否可以做些什么来留住罗蒂时，罗蒂的回答大致相同。罗蒂回答道："普林斯顿大学没有什么特别之处能让我觉得留在这里更有吸引力。"②

> 真正的问题是，我是否认为另一个地方可能会有一种完全不同的气氛，一种对我所做的事情更有同情心的气氛。普林斯顿有一个非常好的哲学系，但是，唉，对我来说没有多大用处（除了在声望方面）。大致来说，我讲历史故事，系里的其他人都分析论点。大多数优秀的哲学系都倾向于后者，而不是前者，所以我可能找不到一个更适合我的地方。当然，我不会期望——也没有想过——普林斯顿会因为我的缘故而改变。哲学系的方向和性质在可预见的将来是明确确定的，即使每个人都想改变它，它也不能改变。

---

① 理查德·罗蒂写给理查德·沃森，1980年6月5日，RRP。
② 理查德·罗蒂写给威廉·鲍恩，1981年2月23日，RRP。

1982 年对罗蒂来说是个好年份。1981 年秋天,他开始与其他几个哲学系讨论重新安置自己的可能性。例如,他与加州大学圣克鲁兹分校的海登·怀特(Hayden White)取得了联系,后者试图解释为什么转到圣克鲁兹会满足罗蒂的要求。"我希望你能认真考虑一下这种可能性,"怀特写道,"因为如果我们能成功地吸引你离开东海岸,来到西海岸,对我们的益处不可估量。就我个人而言,我想不出我更愿意让谁担任 N.O. 布朗(N. O. Brown)刚刚空出的人文学教授这个职位。根据大卫·霍伊(David Hoy)的说法,这将给你一个你所希冀的职位,你可以教授文学、哲学、思想史或其他任何课程,根据你的兴趣来推动你目前的研究。"① 密歇根大学哲学系也找到了罗蒂。② 与此同时,罗蒂开始与文学学者 E.D. 赫希(E.D. Hirsch)进行通信,赫希是弗吉尼亚大学英语系的系主任,他得到授权为罗蒂提供一个跨学科的职位。赫希开门见山地说:"我从我们的谈话中了解到,你感兴趣的职位应既可以让你教授几个不同领域的前沿理论,也可以教授哲学课程。从我们的讨论中,我得出结论,我们应该能够提供一个非常有趣的职位,符合你的要求。"③ 1982—1983 年间,罗蒂在帕洛阿托的行为科学高级研究中心待了一年——也就是在那里,他与罗伯托·昂格尔(Roberto Unger)成了朋友,后来还撰写了有关昂格尔的社会理论——赫希向他保证弗吉尼亚大学会给他一年假期。

那年秋天晚些时候,罗蒂得到了一个更大的消息:有天早上他醒来发现自己被授予了麦克阿瑟"天才奖"。这为罗蒂带来了更多可能性,他可以用这笔可观的奖金——244000 美元④——来补充自己的收入、旅行,或者买断教学,这样他就有更多的时间来写作。弗吉尼亚大学同意通融。"我认为,在你享受麦克阿瑟奖金的最后三年里,我们可以提供一种比你的建议更好的模式,"在谈判过程中,赫希写道,"与其教授一个学期只给你年薪的三分之二,我们还不如全额支付。此后,你就可以拿全额工资而每个学期只承担一个班的教学工作"⑤。罗蒂很高兴。1982 年 3 月,他告诉自己的朋友:"现在我通过在弗吉尼亚大学担任人文学教授,已经解决了工作问题。这是计划的一部分,在我剩下的职业生涯里,我只需要用一

---

① 海登·怀特写给理查德·罗蒂,1981 年 11 月 11 日,RRP。
② 见理查德·罗蒂写给彼得·施泰纳,1982 年 2 月 15 日,RRP。
③ E·D·赫希写给理查德·罗蒂,1981 年 9 月 8 日,RRP。
④ 参见:Priscilla Van Tassel, 1982. "Rich but 'Embarrassing' Prize," *New York Times*, November 7, New Jersey Weekly Section, 6.
⑤ E·D·赫希写给理查德·罗蒂,1981 年 12 月 14 日,RRP。

半的时间进行教学，我将利用麦克阿瑟的奖金、弗吉尼亚大学和智库的薪酬来做这件事。但它也让我走出了哲学的学科矩阵，从事了一份非哲学系的工作，这既令人兴奋，又隐隐地让人恐惧。"① 虽然如果罗蒂没有做过广泛的人文学科读者感兴趣的工作，他就不可能有这样的举动，但他认为麦克阿瑟奖给了他打破这个学科壁垒所需的信心。他告诉麦克阿瑟基金会的副主席：

> 我在之前的信中提到，麦克阿瑟让我有勇气做出某种职业转变。这里并没有什么太戏剧性的事情，仅仅涉及一个哲学教授到一个人文教授的转变，也就是从普林斯顿转到弗吉尼亚。但其结果是把我带离了哲学职业，把我对未来的希望寄托在成为一个全能的学者，或者文人，或者类似的身份上。这是我在获得麦克阿瑟奖金之前就考虑过的一个举措，但随着奖金的到手，它似乎看起来更加合理和可取。我越来越渴望撰写很多关于哲学建制自我形象所存在的问题的文章，同时我自己也是这个建制的核心。不用说，我在普林斯顿的同事也越来越有同样的渴望。这导致了各种各样的矛盾，尤其是关于跟随我写博士论文的学生是否在"真正地研究哲学"这个矛盾。我不再是哲学系的一员，就摆脱了许多这类问题。②

罗蒂和他的妻子对这一举动感到兴奋。他告诉斯金纳："我和玛丽都想知道在迪克西（Dixie）的未来会如何。她对此很兴奋，而我则像往常一样，时而兴奋，时而焦虑。这就像长期冷淡的婚姻终于破裂了。一个人在星期二、星期四和星期六都非常难过于婚姻的结束。而在另外一些日子里，这个人又想知道现在的生活会有什么奇迹。"③

---

① 理查德·罗蒂写给理查德·沃森，1982 年 3 月 2 日，RRP。
② 理查德·罗蒂写给杰拉尔德·弗伦德，1982 年 3 月 22 日，RRP。
③ 理查德·罗蒂写给昆汀·斯金纳，1982 年 2 月 4 日，RRP。

第九章
学者自我概念

1

目前在这里所做出的历史陈述，勾勒出了理查德·罗蒂的哲学思想和事业发展的曲折轨迹，从他父母家中的知识环境，到他对分析哲学范式的日益不满，再到 20 世纪 70 年代和 80 年代初他向实用主义运动的回归。在叙述的过程中，我试图尽可能地贴近事实，而不强行加以解释，因为这些解释不会得到档案研究的直接支持。

从这一章开始，我将进入新的分析层次。我现在要指出，前八章的内容不是要反映罗蒂特有的气质和纯粹偶然的经历，而是要呈现是哪些一般的社会机制和进程在塑造和影响着罗蒂的思想生活和职业生涯。在忠实于档案资料的基础上，我们可以为罗蒂的这些转变构建一个更有理论依据的解释，前提是我们不把他看成是对客观价值进行超历史的理性思考的人，也不把他看成是任随自身个性起伏而漂流的人，而是看成一个在时间之河中被嵌入各种机制并受其影响的社会行动者，这些机制影响着他对自我的理解，对各种思想路线的价值的评判，以及最终的，他的思想产出。

上述情况也适用于其他所有学者：他们受社会机制和社会进程的影响不亚于任何人。正因为如此，历史社会学家发现，通过应用社会学理论中关于社会结构、制度和个人行为的模式来解释政治、宗教、经济和文化领域过去的发展，是富有成效的①；同样地，观念社会学家也认为，对思想史的研究可以从大量的社会学见解中获得帮助。在这一章和下一章中，我将用罗蒂的案例来说明这一举措在解释上所带来的好处，并思考对于置身当代美国学术界的人文主义者和其他人来说值得关注的一些社会进程。

我会分三步进行。首先，我在本章中概述了当前观念社会学家可用的主要理论框架——皮埃尔·布尔迪厄和兰德尔·柯林斯的理论框架。毫无疑问，他们所构建的理论为一系列思想现象提供了解释性支持，但我认为这两种框架在一个关键方面是不完善的，即对学者自我（the intellectual self）的理论化，或者说它们缺乏这种理论化。为了弥补这种缺陷，本章提出了一个补充理论，解释不同的思想家如何以及为何会做出某些思想选择——我称之为学者自我概念理论（the theory of intellectual self-concept）。在第十章，我将回到传记写作的轨道，承认布尔迪厄和柯林斯所强调的各种因素在影响罗蒂职业选择方面的重要性，同时坚持认为，如果不考虑与自我探寻相关的社会进程，就无法理解罗蒂做出的关键抉择。

2

自19世纪中叶知识社会学诞生以来，哲学的社会起源一直是人们关注的问题。在《德意志意识形态》（*The German Ideology*）一书中，卡尔·马克思和弗里德里希·恩格斯将青年黑格尔派的唯心主义与德国文化中的"宗教"倾向联系起来，这种观念源自他们对德国阶级关系状况的理解。② 从阶级利益角度来看待意识形态问题，这在《资本论》中显得更为重要。但卡尔·曼海姆拒绝这种方法，他选择通过更具历史性的术语来阐释自由主义的兴起，从而证明自己的一套理论。③ 埃米尔·涂尔干（Émile Durkheim）也试图理解哲学的社会根源。虽然他正式的知识社会学侧重

---

① Julia Adams, Elisabeth Clemens, and Ann Orloff, eds., 2005, *Remaking Modernity: Politics, History, and Sociology*, Durham: Duke University Press.

② Karl Marx and Friedrich Engels, 1967, *The German Ideology*, New York: International Publishers.

③ Karl Mannheim [1936] 1991, Ideology and Utopia, London: Routledge. On Mannheim's historicism, see David Kettler and Volker Meja, 1995, *Karl Mannheim and the Crisis of Liberalism: The Secret of These New Times*, New Brunswick: Transaction.

于理解的范畴，从未扩展到严格的哲学社会学上去，但他坚持认为，卢梭和美国实用主义者等思想家的观点在很大程度上要归功于他们所处的社会文化环境——"哲学家的理论"可以"作为事实来指导我们"，因为"它们向我们显示出某一特定时代公众头脑中所装的事情"——这表明他愿意将哲学思想的发展视为可以通过其他社会事实来加以解释的一种社会事实。[1] 20 世纪中叶，美国社会学家紧随曼海姆和涂尔干的脚步，试图扩展知识社会学早期的研究纲领，此时哲学成了他们主要的分析对象，比如：C. 赖特·米尔斯（C. Wright Mills）分析了实用主义的起源[2]、塔尔科特·帕森斯（Talcott Parsons）对作为"推动哲学发展的社会先决条件"的"文化传统"和社会结构因素做过评论[3]；阿尔文·古德纳（Alvin Gouldner）则探索了柏拉图思想的社会根源[4]。几乎与此同时，赫伯特·马尔库塞等批判理论家将意识形态批判推向了一个新的方向，借助与哲学相关的社会和文化形态来解释哲学的发展，比如普通语言哲学的兴起。[5]

这是具有开创性的学术研究。但以今天的观点来看，它似乎有些瑕疵。知识社会学家试图解释整个社会的总体哲学发展趋势，却没有考虑哲学内部的演变。他们假定存在着包罗万象的民族文化模式和功能要求，并将它们与思想的发展联系起来，而未想着要对这种存在进行实际验证。他们避开对具体机制和进程的探索，而社会因素可能通过这些机制和进程来影响思想。他们诉诸"连续性、协调性、连贯性、统一性、一致性、相容性，（以及）……符号表达"等含糊的解释性概念[6]——它们据说是在观念和罗伯特·K. 默顿（Robert K. Merton）所称的"存在基础"之间所获得的关系类型。它们很少密切关注哲学家和其他学者所在机构如研究院、沙龙、大学等的本质，以及这些机构是如何影响思想家的日常工作进而影响他们的思想的。

基于这些原因，那些被我和查尔斯·卡米克（Charles Camic）称为

---

[1] Émile Durkheim, 1974, *Sociology and Philosophy*, trans. D. F. Pocock, New York: Free Press, 76.

[2] C. Wright Mills, 1964, *Sociology and Pragmatism: The Higher Learning in America*, New York: Paine-Whitman Publishers.

[3] Talcott Parsons, 1951, *The Social System*, Glencoe: Free Press, 362-63.

[4] Gouldner, *Enter Plato*.

[5] Herbert Marcuse, 1964, *One Dimensional Man: Studies in the Ideology of Advanced Industrial Society*, Boston: Beacon Press.

[6] Robert K. Merton, 1949, *Social Theory and Social Structure: Towards the Codification of Theory and Research*, New York: Free Press, 515.

"新观念社会学家"的学者们往往拒绝以旧知识社会学的方式开展工作。取而代之的是,他们开发了一套更加完善的理论工具和分析工具,并用它们来解释各种各样的现象,其中很多是哲学上的事例。例如,卡米克就曾讨论过18世纪苏格兰启蒙运动的社会根源,通过其代表人物所经历的社会化模式,来解释苏格兰启蒙运动中人文主义和经验主义的独特融合[1];米歇尔·拉蒙特(Michèle Lamont)则分析了雅克·德里达20世纪七八十年代在法国和美国取得成功的制度条件[2];马丁·库施(Martin Kusch)对20世纪初德国哲学中关于心理主义的争论做了探究,他通过研究具有科学知识的社会学家的著作得到了一种概念方案,用来分析哲学家为结束哲学争论所使用的策略和技术[3];皮埃尔·布尔迪厄则运用其独特的理论工具来解释海德格尔的保守主义[4];在《哲学社会学》(The Sociology of Philosophies)中,兰德尔·柯林斯则运用他的"互动仪式链"理论解释了2500多年来的哲学发展,特别是一些哲学家为何能够、如何能够长期维持伟大声誉的问题[5]。

尽管这些学者所采用的研究框架存在着巨大差异,但在这一领域中最有影响力的理论家布尔迪厄和柯林斯,都认为思想界要比我们通常所认为的更适合作为开展更具战略性行动的场所。他们把大部分注意力集中在哲学家身上,认为在现代世界,哲学领域正日益与文化产出的其他领域分离开来,成为一个独特的社会"领域",其学术地位和声望主要由其他哲学家根据特定的哲学评价标准来赋予。[6] 布尔迪厄和柯林斯认为,哲学家们被这个领域所吸引,他们的首要目标是尽可能在这个领域获得地位和声望。无论哲学家们是否意识到了这一目标(布尔迪厄和柯林斯都认为他们没有意识到),他们都在为实现这一目标而采取某种职业策略,他们采取的哲学立场也应该被视为这一策略的组成部分。尽管他们真正的愿望可能是对自己感兴趣的问题做出正确的回答,但是他们看重哪些问题、采取哪

---

[1] Camic, *Experience and Enlightenment*.

[2] Lamont, "How to Become a Dominant French Philosopher."

[3] Kusch, *Psychologism*.

[4] Pierre Bourdieu, 1991, *The Political Ontology of Martin Heidegger*, Peter Collier, trans., Stanford: Stanford University Press.

[5] Collins, *The Sociology of Philosophies*.

[6] Bourdieu, Homo Academicus; Fritz Ringer, 1990, "The Intellectual Field, Intellectual History, and the Sociology of Knowledge," *Theory and Society* 19: 269-94.

些方法，取决于各种思想立场在该领域的等级结构中所处的位置，取决于哲学家自己在其中的地位，还取决于他们为积累学术地位和建立声誉而采取的某种策略。一般来说，在等级结构中地位较高的问题最受关注，用于解决这些问题的、居于较高地位的方法将被选择，而选择打破传统的方法要么是缺乏战略理性的表现，要么是为了冒险革新该领域的等级结构，以积累声誉。当出现这种情况时，大规模的社会变革——例如，资源基础（resource base）的扩张①或文化保守主义的生长②——通过重新排列构成哲学领域的思想和制度空间，间接地塑造哲学思想的内容，从而改变指引哲学家追求学术地位的地形图。

理解思想领域的动态变化对于观念社会学家来说至关重要，第十章将借鉴布尔迪厄和柯林斯的见解，来解释罗蒂的思想和职业轨迹。眼下我们就不再谈论这种动态的分析。诚然，思想史中记录了很多这种情况，思想家们为了保证自己的学术地位和声望，会倾向于一种思想立场，而不是另一种思想立场。学者和所有社会行动者一样，都必然具有某种身份，但是那些对他们来说很重要并构成自我认知核心的身份，并不能都被归结为对哲学领域等级结构中自身位置的关注。在不否定布尔迪厄和柯林斯理论的前提下，观念社会学应该考虑寻找一种广义的身份概念。

在这方面，我做了如下努力。首先，我更详细地阐述了布尔迪厄和柯林斯的论点。然后，我考察了观念社会学中关于帕森斯的基础性著作《社会行动的结构》(*The Structure of Social Action*, 1937) 的重要辩论，辩论的一方是卡米克，另一方是杰弗里·亚历山大（Jeffrey Alexander）和朱塞佩·塞奥蒂诺（Giuseppe Sciortino）。虽然这场辩论的大部分内容被证明是言过其实的，但其中涉及的论点为针对布尔迪厄和柯林斯的尖锐批评扫清了道路。最后，我提出了学者自我概念这种替代性理论。

3

皮埃尔·布尔迪厄对观念社会学的兴趣源于两个方面：一是理解学术界作为中上阶层的守门人的角色；二是建立"反思社会学"的愿望——这

---

① Wuthnow, *Communities of Discourse*.
② Bourdieu, *The Political Ontology of Martin Heidegger*.

种社会学将影响观念的社会因素考虑在内，以克服自身的偏见、避开自身的盲点。①

在这些兴趣的驱使下，布尔迪厄试图通过其一般化的社会理论来观察思想界，特别是法国学术界。② 这一社会理论的核心在于坚持认为当代社会同时沿着多个维度分层。在布尔迪厄的理解中，这些维度围绕着"资本的种类"——受到社会关注并赋予持有者某种权力的各种类型的物品和符号商品——而展开。布尔迪厄关注四种资本：经济资本，或者说对物质资源的控制；文化资本，或者说对具有社会价值的知识和品位形式的占有；社会资本，或者粗略地说所认识的那些人；以及最终的符号资本，或者说上述几种资本的占有者使其占有合法化的手段。布尔迪厄反对马克思主义对社会分层的传统理解，这种理解将阶级视为核心，并或多或少地存在二元化的思维——某人要么是生产资料的拥有者，要么不是。而布尔迪厄坚持认为，社会是一个空间，个人在这个空间里的地位取决于他们所拥有的各种形式的资本的数量。他把这与关于社会关系的斗争观点结合起来。个人和团体都在努力积累尽可能多的资本，这有两种表现形式。首先，他们试图利用现有资本（例如，进入最好的学校，或者获得最高职位），使自己处于有利的社会地位。在这样做的过程中，他们可能试图将一种形式的资本转换为另一种形式的资本。例如，利用手中的经济资源将自己的子女送到学校，在那里他们将建立重要的社会关系，由此将经济资本转换为社会资本。③ 其次，由于资本，特别是文化资本具有内在的主观性，某些形式的知识或品位之所以得到重视，仅仅是因为它们被社会定义为有价值的——所以个人和群体一直在为文化的定义而不断斗争。

虽然资本的争夺无处不在，但布尔迪厄的研究方法中有一个关键特征，即主张这种争夺通常出现在特定的社会活动领域或者场域中。涂尔干的《社会分工论》（*The Division of Labor*，1893）对从前仅从经济学角

---

① Pierre Bourdieu and Loïc J. D. Wacquant, 1992, *An Invitation to Reflexive Sociology*, Chicago: University of Chicago Press.

② Pierre Bourdieu, 1986, *Distinction: A Social Critique of the Judgment of Taste*, Richard Nice, trans., Cambridge: Harvard University Press; Pierre Bourdieu, 1990, *The Logic of Practice*, Richard Nice, trans., Stanford: Stanford University Press; Pierre Bourdieu, 1977, *Outline of a Theory of Practice*, Richard Nice, trans., Cambridge: Cambridge University Press.

③ Pierre Bourdieu and Jean-Claude Passeron, 1979, *The Inheritors: French Students and Their Relations to Culture*, Richard Nice, trans. Chicago: University of Chicago Press.

度来理解的现象作了社会学的解释,至少从这本书开始,社会理论家们注意到,现代社会的特征之一是趋向分化:随着社会整体变得越来越复杂,人们逐渐成了特定活动的专家。在阐述结构功能主义的基本原则时,塔尔科特·帕森斯认为,这些专门化的人组成了"社会子系统",它包括与特定活动领域相关的彼此协调的各种社会角色。[①] 从表面上看,正如布尔迪厄所指出的[②],场域看起来像子系统——它们是专门化的场所,但布尔迪厄和帕森斯之间有着至关重要的区别。首先,布尔迪厄并不赞同社会分化发展理论。在他看来,专业活动场域的出现并非出于历史必然,而是源于斗争,源于个人和群体为保护自己所做的努力,即从其他竞争者手中夺取某些社会生活领域的权力或管辖权。其次,布尔迪厄最感兴趣的不是场域对整个社会的作用(尽管这也是他分析的一部分),而是场域相对于社会其他部分的自主性。虽然场域可以由经济发展、国家活动或其他外部因素形成,但每个场域内的社会行动都遵循一种独特的逻辑。作为这一逻辑的一个要素,每个场域里不同的资本亚种就成为参与者努力追逐的目标,即他们所追求的利益。各场域的行动者用以实现这些目标的或约定或默许的方式也各不相同。

虽然场域具有相对的自主性,但它们与社会所呈现的多维社会空间有着复杂的关系。一方面,每一个场域都属于这个空间的某一部分,也就是说,每一个场域都与经济资本、文化资本、社会资本和符号资本,进而与社会权力有着某种确定的关系。例如,法律场域与经济资本的联系最为紧密[③],而艺术场域主要与文化资本联系在一起[④]。因此,某些场域要比其他场域更适合施展社会权力,比如法律场域相对于艺术场域就是这样。另一方面,布尔迪厄认为每个场域本身都构成一种社会等级体系、一种方位空间,这些方位的价值有高有低,每个方位都与所有其他方位相关。在法律场域,会有声誉高和声誉低的公司;在艺术场域,会有声誉高和声誉低的艺术风格。这些场域的参与者努力追逐着这些场域所定义的成功,努力使自己处于有更大权力和更高地位的方位,他们在此过程中发现,自己在更广泛的社会背景中的地位,以及自身社会背景所决定的可支配的经济、

---

① Parsons, *The Social System*.

② Bourdieu and Wacquant, *An Invitation to Reflexive Sociology*.

③ Pierre Bourdieu, 1987, "The Force of Law: Toward a Sociology of the Juridical Field," *Hastings Law Journal* 38: 814-53.

④ Pierre Bourdieu, 1993, *The Field of Cultural Production: Essays on Art and Literature*, Cambridge: Polity.

社会和文化资本，都在影响着自身追求的成效。因此，某个场域中的方位与更大社会空间中的方位之间存在着"同源关系"或对应关系，这种定位与关于文化定义的争论有关：不同方位的行动者努力推行自己的分类和评估标准，以评估事物和人员的价值，从而使自己相对于其他人更具优势。

布尔迪厄在分析法国学术界这一场域时运用了所有这些概念。这一场域直到19世纪下半叶才获得相对于社会权力中心的独立性："高等院校的教授们在19世纪上半叶是由政府当局任命的显贵，致力于为政治服务，在下半叶就变成了通过选举产生的专业化教师，他们的学术活动与政治生活格格不入，从而与社会名流疏离开来"①。鉴于这一演变的性质，学术界与权力之间形成了一种矛盾的关系。这些人拥有中等水平的经济资本和高水平的文化资本，但实际掌握的权力远远低于经济精英和政治精英。因此，布尔迪厄说，学者应该被理解为属于"统治阶级中被统治的一小部分"②。同时，学术界在社会不平等的再生产方面发挥着关键的作用。在兰德尔·柯林斯所称的"文凭社会"中，如现代法国或美国，精英们要想世世代代生产出自己的社会特权，就必须做更多事情，而不仅仅是赤裸裸地通过经济或政治手段来维护自己的权力。③ 在表面上支持精英制度的文化氛围中，他们必须以某种方式表明，自己及其子女比其他人更有资格占据权力性地位。他们寻求合法性的一种方式是积累有声望的文凭：获得顶尖学校的学位，同时培养作为精英的标志性品位和风格。④ 布尔迪厄指出，这些学位证书是由学者们授予的，这些文化知识也是由这些学者教授的。虽然布尔迪厄并不否认，当学者给予那些出身较低的人以教导时，他们可能在一定程度上促进了社会流动，但他认为，至少在法国，学术界所扮演的历史角色更多是负面的。事实上，他认为，正是因为学术界愿意扮演这种负面角色，精英们才会容忍它对自主性的主张。如果今天的教授们发现自己可以自由地开展任何喜欢的研究或设计课程的教学大纲，那也仅仅是因为近年来，拥有经济、政治和宗教权力的人在某种交易中放弃了对大学课程的掌控。

---

① Bourdieu, *Homo Academicus*, 37.
② David Swartz, 1997, *Culture and Power: The Sociology of Pierre Bourdieu*, Chicago: University of Chicago Press, 223.
③ Randall Collins, 1979, *The Credential Society: An Historical Sociology of Education and Stratification*, New York: Academic Press.
④ Pierre Bourdieu, 1996, *The State Nobility: Elite Schools in the Field of Power*, Lauretta Clough, trans. Oxford: Polity Press.

然而，由于这种让步，学术领域变得相对自主了。学术界并不是一个以收入高低来定义成功的空间，而是追求"场域内唯一公认的目标，即科学上的成功和特定的学术声望"①。积累学术声望正是布尔迪厄所说的"学术习性"（the academic habitus）的目标。在布尔迪厄的词汇里，习性是一套在社会中习得的习惯或性情。② 布尔迪厄不认为社会生活的大部分是由规范支配的，也反对理性选择理论，他认为，个体行动和社会结构之间的中介是由与人们所处社会地位相关的感知和行为模式所构成的，这些模式已经根深蒂固，以至于它们形成了行动者几乎没有意识到的习惯。布尔迪厄认为，习性并不能机械地产生行动。人类是掌握知识、即兴创作的生物。然而，他们的即兴创作总是围绕着一些原则，这些原则是他们在自身社会地位中所学到的习性的一部分。因此，虽然他们感觉自己是自由的主体，但是他们通常会复刻出对于社会空间中相同地位的人来说十分典型的有关品味、渴望、表达和行为的模式。正如人们因其社会背景而形成独特的习性一样，学术场域等特定场域的参与者往往分享着相同的习性，正是这种共享习性及其催生的实践，生成并再生产了这个场域。③

布尔迪厄对学术习性给予了相当大的关注。根据他的理解，学术习性有两个鲜明的特点。首先，学术习性在其高度发达的形式中表现为坚持学术的"利益无涉"，在布尔迪厄看来，这一特点是通过哲学家得到表达的。④ 在学术界，理论、论证和经验主张的形成代表着知识的真正进步，它们的诞生不是因为作者需要找到一些可以争论的东西，以便在职业阶梯上迈得更高。的确，在大学环境中，没有什么比追求"真理"更神圣的了，大学里对动机的表达总是强调更高层次的理想，并且淡化自我的利益。

但这是一个诡计，因为学术习性的第二个特点是学者们趋之若鹜地去做那些会给他们带来学术声望的工作。在这种情况下，学者为其立场所做的学术上的辩护可视为事后合理化。和所有场域一样，学术场域也具有一种社会等级：其中一些方位比其他方位更受推崇。布尔迪厄认为，学术生活在很多方面都涉及学者对最有声望的方位的争夺。要做到这一点，他们

---

① Bourdieu, *Homo Academicus*, 99.
② Bourdieu, *The Logic of Practice*; Bourdieu, *Outline of a Theory of Practice*.
③ William Sewell, Jr., 1992, "A Theory of Structure: Duality, Agency, and Transformation," *American Journal of Sociology* 98: 1-29.
④ Bourdieu, *Pascalian Meditations*.

必须有策略地行事。取得学术成功的关键在于拥有学术资本（intellectual capital），这是文化资本的一个亚种。学术资本是指在某一学科或领域中最受重视的知识、技能、素质和专业成就。有抱负的学者如果想进入名牌大学或研究所，必须在其职业生涯中积累尽可能多的学术资本——进入名牌大学和参加研究生项目，选择一位受人尊敬的论文导师，选择一个肯定会引起轰动的论文主题和方法，在地位很高的场合发表文章，推广自己的著作，等等。在这里，就像在其他场域一样，社会不平等会再生产出来，因为学者积累知识资本的能力取决于其社会背景：那些有优势背景的人能够更好地做出"正确"的选择。在这些选择中，有一些是思想家在其职业生涯不同阶段所做的观念性选择：在相互竞争的研究主题、范式、理论、方法和解释之间，每一种都对声望的积累具有一定的价值，并将成为思想家未来职业轨迹的决定性因素。尽管布尔迪厄对学术场域和思想场域进行了区分，前者由等级性的机构组成，后者由等级性的知识组成，但是他的理论的全部要点是解释这两者之间的同构性——与更广泛的社会不平等模式相关联。

如果说《学院人》（*Homo Academicus*）是布尔迪厄探索学术生活最著名的作品，那么《海德格尔的政治本体论》（*The Political Ontology of Martin Heidegger*，1991）一书则为其探索的观念社会学提供了最清晰的说明。① 与其他从社会和历史的角度探讨海德格尔思想的人一样，布尔迪厄把哲学家对存在的兴趣置于20世纪20年代德国所面临的多重危机中。海德格尔与纳粹主义的关联与他对纳粹主义的同情是众所周知的，布尔迪厄也不忘讨论促成第三帝国崛起的因素，以及海德格尔的思想背后更为普遍的关于文化危机的思想表达。这些因素包括德国的"布尔什维克革命"，无数的"政治暗杀"，德国在第一次世界大战中的战败，"法国占领鲁尔地区"，"1919—1924年的恶性通货膨胀"，"对技术和劳动合理化的日益痴迷"以及1929年的大萧条②，它们体现了1919年德国未遂的社会主义政变之后的一种真正的"可能性"。这些因素共同促成了这个国家"独特的意识情绪"——一种"四处弥漫着的'对文明的不满'、对战争和死亡的迷恋、对技术文明和各种形式的权威的厌恶情绪"③。布尔迪厄认为，当时的学术界也正经历着一场结构性危机。充满抱负的学者比所能提供的职位还要多。由于自然科学和社会科学的地位日益提升，它们从传统的学科形

---

① Bourdieu, *The Political Ontology of Martin Heidegger*.
② Ibid., 7-8.
③ Ibid., 8.

式那里攫取了更多的荣誉和资源，使人文学科处于特别困难的境地。在这种情况下，许多学者，包括学生和学术界的边缘人士，"加入到了那些为西方文化或文明的衰落而悲叹的行列中"①。悲观的社会评论家大受欢迎，比如作者奥斯瓦尔德·斯宾格勒（Oswald Spengler）和维尔纳·桑巴特（Werner Sombart），前者是《西方的没落》（Decline of the West）一书的作者，后者在修订马克斯·韦伯（Max Weber）的那篇著名文章时提出，促使资本主义兴起进而对传统文化价值观造成侵蚀的因素不是新教，而是犹太教。

海德格尔的思想专注于类似的主题。他的"阐释体系"是由"一系列对立"构成的："沉默"和"本真性"与"晦涩"（verbosity）的对立，"本根性"与"好奇"的对立、"农民那种古老的、乡村的、前工业化的朴素"与"过度复杂的、城市的、犹太的'现代性'"的对立。②海德格尔在评价这些对立中的前者时，就已在参与当时广泛意义上的"保守革命"。但布尔迪厄坚持认为，学术场域是相对自主的，学术场域的结构和组成最终决定了学者的思想行动。这个观点也适用于海德格尔："毫无疑问，哲学即使不是海德格尔崭露头角的唯一场域，也是它获得声名的主要场域，这一场域也塑造了他。"③尽管在某些方面，海德格尔是保守的时代精神的代言人，但他的学术习性使其在阐释这些主题的时候，也能够从其他哲学学者那里获得声望。事实上，他的"首要目标"是"透过与康德，或者更确切地说，与新康德主义者的关系，从根本上创造一种新的哲学方位"④。埃德蒙德·胡塞尔的哲学也是其中一个参照。对于海德格尔来说，"现象学所未意识到的现象学真理，以及新康德主义所模糊的《纯粹理性批判》的真理，都存在于这样一个事实中：'去认识，源初上就是去直观。'先验自我（transcendental subjectivity），就其超越自身开启使遭逢之物对象化的可能性，从而向其他实体敞开而言，不是别的，就是时间，它的根源是想象，想象构成了存在之为存在的本源"⑤。

借助这一观念，海德格尔得以利用康德的声望和学术权威来为自身服务，为自己的哲学服务，同时暗自将自己的哲学与保守政治联系起来："给予哲学高于科学的优先性，给予直观高于判断和概念的优先性……这

---

① Ibid., 14.
② Ibid., 49-50.
③ Ibid., 56.
④ Ibid.
⑤ Ibid., 61.

与在政治场域可能观察到的非理性主义表现相互呼应"①。海德格尔所需要的学术资本并不是由特权社会背景赋予的。相反，正是因为他在"农村小资产阶级"背景下养成的习性，与更知书达理的新康德主义者之间的社会距离，导致他十分厌恶后者的做法。同时，海德格尔在社会空间中的"上升轨迹"可能给了他一种"天赋，能够在过去碎片化的问题之间建立联系"②。简言之，如果我们忽略海德格尔"打算在哲学领域发动一场革命性政变的企图……以及对哲学场域核心部分的权力关系的不适"，我们就无法理解其思想的起源③。海德格尔和其他哲学家一样，也在追求着学术上的声望。

4

兰德尔·柯林斯尽管和布尔迪厄之间存在差异，但他也和布尔迪厄一样，想要借助社会事实来解释学者的思想和著作，换句话说，就是发展柯林斯所谓的"心灵社会学（sociology of mind）"。他虽然不使用场域和习性这些词汇，但倚重互动仪式链、学者网络和学术注意力空间等概念。

正如引言中所指出的，当代社会学理论持续关注的问题是，如何将"宏观"和"微观"两个层面的分析结合起来，形成一套理论，它建基于关于个体如何实施社会行动的理论，但能解释大范围的社会现象和事件。④过去的理论常常在这一点上失败。路易·阿尔都塞（Louis Althusser）和克洛德·列维-施特劳斯（Claude Lévi-Strauss）等思想家主张社会结构具有优先地位，并认为个人不过是一种意识形态构件或附属物。布尔迪厄的理论有时被认为属于后结构主义，这部分是因为它试图超越这一局限性，把习性作为主要的"微观-宏观联结点"。但是，当布尔迪厄把博学和即兴创造的能力赋予个体时，作为整体的人就从他的分析中消失了。受现象学家莫里斯·梅洛-庞蒂等人的影响，布尔迪厄对身体的描述比大多数社会理论家都要多，但是在他的叙述中，身体就像是更宽泛意义上的人一样，最终变成了一块白板，一张空白的石板，上面写着习性的种种倾向。它不代表独立的现实层面，而是受其自身法则支配。在这方面需要考虑的法则

---

① Ibid., 67.
② Ibid., 47.
③ Ibid., 46.
④ Alexander, *The Micro-Macro Link*.

是心理学的法则，因此，这种批评的另一种表述方式有如斯蒂芬·特纳（Stephen Turner）等批评家所说的那样，布尔迪厄没有关于个体或社会心理学的理论。[1]

兰德尔·柯林斯理论的一个优点是不受这种批评的影响，因为它直接建立在社会心理学的假设之上。然而，他只关注社会心理学中的一个分支，即情感社会学。柯林斯并不否认我们体验和理解情感的方式在历史上发生过重大的变异，但他追随着乔纳森·特纳的观点，试图将进化心理学的某些发现融入社会学理论中[2]，认为"在所有社会中都存在着四种主要情感"——愤怒、恐惧、快乐和悲伤[3]。柯林斯认为，人类生活中的一个关键动机是渴望体验积极的情感，这种情感有不同的形式，如快乐和自以为是的愤怒。柯林斯引用涂尔干的观点，认为这种情感主要源自社会团结。涂尔干认为，团结是在"集体狂热"的时刻产生的，此时志同道合的人聚集在一起，实施群体认同的仪式[4]。柯林斯将涂尔干的思想与其导师欧文·戈夫曼（Erving Goffman）的思想结合起来，形成了如下洞见：每一次涉及两人或更多人的面对面的社交活动都有可能产生集体狂热。[5] 在这样的互动中，人们可以动用共同拥有的符号——柯林斯也将其称为"文化资本"——来举行仪式，以确定自己在某个社会群体中的成员身份。

---

[1] 参见 Stephen Turner, 1994, *The Social Theory of Practices: Tradition, Tacit Knowledge, and Presuppositions*, Chicago: University of Chicago Press。虽然我仍然不同意特纳对社会实践概念的批评，但他认为布尔迪厄缺乏心理学基础的意见我是同意的。具体可参见: Neil Gross, 1998, "Review of The Social Theory of Practices," *Theory and Society* 27: 117-27; Stephen Turner, 2002, *Brains/Practices/Relativism: Social Theory after Cognitive Science*, Chicago: University of Chicago Press。

[2] Jonathan Turner, 2002, *Face to Face: Toward a Sociological Theory of Interpersonal Behavior*, Stanford: Stanford University Press; Jonathan Turner and Jan Stets, 2005, *The Sociology of Emotions*, Cambridge: Cambridge University Press.

[3] Randall Collins, 2004, *Interaction Ritual Chains*, Princeton: Princeton University Press, 106.

[4] Émile Durkheim [1912] 1995, *The Elementary Forms of Religious Life*, Karen Fields, trans., New York: Free Press.

[5] Erving Goffman, 1959, *The Presentation of Self in Everyday Life*, Garden City: Doubleday.

柯林斯用"情感能量（emotional energy）"这个术语来描述人们在相遇中团结起来时可能产生的情感。这使他得以深入阐释一种主张，即人们会受到激励去体验积极的情感。事实上，他认为人们的这种动力就是去体验高水平的情感能量。他将对团结的体验和其他积极情感的结合称为情感能量，因为在他看来，情感能量是充满活力的——个人从团结的际遇中获得积极影响，给了其必要的情感力量，使其能够继续艰难的社会生活。如果按照戈夫曼的说法，我们把每一次际遇都看作一种"互动仪式"，那么个体的生活就可以理解为一个"互动仪式链"，在这个链条中，情感能量的储存和人们的符号体验可能会得到增强或削弱。柯林斯的理论认为，这个链条以及由此形成的社会互动模式根源于人们一成不变的追求相遇的倾向，这种倾向会使情感能量最大化。与布尔迪厄一样，柯林斯认识到，某些将群体成员凝聚起来的形式比其他形式更受到人们的青睐。不是任何一种团结都能让人充满活力、感觉良好，这在地位较高的群体中尤其如此。出于这个原因，追求团结成了一种竞争性的事业，人们必须与他人竞争跻身高级地位群体的特权，这一观念使涂尔干带有了一点韦伯式色彩。如果某人被允许加入一个高级地位群体，那么他可能会体验到情感能量的增强。与此类似，如果他被拥有更高地位的其他人所支配，或者被排斥在他想参与的互动之外，那么他也可能会体验到这种情感能量的减少。一个人是否会被接纳或被排斥，很大程度上取决于他拥有多少文化资本，以及拥有何种文化资本。从某种程度上说，"我所说的互动仪式链是一种激励模式，它将个体从一种环境推向另一种环境，在类似市场的模式的引导下，每个参与者所储备的社会资源，即他们在前期互动仪式中积累的情感能量和集体符号（或文化资本），与他们遇到的每个人的社会资源存量相互影响"[1]。柯林斯的众多著作都有一个共同目标，即借助上述微观层面的理论，揭示人类社会的各种特征——从社会不平等到日常事务，从家庭到地缘政治。

早在其1975年出版的《冲突社会学》（*Conflict Sociology*）一书中，柯林斯就运用了互动仪式链理论来解释心灵生活。他认为，学者就像所有的社会行动者一样，寻求最大化他们的情感能量，并努力跻身地位最高的群体。在思想领域，这就意味着要提出一些可以引起其他思想家注意的想法，并确保自己在学术精英中占有一席之地。

---

[1] Collins, *Interaction Ritual Chains*, xiv.

> 事实上，科学的现实图景犹如一片开阔的平原，到处都有人在大喊着："听我说！听我说！"……我们（观念社会学家）所要寻求的，正是一些解释性原则，用于阐明人们在何种情况下可以得到他人的关注。这里有各种各样的策略：尽可能早地出场，并尽可能在场上待得最久；说那些最有原创性或能吸引最多听众的话；有选择地与听众交谈；与更知名的人去争论；多提别人的名字和想法（因为每个人都喜欢听别人谈论自己）；开辟新的话题，让其他人可以继续谈论。这些策略的政治性意义是显而易见的。①

《哲学社会学》在阐述这一理论模型的同时，着眼于一个更具体的问题：催生哲学天才的社会学原因是什么？柯林斯认为，有可能以某种客观的方式区分"伟大的"和"次要的"哲学家，"思想的伟大在于其对思想史进程和后代人的影响"②。回顾世界哲学史，柯林斯发现，伟大的哲学家是十分罕见的。在中国从公元前535年到公元1565年的两千多年间，他只辨识出了25位哲学家，当代人们讨论这些哲学家的篇幅似乎可以证明他们对后世有着巨大的影响。③ 假设"一代哲学"大约持续30年，那么中国人平均每代可以诞生0.4位伟大的哲学家，或者说，平均每84年诞生一位伟大的哲学家，希腊人在公元前600年到公元600年间，则平均每43年诞生一位伟大的哲学家。问题是，当其他人变得微不足道，更多的人无法获得持久的声誉时，为什么有些哲学家却能取得伟大的成就呢？

为了回答这个问题，柯林斯引用了互动仪式链理论。他认为，一位伟大的哲学家只不过是一位设法建立起某种特殊互动仪式链的学者。在他看来，思想的伟大有两个社会学上的先决条件。第一，需要大量的情感能量。"'情感能量'很好地描述出学者或艺术家在工作中突破自身极限时所涌现的创作冲动。这使他们的注意力高度集中，并赋予他们体力，支撑他们更长时间地工作。这种自发喷涌出的创造灵感被希腊人神秘地归因给缪

---

① Randall Collins, 1975, *Conflict Sociology: Toward an Explanatory Science*, New York: Academic Press, 480.
② Collins, *The Sociology of Philosophies*, 59.
③ Ibid., 57. 这种为追求伟大而采取的方式所呈现的方法论问题应该是显而易见的。

斯女神或守护神的造访"①。第二，需要接触高水平的文化资本，更具体地说，就是需要接触思想领袖看重的文化资本：深奥的思想。即将成为伟大思想家的学者需要掌握一些社会符号，当这些社会符号以特定的方式组合在一起时，就会吸引其他地位较高的学者向其靠近，从而为自己争得声誉，并在重要的学者圈中占有一席之地。同样重要的是，他必须有良好的直觉，能够判断哪些符号会产生这样的效果。

但是，是什么使得一些学者得以掌握这项技艺，并取得必要的情感能量呢？柯林斯毫不犹豫地答道，如果把智力作为一个常量，那么这里发挥作用的就是他在学者圈中的地位。一个人与伟大的思想家接触越多，他自己成为伟大思想家的机会就越大。原因有三。第一，与地位高的思想家交往会带来情感能量的爆发，使人感觉是真的身处学者圈中。第二，地位高的思想家拥有最高地位的文化资本，并可以将其传递给周围的人。第三，伟大的思想家也常常认识其他伟大的思想家，所以其社交圈中的人最有可能成功地预料到哪些符号组合会在更广泛的学者圈中产生团结的力量。

但是，如果思想的成功主要取决于圈中地位，那么为什么不是所有的学者都能进入地位高的圈子中呢？为什么不是所有置身高地位人际网中的人都能成为重要的思想家呢？和布尔迪厄一样，柯林斯的回答是，学术场域是一个竞争的舞台。尽管"成功的学者可能会欢迎追随者"②，但如果那些追随者不能复制他们的成功，或者需要占用他们太多的时间，那么这些成功的学者自己的情感能量就可能下降。因此，有抱负的学者为了得到导师有限的关注而相互竞争。更重要的是，柯林斯认为，他发现了学者圈中的一个重要规律，他称之为"小数定律"。"学者圈的结构，"他写道，"受一个原则支配：一个活跃的思想学派，若能在一个充满争论的环境下延续一两代以上，那么它将产生三至六个学派分支。"③ 如果这一思想学派的分支数量降到三个以下，那么其思想竞争力就不够强劲。在柯林斯看来，这种思想竞争力对于情感能量的产生至关重要。如果这个数字超过了六，那么任何一个能将其统一起来的符号系统所能产生的团结作用都将非常小，以至于没有一个新的系统能够在竞争流派面前站稳脚跟。这就解释了为什么成功的学者手下不是所有的学生都能获得成功："任何时候，学术世界的结构都只允许有限数量的职位

---

① Ibid., 34.
② Ibid., 39.
③ Ibid., 81.

得到关注。只有少数职位需要填补,一旦填补完毕,其他想挤进头部位置的人就会面临巨大压力。"①

因此,为了理解为什么哲学家会产生他们所提出的思想,为什么只有少数哲学家能够获得长期声誉,观念社会学家必须分析他们写作时的"学术注意力空间",记录他们所面临的竞争对手的数量和类型。考虑到学术世界的构成,还应注意哪种符号最有可能产生团结作用,以及哲学家在各种网络中所处的位置。②

在《哲学社会学》中,柯林斯运用这一理论来解释世界哲学史,仅举一个例子就足以说明其方法的本质。让我们看下他对德国观念论的兴起的描述。在他看来,观念论与现代大学的形成密切相关。在19世纪大学改革席卷欧洲之前,大学还远远不是学术生活的中心。相反,学者们要从各种资助组织那里寻求物质支持,在某些情况下,他们也可以通过写作谋生,特别是在18世纪末商业出版迅速发展的时候。当时的大学仍然掌握在教会手中,尤其是在德国,学者的地位相对较低。18世纪下半叶,德国许多年轻的中产人士想要争取的职业与其所能获得的机会日益脱节,使他们的地位更加脆弱。普鲁士国家官僚机构的扩张导致许多人争相竞逐大学学位,以此作为跻身公务员的一种手段,但现有职位无法满足这种需求,这导致在狂飙突进的一代人中,人们日益感觉到,大学系统已经失去了往日的效用。这种感觉在19世纪之交达到顶峰,"在拿破仑战争及其余波酿造的危机时期……42所德国大学中有22所被废除"③。

柯林斯认为,正是出于这一点,"地位受到挤压"④ 的学者们迅速采取行动,推动大学实施了一系列改革,以从教会手中夺得对教学和研究的主导权,并将其赋予哲学教师们。他们用哲学通识教育取代职业培训,并将其作为德国生活中精神复兴的基础,并进一步巩固大学教育在日益重要的学位认证体系中的地位。观念论者,特别是费希特和施莱尔马赫,是这些改革的倡导者。事实上,柯林斯将观念论视为大学改革运动的"意识形

---

① Ibid., 75.
② 尽管我支持柯林斯的这种观点,但我对他的方法的一个方面有另外的理解:柯林斯认为,跨代的学者网络构成了集体的行动者,作为个体的学者最终会为他们所属网络的利益而行动。虽然我承认学者会自视为属于某一思想学派,并尽其所能促进学派的利益,但我不赞同将网络本身理解为一种行动者这种社会本体论假设。
③ Collins, *The Sociology of Philosophies*, 642.
④ Ibid.

态"。康德的批判哲学是一种"能够切断神学思辨和唯心思辨的工具"[1],费希特试图"超越康德,展示世界内部相互关联的深度……观念论不仅仅是对宗教主张的限制……也是宗教势力的潜在征服者"[2]。黑格尔对费希特的"正反合"[3]理论的挪用,使"辩证法……成了一种框架,在这个框架内,黑格尔(可以)将每一个研究领域理论化,使所有这些领域都恰切地成为哲学的食粮"[4]。这样一来,"观念论的内容就为哲学教师关于学术独立的主张提供了支持"[5]。

但柯林斯并不认为观念论的创立者仅仅是出于使学术改革合法化而提出这些观点。他指出,事实上"耶拿和柯尼斯堡……是传统主义者的地盘……在那里,人们迫不及待地要为哲学学生创造更多机会"[6]。此外,"康德、赫德尔、费希特、谢林、黑格尔和荷尔德林的社会出身都很一般,他们所获得的机会要归功于不断扩展的公立学校制度"[7],"他们提出的许多概念都是源于现实的评估,他们真切地感受到,大学正朝着有利于学术精英自治的方向发展,这为他们提出自己的思想观念提供了动力"[8]。但柯林斯和布尔迪厄一样坚持认为,尽管学者们可能"被周遭物质世界和政治世界提供的结构性机会所激励,"但他们总是"在自己的注意力空间内活动,打磨手头已有的工具,这些工具是他们从历史上和当前与自己领域有关的争论中接受过来的"[9]。要充分理解观念论的兴起,我们除了要在这些制度层面和政治经济学层面上做出分析外,还必须理解"这些思想的提出者所积聚的观念资源和社会网络"[10]。

以黑格尔与叔本华的例子作为对比。他们二人都浸淫在以费希特的观念论为核心的社交网络中,因此在职业生涯的早期,他们都具有很强的情感能量,并掌握着大量有潜力催生群体团结的符号。但在争夺学术界的关注方面,黑格尔有两个决定性的优势。首先,黑格尔"对学术领域的动向

---

[1] Ibid.,653.
[2] Ibid.,655.
[3] Ibid.
[4] Ibid.,659.
[5] Ibid.,650.
[6] Ibid.,649.
[7] Ibid.
[8] Ibid.,650.
[9] Ibid.,622.
[10] Ibid.

有很好的直觉"①,他投身于日益兴盛的"史学运动",这场运动构成了"新的学术研究领域的第一波浪潮"②。黑格尔通过将费希特的观念论发展为历史哲学,"在学术注意力空间中为自己谋得了一席之地"③,并"为哲学学者开辟了广阔的研究领域"④。相比之下,叔本华"最早接触的是保守的法国移民圈",他们"来自属于富裕阶层的沙龙社会,而不是努力重塑学术路径的牧师和导师们所营造的观念论环境"⑤。叔本华试图整合手上可用的符号,他采取的方式是把历史描绘成"一轮轮战斗,没有目的,无休无止。……康德的思想……存在于更高的领域,它不是为了科学理解经验世界,而是为了超越经验的变化"⑥。这一保守立场与普鲁士社会的改革势头背道而驰,恰好失去了来自历史研究和社会研究领域的支持,而黑格尔有效地把握住了这一点。因此,"与叔本华的反偶像崇拜理论和宗教悲观主义相比,(黑格尔)对费希特的传承和拓展在学术界收获了更多共鸣和支持"⑦。其次,黑格尔具有先手优势。黑格尔出道时,空气里弥漫着多种不同的哲学观点,比如"康德的批判哲学;赫尔巴特等人对康德的心理实证论阐释;费希特的辩证观念论;德国自然哲学;审美观念论;施莱尔马赫的观念论神学;以及……一种越来越自主的对正统宗教的狂热"⑧。黑格尔"置身于这个嘈杂和高度竞争的空间里……抓住了小数定律下几乎最后一丝机会"⑨。叔本华虽然"拥有非常好的资源和人脉关系",但不幸"姗姗来迟",由于一种结构性原因而几乎没得到什么关注。当黑格尔被其所受到的学术关注所激励时,叔本华"面对小数定律",情感能量不断降低,最终陷入了一种神经症,在相对还算年轻的时候就放弃了授课⑩。在柯林斯看来,这两位思想家都做出了创造性的工作,但黑格尔由于抓住了时机和使用了高超的策略,成了真正的伟大哲学家,并被人们铭记。

---

① Ibid., 659.
② Ibid., 657.
③ Ibid., 656.
④ Ibid., 657.
⑤ Ibid., 663.
⑥ Ibid.
⑦ Ibid., 637.
⑧ Ibid., 634.
⑨ Ibid., 657.
⑩ Ibid., 636.

5

布尔迪厄和柯林斯的理论框架对于从事观念社会学研究的学者来说是卓有成效的。查尔斯·卡米克（Charles Camic）恰切地评论道："无论以什么标准来衡量……《哲学社会学》都是'观念社会学'领域有史以来最重要的贡献……是这个领域的基石……所有观念社会学家，无论是新人还是老手，都必须阅读这部作品。"① 布尔迪厄的场域和习性概念，被拿来分析一系列思想史事件，从社会学的预备史②一直到19世纪的法国思想③都是如此。

尽管这些框架有助于解释各种各样的学术现象，但是，它们都忽略了一些重要的东西：学者都承载着某种认同，其内容通常与学者所在场域方位无关，但却可能会影响他们所持的观点。我不想抽象地论证这一点，而是想通过思考一个具体的案例及其遭受的类似批评来提供支持。这个案例来自卡米克对帕森斯早期学术选择的重要解释；评论则来自杰弗里·亚历山大（Jeffrey Alexander）和朱塞佩·塞奥蒂诺（Giuseppe Sciortino）。在亚历山大和塞奥蒂诺的论点的基础上（虽然我拒绝将其视为对卡米克的批评），我将展示这种批评如何适用于布尔迪厄和柯林斯的理论，并为我提出的学者自我概念铺平道路。

在1992年发表的一篇文章中，卡米克运用新观念社会学的理论洞见去解释帕森斯在《社会行动的结构》（*The Structure of Social Action*，1937）中阐述的基本论点。④ 在那本书中，帕森斯试图弄清楚社会学所处理的独特问题是什么。在那时，经济学已在学术界确立了自己的独立地位。它研究"行动者通过生产和经济交换理性地获取稀缺资源的过程，以

---

① Charles Camic, 2000, "Review Symposium on *the Sociology of Philosophies*," European Journal of Social Theory 3: 95-102, 96.

② Johan Heilbron, 1995, *The Rise of Social Theory*, Sheila Gogol, trans., Minneapolis: University of Minnesota Press.

③ John Brooks, 1998, *The Eclectic Legacy: Academic Philosophy and the Human Sciences in Nineteenth-Century France*, Newark: University of Delaware Press; Fritz Ringer, 1992, *Fields of Knowledge: French Academic Culture in Comparative Perspective*, 1890-1920, New York: Cambridge University Press.

④ Charles Camic, 1992, "Reputation and Predecessor Selection: Parsons and the Institutionalists," *American Sociological Review* 57: 421-445.

及根据这些资源的不同用途进行理性分配的过程"①。心理学所关注的问题也得到了很好的规定。心理学家关注的是人类行为，这些行为可以"通过人格的遗传基础得到理解"②。为了回答是什么构成了社会学这一独特领域的问题，帕森斯研究了各种欧洲思想家的思想，如阿尔弗雷德·马歇尔（Alfred Marshall）、维弗雷多·帕累托（Vilfredo Pareto）、埃米尔·涂尔干以及马克斯·韦伯等。他总结说，这些思想家的共同点在于，都对人类行为如何被塑造感兴趣，这些行为不仅受到效用和人格的影响，还受到社会规范和社会价值的影响。社会学的主题就是受到社会规范引导的人类行为，其中规范被认为是"对（某些）可取的具体行为以及相伴的使未来的行为与之相符的命令的语言描述"③。

卡米克提出的问题是，为什么在阐述这一论点时，帕森斯"选择"了马歇尔、帕累托、涂尔干和韦伯作为其"先驱"，而不是其他任何社会理论家。考虑到《社会行动的结构》在确立社会学的经典规范方面的影响，这个问题肯定早有人问过。例如，古德纳就想知道，为什么帕森斯提到马克思的篇幅如此之少④，而唐纳德·莱文则问道，为什么格奥尔格·齐美尔的社会学在帕森斯提出《社会行动的结构》前几年就在美国广为流行，却在帕森斯 800 页的作品中鲜有提及⑤。然而，对于卡米克来说，这些问题很容易得到解答：马克思和齐美尔之所以被排除在外，是因为他们的观点与帕森斯自己的观点相悖，而且会使帕森斯的观点变得复杂和遭到干扰。但是，为什么一些与制度经济学学派有关的美国著名理论家也遭到了排斥，即使他们提出的观点与帕森斯的中心论点是一致的？卡米克指出："从凡勃伦开始，制度主义反对功利主义关于行动和社会世界的观点，这一运动的年轻一代……提出了一种不同的理解，它消除了关于理性利己主义行为和原子化个人的假设，转向……具有文化价值、观念目的、道德规

---

① Talcott Parsons, 1937, *The Structure of Social Action: A Study in Social Theory with Special Reference to a Group of Recent European Writers*, New York: Free Press, 266.

② Ibid., 769.

③ Ibid., 75.

④ Alvin Gouldner, 1970, *The Coming Crisis of Western Sociology*, New York: Basic Books.

⑤ Donald Levine, 1991, "Simmel and Parsons Reconsidered," *American Journal of Sociology* 96: 1097-1116.

则和制度控制的社会领域——所有这些都是与《社会行动的结构》相符的。"① 但帕森斯为什么只关注欧洲理论家，而忽略制度主义所提供的丰富的、本土的方案呢？

卡米克的答案建立在信誉（credibility）这一概念上，这是布鲁诺·拉图尔（Bruno Latour）和史蒂夫·伍尔加（Steve Woolgar）在1979年出版的《实验室生活》（*Laboratory Life*）一书中提出的概念。拉图尔和伍尔加认为，科学家们努力使自己的工作得到认同和赞誉，这不是最终的目的，而是为了谋求未来开展科学研究所需的重要资源。② 卡米克认为，帕森斯在撰写《社会行动的结构》时最关注的是，在特定制度环境中建立自己作为一名社会科学家的信誉。哈佛大学新成立的社会学系与经济学系相比地位较低，因此帕森斯"对晋升前景感到不确定……他需要经济学家和其他当地有影响力的人提供支持"③。为了获得这种支持，帕森斯，"和大多数严肃的学者一样……试图建立一种从学术上来说，对自己和对可能引起争议的各方都可信的论点"④。正是建立信誉的这种兴趣，使得帕森斯排斥了制度主义者，因为在20世纪二三十年代，制度主义在许多美国学者眼中名声不佳。"在与正统经济学的斗争中，通常认为，制度经济学是输家"⑤，这种观点在哈佛大学尤为明显，帕森斯在经济学系的新古典主义"同事……向他传达了当代经济学界对制度主义的总体裁决"⑥。与此相反，帕森斯周围的一些经济学家对帕累托和马歇尔等欧洲学者给予了高度评价。虽然帕森斯忽略制度主义者、只关注欧洲学者这一决定不应被理解为"为迎合当地群体的意见而罔顾内容的工具主义者策略"⑦，但在建立自己论点的过程中，帕森斯的确"注意到了这些迹象，并认真开展本地权威所看重的工作"⑧。因此，这种策略性的、为了积累信誉而采纳的兴趣，对帕森斯思想的形成，以及经他塑造的20世纪美国社会学，起着至关重要的作用，尽管这种兴趣并不一定是有意的。

---

① Camic, "Reputation and Predecessor Selection," 430.
② Bruno Latour and Steve Woolgar, 1979, Laboratory Life: The Social Construction of Scientific Facts, Beverly Hills: Sage.
③ Ibid., 435.
④ Ibid.
⑤ Ibid., 433.
⑥ Ibid., 434.
⑦ Ibid., 436.
⑧ Ibid., 437.

在卡米克的文章发表几年后，杰弗里·亚历山大和朱塞佩·塞奥蒂诺发表了一篇措辞犀利的回复。这篇回复文章随后作为独立的一章发表在亚历山大1998年出版的《新功能主义及其后》（*Neofunctionalism and After*）一书中，题目是《论个人对学术先驱的选择：为什么查尔斯·卡米克对帕森斯早期作品的评论是错误的》①。文章一开始就提到——当然这是正确的——卡米克在推进他关于帕森斯的论点时，不仅仅是想解释单一的历史案例。亚历山大和塞奥蒂诺认为，他的真正目的是将古典和后古典理论家的研究推向观念社会学的方向。不仅是在这篇论文中，而且在其他著作中，卡米克都似乎认为，过去的理论观点应该从社会学的角度来加以解释，而不仅仅是基于当代理论进行评论或将其融入当代理论中。就卡米克的这种更大的目标来说，亚历山大和塞奥蒂诺认识到，"要理解卡米克（关于帕森斯的评论）……就意味着要面对远不止他对帕森斯的传记和文集所作的特殊解读"，而是意味着要面对他对"社会思想史"进行"彻底的全新定位"的呼吁——如果一个人理解社会学历史的方式与其关于社会学现在和将来的想象有关的话，这也意味着要面对卡米克对"这一学科本身的意义和本质"进行彻底的全新定位的吁求。②

随着风险的增大，亚历山大和塞奥蒂诺掀起了一连串反对卡米克的论战，指责他曲解了特定的历史证据，提出了一些矛盾和模糊的主张。这些批评的核心是对卡米克的社会行动理论的攻击，亚历山大和塞奥蒂诺认为这一理论为卡米克的分析提供了支持。在他们看来，卡米克关于声誉因素（特别是帕森斯对获得信誉的兴趣）影响着帕森斯思想的观点体现了"观念社会学中的工具主义方法"③。卡米克的错误在于，"对制度因素影响知识创造的方式作出了一种隐含的行为主义理解"④。卡米克的模型将帕森斯描绘成"一个名声不佳的笨蛋，无法根据自身的标准恰当地评估信息，只是不假思索地接受所在学术环境中最有声望的人的想法"⑤。但根据亚历山大的理解，社会行动绝不仅仅是由行动者所处的外部环境引起的⑥。虽然

---

① Jeffrey Alexander (with Giuseppe Sciortino), 1998, *Neofunctionalism and After*, Malden: Blackwell.

② Ibid., 117-18.

③ Ibid., 118.

④ Ibid., 136.

⑤ Ibid.

⑥ Jeffrey Alexander, 1988, Action and Its Environments: Toward a New Synthesis, New York: Columbia University Press.

环境条件可以或多或少地促成某些行动，但行动的出现总是由行动者对情境的解释所调节，这些解释受到他们在生活过程中形成的独特主观性的影响。这些主观性也塑造了行动者的意图，正是基于对具体情景的解释和相关的意图，特定的行动才得以展开，行动者总是在行动的内容和形式方面发挥着一定的创造性。亚历山大和塞奥蒂诺认为，卡米克未能将这样的理解应用到帕森斯身上。他们没有否认在某种程度上声誉在学术生活中"很重要"，但他们坚持认为"不能简单地从交换的角度来理解其影响"（他们认为这正是卡米克持有的观点），因为"进行交换的是这些学者，他们具有主体性，这会影响他们的意图，这些意图又建立起做选择的标准"①。他们认为，帕森斯排除制度主义者的真正原因，是他具有韦伯式的主体性，他试图"分析性地而非经验性地将社会学与其他社会科学区分开来"，而制度主义"则以经验的方式反对功利主义"②。正是这种主体性——加上帕森斯不打算对"当代欧美的社会理论文献作详尽的调查"③——解释了《社会行动的结构》对特定思想家的选择。但无论如何，这种经过选摘的历史事实不应该用因果关系来解释。相反，它应该被视为一种意志行为，其源于"帕森斯所说的主体性能力，判断、解释和处理经验的能力"④。更概括地说，亚历山大和塞奥蒂诺认为，这一主张背后的假设是回顾理论史的恰当基础。只有将古典主义和后古典主义理论家视为具有意图的主体，我们才能将其视为当代理性对话伙伴，从而依靠他们来帮助实现古典主义（根据亚历山大的说法）在后实证主义时代应该发挥的功能，即为社会学家争论和讨论各种理论预设提供一组共同的符号。⑤

　　亚历山大和塞奥蒂诺对此提出了批评。但他们的批评更多地适用于布尔迪厄和柯林斯，而不是卡米克。此外，他们的观念使我们对社会科学和人文科学中某些社会知识的形成机制和过程有了更充分的认知，但并没有真正地带领我们走进其中。

---

① Alexander and Sciortino, Neofunctionalism and After, 137.
② Ibid., 132.
③ Ibid., 131.
④ Ibid., 136.
⑤ Jeffrey Alexander, 1987, "The Centrality of the Classics," pp. 11-57 in Social Theory Today, Anthony Giddens and Jonathan Turner, eds., Stanford: Stanford University Press. 亚历山大关于"中心性"（Centrality）的观点与他攻击卡米克时所持的立场有些矛盾。在前者对斯金纳语境主义的批判中，亚历山大吸收了很多后结构主义的资源，坚持认为主体的意向性是稍纵即逝的，不可能得到历史性的阐明，而在反对卡米克的段落中，他正是试图就帕森斯进行这种阐明。

尽管亚历山大和塞奥蒂诺是在理论上而非经验上言说这一观点，但社会心理学家和其他人的许多研究表明，社会行动通常是由行动者的自我认知所调节的。诚然，对于身份和自我人格应该如何概念化，以及身份和行动相互塑造的过程具有怎样的本质，不同领域的理论家和研究者存在着相当大的分歧。在下文阐述学者自我概念时，我将指出哪种方法在观念社会学中最有前景。但在这些分歧的背后，有一个共同的基本观点：有意义的行为，无论其最终原因是什么，往往要经过认知和情感的过滤——在某种程度上，也会被其所影响——在认知和生情的过程中，行动者对自我及其生活的概念化尤为突显。显然，这并不是说行动者从不以功利性的方式行事，在特定情况下追求最大化自以为的用益。而是说，这种功利性的行动，就像其他形式的社会行动一样，需要以行动者对这些行动环境的解释为中介，这种解释带有过去的经验和自我认知的色彩，这些经验和自我认知是行动者经常关注的对象。即使是惯常做出的行动，也很少不渗透着行动者保持自我身份的努力。

　　亚历山大和塞奥蒂诺反对任何没有认识到以上观点重要性的观念社会学方法，这是正确的。问题是，正如卡米克自己所指出的，他们的反对意见并不适用于他。[①] 卡米克在1992年发表的关于帕森斯的文章中，并没有以某种方式讨论最终行动进程的问题。在这一进程中，声誉方面的考虑可能会对帕森斯的思想产生影响。构建一个可信的模型也不是什么难事，通过这种模型，可信性可以借助自我认知这一媒介来发挥作用。

　　他们对布尔迪厄和柯林斯理论的批评确实有实际意义，因为布尔迪厄和柯林斯都是在详尽的行动理论框架之上建立起自己的思想选择模型，而这些理论框架并没有为从认知性和情感性自我认知方面来理解身份留出太多空间。在提出这一论点时，我并不想重复下面的批评，即布尔迪厄和柯林斯认为结构优先于能动性。我追随着亚历山大在另一处地方对布尔迪厄提出的指控[②]，认为不管是布尔迪厄还是柯林斯，都在一定程度上缺乏关于自我的理论。尽管二人都明确表示致力于将微观分析和宏观分析结合起来，但他们的行动理论都极少提到，具有独特历史和身份的人对自我的认知影响了这些行动。当然，两位理论家都认识到，实践中的行动者在咀嚼着他们过去的经验。对于布尔迪厄来说，这正是习性的意义所在，而对于柯林斯来说，这一点被表述为互动仪式在纵贯人生的漫长时间链中相互关

---

　　① Camic's response：Charles Camic，1996，"Alexander's Antisociology," *Sociological Theory* 14：172-86.

　　② Alexander，*Fin De Siècle Social Theory*.

联。但布尔迪厄和柯林斯不仅假设行动者的过去塑造着他们的现在和未来，这种塑造主要是通过前意识来完成的——华康德（Loïc Wacquant）对布尔迪厄正确地评价道："为了恢复身体作为实践意向性的源泉，布尔迪厄……以莫里斯·梅洛-庞蒂关于主体与世界之间前对象化接触的内在肉身性观点为基础，……将实践意向性建基于前对象化经验之中"①——而且还假设塑造过程中的各种产物与既定社会场域中的观念结构相符。换言之，即使在布尔迪厄或柯林斯的模型中，个体拥有自我，但只有当其内容反映自身在领域中的地位时，这些自我才被认为对于行动具有重要的意义。在布尔迪厄的理论中，一个人以这样或那样的方式行动，是因为他在某一特定领域或多个领域的交叉地带，或更宽泛地说，在整个社会空间中，拥有适合自己地位的习性。同样地，在柯林斯的框架中，自我的内容，如其存在一样，仅仅包括个体凭借自身在不同网络中的位置而获得的符号化模式。

但是，如果说亚历山大和塞奥蒂诺对卡米克的批评中有什么隐含的观点，那就是，若学者们参与的主要行动（观念生产）是以某种重要的方式通过他们对自我认同的理解来塑造的，那么这种塑造在很大程度上不是围绕他们在某个场域中的地位进行的，这并不是因为场域方位与学者们无关，而是因为还有很多其他的自我理解形式对他们来说也很重要。只需浏览任何一所大学的教师网页，你就会对学者所塑造的自我身份的多样性有一个大致了解。大多数人通过自己的研究领域、研究兴趣、理论论证和研究方法来定义自己，但也不难发现有的思想家是根据自己的政治观念、宗教观念、伦理观念、性格特点，甚至生活方式偏好和品位来确定自己身份的。这一洞见也可以通过阅读学者的自传或大众媒体对学者的采访来获得。当然，根据布尔迪厄的理论，情况可能是这样的：学者每一种可能的身份（比如，专业领域、研究方法、方法论等）都可以与某种地位等级空间对应起来，这些空间合起来就构成一个学术场域，如此一来，每种身份或身份的组合都承载着一定的威望和分量。也许有人会说，学者其他可能的自我认知，比如与宗教、政治等有关的自我认知，在这个场域也占有特殊的价码。但是，后面这些身份就其在场域地位方面的重要性而言，对于相关行动者并没有太多意义，虽然这些行动者将其视为自我的核心构成，其中一些还涉及终极价值方面的承诺。亚历山大和塞奥蒂诺所坚持的行动理论的充分性标准，是指任何行动模式都必须承认个体拥有自我，这构成

---

① Bourdieu and Wacquant, *An Invitation to Reflexive Sociology*, 20.

了他们解释所属情境、形成意图和最终做出系列行动的关键出发点。观念社会学只有在将学者自我身份定义为作为主体的学者自身所理解的身份，并承认学者自我身份可能塑造他们的思想内容时，才能满足这一充分性标准。正是在这一方面，布尔迪厄和柯林斯的理论是不充分的。尽管米歇尔·拉蒙特用略有不同的术语阐述了这一观点，并冒着将学者自我身份的经验内容与行动理论过程合并的风险，但当她批评柯林斯未能"……为学者身上存在的多种自我留出空间"[①] 时，她也面临着类似的问题。拉蒙特反对像柯林斯那样给予"学者自我身份一个先天的定义"，"主张通过开放的和归纳的方法，把学者自我身份的多样性作为一个经验事件来处理。我在这里并不是反对柯林斯的互动仪式链概念在哲学领域的应用。相反，我认为，它需要一个更充分的自我概念作为补充，这个自我概念可以反映出我所认同的、在以文化为中心和具有创造性的学者身上发现的文化多样性"[②]。

虽然亚历山大和塞奥蒂诺的批判有助于我们意识到这一点，但它就像拉蒙特的警告一样，并没有提供一套理论工具，使观念社会学家可以用来分析可能构成学者自我内容的全部意义谱系及其对学者的观念的影响。学者自我概念理论试图填补这一空白。

6

简单地说，学者自我概念理论认为，学者会向自己以及他人讲述自身作为学者的故事，关于独特的兴趣、性格、价值观、能力和品位的故事。这些故事都是类型化的——思想家将自己描述成一个特殊类型的学者——一旦这些故事确立下来，它们就可能对思想家未来的思想产生巨大影响，使思想家倾向于接受某些思想而反对其他思想。诚然，思想家在学术场域中的地位可能是其学者自我概念的重要组成部分，他们为遵从自我概念而采取的行动与其他更具策略性的行动过程一起展开。基于这些原因，学者自我概念理论是对布尔迪厄、柯林斯等人的理论的补充。同时，这一理论还表明，许多对思想家来说很重要的自我概念不能简化为对自身在场域中的地位的关注，而是涉及更广泛的自我理解。根据这一理论，这些自我理解是预测思想家将在各种学术问题上做出何种选择的关键因素。在关于这

---

① Lamont,"Three Questions for a Big Book,"89.
② Ibid.

个理论的简短陈述中存在着许多假设，我会将其拆分开来解释。本章探讨了学者自我概念的社会心理基础。下一章将建立一个框架来解读特定思想家的自我概念从何而来，然后将这一理论应用到罗蒂的生活和事业中去。

7

第一个假设涉及该理论所适用的社会行动者群体——学者，随着这一理论在本书中的展开，更具体地说是哲学家。我所说的这些术语是什么意思？正如我和卡米克所指出的，知识阶层关于学者的社会起源、政治倾向、社会角色、对抗权力的倾向的各种理论构成了旧知识社会学的主要内容。① 对于观念社会学家来说，学者有某种特定的意涵：有学识的男男女女——典型的人文主义者——通常被认为共享着某些认知上的、文化上的甚至道德上的特征。根据爱德华·希尔斯的表述，学者这些人，他们"对神圣事物有着不同寻常的敏感，对他们所处宇宙的本质和统领他们的社会规则有着不同寻常的反思"②。这种定义在"向权力说真话"的"公共学者"③ 日益凋零的当下，继续激励着这方面的工作，但这方面的大多数工作与新观念社会学的假设是相悖的。这是因为新观念社会学家认为，知识生产者为突出自身的不同所做出的努力（如作出"英勇的"的公共学者和"纯粹的"学者的区分），也是在学术场域积累声望和权力的策略，这些正应该是社会学研究的对象。鉴于此，新观念社会学家倾向于对"学者"一词作出更宽泛的定义，以囊括所有那些与知识主张的形成紧密相关的职业，这些关于世界的主张在很大程度上应该根据其真理价值来判断，而不论各场域对它的认识有多么不同。从原则上讲，学者自我概念理论适用于所有符合这种定义的学者。现代美国大学是一个独特的制度场所，对生活在那里的知识生产者提出了独特的要求。我在本书中提出的学者自我概念理论，主要是希望解释美国的学术型学者所做出的学术选择和知识创造实践。这一理论可能被用于更广泛的领域，但我想将其留待未来的研究，以

---

① Camic and Gross, "The New Sociology of Ideas." Also see Charles Kurzman andLynn Owens, 2002, "The Sociology of Intellectuals," *Annual Review of Sociology* 28: 63-90.

② Edward Shils, 1972, *The Intellectuals and the Powers and Other Essays*, Chicago: University of Chicago Press, 3.

③ Edward Said, 1994, *Representations of the Intellectual*, New York: Pantheon.

探索记者、业界科学家和其他人,以及来自过去的和不同民族背景的思想家,他们的学者自我概念如何影响着他们的思想。为了避免"美国学术型学者"一词的不断重复,我用"学者"和"思想家"两个词作为"现代美国学界中的教员"的简称。

但我在这里写的也不是所有类型的美国学者。虽然罗蒂最终将离开哲学这一领域,但他是在哲学领域接受训练并走上职业道路的。不同于所有试图界定哲学本质(所有哲学思想都共享的本质)的努力,我将现代哲学家简单地定义为经过必要训练和认证并进入学术劳动力市场的人,他们将获得一份带薪职位,从事所谓的"做哲学"的活动。这项活动通常是教研一体的,其本质及与其他学术工作的关系,不过是在特定历史背景下进行的集体协商、谈判和斗争。由于每一种哲学定义都会标榜某些思想家和学派比其他思想家和学派更具合法性和优先性,因此哪种定义会占据优势一直是一个潜在的争端。观念社会学的任务不是通过以特殊的、独立的方式去定义这门学科来参与这些争论,而是观察和解释这些争论。

然而,有一点值得注意,那就是在20世纪下半叶,哲学通常不被看成是一门经验科学——经验科学需要收集有关这个世界的数据,然后对观察到的模式做出解释。新观念社会学家不再信奉曼海姆等老一辈知识社会学家所普遍信奉的假设,后者认为社会因素对思想的影响在人文和艺术中体现得最多,在社会科学中稍逊色,在自然和数学科学中则几乎不存在。然而,必须承认,知识生产实践在所谓的经验领域和非经验领域中是不同的。在经验领域中,通常更加要求所提出的主张与"外在世界"相符合,这里的"外在世界"可以通过各种工具来测量。这对学者自我概念理论有一定的启示意义。当我说自我概念引导罗蒂朝着特定的哲学方向发展时,我必须说明他是如何突破这样的发展所要求的逻辑复杂性的,从而将这一行动中形成的观念视为是理性和正确的,但我不需要说明自我概念如何影响他对经验数据的解释——这是一个更难解决的问题。由于该理论是在这些限定条件下发展起来的,因此它只能在理论工作完成后才能被扩展到在经验领域工作的学者身上,以展示对经验现实的解释如何对追求自我概念融贯性的进程造成影响并受其影响的。

8

学者自我概念理论的第二个基石是理解"身份"的方法。这种在观念社会学中最有前景的方法结合了三种不同知识传统中的元素。

首先，我借用了英美社会心理学（从威廉·詹姆斯和乔治·赫伯特·米德那里受益良多）中的一个假设，即自我概念是自我的组成部分之一，莫里斯·罗森伯格将其定义为"个体将自身作为对象来看待的全部思想和情感"①。我认为不言自明的是，所有的社会行动者都有自我概念，这些自我概念有时可能会发生变化，社会行动者就是根据其自我概念来驾驭社会空间的。我还借鉴了社会心理学中将自我过程和社会角色理论关联起来②的研究方式，假设人们对于不同的社会活动领域持有不同的自我概念。基于以上认识，我认为，学术界中的所有行动者都具有"学者自我概念"，借用罗森伯格的话来说，其可以定义为思想家将自身作为学者来对待的全部思想和情感。

这些自我思想和情感的本质是什么呢？我们将在第十章讨论思想家个体在生活中的经验起源问题，这里先把重点放在其内在结构上，罗森伯格的方法在这里同样可以发挥作用："人类思维的特点是将现实的各组成部分进行分类并将其经验归入不同的范畴，这不仅适用于物，也适用于人本身……正是这些分类构成了个体的社会认同，即他在社会上被认为从属的群体、地位或类别。"③乔治·麦考尔和J.L.西蒙斯曾用类似的语言指出过这一点，他们注意到"从一般意义上说，身份即是将事物按系统性的、相互关联的范畴进行分类……一旦某人将某事恰当地置于这样一个范畴体系中，他就知道如何从行动的潜在计划角度来对待它"④。因此我主张，学者自我概念主要用于将思想家置于文化分类体系的恰当位置。我已经说过，学者自我概念具有类型学的特点，涉及思想家如何将自己描述成某种类型的学者，正因如此，它显示出思想家在观念、价值观、性格、能力等方面是如何确定自己与其他学者的相对关系的，他们或多或少共享着同一个分类体系。

然而，这一说法仍然没有告诉我们什么是学者自我概念。在这里，我将融入第二种理论资源：将大多数身份问题视为一种叙事问题。在所有研

---

① Morris Rosenberg, 1979, *Conceiving the Self*, New York: Basic Books, ix.

② George McCall and J. L. Simmons, 1966, *Identities and Interactions*, New York: Free Press; Sheldon Stryker, 1980, *Symbolic Interactionism: A Social Structural Version*, Menlo Park: Benjamin/Cummings Publishing Co.

③ Rosenberg, *Conceiving the Self*, 9-10. On this point also see Richard Jenkins, 2004, Social Identity, London: Routledge.

④ McCall and Simmons, *Identities and Interactions*.

究这个问题的学者当中,杰罗姆·布鲁纳、詹姆斯·霍尔斯坦(James Holstein)和贾伯·古布里姆(Jaber Gubrium)、乔治·罗森瓦尔德和理查德·奥赫伯格(Richard Ochberg)以及玛格丽特·萨默斯的贡献最有影响力。① 这些理论家的观点不同于认知心理学、心理史学和符号互动论的观点,他们认为"个人故事不仅仅是一种讲述某人(或自己)生活的方式,而且是一种塑造身份的方式"②。基于这种理解,自我概念并不只是由静态的范畴集组成。相反,人类会向自己或他人讲述自身生活中的故事,而这些故事具有不可还原的叙述学维度,有助于整理人们自身的经验。

诚然,乌尔里克·奈瑟尔(Ulric Neisser)等心理学家坚持认为,如此称谓的自我概念应该与生活叙事区别开来;前者与当下所体验的自我有关,后者则"建立了一个超越当下的自我概念版本:在时间上延展的自我"③。根据奈瑟尔对相关迹象的解读,认识自我的能力通常在婴儿一岁时出现,而生活叙事"以及制造生活叙事的能力,只在三岁或之后才会获得"④。这种区分对于那些对发展过程感兴趣的心理学家来说可能很重要,但对于观念社会学家来说,这并没有太多意义,因为我们通常只对处于青春期及以后阶段的社会行动者感兴趣,他们当下的自我概念必然始终与生

---

① Jerome Bruner, 1990, *Acts of Meaning*, Cambridge: Harvard University Press; James Holstein and Jaber Gubrium, 2000, *The Self We Live By: Narrative Identity in a Postmodern World*, New York: Oxford University Press; George Rosenwald and Richard Ochberg, eds., 1992, *Storied Lives: The Cultural Politics of Self-Understanding*, New Haven: Yale University Press; William Sewell, Jr., 1992, "Introduction: Narratives and Social Identities," *Social Science History* 16: 479-88 (and see the pieces that follow); Margaret Somers, 1994, "Narrative and the Constitution of Identity: A Relational and Network Approach," *Theory and Society* 23: 605-49. A similar position on narrative identity is advanced in Christian Smith, 2003, *Moral, Believing Animals: Human Personhood and Culture*, New York: Oxford University Press.

② George Rosenwald and Richard Ochberg, 1992, "Introduction: Life Stories, Cultural Politics, and Self-Understanding," pp. 1-18 in *Storied Lives: The Cultural Politics of SelfUnderstanding*, George Rosenwald and Richard Ochberg, eds., New Haven: Yale University Press, 1.

③ Ulrich Neisser, 1993, "The Self Perceived," pp. 3-21 in *The Perceived Self: Ecological and Interpersonal Sources of Self-Knowledge*, Ulric Neisser, ed., Cambridge: Cambridge University Press, 5.

④ Ibid., 5.

活叙事保持着某种关系,既来源于生活叙事,同时又反作用于生活叙事。因此,我将略去自我概念和生活叙事的这种区别,并将学者自我概念重新定义如下:它指涉学者向自己或他人讲述的他们身为学者的故事,这些故事将学者自身的全部自反性思想和感情都整合了在一起。虽然接下来我将论述这些故事的因果重要性,但我并不否认思想家在特定的场合,如与同事交谈、作自传陈述、在工作面试或做演讲时介绍自己的贡献等,可能会被要求进行关于学者自我的叙事。毫无疑问,这些场合都会对叙事提出某些正式要求,人为地使这些叙事与日常生活无关。但我想说的是,在这种时刻,由思想家所做的叙述,或者经由"反思性评价"(借助其他重要的人的帮助以明确自己的"真正所是"①)产生的叙述,事实上都会延续到日常生活中,这不仅是因为这些叙述通常隐含着学者对自己的看法,从而有能力影响学者常规的知识生产实践。

但这种影响是如何发生的呢?社会心理学关于自我概念的理论通常会假设行动都有动机。社会心理学家除了认为行动者有动力维护其自我概念的完整性,避免"损害"自我身份和贬低自我尊严外,还认为他们有一种"按照自我概念行事,并在面临潜在的危险迹象时保持其完整性的动机。他们依循符合其自我形象的方式行事,并将任何与这种自我形象相抵牾的经验都解释为一种威胁"②。大卫·德莫在评价一些关于自我概念的实证研究时称,"人们有选择地与那些看待自己的方式符合自身期待的人进行互动……主动选择与自我概念相一致的角色和社会环境……有选择地关注有利于确证自我的反馈……并且重新解释、贬低或者驳回与其期待不符的反馈"③。然而,尽管社会心理学家普遍认为这种动机很重要,但他们对其发挥作用的机制的理解仍存在分歧。那些来自"过程符号互动论(processual symbolic interactionism)"传统的人,一般都遵循其创始人赫伯特·布鲁默(Herbert Blumer)的观点,认为自我概念在不同的情境中有相当大的变化。他们还遵循米德的观点,认为社会行动是"宾格我"的历史和

---

① 反思性评价观念是符号互动主义的核心内容,对它的有效借用,可见 Ross Matsueda, 1992, "Reflected Appraisals, Parental Labels, and Delinquency: Specifying a Symbolic Interactionist Theory," *American Journal of Sociology* 97: 1577-1611。

② Rosenberg, *Conceiving the Self*, 57.

③ David Demo, 1992, "The Self-Concept over Time: Research Issues and Directions," *Annual Review of Sociology* 18: 303-26.

"主格我"的创新之间的谈判,但谈判结果永远不可能事先知道①。相比之下,"结构互动论者(structural interactionists)"发展出了更多的机制模型,比如彼得·伯克的"身份控制系统(identity control system)"方法,它将人比作恒温器:在以某种方式"设定"好身份后,行动者会评估他们所接收到评价,如果这些评价不符合他们预先设定的身份,他们就会感到苦恼,从而调整自己的行为,使其与自我概念保持一致。②

从观念社会学的观点来看,这些方法的问题在于,它们都没有给自我概念和思想产出之间的关系带来太多启示。过程符号互动论者不愿意解释为何思想产物最终会以一种形式而不是另一种形式呈现出来。对他们来说,不确定性是现实的一部分,他们感兴趣的是流动的、异质的、始终不可测的过程,在这一过程中,自我观念和思想内容相互调适。至于伯克等结构主义者的控制论模式,则很难应对行动所具有的复杂性,它需要将无数的符号组合成融贯可信的文本。

作为这些方法的替代选择,我将转向第三种理论来源——爱利克·埃里克森(Erik Erikson)的自我心理学。埃里克森的作品在 1968 年后受到了反人道主义心理学家和其他人的批评③,但在我看来,如果褪去其中的神圣化倾向,它仍然是一个宝贵的、没有得到充分利用的理论资源。在埃里克森的模型中,所有的个体,尤其是成熟的个体,都在寻求一种方案,将从心理体验中获得的各种身份要素整合在一起。他认为,大多数人都是通过在先的"意识形态系统"来实现这一目的的,每个系统"都是一个由共享的图景、观念和理想组成的连续体,无论是基于明确的教义、隐含的世界观、高度结构化的世界图景、政治信条,还是基于科学信条或'生活方式',在经过系统性简化后,它们都为行动者提供了一个在空间和时间中、在手段和目的上的统一、融贯的定位"④。然而,埃里克森在依赖这种

---

① 比如,参加如下文献中的谈论:Kenneth Plummer, 1991, *Symbolic Interactionism*, Aldershot: E. Elgar。

② Peter Burke, 1991, "Identity Processes and Social Stress," *American Sociological Review* 56: 836-49; Peter Burke, 1997, "An Identity Model for Network Exchange," *American Sociological Review* 62: 134-50。

③ 关于一些相关问题的讨论,见 Kenneth Gergen, 2000, *The Saturated Self: Dilemmas of Identity in Contemporary Life*, New York: Basic Books。

④ Erik Erikson, 1968, *Identity, Youth, and Crisis*, New York: W. W. Norton, 189-90。

系统的人和拒绝这些系统的"创造性个体"之间作了区分,后者"要解决身份危机,只能向同代人提供一种新的解决方案,就像在艺术作品或原创作品中所表达的那样,而且他们还渴望在日记、信件和自我展示中陈述这所有的一切"①。埃里克森的作品倾向于把"创造性个体"看作是在巨大心理压力之下劳作的人。他在《少年路德》(Young Man Luther)一书中指出:"在想象一个年轻的伟人成为伟人之前,我无法不想到这些年里,他的内心深处所隐藏着的一种难以言喻的固执,一种秘密的、狂暴的不可侵犯性,一种为能最终在尚未成熟的新思维构制中发挥作用而积攒的无数想法"②。因此,"创造性个体"的思想产物所要达到的一个关键目的,就是以新颖的、完美的方式将不同的、难以调和的身份要素结合在一起,从而减轻面临的精神压力。埃里克森在其心理史学研究中,探索了这一过程在路德、威廉·詹姆斯和乔治·萧伯纳等人的生活中发挥的作用,特别是在他们的青春期发挥的作用,这一时期是身份形成和出现危机的关键时期。

埃里克森对在创设自身的身份制式方面有创造力的人和没有创造力的人之间作了区分,但这是经不起社会学推敲的。文化社会学中的接受研究③,以及该领域占主导的"行动中的文化"方法④,教导我们要警惕这样一种观念,即文化产品可以被任何人经由纯粹的模仿而攫取。同时,观念社会学建议不要把知识的创造力和先进性都归因于先天的心理特征。埃里克森的理论尽管存在这类问题,但其基本要素仍应得到保留,因为它们提供了一套意蕴丰富的模式,可以指导人们思考关于学者自我概念的叙述是如何影响学者的作品内容的。一种更严格的埃里克森式阶段性模型聚焦于身份危机在产生和消解间的交替,在不贬低该模型重要性的前提下,我认为学者们有动机去发展那些对于他们的领域来说具有重要贡献的观念,或者将自身与这些观念紧密连接起来,这些观念

---

① Ibid., 134.

② Erik Erikson, 1958, *Young Man Luther: A Study in Psychoanalysis and History*, New York: Norton.

③ 经典的文献是 Janice Radway, 1984, Reading the Romance: Women, Patriarchy, and Popular Literature, Chapel Hill: University of North Carolina Press。关于文化接纳和相关问题的新近讨论,见 Jason Kaufman, 2004, "Endogenous Explanation in the Sociology of Culture," *Annual Review of Sociology* 30: 335-57。

④ Swidler, *Talk of Love*.

也以令人满意的方式表达着或者关联着他们所理解的学者自我概念的核心特征。[①] 这种动机的形成基础，不是对自我概念的一致性的单纯追求，而是在制度性环境和文化性环境中对自我融贯性的追求，在这种制度性环境和文化性环境中，学术成果被视为个体最重要的特征。这种动机并不是通过某种机械的过程使行动符合于预先给定的身份来实现的，而是通过综合各种复杂的学术因素来实现的，在这一综合过程中，身份要素、专业知识、学术视野和目标融合在了一起。虽然最终作品所采取的具体形式永远无法提前完全预测到，但它很可能受到当时构成思想家自我叙述的要素的重大影响。有些学者在进行这一综合时，会感觉到自己必须比其他人更具独创性，还有些学者有更大的能力和/或制度自由去这么做，但这一相同的模式是适用于所有人的。

因此，学者自我概念理论可以重述如下：思想家向自己或他人讲述其作为学者的故事，从而受到强烈的激励去从事学术工作，尤其是那些有助于表达和汇集这些故事的不同要素的学术工作。在其他条件相同的情况下，他们会倾向于有利于使这种综合成为可能的观念。这并不否认学者自我概念可以而且经常会随着时间的推移而变化，这些变化有时是为了对学者的观念发展作出反应，这些学者有时通过把自己的思想形诸文字并观察文字如何引导思想的走向，来进一步澄清自身的学者自我概念。因此，自我概念和学术选择之间是双向的关系。之所以如此，也是因为学者自我概念这一范畴有时指的就是在先的观念承诺，例如做一位在唯物主义传统下劳作的心灵哲学家。如果一个思想家把自己定位于这一传统，那么他就会发现自己今后做出的学术选择都和这种自我定位相关，这不仅是出于获取学术资本的缘故。学者自我概念可能会随着时间的推移而改变，或者又回返到先前的学术选择上，但这并不能改变如下事实：当一个学术项目得以形成时，具有更宽泛意义的自我概念有足够的稳定性，可以将思想引向一个方向而不是另一个方向。

---

① 关于将身份的融贯性作为社会行动的动机的类似讨论，见 Debra Friedman and Doug McAdam，1992，"Collective Identity and Activism: Networks, Choices, and the Life of a Social Movement," pp. 156-73 in *Frontiers in Social Movement Theory*, Aldon Morris and Carol Mueller, eds., New Haven: Yale University Press, 169。

9

虽然学者自我概念理论是一种基于身份的学术生产模式，但必须强调的是，该理论与知识社会学中所谓的立场理论（standpoint theories）存在着显著差异。立场理论起源于马克斯和曼海姆的著作，后由多萝西·史密斯和帕特里夏·希尔·柯林斯（Patricia Hill Collins）等女权主义学者进一步发展，其认为，具有相同身份特征的思想家，由于社会利益和共同的生活经验，往往持有相同的世界观。[①] 这些理论家认为，这些世界观将使思想家倾向于某种特定的学术方向。除此之外，立场理论家认为，这种视角的共性为持有此种视角的人赋予了在某些主题方面的"认知特权"。例如，有色女性遭受的双重压迫使具有这些身份属性的学者拥有特殊的方式去深入这种压迫的现象学层面。

抛开认识方面的问题，立场理论仍是有缺陷的，这出于至少两个方面的原因：第一，虽然思想家有可能被社会以特定的方式归入某种范畴，而且他们关于学者自我概念的叙述将这些范畴元素置于核心地位，但是这并不是不可避免的，这些思想家也不一定都会以同样的方式解读这些范畴元素的含义和内涵。立场理论家常常被指责犯有本质主义的错误，事实也是如此。因为只有当这些范畴元素被认为与学者自我概念的诸多构成元素共存，从而为思想的综合提供一个多方位的跳板，而不是生产某种具有确定思想内容的世界观时，立场理论才能避免遭受还原论的指责，布尔迪厄和柯林斯也遭受过这类指责。[②] 第二，即使立场理论可以解释某些思想家的学术选择，它也不足以成为关于知识生产的一般理论，这是因为它没有解释那些拥有相对优势立场的人所展示出来的学术多样性。例如，美国哲学界以白人男性为主——2001 年，美国 73% 的哲学教师是男性，90% 的哲学家将自己定义为白人[③]——因此将他们统一定义为社会"统治关系"的代言人，并不能解释他们的学术立场的多样性。身份要素确实塑造了学者

---

① Patricia Hill Collins, 1990, *Black Feminist Thought: Consciousness, and the Politics of Empowerment*, Boston: Unwin Hyman; Dorothy Smith, 1990, *The Conceptual Practices of Power: A Feminist Sociology of Knowledge*, Boston: Northeastern University Press.

② 关于这一点，参见 Somers, "Narrative and the Constitution of Identity"。

③ 见美国哲学协会 2002 年成员调查报告，http://www.apa.udel.edu/apa/profession/IUSurvey/FacultyReport.pdf，2007 年 2 月 9 日访问。

的思想内容，但这些要素的广延远远大于种族、阶级、性别和性取向等大规模的社会群体范畴。

10

在结束本章之前，必须先解决一个问题。观念社会学家应该如何操作学者自我概念？至少在处理历史素材方面，它不需要技术性的方法论程序。自我概念，根据其定义，可以用于安东尼·吉登斯（Anthony Giddens）所说的"话语意识（discursive consciousness）"①——它们存在于学者谈论自己的话语中。要想找到这些话语，我们必须在自传式的陈述、随笔、采访、信件等资料中找寻其例，然后看看这些思想家的经历是如何作用于他们在文化谱系中的位置的。诚然，我们必然会想到，这些思想家之间会有差异，他们的学术生涯也会有变化，甚至他们的经历在不同情境下呈现出的连贯性、完整性以及与文化认同的相关性也会有所不同。学者自我概念在不同形式的自我对话中可能有不同的表达，其中有些无法公开展示。思想家对自身素质和能力的私人思索，或通过头脑中的"内部对话"进行②，或私下向医生或治疗师表达，这些思索可能会也可能不会进入信件或日记，并且可能与他们愿意公开记录的自我故事有所不同。考虑到这些复杂性，研究者应该专注于那些最不易消逝的学者自我概念，即那些以不同的自我对话形式一次又一次出现的概念，这些概念具有高度的一致性，并且看起来确实很明显。

我在上文中指出，自我身份本质上具有叙事学性质，在某种程度上也确实如此。研究者可以通过以下方式来进一步理解学者自我概念，不仅考虑关于自我的故事所聚焦的学术人格范畴，而且还考虑具体的叙事维度，例如故事情节的结构和顺序，或其中表达动机的词汇。受篇幅的限制，我在第十章中并没有使用这种分析策略，但它具有丰富的可能性，因为学者用来讲述自己故事的典型叙事手法在不同的国家、历史和学科背景下可能会发生系统性变化，这种变化可能会与观念社会学家所感兴趣的结果有关。

---

① Anthony Giddens, 1984, *The Constitution of Society: Outline of the Theory of Structuration*, Berkeley: University of California Press.

② 参见：Margaret Archer, 2003, *Structure, Agency, and the Internal Conversation*, Cambridge: Cambridge University Press; Norbert Wiley, 1994, *The Semiotic Self*, Chicago: University of Chicago Press。

除了要求研究者关注那些具有高度一致性和稳定性的自我概念之外，操作学者自我概念的一个基本要求是，就学术自我概念所提供的学术选择所作的解释不是同义反复的。为此，人们永远不应该从一个被要求解释的学术选择中推断出学者自我概念。例如，如果要用自我概念来解释一个学者对马克思主义的信念，人们就不应从这位学者在隶属于马克思主义传统的机构中工作而推断出他自认为是一个同情工人阶级利益的思想家。我在第十章中注意不要犯同义反复的错误，并从书信、自传性叙述、论文以及其他地方，找到论述罗蒂的学者自我概念的独立证据。

学者自我概念理论的核心要素现在已经得到阐明。但是，如果把这一理论应用到一个具体的经验案例中会是什么样呢？在这个案例中，学者必须采取必要的策略行动来获取学术生涯的成功，同时保持自我概念的融贯性，思想家必须在由更大的社会、制度和文化力量塑造和重塑的制度环境和学科地位结构中游刃有余。回答这个问题需要关注另一个理论问题：学者自我概念是如何从贯穿思想家一生的社会经验中发源的？

第十章
重新审视罗蒂

1

在上一章中，我提出了一种观念社会学理论方案，这种理论方案相较于布尔迪厄和柯林斯的理论框架，可以使人们更多地了解学者自我概念及其如何影响学者的知识主张。但是，将学者自我概念理论应用到具体的经验案例中会是什么样的呢？本章从观念社会学的角度重新审视罗蒂学术生涯中的关键时刻，包括罗蒂在写作硕士论文时对论文主题的选择，20世纪60年代向分析哲学的进军，以及70年代与分析范式的决裂和对实用主义的支持。布尔迪厄和柯林斯的理论，可以为我们理解罗蒂在几个人生关头所做的决定提供一些洞见。例如，布尔迪厄对社会资本和文化资本再生产的关注，有助于解释罗蒂早期的教育经历；而这两位理论家对学术生涯中的策略性选择的强调，有助于解释罗蒂在研究生毕业后为什么转向分析哲学。然而，在其他地方，这些理论对于罗蒂所采取行动的解释并不是完全可靠的。只有同时将追寻学者自我概念融贯性过程中的非策略性选择也纳入考量，才能更充分地解释罗蒂的思想选择。

2

然而，在进行这些分析之前，还需要做一些理论工作。第九章所阐述的学者自我概念理论，本质上是一种社会心理学理论，它没有考虑学术生涯得以展开的宏观制度背景。那么，这些学者的学者自我概念是从何而来的呢？

我对这个问题的思考综合了不同的社会科学调查所取得的成果。首先是对生命历程的研究。① 许多生命历程研究者认为，理解人类社会的合理途径是研究人口流动。每年，无论是通过出生的方式还是移民的方式，都会有一定数量的增量人口，了解他们在生命不同阶段以及不同社会和物质空间中的经历，就能在很大程度上了解他们所居住的社会。许多生命历程研究者关注社会角色，认为生命历程涉及一系列的角色转换，例如从大学生转变为全职的有偿劳动者。

我从这方面的研究中借用了这样一个观点：分析学者生活的一种富有成效的方法就是将其看成一系列的运动，不一定是从一个角色到另一个角色的转换，也可以是从某一个机构和组织向另一个机构和组织的迁移，从而形成一系列的机构隶属关系。与学者自我概念理论高度相关的不是一般的机构隶属关系，例如19世纪的家庭，或20世纪中叶的研究型大学，而是它们的具体实例，例如史密斯的家庭，或哈佛大学哲学系。这种更具地方色彩的机构，在规模上从二人搭档到正式组织不等，而且思想家与它们的从属关系也有很大的不同。一个将在未来成为学者的人会在一个特定的家庭中成长，小时候可能会参加一种特定的宗教集会，上一所特定的中小学，再上一所特定的高校，随之参加一个特定的研究生项目，在一个特定的院系获得学术职位，等等。这一序列的本质和时机取决于学者所在社会中典型的生命历程（对于与学者的社会经济背景类似的人来说）是怎样的。学者将与哪些机构关联在一起，很大程度上取决于他的特征与机构的成员资格是否一致，这构成了一个匹配操作过程。有些特征是特定的，会自动将人与机构联系起来。举个明显的例子，某一对父母所生的子女，就符合进入其父母家庭机构的关键标准。而有些特征（例如，知识的评估水平或学术著作的质量）更具普遍性，它们与学者能否进入特定机构相关，这些机构具有公开的、本质上基于能力的选拔程序。虽然思想家进入某种机构的机会有限，但他们往往——尽管并非总是如此——仍有一定的选择

---

① 比如，可参见：Janet Giele and Glen Elder, eds., 1998, *Methods of Life Course Research: Qualitative and Quantitative Approaches*, Thousand Oaks: Sage; Erin Phelps, Frank Furstenberg, and Anne Colby, eds., 2002, *Looking at Lives: American Longitudinal Studies of the Twentieth Century*, New York: Russell Sage。

空间，比如，去某一所大学而不是去另一所大学，虽然一些先入为主的文化因素可能会使这种选择流于表面，缺乏实质。

学者自我概念理论的根本之处在于，思想家在其生命历程中隶属于不同机构时，可能会从某些机构中挑选与自我概念相合的身份要素。与社会学其他分支领域相比，机构具有内部文化这一理念对于组织社会学的工作具有核心意义①，但我的观点主要借鉴了涂尔干的传统，这意味着在每个社会群体中，不管规模是大是小，某些思想、符号、物体和实践在文化上都被编码为神圣的、值得尊敬的，而其他的则被认为是亵渎的、应受蔑视的②。这些编码有助于解读群体间的文化界限，也就是区分内部人和外部人的界限③，它们是通过复杂的结构化过程产生的，包括群体在社会上力图为自己开辟合适地位的过程。各种类型的人格就是机构以这种方式标记的事物。④ 例如，在福音派基督徒中，共和党人、反堕胎者、异性恋者、得克萨斯人，以及达拉斯牛仔队球迷，都可能或多或少地被编码成神圣的身份元素。

是什么决定着机构中神圣的身份元素会和与它有接触的学者或未来的学者的自我概念描述相融合呢？正如哈罗德·加林克尔（Harold

---

① Joanne Martin，2002，*Organizational Culture：Mapping the Terrain*，Thousand Oaks：Sage.

② 例如，参见：Jeffrey Alexander，2003，*The Meanings of Social Life：A Cultural Sociology*，New York：Oxford University Press。

③ Michèle Lamont and Marcel Fournier，eds.，1992，*Cultivating Differences：Symbolic Boundaries and the Making of Inequality*，Chicago：University of Chicago Press.

④ 这一论点在某些方面与查尔斯·蒂利在不平等问题上提出的立场相似（Charles Tilly，1998，*Durable Inequality*，Berkeley：University of California Press）。蒂利认为，不平等总是涉及人与人之间的绝对区别，而组织通过将他们所做的工作、报酬和资源的分配与拥有组织所青睐的类别相联系，在使不平等永久化方面发挥着关键作用，这些类别要么在组织内部有意义，要么起源于组织之外并在组织环境中具有意义。我的方法和蒂利的方法的主要区别在于，除了他对不平等的关注，以及对交易和关系而不是个人决策的关注和分析之外，我关注的身份类型在某种意义上是可选的：这一领域的所有思想家原则上都可以在社会、文化和智力空间中的不同位置间进行转换。相比之下，蒂利所说的大多数类别都是那些由于生理特征或社会背景（如性别或种族）而被降级的人，这些类别可能受到组织的限制和约束，但不是作为身份获得的。

Garfinkel)所指出的,人类不是"文化白痴"①,也不是"身份海绵"。事实上,如上所述,一个思想家可能会有一些机构隶属关系是他刻意选择的——尽管是从有限的选项中选择的——因此在某些情况下,身份可能会决定机构隶属关系,而不是隶属关系决定身份。另外,如果一个学者发现自己置身于一个热衷强加给他有害身份的机构中,他可能会试图退出,尽力忽视周围人的观点,甚至试图改变这个机构。撇开这些可能性不谈,对宗教皈依、社会运动招募和其他群体隶属现象的研究表明,六个关键因素有助于预测身份是否会从机构转移到与之有联系的人身上。② 首先,一些机构可以通过制裁或威胁制裁不接受隶属关系的人来使其产生身份。但制裁并不总是能成功地产生真正的转变,事实上,它表明此时笼罩着机构的情绪氛围与下面要考虑的第二个预测因素,即积极情绪不一致。但是,来自某个道德集团的武力威胁或排斥,或是对某些有价值的社会福利的捍卫,肯定会激励人们接受机构推行的身份。第二个预测因素是机构成员之间存在着强烈的情感纽带。③ 更具体地说,能够在新成员和现有成员之间培养积极情绪的机构,无论采取何种具体形式,都能够更好地打破身份转变面临的障碍,鼓励身份效仿,尤其是通过集体赋予机构的关键人物以个人魅力的方式来做到这一点时。④ 这种影响及它所促进的身份感可能会因机构与外部世界的隔离而增强,从而将社会关系的影响力降至最低。⑤ 第三个因素是意识形态的凝聚力。一个机构的文化元素越是天衣无缝、越是有效整合,所有既定成员越是认同这种文化,它就越有能力将新成员拉入自己这一方,因为它有能力通过自己的世界观来令人信服地重新描述一切,并且能够反驳反对意见,这似乎都表明了它的实力。第四,机构更容

---

① Harold Garfinkel, 1967, *Studies in Ethnomethodology*, Englewood Cliffs: Prentice-Hall.

② Sheldon Stryker, Timothy Owens, and Robert White, eds., 2000, *Self, Identity, and Social Movements*, Minneapolis: University of Minnesota Press; David Snow and Richard Machalek, 1984, "The Sociology of Conversion," *Annual Review of Sociology* 10: 167-90.

③ Lynn Lofland and Rodney Stark, 1965, "Becoming a World-Saver: A Theory of Religious Conversion," *American Sociological Review* 30: 862-75.

④ Charles Thorpe and Steven Shapin, 2000, "Who Was J. Robert Oppenheimer? Charisma and Complex Organization," *Social Studies of Science* 30: 545-90.

⑤ 关于这一点的经典研究是欧文·戈夫曼关于总体制度的论文。见 Erving Goffman, 1961, *Asylums: Essays on the Social Situation of Mental Patients and Other Inmates*, Garden City: Anchor Books.

易在年轻人身上打下身份的烙印。社会学家很早就观察到，许多文化变迁都是以群体更替的形式出现的，当在青春期和青年时代接触激进思想的新的一代人成长起来时，他们将以自己的方式穿过社会结构的丛林。① 年轻人比老年人表现出更强的认知灵活性，这不仅仅是因为生理上的原因，还因为年轻人缺乏在这个世界上生存的既定认知习惯，并且他们有动力将自己与新的世界观联系在一起，这种世界观可以让他们从认知上对环境进行控制。② 出于同样的原因，那些年纪较大但可能正在经历危机的人也很容易受新身份的影响，这种危机涉及他们的既定习惯和惯例在多大程度上对他们管用，这可能本能地被理解成一个转折点。③ 第五，在借鉴克里斯蒂安·史密斯（Christian Smith）关于宗教派别发展的"亚文化身份"模型（尽管他没有像重视群体动态那样重视该模型）的基础上，我想指出，如果某些身份被机构推崇为神圣的，能够使人们觉得自己在道德上高人一筹，那么这些身份就特别有可能被采纳。④ 从道德上把自己与他人区分开来的人类学动机可能会导致更大的社会分层过程，也可能被用来对不平等进行意识形态上的辩解，但它不仅具有催生这些过程的功能，而且为诸如现代美国宗教多元化背景下保守的新教教会等机构提供了自然优势，这些机构又能为那些隶属于他们的人提供有意义的道德区分。最后，如果这些身份与新成员先前形成的自我概念所表达的身份没有根本上的对立，或者如果有文化资源允许人们讲述从一个身份过渡到另一个身份的自恰故事，那么机构就更能够将人们驱向他们所认为的神圣身份。这六个因素，无论是独立存在还是共同存在，都不能保证被一个机构神圣化的身份稳定地融入与之有接触的思想家或未来思想家的自我概念叙述中。但我认为这些因素使得这样的融入变得更有可能。

---

① 关于这种分析的一个典型例子，见 Judith Treas, 2002, "How Cohorts, Education, and Ideology Shaped a New Sexual Revolution on American Attitudes toward Nonmarital Sex, 1972-1998," *Sociological Perspectives* 45: 267-83。

② 用安·斯威德勒的话说，年轻人过着"不安定的生活"，见她的 *Talk of Love*。

③ 关于生命历程中的转折点，见 Robert Sampson and John Laub, 1993, *Crime in the Making: Pathways and Turning Points through Life*, Cambridge: Harvard University Press。

④ Christian Smith, 1998, *American Evangelicalism: Embattled and Thriving*, Chicago: University of Chicago Press; John Evans, 2003, "The Creation of a Distinct Subcultural Identity and Denominational Growth," *Journal for the Scientific Study of Religion* 42: 467-77.

要解释思想家在一生中所经历的身份形成过程,就需要一种关于思想家与机构之间关系的概念,这个概念比学术场域理论所提供的概念更为复杂。如布尔迪厄和柯林斯所说,学术场域的确有地位等级,但不能简单地把学术生涯看成是向上或向下的地位变迁过程,学术生涯其实也是与灌输不同身份的机构接触的历史。如果观念社会学只关注学术场域的动态,就不会关注这种接触,不会关注思想家在不同机构地点间流动而遭遇的重构身份描述的痛苦,不会关注机构和文化环境的起伏可能导致思想家早期获得的身份要素在他当前学术人格分类体系中的定位上或多或少变得重要,不会关注学者自我概念塑造职业抱负的可能方式,也不会关注思想家产出本真的、符合他们自我认识的思想的需求——这是长期身份塑形的结果。①

3

在将学者自我概念理论应用于罗蒂的个案之前,还必须采取一个先行步骤。罗蒂的生活和职业生涯是在 20 世纪美国学术领域发生重大变化的背景下展开的,理解这些变化对于理解罗蒂在芝加哥大学、耶鲁大学和普林斯顿大学期间所面对的环境至关重要。

如前所述,卡尔·休斯克(Carl Schorske)认为,20 世纪美国思想史上最重要的事件之一,是第二次世界大战后人类科学中"新严格主义"的兴起。② 在这段时间里,许多学科从"宽泛向严格发展,从对历史上被认为与多面现实只有松散的联系,到创造出敏锐的分析工具,以在从前描述性和思辨性解释盛行的地方承诺确定性"③。由逻辑实证主义者开创的分析哲学就是这种新严格主义的典型代表,它体现了美国哲学的内在倾向。④ 但哲学并不是唯一受到影响的学科。经济学朝着计量经济模式的方向发展;与美国政治相关的政治学分支领域被卷入行为主义浪潮;在各个英语

---

① 虽然我不想在这里阐述这一点,但上面提出的身份形成和自我概念理论也可能适用于社会生活的其他领域。人们可以很容易地想象,非学术性的政治、宗教或文化身份也以类似的方式形成,并对社会行动产生类似的影响。在微观机构层次具体探索最有可能发生身份转移的条件,可以改进现有的社会化和文化学习模式。

② Schorske, "The New Rigorism in the Human Sciences."

③ Ibid., 295.

④ James Campbell, 2006, *A Thoughtful Profession: The Early Years of the American Philosophical Association*, Chicago: Open Court.

系，"新批评主义在 20 世纪 50 年代的机构中取得了明显的优势，"侧重于制定"形式和结构分析程序，以说明文学作品的特殊性和保护文学作品的自主权"①；在社会学中，日益上升的"测量中心地位"和统计建模也是这一趋势的一部分②。尽管这些方法中有许多已经被制度化，但休斯克继续指出，到了 20 世纪 70 年代晚期，严格主义在一些领域受到了比较消极的评价。正如大卫·霍林格（David Hollinger）所指出的那样，越来越多的人抱怨说，严格主义通常伴随着关于"整个物种"③的普遍性假设，它必须被拒斥，其代表的学术和政治项目在哲学上已经破产，在道德上也是有问题的。正如兰德尔·柯林斯和大卫·沃勒（David Waller）在一篇文章中所提到的，这篇文章把这些论断解释成"广泛的反正统阵线"，反对严格主义包含"一系列立场"，包括"用最极端的表述方式拒绝……维也纳学派的逻辑实证主义"，"拒绝正规或量化方法"，"拒绝任何普及知识的可能性——替代方案是认可局部的、历史或文化的特殊知识——或者怀疑任何知识"，并且"拒绝科学，将其视为政治或道德上的罪恶"④。柯林斯和沃勒认为，这种对立立场在文学、历史和人类学领域中表现得最为强烈，在政治学、社会学和哲学等"战场"则较为温和，在数学、自然科学、经济学、心理学或语言学领域则完全不存在。罗蒂处在这两种思想浪潮之间，在 20 世纪 60 年代陷入严格的分析范式，然后在 20 世纪七八十年代成了反严格主义运动的领军人物。美国思想的这种发展是由什么样的社会和历史因素造成的，从而为罗蒂将要经历的一些机构和学术经历提供了条件呢？

我的论点是，人类科学先是趋向而后又背离严格主义的过程，代表了美国学术生活中学术权威性质的转变，这种转变主要是由美国大学部门的结构变革引起的。布尔迪厄对此的论断是正确的，他认为，和别的事情相比，学术和文化领域更多是争夺权力的场所，是争夺何种文化产品和生产者将被视为最合法和最有价值的地方。与休斯克和霍林格所持的立场一

---

① Schorske, "The New Rigorism in the Human Sciences," 301.

② Stephen Turner and Jonathan Turner, 1990, *The Impossible Science: An Institutional Analysis of American Sociology*, Newbury Park: Sage, 105.

③ David Hollinger, 1993, "How Wide the Circle of the 'We'? American Intellectuals and the Problem of the Ethnos since World War II," *American Historical Review* 98: 317-37, 318.

④ Randall Collins and David Waller, 1994, "Did Social Science Break Down in the 1970s?" pp. 15-40 in *Formal Theory in Sociology: Opportunity and Pitfall*? Jerald Hage, ed., Albany: State University of New York Press, 16, 17.

致，我认为，在第二次世界大战之后的一段时期内，美国在自然科学以及人文社会科学方面的学术权威，通常都是由科学家和学者构成的，他们在自己的领域被视为"专家"，在这些领域中，学术专长"意味着……在接受学科训练的基础上做出权威判断和解决问题的能力"①。这种形式的学术权威为严格主义运动提供了条件，其占据主导地位与美国教授阶层正在发生的职业化有关。20世纪七八十年代，由于其他历史因素的影响，学术专长的概念暂时受到贬抑，使得以某种特定方式理解的严格成了当时评估某些领域工作时的一个不太重要的标准。

学者是某些知识领域的专家，他们接受过解决科学问题所需的技术训练，这种观点在20世纪中叶并不新鲜。在19世纪后半叶，自然科学家和工程师在不同程度上被理解为这个意义上的专家，随着社会科学家们在世纪之交寻求建立自己的学科并使之合法化——获得诸如国家和私人慈善基金会等重要群体的支持——他们也经常把自己描绘成专业知识的产出者。②

然而，在人文学科中，另一种学术权威形式在整个20世纪30年代都很流行。虽然哲学、文学、艺术等人文学科的学者有时诉诸客观性的概念，但他们通常将自己描述为对人类状况有洞察力的诠释者，他们的洞察力不是来自其方法论训练，而是来自他们广博的学识。这些学者将自己定义为经典意义上的学者，作为"理性、正义和真理等抽象思想的特殊守护者"③。正如刘易斯·科塞（Lewis Coser）所指出的，他们认为自己的主要教学任务是培养学生的审美能力、道德能力和精神能力，并延续一种博学传统，而不是传授技艺或通过运用这些技艺而获得的专业知识。尽管这些学者相比于19世纪的同行，更有可能拥有博士学位或其他高级学位，具有清晰的学科身份，并作为研究者和教师，但他们坚持着19世纪"以'文化'一词来规定"④的理智主义观点：

---

① Steven Brint, 1994, *In an Age of Experts: The Changing Role of Professionals in Politics and Public Life*, Princeton: Princeton University Press, 40.

② Dorothy Ross, 1991, *The Origins of American Social Science*, Cambridge: Cambridge University Press.

③ Lewis Coser, 1965, *Men of Ideas: a Sociologist's View*, New York: Free Press, viii.

④ Laurence Veysey, 1979, "The Plural Organized World of the Humanities," pp. 51-106 in *The Organization of Knowledge in Modern America*, 1860-1920, Alexandra Oleson, ed., Baltimore: Johns Hopkins University Press, 53.

> 这些文化的倡导者主要由古典主义者组成,也包括一小部分来自英国文学和艺术史等领域的人,他们甚至还将哲学观念论者视为某种程度上的盟友。他们提倡接受过大学教育的老一辈精英的价值观,尽管他们不再坚持这些价值观是对基督教正统的守护。他们仍然认为,教育的主要目的是为全社会培养未来的领导人,是将一种超越唯物主义的道德观直接灌输给他们。这些教授仍然希望培养有教养的通才。在后来的几十年里,这种类型的教授数量显著增长——实际上他们接受了文人这一角色。①

西方文明课程在大学本科阶段的普及也许最能体现人文学科中的这种学术权威形式,这种形式后来一直延续到 20 世纪。在第一次世界大战后,西方文明课程重新在美国大学生活中变得重要,并与第三、四章讨论过的通识教育运动结合在一起。"这些课程,"卡罗琳·温特(Caroline Winterer)在《美国古典主义史》中写道,"是对几个因素的回应,其中最重要的,是共同的古典内核的丧失和选修课的激增。"它们"向学生展示了'西方文明'从古典时代(甚至更早)到现代的'崛起'或'进步'的历史顺序",并"再次承诺将通识教育与公民义务联系起来"②。它们展示了学术权威的不同形式,这些学术权威形式与物理、生物和社会科学领域发展起来的学术专业化几乎没有关系,但是教授们呼吁教授这些课程,甚至围绕"学术"和"文化"何者优先展开了激烈的争论。③

然而,到了 20 世纪 50 年代,专家型学者的观念已经渗透到大多数知识领域,其中也包括人文学科。虽然面向学生的古典传统教育训练没有完全消失——其将在接下来的几十年里处于萎缩状态——但越来越多地,特别是在精英研究机构,各行各业的学者都提出了下面的知识主张,这类主张建立在一种关于方法论或技术性的能力的假设之上,并且认为对这种能

---

① Ibid.,53-54.

② Caroline Winterer,2002,*The Culture of Classicism: Ancient Greece and Rome in American Intellectual Life*,1780-1910,Baltimore:Johns Hopkins University Press,181-82.

③ Ibid.,152-78.

力的运用可以一劳永逸地解决学科领域内的问题。① 这种形式的学术权威关涉诸多关于自然世界和社会世界的一般假设，以及新严格主义的计划。学术专家们能够在他独特的研究领域里识别出在其中运作的普遍模式和法则，他们通过运用严格的、形式的方法来分析数据、非经验材料或问题，从而取得进步。诚然，社会科学家和人文主义者在追逐这类学术权威方面所表露的倾向并不是一致的，在许多领域，他们对前提性的、认识论的和方法论的问题都存在理解上的分歧。但天平已经发生了倾斜。在这一时期，"名义上的专门职业"——无论是在学术界内外——"如果不能胜任'专家'之名，就自然会令人怀疑。它们缺乏确定性，而且在声称自身拥有权威的领域里常常缺乏解决问题的能力"②。在某些学科领域里，情况也是如此，正如理查德·伯恩斯坦对哲学的评论一样。在哲学领域里，那些支持学术专长的思想运动相对于那些没有或不可能支持这一点的运动而言，取得了更大的优势：

> （第二次世界大战之后的时期）是职业哲学家充满信心的时期。不断壮大的分析学派团体认为，"我们"哲学家"最终"发现了解决哲学问题所需的概念工具和技术……当然，对此一些小规模的抵抗是存在的……有些人仍在捍卫和实践思辨的形而上学……他们对现象学和存在主义寄予了更多的希望……试图保持实用主义传统的生机。但是，这些没有采取分析性"语言转向"的哲学家们显然处于守势。③

我们应该如何解释这一发展历程呢？如何解释这一发展历程带给部分

---

① 关于这一点的总体讨论，见：Roger Geiger，1993，*Research and Relevant Knowledge: American Research Universities since World War II*，New York: Oxford University Press; Thomas Haskell, ed., 1984, *The Authority of Experts: Studies in History and Theory*, Bloomington: Indiana University Press; Laurence Veysey, 1988, "Higher Education as a Profession: Changes and Continuities," pp.15-32 in *The Professions in American History*, Nathan Hatch, ed., Notre Dame: University of Notre Dame Press, 24-25. On economics see Michael Bernstein, 1990, "American Economic Expertise from the Great War to the Cold War: Some Initial Observations," *Journal of Economic History* 50: 407-16. On philosophy see Kuklick, *The Rise of American Philosophy*。

② Brint, *In an Age of Experts*, 41.

③ Bernstein, *New Constellation*, 330-31.

学派和方法的优势?这些学派自诩为思想家和相关机构追求专业知识提供了适当的工具。有一种可能对此具有解释价值的观点认为,20世纪50年代的美国文化表现出高度现代主义(high modernism)倾向,这种倾向与学术专业分工有关,并给新的知识体系注入了稳定性。[①] 高度现代主义对等级制度的评价是与对专家和门外汉的区分相协调的;它对意图和目的的强调,要求对知识采取工具性的态度,并将专家视为政策制定者的重要信息来源;高度现代主义预设存在一个总体世界观的可能,这推动人们努力寻找独特的具有典范性的视角以及与之相伴随的合宜的方法论,根据这种方法论可以得出确定的知识。这种文化主义的论据有其可取之处,另一些论据则强调了与科学,特别是物理学相关的象征力量——特别是在广岛、长崎事件和冷战之后,这种力量如此强大,以至于其他学科争相效仿,将科学专家视为中心[②]——但我将提出一个更具结构性的解释:学术权威形式的转变主要源于机构的变革。学者作为专家的观念,以及随之而来的对普世主义和新严格主义的推崇,是20世纪中叶学术专业化进程加速的结果。

研究高等教育的历史学家和社会学家观察到,美国的现代研究型大学起源于19世纪晚期,它由不同的学术院系组建而成,在这些院系里,研究人员追逐着专业化的知识。克里斯托弗·詹克斯(Christopher Jencks)和大卫·理斯曼(David Riesman)在《学术革命》(The Academic Revolution)一书中指出,"直到19世纪80年代,现代大学才在美国真正成形。这一过程最重要的突破,也许就是以研究生院为主的约翰·霍普金斯大学和克拉克大学的成立。19世纪90年代,随着芝加哥大学的成立和哥伦比亚大学的改革,以及美国最重要的一批州立大学初步接受研究生工作

---

① 关于这一点的争论可以在如下著作中找到:David Harvey, 1989, *The Condition of Postmodernity: An Enquiry into the Origins of Cultural Change*, Oxford: Blackwell. Also see David Garland, 2001, *The Culture of Control: Crime and Social Order in Contemporary Society*, Chicago: University of Chicago Press; George Steinmetz, ed., 2005, *The Politics of Method in the Human Sciences: Positivism and Its Epistemological Others*, Durham: Duke University Press.

② 有关讨论见:Paul Boyer, 1985, *By the Bomb's Early Light: American Thought and Culture at the Dawn of the Atomic Age*, New York: Pantheon. On the emulation of the natural sciences see Ellen Herman, 1995, *The Romance of American Psychology: Political Culture in the Age of Experts*, Berkeley: University of California Press.

的重要性，这一情况又有了进一步发展"①。将美国大学制度形式的出现追溯到那个年代是正确的，这一制度形式事实上也体现出几十年前在德国发展起来的组织形式和知识文化扩散的影响，但如果像有些人那样，将学术专业化视为20世纪初的既成事实，则是错误的。美国学术界的专业化实际上发生于两个阶段。其中一个是制度重组初始阶段，大致从1890年持续到1920年，大量的学科建立起来，诸多专业社团如美国哲学协会（APA）、美国社会学学会（the American Sociological Society，后来改称为the American Sociological Association［美国社会学协会］）诞生。另一个阶段是世纪中叶的巩固阶段，在这一阶段，学术专长、普世主义以及社会科学和人文学科中的新严格主义取得了统治性地位。②后一阶段虽然依循于前一阶段而出现，但绝不是必然的。如果历史环境发生变化，比如最明显的，如果在二战后的几年里，美国高等教育没有迅速扩张的话，那么阿伯特所描述的专业化的"学科体系"③很有可能呈现出一种不同的、更灵活的形式，而对严格性的推崇可能不会引起这般的共鸣。

专业化涉及将单独的学科建立为自主的和自我规制的事业。在专业化的推动下，一门学科变成了"一个由其实践者组成的，自我管理的，并基本上是封闭的共同体……它决定着（自身的）进入、晋升和放逐的标准"④。19世纪末，这些学术专门职业在美国社会的兴起从一开始就与现代大学制度联系在一起。⑤法律和医学等领域只有依凭新兴的文凭体系，才能使自身成为专门职业。大学把专业知识传授给那些希望从事某一专门职业的人，这些被授予的资格证书便作为准入管理的最终机制发挥作用，它们也可以作为专业人士佩戴的荣誉勋章，以帮助他们在自身的工作流程中攫取某种控制权。20世纪之交的学术革命在一定程度上就是由这种社会体系推动的，在这一体系中，高校将自己定义为向不断壮大的、渴望职

---

① Christopher Jencks and David Riesman, 1968, *The Academic Revolution*, Garden City: Doubleday, 13.

② 这一论点与詹克斯与理斯曼书中的观点一致。

③ Abbott, *Chaos of Disciplines*.

④ Louis Menand, 1997, "The Demise of Disciplinary Authority," pp. 201-19 in *What's Happened to the Humanities*? Alvin Kernan, ed., Princeton: Princeton University Press, 205.

⑤ Magali Sarfatti Larson, 1977, *The Rise of Professionalism: A Sociological Analysis*, Berkeley: University of California Press; Collins, The Credential Society; Brint, In an Age of Experts.

业发展的中产阶级颁发文凭的机构。① 美国高等教育的机构去中心化也助长了这一变化：它允许在市场承受范围内建立尽可能多的大学②，从而为中产阶级的学生提供了充裕的高等教育机会；高校之间的竞争促进了创新，衍生出一种地位等级制，其中"引领改革的学校——比如最初的殖民地学校，拥有大量捐赠的新私立大学，以及得到很好扶持的中西部州立大学——很快就把自己与那些行动迟缓的学校区分开来"③。这些大学在促进整个美国社会向专业化方向发展的同时，其学术领域的各学科也从中受益。一方面，高等教育部门的扩张促进了学科的分化，因为其"快速增长使得某种内部组织成为必要"，而且"特定的学科学位为不同大学的分支单位提供了交流媒介"④。另一方面，各学科的从业者很快就效仿起其他领域的专业人士建立了自己的全国性专业组织，强调自身在学生和大学管理者等非专业群体面前的自主权，试图规范自身所在的劳动力市场，参与关于专业标准、责任和权利的讨论。

然而，学术专业化项目虽然始于 20 世纪初，但并没有在一代学人的时间内完成。这里让我们思考一下所有教授都必须拥有博士学位这一要求，它通常被视为学术专业化的指示器。劳伦斯·维塞（Laurence Veysey）指出，20 世纪初，对于那些希望在美国最具声望的大学里寻求教职的人来说，"拥有博士学位通常是硬性要求"⑤，但是直到 1920 年，相对于院系和学生的数量而言，美国授予的博士学位数量仍然非常少，这就意味着许多低层次学校的教师并没有博士学位，以及这个体系仍然吸纳了很多在其他国家获得博士学位的教授。⑥ 这种情况表明，这些学科领域尚没有

---

① Collins, *Credential Society*, 127.

② David Brown, 1995, *Degrees of Control: A Sociology of Educational Expansion and Occupational Credentialism*, New York: Teachers College Press.

③ Collins, *The Credential Society*, 125.

④ Abbott, *Chaos of Disciplines*, 125.

⑤ Laurence Veysey, 1965, *The Emergence of the American University*, Chicago: University of Chicago Press, 176.

⑥ Thomas Snyder, 1993, *120 Years of American Education: A Statistical Portrait*, Washington, D.C.: National Center for Education Statistics, 75。关于美国教授在德国机构中所受训练的重要性，参见：Jurgen Herbst, 1965, *The German Historical School in American Scholarship: A Study in the Transfer of Culture*, Ithaca: Cornell University Press; Daniel Rodgers, 1998, *Atlantic Crossings: Social Politics in a Progressive Age*, Cambridge: Harvard University Press.

完全掌控自身的再生产过程。但是，学术专业化在当时的不够成熟，不仅只表现在博士学位方面。在整个20世纪30年代，即使是在最优秀的机构里，这些学者的工资相对于其他领域的专业人士来说，仍然是很低的①；根据学科内部的评估标准来评价科学和学术贡献的同行评议做法尚处在孕育阶段②；那些置身学术环境之外的学者也在努力地使自己被广泛接受为学术权威③；高校的董事，甚至是经理人，主动介入招聘和晋升决策的情况并不少见，在这种情况下，候选人在其学科领域中的地位或在当地院系中的声誉可能会被忽视，其更重要的原因是与学术专业化密切相关的学术自由概念仍然较新和脆弱④。

直到20世纪四五十年代，才出现了一个结构性变化，使学术专业化得以全面地、牢固地制度化。这种变化主要表现为投入高等教育的资源急剧增加。允许退伍军人上大学的《退伍军人权利法案》增加了本科入学人数；随着白领工作的增加，越来越多中产阶级的年轻人也在寻求大学学位；外国学生的大量涌入也进一步推升了入学率，这些学生部分是被美国新的地缘政治重要性吸引来的。为了满足日益增长的教育需求，新的高校建立起来，原有的学校也得到了扩张，这使大学员工的供给变得紧张，有助于提高教师的工资。与此同时，联邦政府、慈善组织和商业机构投入大量资金开展研究，这主要是出于冷战时期对苏联科学和军事优势的担忧、对实现科学突破的憧憬、战后格局的影响，以及美国资本主义对技术不断

---

① 见 Logan Wilson, 1942, *The Academic Man: A Study in the Sociology of a Profession*, New York: Oxford University Press。当哈钦斯执掌芝加哥大学时，他认为这是高等教育面临的一个严重问题："越来越多的优秀大学毕业生……认为薪酬和能力必须挂钩，从而被劝离了学术生活。"他认为，"要是教授们仍不得不为了生计在工作之外奔波，或在每年夏天持续教书"，那么对高等教育的尊重就不可能实现。Robert Hutchins, 1930, "The Spirit of the University of Chicago," *Journal of Higher Education* 1: 5-12, 11-12。

② Harriet Zuckerman and Robert K. Merton, 1971, "Patterns of Evaluation in Science: Institutionalization, Structure and Functions of the Referee System," *Minerva* 9: 66-100。

③ Cooney, *The Rise of the New York Intellectuals*。

④ 见 Walter Metzger, 1955, *Academic Freedom in the Age of the University*, New York: Columbia University Press。

增长的需求。① 教授的社会出身和地位也发生了变化。高校对教职工的需求变得十分强烈，尤其是这一时期伴随着精英理想的不断扩散，这使得在许多领域，犹太人和天主教徒得以挤入学术界，他们很多是来自工人阶级和中产阶级下层。随着大学官僚主义的发展和社会对文凭的再度重视，更多的学校要求必须有博士学位才能取得教职。尽管出身于精英环境的教授越来越少，但对研究的优先重视，加上教授们愈加频繁地参与公共政策制定（这是第二次世界大战和美国国家发展的遗产），都有助于提高教授的地位。②

这些发展对专业化起到了重要的推动作用。随着教职工人数的增加，国家学科组织的成员也在增加。一旦会员人数超过临界人数，这些组织就可以在规范学术劳动力市场方面发挥比以往更加积极的作用，并得以制定自身评价学术工作的标准。同时，考虑到教职工供不应求的局面，这些教师可以在招聘和晋升方面，与管理人员进行有效的谈判，以获得更大的权力。大学之间日益激烈的竞争也有利于专业化的发展，因为"在招聘过程中提高学术考核标准，往往会赋予精英学者和院系高于高校管理人员的权力，并降低学校机构和本地特殊势力的声量"③。最后，美国国家科学基金会等机构的研究经费开始围绕同行评议过程来筹划，而同行评议"赋予了学科（甚至是分支学科）自主性，并使学术工作与整个社会保持一定距离"④。

就像早期的社会科学家受到科学至上主义的深刻影响一样，以专家为学术权威的观念，以及相伴随的对普遍知识和严格方法论的追求，在本质上构成了一种关于专业化的意识形态。这些专业化的领域通过将自身的管辖范围和其他领域的管辖范围区分开来，从而维护自身的自主权，避免使其受到外行人的影响。他们认为外部人士不能了解业内人员的想法和做

---

① 约翰·迈耶和他的同事提供了关于高等教育扩张的另一种说法。关于他们立场的最新表述，见 John Meyer and Evan Schofer, 2005, "The Worldwide Expansion of Higher Education in the Twentieth Century," *American Sociological Review* 70: 898-920。

② 关于这些转变，见 Hugh Graham and Nancy Diamond, 1997, *The Rise of American Research Universities: Elites and Challengers in the Postward Era*, Baltimore: John. Hopkins University Press; Lewis Mayhew, 1977, Legacy of the Seventies, San Francisco: Jossey-Bass; Christopher Lucas, 1994, *American Higher Education: A History*, New York: St. Martin's。

③ Thomas Bender, 1997, "Politics, Intellect, and the American University, 1945-1995," *Daedalus* 126: 1-38, 6.

④ Ibid., 13.

法，因为他们没有接受必需的训练。这一时期介绍主导性方法的纲领文件就是这样一种声明。在这些文本中有一个重要的假设，那就是将学科内部人员和业外人士区分开来的是技术能力和方法论能力，其中一些文本甚至是在新严格主义出现之前写的。对于这些能力，人们有不同的理解：在鲁道夫·卡尔纳普和汉斯·赖欣巴哈等哲学家看来，是逻辑能力；在约翰·克罗·兰色姆（John Crowe Ransom）、克林斯·布鲁克斯（Cleanth Brooks）等文学批评家看来，是对诗歌的形式分析能力；在塞缪尔·斯托福（Samuel Stouffer）等社会学家看来，是研究设计和统计学能力，诸如此类。这意味着，无论是地方行政人员、政治家、学生还是其他领域的学者，都不具备这种能力，因此他们无权干涉专家的专业工作，除非是聊表支持。在专业化发展的第二阶段，人文社科领域发现专业知识的概念很有吸引力，因为它传递了上述信息，因为它让专家获得了一些有如明显"严格"的物理科学那般的声望，还因严格主义在机构快速增长和重组的时期①，确定了一种标准化和"可通约性"②。如本书上半部分所展示的和下

---

① 关于可通约性，见 Wendy Espeland and Mitchell Stevens，1998，"Commensuration as a Social Process," *Annual Review of Sociology* 24：313-43。

② 约翰·麦克库玻（John McCumber）在其著作《壕沟时代》（*Time in the Ditch*）一书中指出，在20世纪50年代，美国的学院哲学被麦卡锡时代的运动所改变，这些运动反对那些被怀疑同情共产主义的学者。许多学科的教授被要求在众议院非美活动调查委员会作证，或发现自己正遭到地方当局的怀疑，但麦克库玻引用的证据表明，"就与右翼治安团发生冲突的从业者比例而言，哲学学者……可能是最多的"。(John McCumber，2001，*Time in the Ditch*：*American Philosophy and the McCarthy Era*, Evanston：Northwestern University Press，25。) 麦克库玻认为，这一事实有助于解释当时哲学的发展。哲学家们在麦卡锡的陷阱面前备感压力。麦克库玻认为，他们试图保护自己的方式是坚持自己，不是像思想家一样沉浸在充满混乱和有争议的价值世界中，而是像准科学家一样，用严格的方法追求客观真理。他认为，逻辑实证主义提供的正是这样一种哲学视野，因此"麦卡锡偏执狂"有助于解释为什么"美国哲学家对逻辑实证主义如此奇怪地不加批评"（p.45），为什么它能如此迅速地横扫这一学科，以及更宽泛地说，为什么分析哲学成了美国哲学系的主导。我毫不怀疑麦卡锡主义使得一些美国学者不敢公开表达他们的政治观点——特别是如果这些观点偏左的话——也不怀疑这会使那些原本就具有政治性的学术观点处于不利地位。但我很难相信麦卡锡主义是导致哲学新严格主义兴起的最重要因素。一方面，早在麦卡锡上台之前，逻辑实证主义者就已经确立了自己在美国哲学界的重要地位。另一方面，即使政治气候有效地排除了某些学术选择，但根本不清楚为什么在20世纪50年代流行的那种分析哲学会占据统治地位，例如，为什么它比系统的形而上学或查尔斯·皮尔士的哲学更能为哲学家提供政治掩护，而这两种哲学在当时的学术地位都有所下降。

文将要展示的那样，罗蒂所隶属的学术机构对这些发展的应对方式对罗蒂的职业生涯产生了重大影响。

专业化的学科，学术专长的观念，以及人文科学中的严格主义，今天仍然伴随着我们。但是，那些在20世纪七八十年代以人文主义者或社会科学家的身份进入美国学术领域的人，所遭遇的是一种与上世纪中叶不同的学术和机构环境。在那段时间里，特别是在人文学科领域里，有什么因素可以解释反严格主义主题的上升呢？

第一个因素是20世纪60年代末70年代初密集的社会运动，它们侵入学术领域，影响了一个学术世代及其后的学术倾向。[①] 反战运动、言论自由运动、黑人权力运动、妇女运动、环境保护运动以及其他具有争议性的政治形式对美国的学术生活造成了许多直接和间接的影响。随着这些运动参与者进入学界，学校教师的政治结构开始发生变化，并促进了新知识领域如妇女研究和非裔美国人研究的兴起[②]，为20世纪八九十年代多元文化课程的出现奠定了基础[③]，并在一定程度上消解了大学里森严的等级关系，变得更能回应不同的声音和关切。尽管没有证据表明，20世纪六七十年代参加社会运动的学生或教授们相对来说更偏爱反严格主义，但这些社会运动通常环绕在大学校园周围，惯以学者和大学管理者为攻击对象，将他们描绘成天生的保守主义者和事业的敌人，尽管也对少数学者表示同情。虽然这些教授实际上要比美国社会的其他团体更早地对越南战争表示抗议，但许多学生和激进的教职工指责他们的老师和同事们只关心自己的学术事务，不仅要求他们借助自己的专业地位来谴责战争和支持反战事业，而且要求他们关注那些当时被激进主义视为社会主要弊病的议题，并

---

① 关于对社会理论的影响，见 Alan Sica and Stephen Turner, eds., 2005, *The Disobedient Generation: Social Theorists in the 1960s*, Chicago: University of Chicago Press。

② Ellen Messer-Davidow, 2002, *Disciplining Feminism: From Social Activism to Academic Discourse*, Durham: Duke University Press; Fabio Rojas, 2007, *From Black Power to Black Studies: How a Radical Social Movement Became an Academic Discipline*, Baltimore: Johns Hopkins University Press; Mario Small, 1999, "Departmental Conditions and the Emergence of New Disciplines: Two Cases in the Legitimation of African American Studies," *Theory and Society* 28: 659-707.

③ David Yamane, 2001, *Student Movements for Multiculturalism: Challenging the Curricular Color Line in Higher Education*, Baltimore: Johns Hopkins University Press.

以政治上可以接受的方式进行智识上的参与。关于社会学中现代化理论的遭际，杰弗里·亚历山大（Jeffrey Alexander）指出，随着社会运动的蓬勃发展，其早期的神圣建构在20世纪六七十年代发生了逆转，这些运动"越来越多地被视为一种集体解放——世界范围内的农民革命、黑人和奇卡诺民族运动、土著民族的反叛、青年文化、嬉皮士、摇滚音乐和妇女解放"①。这一陈述同样也适用于学术专长这一观念。在这些运动中，普遍主义有时会受到质疑，并被描绘成仅仅是维护统治者利益的意识形态伪装，价值中立被指斥为一种假冒产物，各种形式的新严格主义被指责为一种剥削工具。关于理论和认识论的智识选择以某种方式被政治化了，这是自20世纪30年代激进理智主义在学术界外兴起以来从未有过的。历史学家亨利·梅（Henry May）回忆道："20世纪60年代，在美国任何一所主要的大学里度过1960年代都是一种让人难以忘怀的经历。我们不仅经历了社会秩序短暂瓦解的时期，更重要的是，20世纪50年代的知识秩序已经破碎得无法恢复。超然变成了逃避，忍让变成了压制。"② 这类指控所造成的影响比预期的还要大，因为这一整个时期，进入高等教育的女性和有色人种人数都在增加，他们先是以学生的身份入学，然后成了教师。这些学术界的新人中有许多都在追逐着各自学科的主流，但另一些人发现，他们的生活经验与各种普世主义和严格主义的范式所提供的世界描绘并不那么一致，而这些范式照例是由白人发展起来的。因而这些人便成了女权主义理论、后殖民理论和其他挑战学科现状的激进理论的生产者和消费者。在这种氛围下，也就不奇怪会有一些学者，不管他们自己是否参加了社会运动，都会对批判普世主义和新严格主义的言论表示同情，对把学者视为居高临下传授知识的专家的观念感到不适，并努力为这种感觉提供详尽的哲学解释和理由。大多数受关注的反严格主义论据都来自法国，因此可以说，社会运动在美国帮助制造了一个庞大的"法国理论"③ 支持群体，尽管这一理论的政治立场有时模糊不清。

---

① Alexander, *Fin de Siècle Social Theory*, 21.

② Henry May, 1989, "Religion and American Intellectual History," pp. 12-22 in *Religion and Twentieth-Century American Intellectual Life*, Michael Lacey, ed., Cambridge: Cambridge University Press, 16.

③ 见 Lamont, "How to Become a Dominant French Philosopher"; François Cusset, 2003, *French Theory: Foucault, Derrida, Deleuze and Cie et les mutations de la vie intellectuelle aux Etats-Unis*, Paris: Decouverte.

但是，对严格主义的不满不仅仅是20世纪60年代的"嬉皮士"。第二个因素是20世纪70年代的劳动力市场状况。像许多其他人文和社会科学领域一样，哲学在那十年里经历了彼得·诺维克（Peter Novick）所说的"学术萧条"①。在1960年到1970年间，美国每年授予哲学博士学位的人数增加了三倍，每年授予哲学硕士学位的人数也增加了一倍多。然而，到了20世纪70年代前期，大学部门的规模增长放缓，学术劳动力市场，特别是人文领域的学术劳动力市场充斥着新的博士。1962年至1980年间，来自20所顶尖学校和底层学校的新哲学博士的求职数据表明，虽然1970年和1972年情况似乎还不错，但从1966年到1978年的总体趋势是，这两个层次的学校中，拿到学位后两年内收获助理教授职位的新博士所占比例都在下降。② 直到20世纪80年代中后期，市场才开始复苏。此前，正如美国哲学协会所报告的那样，"沮丧和士气低落的求职者"③ 太普遍了。这样一场就业冲击的后果是广泛的知识失范，因为学生完成博士学位后才意识到，自己不可能获得理想的终身职位。正如沃尔特·梅兹格（Walter Metzger）所指出的，受影响的不止研究生：

> 尽管整个20世纪70年代学术界的人数一直在增长，但增长率在这个十年里却下降到了历史水平的三分之一左右，而且其中70%的增长都集中在初级和非全职的边缘职业方面。如今，学术界的老前辈或新人们中间，几乎没有人没体验过这种增长停止所带来的艰辛。有些经验丰富的教职员工记录着自己的工资购买力、升职的等待时间、工作设施和配套服务的质量、获得研究项目资助的机会，他们可以证明，前一阶段的快速扩张带来了一些具体的好处，但伴随着的是下一阶段利益的丧失。④

---

① Peter Novick，1988，That Noble Dream：*The "Objectivity Question" and the American Historical Profession*，Cambridge：Cambridge University Press，574.

② 作者提供的数据。

③ David Hoekema，1989，"Special Report：Profile of APA Membership，Employment Patterns，and Doctoral Degrees，" *Proceedings and Addresses of the American Philosophical Association* 62：839-53，845-46.

④ Walter Metzger，1987，"The Academic Profession in the United States，" pp. 123-208 in *The Academic Profession*，Burton Clark，ed.，Berkeley：University of California Press，125.

对于观念社会学家来说，用劳动力市场动态机制来解释学术运动的兴起是很常见的。这种典型的解释认为，在一个领域或一组领域中，劳动力市场的境况会使人们倾向于做出某种特定的学术追求，就像19世纪晚期德国哲学家在劳动力市场困难的背景下，追逐新兴的实验心理学一样。① 但劳动力市场的境况也可能以另一种方式塑造学术工作的内容，即支持或消解主导范式的合法性。一个范式保持自身统治地位和抵御竞争对手挑战的能力，不仅系于其内在的学术力量，而且依赖于其作为一个包覆性观念框架的功能，以使人们在这个框架下正常地展开其学术生涯。正如一个政权需要通过保障其公民的物质福利来维持自身的合法性一样，如果学术劳动力市场变得困难重重，那么与之关联的范式将很容易受到攻击。自20世纪70年代末以来，人们对人文学科和社会科学中的严格方法越来越不满，这种不满必须在一定程度上理解为如下情况的后果，即学术界缺乏开放性导致广泛的就业不足，从而助长了一种反叛的学术文化，这种文化建立在对大学里上层的思想家的怨恨之上，人们认为这些思想家为了自己和学生的利益，利用限制学术能力的形式垄断了稀缺资源。

反对视学术权威为专家的第三个因素，是学术专业主义现在已经稳固地制度化了。弗朗索瓦·库塞（François Cusset）在他最近出版的一本关于"法国理论"的书中指出②，20世纪七八十年代出现的各种反基础主义都具有一种学术戏谑性，即坚持认为学术工作不应过于严肃。正如罗蒂所认为的那样，对于那些认识到自己的观点和立场并非源自某种先验的观点和立场的人来说，反讽被认为是最恰当的姿态。库塞将这种戏谑性与如下事实联系起来，即美国高校部门是年轻人的储备库，否则他们将大量涌入劳动力市场；他们更热衷于聚会社交，而不是追求真正的知识，他们的这种心态逐渐地影响到学术生活的方方面面。对此一个不那么简单的解释是，在世纪中叶，仍在为彻底实现学术专业化而努力的领域无法忍受对真理、科学和客观性等概念的亵渎，而二三十年后已经真正制度化的领域则承受得住这些。因此，反对严格主义的呼声日益高涨的条件之一，正是严格主义在此前时期所取得的制度性成功。

第四个也是最后一个因素，20世纪70年代有一些对严格主义的反对意见，可以追溯至上一个十年里美国对灵修的推崇和宗教狂热的兴起。正如罗伯特·伍思诺（Robert Wuthnow）和韦德·克拉克·鲁夫（Wade

---

① Ben-David and Collins, "Social Factors in the Origins of a New Science."
② Cusset, *French Theory*.

Clark Roof)所描述的那样，美国宗教随后发生了根本性的变化：尽管传统的宗教形式并没有消亡，但许多美国人从宗教的"居住者"变成了"寻求者"①。在 20 世纪 50 年代的核焦虑中成长起来的一代人，经历了传统社会向大众社会转型所带来的家庭和社区生活模式的不稳定，他们中的很多人采取了一种极端保守的立场，"依附于安全、体面的礼拜堂，在那里，居家的上帝可以提供安慰"。"20 世纪 60 年代，许多美国人认识到自己可以四处漫游，仔细考虑自己的选择，并选择一种能真正体现自身所相信的真理的信仰。他们认真地做出了选择，与自己的灵魂讨价还价，寻找新的精神指引，他们发现上帝不仅居住在家中，而且居住在朝圣者和旅居者所走过的路上。"②梵蒂冈第二届大公会议，融合了基督信仰和自救主题的教派的增长，以及东方灵修在美国的兴起，都反映了这一趋势，但这种发展与当时的社会运动密不可分，以至于有些人，比如罗伯特·贝拉（Robert Bellah）可以宣称"东方宗教的追随者在某种意义上是 60 年代初以来活跃在美国激进政治团体的同类，有时甚至是来自这些团体的庇佑者"③。在劳动力市场上，追求神职的竞争日趋激烈④，在此背景下，美国宗教的转变使其获得了新的活力，这些活力也部分蔓延到了学术领域⑤。正如霍林格所指出的那样⑥，20 世纪四五十年代，当科学主义和世俗主义在美国学术

---

① Robert Wuthnow, 1998, *After Heaven: Spirituality in America since the 1950s*, Berkeley: University of California Press; Wade Clark Roof, 1993, *A Generation of Seekers: The Spiritual Journeys of the Baby Boom Generation*, San Francisco: HarperSanFrancisco.

② Wuthnow, *After Heaven*, 57.

③ Robert Bellah, 1992, *The Broken Covenant: American Civil Religion in Time of Trial*, 2nd ed., Chicago: University of Chicago Press, 156.

④ 见 Rodney Stark and Roger Finke, 2000, *Acts of Faith: Explaining the Human Side of Religion*, Berkeley: University of California Press。

⑤ 参见如下著作的讨论：Conrad Cherry, Betty DeBerg, and Amanda Porterfield, 2001, *Religion on Campus*, Chapel Hill: University of North Carolina Press。关于美国高校教授的宗教面向被低估的证据，见 Neil Gross and Solon Simmons, forthcoming, "The Religiosity of American College and University Professors," *Sociology of Religion*。相反观点见 George Marsden, 1994, *The Soul of the American University: From Protestant Establishment to Established Nonbelief*, New York: Oxford University Press。

⑥ David Hollinger, 1996, *Science, Jews, and Secular Culture: Studies in Mid-Twentieth Century American Intellectual History*, Princeton: Princeton University Press.

界成长起来的同时，大批犹太人（其次是天主教徒）进入了教职人员的行列，这并非巧合。他们借助所谓的科学中立的外衣，来掩盖个人的价值态度和信仰，这是这些群体在充满敌意的社会环境中确保自身合法性的一项重要策略。然而，随着20世纪六七十年代的发展，象牙塔内的反犹主义和反天主教情绪有所减弱，并且随着宗教和精神体验在整个美国文化中得到重新肯定，代表各种信仰传统的学者发现自己比他们的前辈更加关注宗教和精神问题，有些学者在做知识探究时，会以一种宽泛的方式将宗教或精神主题纳入自己的学术研究范畴。许多持这种观点的学者开始怀疑新严格主义的价值，认为它将人客体化了，他们呼吁放弃专长型的学术权威形式，转向更传统的或得到更彻底修正的学术权威观念，尽管发出这些呼吁的人中也有像罗蒂这样好斗的无神论者。①

这些事件是如何影响罗蒂的学术和职业生涯的呢？要回答这个问题，我们需要从宏观层面的分析进入中观和微观层面的分析。我们将研究罗蒂生命中的三个关键节点，这些关键节点发生的制度背景，以及在每个关键节点处，他的思想是如何被策略和身份方面的因素共同塑造的。

4

如第四章所述，罗蒂的硕士论文是1952年在芝加哥大学查尔斯·哈茨霍恩的指导下撰写的，这篇论文是对形而上学的研究。它研究了潜在性概念在怀特海形而上学思想的不同领域中所起的作用。因为这一概念对于怀特海而言很重要，所以研究这个概念给了罗蒂一个从他自己的角度阐述怀特海思想体系主要特征的机会。然而，这篇论文的用意不仅仅是解释，而且是要揭示怀特海方法中的一些问题和模糊之处，同时指出可能的解决办法。

罗蒂对硕士论文主题的选择对其学术生涯产生了深远的影响，尽管罗蒂当时并未意识到这一点。这是因为决定撰写关于怀特海的文章，意味着决定从事一种不同于大多数顶级院系正在实践的哲学。当时，严格主义的浪潮席卷美国大学，逻辑实证主义和相关的哲学运动在大学院系里开始占据支配地位，这些学派的研究生撰写的论文题目如："逻辑和数学在语义上完整的基础"（约翰·迈希尔，哈佛大学，1949）、"作为意义认识论的

---

① 关于更青睐精神面向的哲学家更希望成为实用主义者而不是分析学者的证据，见 Gross, "Becoming a Pragmatist Philosopher"。

操作主义"（罗伯特·杜威，哈佛大学，1949）、"语用学和概率论"（詹姆斯·W. 奥利弗，哈佛大学，1949）、"意义研究：非外延语境中表达的可交换性"（伦纳德·林斯基，加州大学伯克利分校，1949）、"命题在哲学逻辑中，特别是罗素哲学中的作用"（唐纳德·卡利什，加州大学伯克利分校，1949）。这种精确的分析工作与罗蒂硕士论文的抽象推理相去甚远，而罗蒂选择写这样一篇论文可能是哈佛哲学系决定不给他奖学金的一个因素。相比之下，如第五章所述，耶鲁大学哲学系开拓独特学科领域的策略，是坚决反对分析性在该领域日益增长的主导地位，接受多元化观念，并将形而上学作为其核心组成部分。最终，保罗·韦斯指导罗蒂撰写了博士论文，韦斯是一位形而上学家，曾在关于皮尔士的论文中与哈茨霍恩密切合作。因此，虽然罗蒂作为一个有抱负的形而上学者的身份让他在哈佛的眼中显得有些可疑，但同样的身份却让他吸引到了耶鲁教授们的关注。如果罗蒂去了哈佛，我们不可能确切地知道他会开拓怎样的学术生涯，但有可能他对多元化的关注——这最终导致他对分析范式的批判——可能没有这么充分。[①]

罗蒂20岁的时候是很难预见这些路径走向的。那他为什么想要撰写关于怀特海的文章呢？布尔迪厄的方法可以在这个问题上提供一些作用。

首先，布尔迪厄帮助我们解释了罗蒂是如何在芝加哥大学获得哲学硕士学位的。如第三章所述，罗蒂的父母在经济上并不富裕。然而，正如布尔迪厄所描述的那样，学者可以被描述为统治阶级的成员，而罗蒂夫妇将他们拥有的财富——高水平的文化和智力资本——传给了他们的儿子，同时也为他激活了包括作家、艺术家和教授在内的广泛的社会网络。第三章提到过这种情况的几个例子。例如，在罗蒂成长的家庭中，每个人都被期望灵活地掌握语言，各种书籍唾手可得，父母也在努力教他如何写作，所有这些都在帮助他进入芝加哥大学，并在那里取得足够好的成绩，从而可以考虑成为一名哲学家。与此同时，只有受过良好教育的父母才会考虑在

---

① 罗蒂曾在这方面评论道："如果我去了哈佛，我会比以前更快地熟悉分析哲学。在耶鲁大学，分析哲学的唯一代表是卡尔·古斯塔夫·亨普尔，他后来去了普林斯顿，是一位值得珍视的同事。亨佩尔满怀感激地抓住了从耶鲁逃出的机会，随后阿瑟·帕普取代了亨普尔的位置。亨佩尔和帕普都被耶鲁的其他人边缘化了，正如哈佛剩下的非分析哲学家被蒯因及其弟子边缘化一样。（由于刘易斯先前成功地将哈佛哲学系带回到康德主题，这使蒯因边缘化其他同事的任务变得更容易了，他否定了詹姆斯和罗伊斯取得的进展，使美国哲学倒退了几十年。）" Rorty, "Intellectual Autobiography."

孩子15岁时送他上大学，只有那些更关心学术和文化追求而不是物质成功的父母才会选择芝加哥大学而不是其他精英学校。维妮弗雷德·劳申布赫曾在芝加哥大学待过一段时间，并与那里的几位教授成了朋友，这意味着，一旦理查德去了海德公园，她就可以利用自己的社交网络，帮助儿子解决棘手的奖学金问题，为他提供与教授互动的建议，并邀请他和雷德菲尔德这样的教师夫妇共进晚餐。罗蒂的父母都是学者，这让他更容易渴望成为一名学者，父母即使更希望他成为一个作家而不是哲学家，也仍然支持他自己的愿望。在罗蒂决定留在芝加哥大学攻读硕士时，这种支持并非不重要。

其次，根据布尔迪厄的方法，罗蒂的社会背景可能使他更同情形而上学而反对逻辑实证主义。正如第一章所述，在20世纪的头三十年里，许多有抱负的人进入了学术领域——尤其是第一代和第二代的犹太移民——他们发现自己被学术界所排斥。为了弥补阶级、种族和宗教背景等方面的结构性劣势，他们试图用西方文化和思想来培育自己。有时，他们的父母为此准备好了条件，但更多时候，他们必须通过刻苦的自我教育和沉浸在城市学院这样的环境中，才能克服这种可以感知到的缺陷。20世纪四五十年代，他们的下一代为了敲开学术界的大门，采取了不同的策略：为了弥补知识和文化资本的不足，他们以在公共教育系统（如数学、统计学、逻辑些等）中更容易接触的思维形式来锤炼自己的技能，在原子时代的科学主义背景下，这些思维形式被认为具有非常高的符号价值。正是这一代人成了新严格主义的主要实践者。

罗蒂的父母都出身移民家庭，当然不是受教育水平低的移民家庭，他们采取的是第一代有抱负的学者所使用的策略，并且看上去很轻视下一代所使用的策略。他们认为自己是学术权威人士，是胸襟开阔、受过良好教育的人文主义者和社会评论家，而不是技术人员，并将一些相关的具有象征性的才能传授给了儿子。尽管理查德自己这一代人的经历可能使他更倾向于科学主义，但正是通过拒绝科学主义，他才得以最大限度地使自己继承的学术和文化资本免遭贬值。他这样做的方式是接受形而上学，并婉转地对某些人嗤之以鼻，这些人和实证主义者一样都坚持认为形而上学是一项毫无意义的事业，认为哲学是科学的女仆，认为传统的哲学形式或学术能力已经没有什么价值。

以上解释了罗蒂为何决定成为形而上学家。布尔迪厄只能帮助我们走到这里，但我们有可能利用布尔迪厄的理论做出一个特别的解释。布尔迪厄和柯林斯的基本推测是，罗蒂有着丰富的文化、学术和社会资本，本应该选择一个能够在整个哲学领域获得最大关注的论文主题,并且可以利用他在知识精英群体里崭露头角的地位,与适合指导这篇论文的教授建立起联系。这很可能指的是与卡尔纳普合作。但罗蒂没有这样做,他回忆说,自己发现卡尔纳普是"知识苦行僧",他的观点"无可辩驳,但不受欢迎"①。

学者自我概念理论有助于我们更好地解释可能的思想选择。罗蒂在芝加哥大学时,正是他一生中身份形成的关键时期,也是他从一种机构向另一种机构过渡的时期。在他的童年和青少年时期,与他联系最密切的机构——他的家庭——具有所有作为身份形成场所的特征。尽管父母表面上希望理查德走自己的学术之路,但在理查德表达出与父母相似的观点时,父母习惯性地对他进行奖励,积极地支持他,正如当理查德从芝加哥写信说自己对大卫·里斯曼最近出版的《孤独的人群》(*The Lonely Crowd*)感到多么失望时,詹姆斯所做的那样:"我和维妮弗雷德都没能拿下里斯曼公司。随函附上我的评论——祝贺你的朋友坚守住了自己。知识的容器必须要比装水解渴的容器更结实才行。"② 理查德和父母也很亲近,所以这个家庭是一个有着紧密的情感纽带的机构。罗蒂夫妇已经形成了一种全面综合的世界观,融合了左派政治、反共产主义和社会生态观点。他们通过与理查德交谈,让理查德阅读他们的著作及家里保存的其他书刊,带着罗蒂与有类似思想的朋友和家人交往,热切地将这种世界观传达给理查德。此外,理查德在年轻易受影响的时候,就住在父母的家里,除了父母试图灌输给他的身份外,他并不会遭遇其他的身份,也没有任何辅助性的社会关系或机构隶属关系可以牵引他走向其他方向。与此同时,父母激进的政治观点和言论为理查德提供了一种方法,使他能够在道德上将自己区别于更保守的、反知识的家庭——他们中的一些孩子正是理查德的同学——并且使自己区别于其他没有看到共产主义的危险的自由主义者。基于这些原因,他开始将父母身份的核心特征融入自己的自我概念叙述中,并且以一个几乎完全符合父母期待的形象去了芝加哥。

然而,当他到达海德公园时,他进入了一个团结一致、思想上有凝聚力的机构环境,这同样有助于塑造他的身份。尽管芝加哥大学的本科生院对自由派的反共产主义并没有丝毫的敌意,但对学生和教职员工来说,最神圣的追求是成为沉浸在西方传统伟大著作中的人。与这种身份联系在一

---

① Ibid.
② 詹姆斯·罗蒂写给理查德·罗蒂的信,1950年11月9日,RRP。

起的，一如阿德勒或施特劳斯等思想家所示，是这样一种观念，即人们可以从这个传统中提取出永恒的哲学真理。这在认识论上是与理查德父母的世界观相悖的，后者更倾向于实用主义观点。罗蒂因此面临着一种矛盾：他正在形成的学者自我概念叙述是继续强调自由派的反共产主义和社会生态主义呢，还是遵循新机构的指引，将古人和现代人之间的区别视为学者之间最重要的区别，并明确地将自己定位于前一阵营中？罗蒂大一时寄给家里的书信清晰地显示出他对经典著作计划的抵触，这表明了当一个思想家既有的身份与要求他承担的新身份发生冲突时会发生什么情况。然而，随着他在芝加哥待的时间越来越长，周围都是认同这所学校的朋友和老师，他开始越来越多地感受到与父母分离的压力。原有的抗拒逐渐减弱，他最终改写了自己的自我概念叙述。他仍然认为自己是一个自由派的反共产主义分子，但在柏拉图的影响下——柏拉图实际上是学校使用的一种象征符号——他抛弃了父母对社会生态主义和实用主义的强调，转而成为永恒哲学真理的探索者。这位年轻的学者认为自己与过去的哲学家以及当今最重要的哲学家的思想之间有着密切的联系，他将利用这种联系来寻找哲学中经久不衰的问题的答案。

当罗蒂进入芝加哥大学哲学系攻读硕士学位时，这种自我概念得到了进一步的磨砺。尽管卡尔纳普和莫里斯也在哲学系，但哲学系在哈钦斯的支持下，仍然积极抵制逻辑实证主义及其想实现的哲学科学化，并努力克服其历史视野的局限。麦克基恩、汤普森和哈茨霍恩都是实证主义的批评者，而施特劳斯由于其在社会思想委员会中的地位，也不再同情实证主义者。在这种情况下，被尊崇的学者身份是一个坚持抵抗实证主义的人，一个在"阻止实证主义的入侵"中履行好自己职责的人，一如第四章中引用的罗蒂写给父母信中所说的话。这就是罗蒂现在编织到他的自我概念叙述中的身份，尽管他的社会背景可能使他倾向于在学术谱系中追寻这一身份，但正如上述布尔迪厄的论点所表明的那样，他所在的机构环境对这个身份的推崇无疑增加了他接受这一身份的可能性。

在芝加哥大学，有着这样一个自我概念的学生似乎可以进行各种各样的学术项目。例如，直接对实证主义展开攻击，或者在伦理学或哲学史的某一个领域中耕耘，以表示对全然无视这些领域的实证主义的蔑视，甚至还可以在实用主义传统中展开工作，从而表明皮尔士和杜威早已经证明，将分析和综合分离开来注定会遭遇失败，这些项目都是符合理查德这一身份的。对于反对实证主义的人来说，另一个可以接受的，也是更有象征性激情的学术出路是研究形而上学。在实证主义者看来，传统形而上学代表着所有关于哲学的错误观念。但他们的否定难道不是过于草率了吗？芝加哥大学的哲学家们让自己的学生思考这样的可能性。例如，罗蒂在芝加哥大学的朋友理查德·施密特在1952年完成了自己的论文，他参加的硕士水平考试包括以下考查形而上学部分的题目：

> 关于形而上学的讨论极为混乱，并且让人困惑。一方面，这种混乱被作为哲学家不应与形而上学有任何牵涉的理由；另一方面，形而上学又被认为是无法避免的，反形而上学的哲学家所做的事情或采取的假设在任何情形下都"真正地"是形而上学的。请尝试澄清这种混乱，区分：①在何种意义（如果有的话）上，形而上学问题是不可避免的；②从哪些方面（如果有的话），可以解决这些问题；以及③在何种意义上，可以避免形而上学。请展示不同立场的哲学后果和科学或实践后果，并引用柏拉图、亚里士多德、康德、休谟、怀特海、杜威、卡尔纳普等哲学家的观点作为例证，详细展开你的讨论。①

在这种背景下，从事形而上学研究的言外之意，是人们在实证主义论证中看不到价值，而在传统哲学形式中可以看到很多价值。虽然罗蒂的论文很少涉及对实证主义的批判，但事实上，它无疑是形而上学的，并试图用一种概念语言和方法来理解实在的终极本质，这与实证主义者所推崇的语言和方法截然不同。罗蒂及其朋友和老师可以将其解释为一种表征，即罗蒂并没有陷入实证主义者对真实和持久的哲学问题的回避中。我想提出的论点是，罗蒂选择撰写一篇关于形而上学的论文，部分是为了向自己和他人表达和确认这种身份定位，以及去从事符合他新建立的学者身份的工作。至于为什么他决定研究形而上学，而不是从事其他对于一位年轻的思想家及其自我概念而言合适的研究，这是由几个因素决定的：他的逻辑知识还没有得到充分提升，所以他无法从内部对实证主义展开进攻；他的外语能力也是有限的，这使得他很难在麦克基恩的指导下撰写一篇关于古典文学或当代欧洲思想的论文；此时研究杜威或皮尔士对于他建立与父母的差异来说意义不大；而研究怀特海是一个可以很好利用自己的抽象能力的机会；正是因为形而上学受到了实证主义者的极大攻击，所以在这一领域工作意味着直接介入争论；而且，罗蒂根据自己的价值观念，把哈茨霍恩

---

① 芝加哥大学哲学系硕士学位期末考试，第三场，形而上学科目，1952年2月20日，RRP。

看作是一个英勇的、和蔼的专家，致力于回答实证主义者回避的重大的形而上学问题，即使他的态度更加神学化。① 罗蒂利用所有可能的机会向哈茨霍恩寻求合作的可能性，哈茨霍恩根据自己对怀特海文学的了解，提出了一个具体的论文主题。尽管罗蒂的父母对怀特海的形而上学几乎一无所知，但怀特海在当时的文人学者中很受欢迎，这使撰写关于他的论文可能具有更大的吸引力。可以肯定的是，由于罗蒂决定研究怀特海的形而上学，他在当地获得了一定的地位和信誉，以至于哈茨霍恩将他推荐到了耶鲁大学。但不能说，他被这个话题所吸引，是因为他希望在哲学领域获得最高的地位和声望。他在研究生申请论文中写道："在形而上学方面，我的兴趣和研究集中在采用现代方法对实在进行系统的描述，这种描述建立在广义的经验主义框架内。"② 这描述的是他自己的思想方向，是他希望从事与自己在芝加哥大学期间形成的学者自我概念相符的工作的结果：一个追求传统哲学和对实在的终极本质感兴趣的哲学家，但坚持反对实证主义科学化。

5

根据对罗蒂思想轨迹的标准解释，罗蒂最初是一位执拗的分析哲学家，后来才开始怀疑分析哲学项目的价值。但是，正如我们所看到的，这个解释是错的：在他接受本科和研究生训练的地方，总的来说是对分析哲学持怀疑态度的；他的硕士论文是一篇传统形而上学的作品；虽然他的博士论文对部分分析哲学成果表示赞赏，但他也同时指出了逻辑经验主义的狭隘之处，及其在与其他方法对话时的不情愿。因此，解释罗蒂的思想轨迹，也就意味着不仅要理解为什么在20世纪70年代，他成了一名分析范式的批评者，而且还要理解为什么他在离开研究生院后成了分析范式的拥护者。关于罗蒂的分析转向，强调学术生活中策略性一面的理论提供了令人信服的解释。罗蒂在事业上雄心勃勃，他意识到，除非成为分析事业的参与者，否则将无法在顶级的哲学系找到工作，更不用说获得终身职位了。尽管他后期的作品和从哲学界中的退出可能被解读为对学科权威的反叛，但其早期作品应该被视为是对学科地位结构的顺从。

---

① 事实上，考虑到罗蒂与自由派新教徒的家庭关系，尽管他自己是无神论者，但是他能很容易地对哈茨霍恩表示认同并不奇怪。感谢彼得·黑尔提到这一点。

② 未注明日期的研究生院申请论文草稿。

虽然布尔迪厄和柯林斯等人的地位导向理论确实有助于解释罗蒂在这一时期的变化，但他们认为，任何地方的学术生活都具有一个普遍特征，即学者倾向于从事能给他们带来最高地位的工作，而这一特征在学者的学术生活轨迹中并不总是如此。罗蒂的社会背景使他在学术问题上非常自信，他似乎从来没有真正担心过自己不会获得普林斯顿大学的终身教职，但这是因为他对何种哲学论证路线更为出色有很敏锐的感觉。正是这种感觉使他对分析哲学家大加赞赏。但这只是他的职业生涯中一个独特的时期。事实上，思考罗蒂的人生所带来的更显著的教益是，对职业发展的策略性考虑往往会影响学者的思想内容，这更可能发生在学者为获得终身职位而奔波和为自己积累原始声誉的时候。当然，一些研究生在选择院系、导师和论文题目时很有策略性，而知名学者也可能非常关注自己的专业声誉。但是，大多数研究生对自己所进入的领域以及在这些领域取得成功的要求知之甚少，无法做出明智的决策。[①] 虽然资深学者也可能希望自己的名字能引起人们的注意，但即使他们不这样做，也完全不会有损失收入、福利或职位的风险。而对于那些刚成为教授的年轻学者来说，他人对自身工作的评价是十分重要的，因此他们更有可能调整自己的工作内容，以满足一些策略性的考量。[②] 这就是为什么最有可能作出颠覆性思想创新的人不是来自年轻学者的群体，而是出自那些已经站稳脚跟、能够无畏承担职业风险的人，也许只有数学这类领域才有所例外。

这并不是说，谋求终身教职的年轻学者就彻底被虚名所俘虏，不假思索地投身于在本地环境中或在整个研究领域里他们认为最受欢迎的课题或想法。正如布尔迪厄和柯林斯都认识到的那样，这样的选择是受限的：尽管我们有时得以闯进一个新的领域，但选择一个自己缺乏足够的知识资本来做出出色工作的领域或课题，则是愚蠢的。同时，学者自我概念理论也表明，年轻学者所做的选择会受到其学者身份的影响，至少是边缘的影响。尽管他们很希望自己的工作成果能给那些掌控终身职位通道的人留下深刻印象，但要他愿意放弃或改变这一领域任何一个或全部必要的身份或学术职责，这种完全工具化的导向所带来的精神成本将是难以承受的，而且无论如何都是自欺欺人的，因为它会向别人暗示自己没有坚实的思想核

[①] 很有可能的是，在不同的时代，研究生作出策略性考虑的强度是不一样的。人们有一种感觉，今天的研究生在职业问题上要比五十年前的研究生有更多策略性的考量。

[②] 我认为这也是卡米克在关于帕森斯早期思想的研究工作中得出的一个经验，尽管我在接下来的段落中将更多地强调领域地位而不是可信度。

心。然而，在这些限制条件下，年轻学者必须给所在部门、大学和本领域的有发言权的人或决策者留下深刻印象，否则就有可能失去任命、损失声誉。

正如布尔迪厄所指出的那样，学者通常会对自己的这种策略性导向轻描淡写，但有档案可以证明罗蒂在职业生涯初期的职业抱负。他在韦尔斯利学院期间雄心勃勃的自传回忆，以及第六章中引用的他当时的同事艾伦·哈林的一封信——信中预测罗蒂的离开是为了去更有声望的机构——这些都表明罗蒂确实希望升入一个排名更高的院系。但在他看来，在整个学科中占据一席之地有多重要呢？几年之后，罗蒂发表的一篇评论表明，这一点极为重要。这是一篇对詹克斯和里斯曼的《学术革命》的评论。"在世纪之交，"罗蒂说，

> 这位典型的美国教授把目光转向自己所在的机构、自己的领导，以及支持该机构的社群或社团，以获得认可、地位和回报。他效仿新教机构的立场，复制新教机构的态度。在一系列潜移默化的变化之后，这位大型学校里的教授可能记不起校长的名字，不了解谁在支持这所大学的运转，也不清楚这所大学成立的时间和原因。他不需要知道这些事情，因为他的事业和地位完全不用倚靠这所机构，而是决定于其专业协会的官僚们是如何看待他的作品的——如果运气好的话，那些学者和科学家会阅读他的出版物，并且写信使他能在任何时间和地点得到另一份工作。此外，一个学者的自尊很大程度上来自他从同龄人那里得到的赞扬，他的学生、机构或社团对他的认可受到无比的珍视，但如果他没有得到"同事们的尊重"，这一切都是虚无。①

罗蒂并没有把这看作是自传性的评论，但它确实可以这样解读。

问题在于，是不是罗蒂渴望得到的"同行的赞美"以及随之而来的学术地位，促使他成为语言哲学的拥护者，从而最终在普林斯顿这样的顶尖高校获得一个职位，并在那里获得终身教职。有间接证据表明，答案是肯定的。

---

① Richard Rorty, no date, "Review of *The Academic Revolution*," RRP. 我找不到这篇文章已被发表的证据。

罗蒂初到韦尔斯利时，他的能力主要体现在哲学史、形而上学和实用主义方面。他的学位论文的一部分也表明他在尝试分析风格的论证。考虑到他想在这一领域向上流动，那么他所面临的问题就是如何调动这些能力，从事该领域其他重要哲学家所看好的哲学工作。罗蒂一定意识到，考虑到他在芝加哥大学对上述能力的运用，其中某些能力，例如他对怀特海的了解，或者概括来说，对形而上学的熟悉，会限制他从顶尖院系获得工作的机会。虽然有一些机构仍然非常看重这些能力，韦尔斯利就是其中之一，但在大多数精英研究生项目中，由于分析哲学和新严格主义的兴起，这些能力并没有得到重视。因此，当他开始为准备撰写的文章选择主题时，他尝试运用自己的知识和学术能力做出一些能够赢得他人赞赏的成果。在他看来，最重要的是能打动那些掌控着顶尖项目中助理教授职位的分析哲学家们。

第六章指出了罗蒂在这方面所追求的两条论证路线：一是将自己与元哲学的新兴分支领域联系起来，从而可以利用自己广博的历史才能和所接受的麦克基恩式训练，促进非分析思想与分析思想的对话；二是向已采取语言转向的哲学家们展示美国古典实用主义的重要性。根据布尔迪厄和柯林斯的理论，我们可以不止于将其看作是罗蒂偶然看重的论证路线，而且视为罗蒂采取的一种职业策略，是在已有的知识和技能的基础上谋求回报的思想参与模式。我在这里运用布尔迪厄和柯林斯的理论，并不是说罗蒂在坐下来计算哪些哲学论证会让他在职业生涯中走得最远。虽然亚历山大指责布尔迪厄的"无意识策略"概念是荒谬的，但我认为可以肯定的是，出于建立自己声誉的考虑，罗蒂对于从事什么样的工作是好的仍有模糊的意识。我同样肯定的还有，罗蒂并没有很好处理其正在发展的哲学论证的内在价值。追求学术成功的策略，经常是通过改变思想家对不同思想路线的内在思想价值的判断来影响他们的学术选择的。这就是探究科学知识的社会学家为什么会坚称，用于解释观念的外在主义方法和内在主义方法的古老区别是站不住脚的，因为它忽略了外部决定因素可能通过影响对思想价值的内部评估来发挥作用。

这些因素塑造罗蒂思想的过程，可以通过考察他对那个时期的回忆来重构。本书第六章指出，罗蒂曾回忆道，在耶鲁大学的最后几年里，他越来越意识到分析哲学在哲学中的主导地位是如何形成的。他写道：

> 在耶鲁的四年里，我很幸运有米尔顿·菲斯克、罗杰·汉考克和理查德·施密特作为研究生同学和同伴。我花了很多时

> 间在这些具有耐心的朋友身上锻炼我的辩证能力,麦克基恩教授我如何证明任何哲学立场都可以通过重新定义术语和采用替代性的第一原则而免受批判,我对这种能力引以为豪。最终,施密特向我指出,我当时正变成一个偏执狂。这一指责刺激我寻求更具建设性的做哲学的方式。分析哲学显然就是我将要转向的领域。即使在耶鲁,人们也越来越多地感觉到,卡尔纳普和蒯因可能代表着未来的潮流。所以我开始四处寻找没有他们那么有还原主义和实证主义色彩,不那么确信哲学是最近才有的产物的分析哲学家。这将我引向了塞拉斯的著作,他的著作让我走上了我余生努力开拓的道路。塞拉斯将卡尔纳普的风格(大量带有编号的前提条件,点缀上杂多的数量词)与对哲学史的熟稔和旺盛的形而上学想象结合了起来。逻辑崇拜、博学以及浪漫的结合,让人想起了皮尔士。我花了很多时间阅读皮尔士的著作,希望发现他的非存在"系统"的非存在秘密,特别是找出他的"第三性是实在的"有何意味。塞拉斯和皮尔士在才能的多样和丰富方面是相似的,他们的作品也都有一种神秘的气质。但与皮尔士不同,塞拉斯提出了一套相当融贯的学说。①

罗蒂早期向分析范式的转向,采取了以下形式:在耶鲁,他花大量时间与朋友们一起练习麦克基恩式的技巧,并在学位论文中运用它们。正这样做的时候,他开始意识到,由于学术界的变化,这些技巧的象征价值以及相伴随的历史知识的价值正在下降,他后来在韦尔斯利体验到的自身专业的相对边缘化进一步加强了这种感觉。因此,他开始倾向于更严肃地对待分析思想,并将自己扮演成一位高度严格的哲学家。然而,在他发现了分析哲学家塞拉斯之后,他便只能转向分析范式了。在他看来,塞拉斯的思想在根本上是与自己的思想相融洽的。换言之,罗蒂转向分析范式的前提是,他能够向自己和他人提供一个融贯且令人信服的叙述,说明在经历这样的转变后,他并没有放弃先前珍视的思想信仰和身份,这就要求他手上有必要的象征资源可以支配:这就是塞拉斯的思想。罗蒂认为塞拉斯的思想在皮尔士与当代分析运动之间搭建起了一座桥梁。因此,根据这种策

---

① Rorty,"Intellectual Autobiography."

略需要，罗蒂改写了自己的学者自我概念。当他将自己重塑为分析哲学家时，他并没有试图把自己打扮成另一个不同的人。例如，他在符号逻辑方面的技能是有限的，他也没有试图获得逻辑学家的声名。相反，他利用自己在芝加哥大学接受的历史训练和对皮尔士的了解，为自己在分析哲学界开辟了一个独特的空间。

正如第七章所述，罗蒂一到普林斯顿，就更加清楚地认识到，主导这个学科的人，当然也包括主导他所在院系的人，都是分析哲学家，因此将自己塑造为语言哲学家是一个不错的职业举措。不到几年，他就收到了其他几个院系的工作邀请。这无疑减少了他对无法获得普林斯顿终身教职的担忧，而且可能使他进一步认识到，自己在韦尔斯利学院时开始采用的策略，以及在普林斯顿进一步发展的策略——把全新的维特根斯坦-塞拉斯式哲学的发展纳入心灵哲学之中——是取得事业成功的途径。在罗蒂职业生涯的这个阶段，他所做的优秀的哲学工作，确实为他赢得了很好的学术地位，甚至是丰沛的情感能量，他似乎把这种外界的关注看作是一种迹象，表明他所追求的研究路线是正确的。为了巩固自己的声誉，他巡回地做哲学报告，将手稿寄给重要分析哲学家以征求意见，并通过编辑《语言的转向》使自己成为分析运动的代言人。如果不采取这种策略性的考虑，罗蒂可能会继续遵循一种更严格的麦克基恩式路线，埋身于哲学史上的各种问题。然而，跟随皮埃尔·布尔迪厄和柯林斯的研究可以发现，对于学术领域中地位的追求并不是贯穿罗蒂学术经历的普遍特征，这种追求只集中出现在其职业生涯的特定时期，也就是他努力在学科领域寻求立足点，并在顶级哲学系谋求终身职位的那些年里。

6

第八章详细介绍了促使罗蒂在20世纪70年代脱离分析哲学范式的经历：他越来越意识到自己比其他许多分析哲学家有着更广泛的学术兴趣；他和普林斯顿同事之间的关系日益紧张，部分原因是脱离分析哲学范式的结果；还有就是他在与托马斯·库恩和昆廷·斯金纳等思想家的接触中，收获了他们对历史主义学术和道德的支持。

在罗蒂职业生涯的这个阶段，有两个相互关联的问题需要回答。首先，如何从社会学的角度理解罗蒂与分析范式的决裂。其次，为什么在这样的决裂之后，他接受了"实用主义者"的身份。

关于第一个问题，必须援引策略和自我概念因素。我在上文中指出，罗蒂在20世纪60年代向分析哲学的转向，构成了一个符合学科地位结构理论的实例，新严格主义的兴起再次证实了这一点。相比之下，到了20世纪70年代，对严格主义的强调有所减弱。在许多人文领域，严格主义遭到了怀疑，那些提出或发展了替代范式的人获得了新的地位。而这些对罗蒂的思想有什么影响呢？

就策略考虑而言，毫无疑问的是，在这一背景下，罗蒂有强烈的动机与分析范式决裂，并阐明了其他人也应该这样做的观点。尽管《哲学与自然之镜》差点没能出版，因为有位评论家认为它太技术化了①，但罗蒂在各种学术网络中处于有利位置，他可能更有能力预测这本书的被接受程度。在许多人文主义者开始怀疑新严格主义的环境中，一本用"严格的"论证来说明分析哲学的基础主义版本，以及隐含说明其他领域的同类思想都是行不通的书，会让人们产生极大的兴趣，尤其是这还是一位内部人士写的书。罗蒂可能意识到人们存在这样的兴趣，这有助于解释他为什么急于写这本书，以及为什么他允许自己在20世纪70年代更远地偏离分析哲学轨道——也许最终仍是想要通过写这本书来提升自己的地位。

然而，单靠地位激励就足以导致他与分析事业决裂，这一点值得怀疑。从许多分析哲学家对《哲学与自然之镜》的负面评价可以明显看出，罗蒂为自己背弃基础主义而引用的论证，包括蒯因、戴维森、库恩、塞拉斯和维特根斯坦的论证，可以用多种方式来解释。在罗蒂看来，这些论证会使关于真理的表象理论的价值受到质疑，而其他人则认为这些论证与改进后的实在论版本相容。因此，对这些论证的熟悉——像罗蒂那样运用这些论证的思想家可以随之提升自己的地位——肯定不足以使哲学家在分析哲学的价值问题上做出这样或那样的抉择，而且依然有很多人在捍卫分析哲学的价值。此外，罗蒂熟悉普林斯顿和其他地方分析哲学家同事的态度，他一定知道，虽然这本书可能会受到欧陆思想家、实用主义者以及学

---

① 罗蒂在普林斯顿大学出版社的编辑，桑福德·撒切尔（Sanford Thatcher）——他以前的学生——在1977年给罗蒂寄去读者的评论时随附道："我现在有两个读者的报告，我承认我不太知道该怎么理解。他们提出的建议截然相反。最令人费解的是，持消极意见的读者是我期望的最积极的读者，另一位则刚好相反。我现在准备把手稿寄给第三个读者，以便以某种方式取得平衡。当然，我希望得到肯定意见。但是，在你有机会做出回应之前，我很犹豫，因为你说的话可能会影响我关于应该如何寻找第三个读者的想法。"桑福德·撒切尔写给理查德·罗蒂的信，1977年12月12日，RRP。

院哲学之外的人士的欢迎，但分析人士不会接受这本书，毕竟，这本书质疑了他们曾投入其中的学术资本。如果罗蒂有兴趣在其学科领域中保全自身的地位，那么他就永远不会写这本书。诚然，人们可以认为罗蒂只是使自己转向了一个更加跨学科的人文领域。但很难想象一位思想家会这么做，仅仅出于对地位的渴望而背弃自己的学科。

事实上，罗蒂是一个有着广泛思想和历史兴趣的哲学家，正是他的这种自我观念使他得以做出转变。这种身份和随之而来的学术资本禀赋，主要是他年轻时所处的制度环境的产物。在讨论罗蒂的硕士论文时，我已经解释了为什么他的社会背景会使他倾向于捍卫传统的学术资本形式，以使其免受攻击，但更重要的是，如上所述，在他思想形成的时期，他是在芝加哥大学本地的制度环境中度过的。在那里，古人，而不是现代人，占据着统治地位，那些熟稔思想史和各种学术传统的学生最被看好。罗蒂接受了与具有历史心灵的哲学家相关的身份，在耶鲁大学期间，他仍保留了这一身份。此外，在芝加哥大学时，受麦克基恩及其所设计课程的影响，罗蒂开始把他开明地和历史地看待哲学的观念与多元主义观念联系起来。多元主义观念认为这门学科的学者使用的方法是不可通约的，在耶鲁大学时期，罗蒂的这一观念得到了强化，多元主义在耶鲁大学是最受推崇的学术身份和院系口号。具有这样一种自我观念的学者不可能奢求找到一种超越所有其他方法的单一方法，但必然会通过不同方法的倡导者之间对话的成效来衡量思想进步的程度。尽管罗蒂早期的工作，尤其是他的学位论文和对元哲学的探讨，都是从这个角度出发的，但在20世纪60年代，由于策略上的压力，他被迫接受了这样的观点：撇开不可通约性不谈，对语言的重点分析是这个领域最重要的发现。但到了20世纪70年代，罗蒂的终身职位获得了保障，他早期在芝加哥大学和耶鲁大学的身份又重新出现在人们的视线中。随着这些身份的出现，他开始发现普林斯顿的同事越来越狭隘，并开始与普林斯顿的其他人交往，特别是高等研究院的成员，这些人同样关注思想史，并致力于历史主义。罗蒂越来越多地向那些在学院哲学之外工作的人寻求灵感，当他这样做的时候，他将斯金纳、福柯或德里达等其他胸襟宽广的人文主义者视为自己真正的对话者，并渴望进入一个通过与这些人接触而得到期待和认可的院系。因为撰写《哲学与自然之镜》而在学院哲学之外取得一席之地，对于罗蒂来说是有吸引力的，这恰是因为他的学者自我概念已经使其远离了对本学科地位的关注，而进入了一个更加跨学科的世界。这表明，当一个人的自我概念造就了他的职业抱负的本性时，对地位的关注和对自我概念的思索有时可能会相互影响。①

然而，罗蒂的反基础主义并不是一概而论的，而是随着20世纪七八十年代的发展，构成"实用主义"身份的组成部分。罗蒂在《实用主义的后果》一书的引言中指出："在当代分析哲学家中，实用主义通常被认为是一种过时的哲学运动，它在本世纪初的一种相当狭隘的氛围中产生，而现在已经被驳倒或被推翻。"②如罗蒂曾经信奉的一样，有人认为"分析哲学在蒯因、后期维特根斯坦、塞拉斯和戴维森那里达到顶峰——也就是说，它超越和取消了自身"，因为"这些思想家……模糊了语义与语用、分析与综合、语言与经验、理论与观察之间的实证主义区别"③。对这些人来说，罗蒂坚持认为，实用主义既不能被驳斥，也不能被超越。事实上，分析哲学的"历史""呈现出的突出特征就是逻辑实证主义的原始原理逐渐'实用化'"④。罗蒂认为，"詹姆斯和杜威"，但不包括皮尔士，"不仅在分析哲学所走过的辩证道路的尽头等待着，而且在福柯和德勒兹正在经历的道路尽头等待"⑤。这不仅在他们所持的真理观这种有限的意义上是如此（罗蒂将这种真理观描述为否认那里有任何有趣之事可以言说的趋势），而且从更广泛的意义上来说也是如此，即他们希望创造一种文化，在这种文化中，"我们认为自己从来没有遭遇过现实，除非是在选定的描述下——用纳尔逊·古德曼（Nelson Goodman）的话说，就是创造世界而不是发现世界"⑥。这样的文化中仍然有解决问题的专家，比如哲学家或其他人，但众所周知的是，他们这样做的能力取决于人们想做的事情的类型，以及他们碰巧陷入的语言框架。生活在这样一种"后哲学文化"中的任何人都不可能设想为应该做些什么这一问题找到一种答案，这种答案不仅仅是相关各方短暂达成的共识，而且无法采取合适的程序规避这样一个事实，即人类总是借助文化和语言的媒介来与世界互动。这正是詹姆斯和

---

① 这里还值得一提的是，罗蒂作为一位人文学者，也是一位精通文学史的思想家，并且认为文学和诗歌是人类最重要的表达形式。这种自我概念反映了他父母的影响，但不清楚这种自我概念是否有促使罗蒂回到实用主义的方向，但它的确激励了罗蒂在20世纪八九十年代参与广泛的人文讨论，并可能促进了人文学者对他作品的接受。

② Rorty, *Consequences of Pragmatism*, xvii.

③ Ibid., xviii.

④ Ibid.

⑤ Ibid.

⑥ Ibid., xxxix.

杜威所设想的反基础主义文化,他们还阐述了这一文化在政治、伦理、美学、教育、科学等方面的意义。罗蒂认为这是实用主义的真正遗产。

这并不是罗蒂第一次用文字表达对实用主义的肯定态度。正如本书通篇所指出的,考虑到实用主义在芝加哥大学和耶鲁大学挥之不去的影响,从罗蒂接受研究生教育的最早阶段起,实用主义对他来说就很重要。比如,他在博士论文中给出了一个明显是实用主义的结论:"我们对逻辑经验主义困境的描述……表明我们需要在形式逻辑、符号学和传统的认识论之间寻求某种和谐,这在皮尔士的作品中可以找到。"① 罗蒂年轻时对实用主义的兴趣并没有随他离开耶鲁而结束。这一点可以从其职业生涯早期为诸多运用或评论实用主义的学术期刊和著作写评审得到证明,其中包括阿兰·帕施的《经验与分析》(*Experience and the Analytic*)、爱德华·摩尔的《美国实用主义》(*American Pragmatism*),以及保罗·古德曼的《对乌托邦的理论探讨和实践建议》(*Utopian Essays and Practical Proposals*)②。罗蒂对实用主义的积极评价在这些评论中显而易见。例如,在其中一篇评论中,他认为"杜威的哲学是对民主社会的目标作出的最杰出、最深刻的阐述"③。同样重要的还有,如第七章所述,罗蒂早期对分析思想的贡献也带有实用主义的印记。他对维特根斯坦的解读可能受到了他阅读皮尔士的影响,正如他那时所说的那样。④ 说得更直接点,至少有十年时间,罗蒂一直在维护《哲学与自然之镜》的核心主张。⑤ 早在《语言的转向》序言的结尾部分,罗蒂就宣称要"开始彻底反思某些认识论难题",这些难题源于"传统的'旁观者'知识论",这也是"杜威、汉普希尔、萨特、海德格尔和维特根斯坦等不同哲学家共同的目标"⑥。如果这种

---

① Rorty,"The Concept of Potentiality,"573.

② Richard Rorty,1959,"Review of Alan Pasch's Experience and the Analytic," *International Journal of Ethics* 70:75-77;Richard Rorty,1962,"Review of Edward Moore's *American Pragmatism*:Peirce,James,and Dewey," *International Journal of Ethics* 72:146-47;Richard Rorty,1963,"Review of Paul Goodman's *Utopian Essays and Practical Proposals*," *Teachers College Record* 64:743-44.

③ Rorty,"Review of Goodman,"744.

④ Rorty,"Realism,Categories,and the 'Linguistic Turn.'"

⑤ 他在《哲学与自然之镜》的序言中说,自己开始"在1969—1970年思考(这本书的)情节"(xiv)。

⑥ Rorty,"Introduction:Metaphilosophical Difficulties of Linguistic Philosophy," *The Linguistic Turn*,39.

反思取得成功，罗蒂认为，它将"改写哲学的每一寸土地"①。罗蒂将自己对心灵哲学的探索视为朝这个方向迈出的一步，这在他1970年的一篇论文中得到清晰的呈现。他在这篇论文中指出，自己对直觉和概念所做的维特根斯坦式陈述——其中直觉和概念被"理解为语言行为的特征"——使得"'表象'这一概念……再无用武之地。作为心灵中与待认识之物对应的表象概念消失了，随之消失的还有研究表象之间内在关联的认识论学科"②。同年的另一篇文章中，罗蒂认为，"以维特根斯坦、奥斯汀、塞拉斯、杜威和蒯因为代表的整个后笛卡尔传统"的主旨，是否认知识断言可能具有认识论旨在提供的那种永恒地基。③ 因此，罗蒂在当代的分析思想潮流和实用主义对意义的行为主义解释之间看到了很多"亲缘性"，在这种亲缘性中，信念的纯粹表象指示物隐遁了。④

然而，直到20世纪70年代，罗蒂才更公开地投身于实用主义传统。他日益将自己描述为一个转向实用主义的哲学家。这是为什么呢？

再一次地，策略性考量在这里可能并非无关紧要。罗蒂意识到，在整个人文领域，人们对反基础主义的兴趣与日俱增。他知道，自己曾在其中受过训练的实用主义传统，可以被解释为与这些发展一脉相承，并且相对于其他传统，可以被改造成更彻底的反基础主义形式，这是因为与进步主义和民主有着历史关联的实用主义并不像那些更后现代的法国思想那般具有虚无主义色彩。事实上，罗蒂和他的一些拥护者如康奈尔·韦斯特（Cornel West），在整个20世纪80年代都在竭力论证这一点，就此而言，人们经常提出的如下观点是有一定道理的：实用主义的复兴与人们对后现代主义和后结构主义激增的兴趣有关。

不过，我想说的是，在促使罗蒂成为实用主义的捍卫者方面，对自我概念的考虑同样很重要。这与他日益增强的自我概念"美国左派爱国者"有关，对他来说，这个身份的最初含义与反共产主义紧密相连，但它很快就站在世界多元文化主义身份的对立面。⑤ 罗蒂表达出这种他为人所熟知的自我概念，是在几十年后。1994年，罗蒂在《纽约时报》的周日专栏

---

① Ibid.
② Rorty, "Strawson's Objectivity Argument," 243.
③ Rorty, "Cartesian Epistemology and Changes in Ontology," 283.
④ Richard Rorty, "Postmodern Bourgeois Liberalism," in *Objectivity, Relativism, and Truth*, 197-202.
⑤ 参见如下书中的讨论：Martha Nussbaum, 1996, *For Love of Country? Debating the Limits of Patriotism*, Boston: Beacon.

上发表了一篇文章，题为《不爱国的学院》（*The Unpatriotic Academy*）。① 当天《纽约时报》的头版报道了比尔·克林顿总统提议通过对食品券征税和大幅削减对贫困老年移民的援助来为福利领域的关键改革筹措资金的新闻②，乍看之下，罗蒂对学术生活中政治问题的关注，似乎是在表明美国教授群体在社会和政治方面无关紧要。当数以百万计的贫困美国人即将被踢出福利名单时，谁会关心学术政治呢？作为一个公开承认自身是左派人士的人，罗蒂利用这个版面来谴责整个福利改革计划岂不是更好吗？尽管这样的谴责并不是罗蒂当天议程上的专门事项，但他想引起人们注意的恰恰是学术界左派的政治无关性现象。罗蒂意识到，20 世纪 90 年代初的社会经济现实并不是经济增长带动所有人受益，而是投向"我们之中最脆弱和最贫穷的人"的社会资源越来越少。罗蒂指责道，美国学术界左派人士非但没有抗议美国福利制度受到的侵蚀，也没有帮助制定一个可行的进步议程，反而陷入了讨论差异政治的泥潭中。罗蒂承认，像"妇女、非裔美国人、男同性恋者和女同性恋者"这样的群体"在我们的社会中遭到了不公正待遇"，努力减少他们的不满"将有助于我们的国家变得更体面、更宽容和更文明"。但他认为，这类努力中的一种形式，即多元文化主义，是与复兴的美国进步主义相抵触的，这是因为多元文化主义"否定了民族认同的观念"，将任何对共同的民族价值和民族理想的颂扬都描述为企图同化和统治美国社会中的其他异质文化群体。这些群体有着独特的文化实践，多元文化主义者希望参与和保留它们。出于这个原因，多元文化主义的支持者不愿意接受任何形式的爱国主义，即使是左派爱国主义也坚持要把他们对社会变革的要求放置在美国没有辜负它所宣称的人人享有平等和正义的基础之上。罗蒂声称，在美国象牙塔里可以找到大量多元文化主义的支持者。但实际上，这成了导致政治失败的因素。罗蒂说道，"不爱国的左派人士从来没有取得过任何成就"。这表明，只有宽泛地以国家自豪感来定义的爱国主义，才有能力动员大众支持左派的目标。

罗蒂在这篇专栏中对具有左派爱国倾向的学者自我概念的表达，既不是第一次，也不是最后一次。例如，他经常被引用的于 1983 年发表的论

---

① Richard Rorty, 1994, "The Unpatriotic Academy," *New York Times*, February 13, E15.

② Jason DeParle, 1994, "Clinton Considers Taxing Aid to Poor to Pay for Reform," *New York Times*, February 13, 1.

"后现代资产阶级自由主义"的文章也表达了同样的观点。① 在这篇文章中,罗蒂的目标是反对道德哲学领域近期实施的康德式转变,罗蒂发现,道德哲学重新重视起了道德和正义的抽象原则。但在他看来,在现实世界中,人们很少根据这些原则做出决定。相反,人们着眼于自己所属群体的"历史叙述"②,并通过考察行为与自己特殊身份的匹配程度来评估行为的道德性。在这种情况下,只关心抽象原则的道德哲学家无法"与自己身边的公民对话"③,也无法说服他们任何事情。为什么道德哲学会陷入这样的困境?在罗蒂看来,这一问题的答案在于,许多美国学者对越南战争中的暴行感到震惊,失去了对美国是"光辉的历史榜样"④ 的认同,这种认同"在杜威的时代"仍然是存在的。由于无法为自己的国家感到自豪,他们很容易忘记,以美国的名义号召人们做一些事情有多大的说服力。他们的反爱国主义"可能起到了有益的宣泄作用",但它更多的是"把学者从关于国家的道德共识中分离出来……而不是改变这个共识"⑤。

罗蒂在1998年出版的《缔造我们的国家:20世纪美国的左派思想》(*Achieving Our Country: Leftist Thought in Twentieth-Century America*) 一书中再次拥抱了美国左派爱国者的身份。在这里,罗蒂仍然在谴责美国左派,特别是学术界流行的"文化左派"不够爱国。他写道:"民族自豪感对于国家而言,有如自尊对于个人,它是自我完善的必要条件。"⑥ 如果左派学者"认为美国不可原谅……而且……无法实现",那么他们将"在国家面前退下步来","给予文化政治优先于现实政治的地位",并且"嘲弄民主制度可以再次被用来为社会正义服务的想法"⑦。

罗蒂是从哪里获得的美国左派爱国者的学者自我概念呢?这是在什么时候发生的?对他的哲学又有什么影响,如果有的话?我的看法是,他从父母那里获得了这个身份,这个身份在20世纪70年代因父母的去世、新左派的崛起和其他历史进程而被重新激活,其影响是重新激发了罗蒂对美国实用主义的支持,罗蒂认为实用主义表达了相同的价值。

---

① Richard Rorty, "Postmodern Bourgeois Liberalism," in *Objectivity, Relativism, and Truth*, 197-202.
② Ibid., 200.
③ Ibid., 201.
④ Ibid.
⑤ Ibid.
⑥ Rorty, *Achieving Our Country*, 3.
⑦ Ibid., 35-36.

我已经描述过，罗蒂的家庭环境中很可能发生父母的身份向他们儿子转移的情况，并且提到反共产主义左派和社会生态主义者是詹姆斯和维妮弗雷德最重要的身份。但是他们的反共产主义是以一种特定的方式被包装起来的，即作为美国左派爱国主义者。在《缔造我们的国家》的自传部分，罗蒂回忆说，对他的家庭中的很多人来说，左派和爱国主义是紧密关联的。例如，他记得，在威斯康星州拜访叔叔婶婶时，威斯康星大学麦迪逊分校的拉福莱特一家周围的社交圈给他留下了深刻印象，在这个社交圈中，"美国的爱国主义、再分配经济学和反共产主义……很容易和自然地结合在了一起"①。他父母也持同样的观点。本书第一、二章描述了詹姆斯·罗蒂和维妮弗雷德·劳申布赫是如何认识到美国社会的自由和民主潜力的，特别是当他们进入人生中激烈的反共产主义阶段之时。在不放弃对社会正义的承诺的情况下，他们"对美国充满爱国之情，虽然也愿意承认美国随时可能陷入法西斯主义，但对美国的过去感到自豪，并对其未来充满希望"②。如罗蒂所言，当时大多数的杜威派都是如此。虽然詹姆斯·罗蒂和维妮弗雷德·劳申布赫都没有专门写过什么爱国主义的文章，但我找到了几段文字，表明这并不是对他们立场的曲解。例如，在大萧条早期，维妮弗雷德在《纽约先驱论坛报》的一篇文章中指出："美国仍然有爱国主义者。爱国者是热爱自己祖国的人，不仅爱她的现在，也爱她可能成为的样子，并努力改变她的模样。或者用更现代的定义来说，爱国主义者是愿意在国家明显需要改变时做出改变，并认识到如果改变不及时，灾难就会接踵而至的人。"③ 十年后，维妮弗雷德再次谈起左派爱国主义的话题，这一次是为了改善白人与非裔美国人之间的关系。"我深信，就种族关系而言，我们已经走到了美国历史上的一个分岔口，"《纽约邮报》的一篇文章援引她的话说④，"要么我们变得美国化，这意味着我们不被允许建立一个由经济压迫造成的种姓制度。或者，我们选择旧的、不那么民主的制度，从而演变出一套基于种族歧视的种姓制度。我希望美国在这一点上做出正确的选择，希望我们能在一代人的时间里明确这种种族关系。你必须去做或感觉到的是，因为你是一个美国人，所以你希望所有美国人都有平

---

① Rorty, *Achieving Our Country*, 61.

② Rorty, *Philosophy and Social Hope*, 17.

③ Winifred Raushenbush, 1933, "History of the A. F. of L," *New York Herald Tribune*, October 15, RRP.

④ Winifred Raushenbush, quoted in Alice Davidson, 1943, "Liberty and Justice for All," *New York Post*, October 28, RRP.

等的机会!"詹姆斯·罗蒂和妻子一样,倾向于认为美国不管有什么问题,都是一个伟大的国家,有着值得保存的政治和文化遗产,这一遗产最终有力地推动了美国走向平等。例如,1941 年,詹姆斯·罗蒂在纽约市茱莉亚·里奇蒙高中发表了一篇关于美国主义的演讲。他对听众说:"你们应该按照我们伟大先辈的设想,实现美国主义的承诺和希望。这项任务需要你们年轻时所有的勇气、干劲和理想主义,以及你们成熟时全部的毅力。我们至少还有八九百万失业工人,有四千五百万营养不良的人。这是美国精神吗?不,这些都是可耻的、不光彩的,是因为我们的贪婪和淡漠而发生在我们身上的事情。这些事情是非美国的,忍受它们而不提出抗议更不符合美国精神。它们必须被攻击、被驱逐、被结束"①。

根据这一证据和罗蒂父母的思想主旨,我们可以作出可信的假设:罗蒂最初是在童年和青少年时期与父母的互动中形成了左派爱国者的自我概念。毫不奇怪,这种自我概念在他一生中的不同节点都有过表达,尽管从未像 20 世纪 70 年代及以后那样激烈。② 例如,虽然罗蒂早期的作品倾向于哲学而不是政治,但人们可以发现,1962 年他在颂赞民主美国的优点。这出现在他撰写的一篇不同寻常的评论文章中,发表在《教师学院记录》(*Teachers College Record*)上。在关于是否应该以及应该如何向美国高中生教授共产主义的专题论丛中,罗蒂的文章后面紧跟着他父亲的一篇文章。在这篇文章中,詹姆斯·罗蒂表现出他对审查制度独特的反对意见,他反对让学生们对苏联一无所知的观点,认为这样做是仿效"铁幕背后"的"洗脑"。③ 理查德和父亲一样,也是一位左派冷战斗士,认为"只有在自由企业的基础上才能实现高经济生产率"是一种"虚构",以及"社会主义和斯大林主义是同一属的两个种"是一种"错觉"。④ 尽管如此,罗蒂认为值得一提的是,当时的政治现实使得人们不可能在高中课本中描绘出一幅客观的苏联生活画面。在确认自身对美国民主理想的信念时,罗蒂写

---

① James Rorty, 1941, "Americanism," Address for the American Legion Certificate School Award, Julia Richmond High School, January 30, JRC.

② 请注意,为了分析的清晰性,由于我还没有引入学者自我概念,所以我在传记章节中避免讨论罗蒂成年时期的政治思想身份。这不应被视为它不重要的标志。

③ James Rorty, 1962, "Is Teaching Communism Necessary?" *Teachers College Record* 63:559-61, 560. 我在第一章中顺便提到过这篇文章。

④ Richard Rorty, 1962, "Second Thoughts on Teaching Communism," *Teachers College Record* 63:562-63, 563.

道:"一个民主国家的公立学校不可能教育青年质疑对于政治观点基本主旨至关重要的信仰。这一事实是民主固有的弊端之一,也是民主取得优势需要付出的部分代价。"①

罗蒂在写给特纳博士的信中更加明确地表达了对美国左派理想的支持。特纳博士是一名记者,他批评了罗蒂在《教师学院记录》中所采取的立场。特纳认为,应该给学生开设一门课程,将美国生活方式的好处与共产主义的罪恶进行对比。罗蒂回应说,这是个坏主意,虽然自由市场资本主义造成了社会不平等问题,但他仍然认为美国的生活方式更好。"我怀疑一门与国家政策和计划直接相关的课程是有价值的,除非在此类计划基础上涉及相当广泛的讨论。"罗蒂对特纳说道。②

> 特别要指出,我认为学生不会对这样一门课程感到满意,也不会从中受益,除非它涉及这样一些问题:"共产主义者声称美国企业利用了不发达国家的劳动力,或试图统治这些国家的政府,这一说法是否有道理?""他们所说的自由企业制度给了富人个体过多的政治权力,这种说法有道理吗?""极权统治是否给俄罗斯农民带来了好处,从而可以为取代沙皇统治的极权统治所实施的恐怖行为辩护?"除非有人提出这样的问题,除非老师们准备好讨论这些问题,否则我看不出一门对比美国主义与共产主义的课程怎么会比一系列的随口讨论和回答更有作用。讨论这些问题就会使得共产党人有可能在各种问题上展示自身有力的案例。因为在很多问题上,他们确实有这样有力的案例,诚实地讨论这些话题就不得不承认这些案例的力量。但讨论共产党人确实掌握有力案例的话题不必掩盖这样一个中心事实:他们的胜利对文明来说将是灾难性的,而且用霍金的话来说,总体而言,"我们的立场是正确的"。

然而,正是在20世纪七八十年代,罗蒂的左派爱国者自我概念变得更加明晰。那时,他刚开始在自己的哲学著作中提及这一点,并明确敦促其他学者采取同样的身份。有三个因素可以解释这种发展。首先是新左派的崛起和罗蒂对此的反应。在其90年代的作品中,罗蒂经常谴责新左派过分关注文化政治。即使在20世纪60或70年代,他也没有对此表示同

---

① Ibid., 563.
② 理查德·罗蒂写给特纳博士的信,未注明日期(可能是1962年),RRP。

情。例如，他对学生运动持坚决批评态度。1968年在斯坦福大学静坐运动之后，他写信给弗拉斯托斯："我在《泰晤士报》上看到，斯坦福决定对有关学生实行特赦。我以为我对此很高兴，但我发现自己非常困惑，当学生诉诸武力时，政府应该怎么做。这个问题在（普林斯顿的）拿骚厅受到静坐的威胁时出现过，我同意（普林斯顿校长）戈欣的观点，即对他们劝说24小时，然后派警察进行清除。我仍然认为这是对的，但我偶尔也怀疑自己是否正在变成法西斯分子。"① 类似地，罗蒂在1970年访问加州时写信给父亲："斯坦福大学这些天面临的压力很大，学生们打破了办公室里价值10000美元的窗户，因为他们不赞成教职工以390对373的票数将后备役军官训练计划再延长一年的决定……我认为在这10000名斯坦福学生中只有不超过25名示威者，但……我真的很担心，这些小家伙如果继续下去……会带来法西斯镇压的浪潮。那样里根和尼克松就可以毫不费力地组织起一支秘密警察了。"② 罗蒂和许多与他有分歧的新左派活动家一样，持有再分配主义观点，但他认为，一些激进分子试图煽动的这类革命会导致法西斯主义，这可能是因为革命成功后创立新的政府类型，更可能因为其被当局制伏时引发的镇压。罗蒂认为，对于进步的社会变革而言，最好的办法是通过教育慢慢地使公众变得自由化。他反对学生运动，部分原因是学生运动试图破坏这种教育功能。1971年，他写信给朋友菲斯克，否认学术自由是一种资产阶级美德：

> 不，这是改善社会的最佳选择。我所持有的这种权威的资产阶级自由主义观点，与所有的资产阶级自由主义观点一样愤世嫉俗——它告诉那些受压迫的人们，如果他们仍在受着压迫，而我们在教育他们孩子中更聪明的个体社会是如何运作的，那么他们孩子的孩子将会更好。无论如何我都相信这一点。我真诚地认为，我们这些像施圣礼一样授予学士学位和博士学位的寄生僧侣阶层，是最佳的社会变革主体。我不相信那些被唤起的工农群众知道如何为自己或他人谋取利益。更概括地说，我认为要使这个国家的数百万人都过上体面的生活，除了革命别无他法，但我仍然不希望这个国家发生革命——仅仅

---

① 理查德·罗蒂写给格里戈里·弗拉斯托斯的信，1968年5月16日，RRP。
② 理查德·罗蒂写给詹姆斯·罗蒂的信，1970年4月14日，JRC。

是因为我害怕革命结束后会发生更糟的事情。因此，如果说我对美国高等教育有什么看法的话，我认为我们这些左倾的教授们应该继续把每一代人都向左推进一点。要做到这一点，我们就必须继续一贯的关于沉思的废话，因为如果没有这种神秘感，社会就不会让我们肆无忌惮地腐蚀年轻人了。①

此外，尽管罗蒂反对越南战争，但他认为有些反战抗议者过于反美，以至于没有意识到美国文化遗产中值得保存的东西。在另一封从斯坦福大学写给父亲的信中，罗蒂说道："在我看来，这个国家确实是在不知不觉中走向了这样一种境地：它正在无望的事业中进行着野蛮和不人道的行为。尽管新左派持悲观态度，但我仍然认为美国是世界上最体面、最文明的伟大国家。但是，对于一个伟大国家来说，在心不在焉中将自己引向暴行似乎是非常容易的。"②

罗蒂认为新左派激进分子没有赋予爱国主义积极的文化含义，这与历史证据是相吻合的。正如迈克尔·卡津（Michael Kazin）和约瑟夫·麦卡廷（Joseph McCartin）所言："在与传统决裂的过程中，这一时期抗议运动中领头的激进分子不仅对政府政策提出了异议，而且对那些政策所依据的理念进行了争论。年轻的激进分子并没有试图引起人们注意美国的承诺与现实之间的距离，而是试图揭穿国家信条本身固有的反动性和破坏性。许多黑人、印第安人和奇卡诺激进分子将自己视为美国精神的牺牲品，而白人新左派则认为爱国主义是发动帝国战争和压制异见的烟幕。"③ 罗蒂的美国左派爱国者自我概念重新活跃起来，是在他反对新左派观念的时候发生的——这些观念在学术领域被制度化了，但他认为这些观念与他早先所坚持的身份格格不入。

对罗蒂而言，左派爱国者的自我概念变得更加突出的第二个原因还涉及政治和文化的发展，因为这种身份在20世纪70年代更容易为学者所接受。也就是说，随着1976年美国建国200周年庆祝活动的升温，这种身份在美国的思想-文化舞台上又重新现身了。琳·斯彼尔曼（Lyn Spill-

---

① 理查德·罗蒂写给米尔顿·菲斯克的信，1971年3月20日，RRP。
② 理查德·罗蒂写给詹姆斯·罗蒂的信，1970年2月9日，JRC。
③ Michael Kazin and Joseph McCartin, eds., 2006, *Americanism: New Perspectives on the History of an Ideal*, Chapel Hill: University of North Carolina Press, 6。另参见：Todd Gitlin, 2006, *The Intellectuals and the Flag*, New York: Columbia University Press。

man）已经表明①，200周年庆典的编排不同于一个世纪前的百年庆典，因为联邦政府作为文化生产主体有更密切地参与其中。然而，美国革命200周年管理部门（ARBA）并没有从顶层推进国家身份建构的愿景，而是致力于协调数以万计的地方团体和组织的意愿，这些团体和组织将举行各种主题的庆祝活动。ARBA和当地的宣传者面临的最大威胁来自残余的新左派激进分子以及与新生多元文化运动有关的组织者，这些人认为此次200周年庆祝活动是一次机会，可以借此指出美国离其建国时的理想有多远，并且指出爱国庆祝活动有多虚伪。批评人士还担心，200周年庆典将表达一种单一的美国身份认同，这种身份认同给群体差异留下的空间很小。ARBA通过邀请批评人士和不同社区的代表在国家、地区和地方委员会任职来应对这一威胁。与此同时，许多地方宣传者将庆祝活动的中心放在国家身份建构的愿景上，这一愿景包含自由政治价值观，如自由、平等之类，同时明确维护种族、地区和其他形式的多样性，以此作为"展现差异之上的团结的修辞策略"的一部分②。这些战术演习是成功的，他们阻止了批评人士破坏庆祝活动。正如约翰·博德纳尔（John Bodnar）所说："对于许多美国人来说，围绕1976年7月4日的周末庆祝活动标志着一段社会动荡和异见的结束，标志着美国共识和爱国主义的复兴。数以百万计的公民见证了共同的仪式。尽管这些仪式是以一种无组织的、常常是杂乱无章的方式呈现的，但随着一个又一个事件在电视屏幕上被渲染，占主导地位的主题从未消失。所有正在发生的事情都是代表国家进行的；只有国家及其过去、现在和未来的主题和象征，才值得人们效忠和尊重。"③没有人研究这种集体意义的努力是如何影响美国学者的活动的，但是国家人文基金会在1976年13次资助以建国200周年为主题的学术会议，1975年资助了7次。这些会议包括哥伦比亚大学举办的题为"国家宗旨的再思考：1776—1976"的研讨会，美国政治科学协会举办的名为"作为楷模和政体的美国"研讨会，宾夕法尼亚大学举办的题为"美国革命和18世纪文化"的会议，以及罗蒂参加的在纽约州立大学研究生中心举行的题为"新国家

---

① Lyn Spillman, 1997, *Nation and Commemoration: Creating National Identities in the United States and Australia*, New York: Cambridge University Press.

② Ibid., 126.

③ John Bodnar, 1992, *Remaking America: Public Memory, Commemoration, and Patriotism in the Twentieth Century*, Princeton: Princeton University Press, 227-28.

哲学"的会议①，等等。这种学术活动，与更受欢迎的美国身份庆祝活动同时发生，可能会让罗蒂这样的思想家不用那么担心对自身特定身份的表达会使他们在政治和职业上被边缘化，其中比较重要的原因是 200 周年庆典的组织者倡导的宽松的美国身份概念，允许爱国主义言论包含对美国社会的彻底批判。

第三点，或许也是更重要的一点，即罗蒂在 20 世纪 70 年代更公开地接受美国左派爱国者的自我概念，可能是因为这是他与父母保持联系的一种身份，他的父母都是在这十年间去世的。比以往任何时候都更加热情地拥抱左派爱国者的身份是他纪念父母的一种方式。如第一章所述，詹姆斯·罗蒂在 20 世纪 60 年代早期精神崩溃，于 1973 年去世。在那之前，理查德写信告诉詹姆斯，说到詹姆斯和维妮弗雷德对自己有多重要。他在离婚前写的一封未注明日期的信中说：

> 我很高兴上个周末回家了。我不知道自己像这样回家的时候，是否足够放松地表现出这一点，但是你和妈妈的爱和善良对我来说意义重大。我希望我能指出有多少意义，但近年来，我似乎已经发展出一种抽象和超然的冷漠，甚至使我不能展示这些东西，也许阿梅丽会让我在这方面做得更好。我一直想说的是，作为你的儿子，我是多么骄傲。事实上，我发现，这是我最喜欢自己的地方，也是我吹嘘自己时向他人兜售的话，虽然我对自己的素养并不自谦。由于我已经长大了，能够意识到人们是怎样的，他们之间有什么差异，以及什么是重要的，因此我为你的身份和你所做的一切感到自豪。我希望有一天能够做一些事情，是我认为配做你儿子的——我不确定我会做什么，但这确实是我前进的动力。②

毫无疑问，这封信有一定程度的夸大，因为它本来是为了给詹姆斯带去安慰，但理查德显然对父亲有着深刻而复杂的感情，正如他在詹姆斯去世后写给母亲的信中所说："父子之间的关系很奇怪，"③

---

① "NEH-Supported International Bicentennial Conferences," 1976, Humanities 6, no. 1-2: 8.
② 理查德·罗蒂写给詹姆斯·罗蒂的信，5 月 24 日（没有年份），JRC。
③ 理查德·罗蒂写给维妮弗雷德·劳申布赫的信，2 月 27 日（没有年份），WRC。

> 可能比我想象的更奇怪，因为杰伊还没有进入青春期。我怀疑一个人花了大半辈子的时间才能弄清楚自己的父亲是什么样的，而我仍在努力。我翻阅他的文件，试图决定应该保留什么，顺便读一些旧文章，等等。我不断地注意到一些我从他那里学到的东西——风格的技巧、写书的方法。我认为在他生病后，我非常害怕继承或感染他的疾病，以至于我拒绝承认我们之间的任何相似之处或联系。但这一切都要留给时间。总有一天，我会真正了解这些相似之处，然后也许我能正确地看到它们之间的差异。也许到时候，我会从我对他的感情和我与他关系的曲折中看到一些规律。

尽管罗蒂的学术生涯使他走上了一条不同于父母希望他走的路——走向学术哲学而不是新闻或诗歌的道路，但他现在可以做一些他们会引以为豪的事情：呼吁一种与美国独特的文化传统相延续的进步主义。

至于为什么美国左派爱国者的自我概念会引导他走向实用主义，答案很简单：除了杜威是一个反基础主义者和历史主义者这一事实之外，罗蒂总体上还把杜威和实用主义传统看作是对他自己所珍视的美国进步价值的哲学表达。"实用主义，"罗蒂在 1980 年写道，"是我们国家学术传统的荣誉代表"①，这是一种典型的美国哲学。在罗蒂看来，杜威最不错的一点是，他鼓励美国人欣赏其世俗的、反独裁的文化，"为美国可能……所成就的事情感到骄傲"②，即使在他提议对美国的基本制度进行改革的时候也是如此。因此，杜威，也包括詹姆斯，在"严肃地对待美国……（并）投身于政治运动，特别是反帝国主义运动，目的是让美国忠于自己，不让它重蹈欧洲的覆辙"③。和罗蒂及其父母一样，杜威也是反斯大林主义者，他不允许自己帮助穷人的热情影响他的下述判断，即共产主义很容易成为另一种极权主义。实用主义的这些特点与罗蒂的学者自我概念很自然地达成了契合。

我虽然主张罗蒂的左派爱国者自我概念在他 20 世纪 70 年代及以后重回实用主义怀抱的过程中具有决定性作用，至少在他自己对实用主义的独

---

① Rorty, "Pragmatism, Relativism, and Irrationalism," 160.

② Rorty, *Achieving Our Country*, 16.

③ Rorty, "Truth without Correspondence to Reality," 25. 关于杜威的"世界爱国主义"，见：Jonathan Hansen, 2003, *The Lost Promise of Patriotism: Debating American Identity*, 1890-1920, Chicago: University of Chicago Press.

特解读中发挥着决定性作用，但我并不是说他失去了在学术领域为自己赢得关注的欲望。在普林斯顿获得终身教职并晋升为正式教授后，对地位的策略性关注在罗蒂的生活中扮演了与以往不同的角色。尽管他可能仍然想成为一个杰出的思想家，并且努力寻找易于接受他的思想的听众，但他不再有失业的风险了，即使他提出的哲学观点或从事的学术工作不被普林斯顿哲学系的同事或其他分析哲学家看好。如果有什么不同的话，那就是他此时的目标变成惹恼和激怒他的普林斯顿同事了。罗蒂浸淫于一种推崇本真性观念的学术文化中，并强调学术生命的有限性，所以此时他觉得有必要做一些对他来说真正重要的事情，并且是与他自己最深信不疑的价值和身份相符的事情。罗蒂的美国左派爱国者这一自我概念又凸显出来，并影响了他的思想，这不是因为塑造自我概念的过程本身就比追求地位的过程更能决定一个人的学术选择，而是因为这一过程在其学术生涯的后期可能变得特别重要。

结论

1

1980年，大卫·霍林格（David Hollinger）在《美国历史杂志》（*Journal of American History*）上发表文章，宣称"大多数美国历史学家已经证明，实用主义这个概念是可有可无的。一些非历史学家可能仍然相信，实用主义是美国对现代文明做出的独特贡献，在某种程度上是美国的象征，但很少有学者致力于……对这种信念进行探索"①。霍林格承认，"对查尔斯·皮尔士、威廉·詹姆斯和约翰·杜威思想的细致梳理仍在一如既往地向前推进"，但他指出，在这一过程中，他心中所想的是编纂实用主义的三位奠基人的作品合集，并进行严谨的注解性研究，而不是试图将实用主义重新引入当代学术话语中。他在调查实用主义在美国思想史上的地位后总结道，实用主义的未来很大程度上系于理查德·罗蒂这类思想家身上，但这并没有阻止他把当代各种人文社会科学领域中的"消失的实用主义者"问题作为核心问题。

十六年后，詹姆斯·克罗彭伯格（James Kloppenberg）在同一本杂志上就当时的思想状况写道："今天的实用主义不仅生机勃勃，而且无处不在。从哲学到社会科学，从文学研究到种族研究，从女权主义到法学理论，到

---

① David Hollinger, 1980, "The Problem of Pragmatism in American History," *Journal of American History* 67: 88-107, 88-89.

处都是对实用主义的引用，令人眼花缭乱。"① 不同的思想家，如理查德·伯恩斯坦、斯坦利·费什、尤尔根·哈贝马斯、理查德·波里尔、希拉里·普特南、玛格丽特·雷丁、理查德·罗蒂、科内尔·韦斯特和琼·威廉姆斯都在 20 世纪 80 年代和 90 年代早期对发展实用主义思想做出了重要贡献，克罗彭伯格在概述他们的观点后预言，他所称谓的"新语言实用主义（the new linguistic pragmatism）"将在接下来的时间里"继续吸引众多学科的关注"，这种实用主义关注"意义的不稳定性、个人身份的特性，以及艺术家们超越理性沉思的创造天赋"。②

克罗彭伯格并不是唯一得出此结论的人，自从霍林格在 1980 年的那篇文章发表以来，人们对美国古典实用主义的兴趣已经在多个主要学科之间得到复兴。例如，哲学家罗伯特·霍林格（Robert Hollinger）与大卫·迪普在他们 1999 年合著的文集《实用主义：从进步主义到终结主义》（*Practismism: From Progressismism to Afterministism*）的导言中写道："实用主义又开始流行了。"③ 莫里斯·迪克斯坦（Morris Dickstein）撰写了一系列关于新实用主义的文章，这些文章最初是在 1995 年纽约城市大学举行的关于这一主题的跨学科会议上提出的。迪克斯坦指出："在过去 20 年里，实用主义的复兴在学术界激起了巨大的兴趣和争议。实用主义已经成为当代社会思想、法学、文学理论以及哲学等领域的争论的重要参照点。"④ 在 1989 年出版的《美国对哲学的逃避》（*The American Evasion of Philosophy*）一书中，韦斯特谈到了"美国实用主义的衰落和复兴"⑤，十年后，哲学家桑德拉·罗森塔尔（Sandra Rosenthal）、卡尔·豪斯曼（Carl Hausman）和道格拉斯·安德森（Douglas Anderson）编辑了另外一卷，肯定了这一传统的"当代活力"⑥。感谢路易斯·梅南（Louis

---

① James Kloppenberg, 1996, "Pragmatism: An Old Name for Some New Ways of Thinking?" *Journal of American History* 83: 100-138, 100-101.

② Ibid., 137.

③ Robert Hollinger and David Depew, 1999, "Introduction," pp. 1-18 in *Pragmatism: From Progressivism to Postmodernism*, Robert Hollinger and David Depew, eds., Westport: Praeger, xiii.

④ Morris Dickstein, 1998, "Introduction: Pragmatism Then and Now," pp. 1-18 in *The Revival of Pragmatism: New Essays on Social Thought, Law, and Culture*, Morris Dickstein, ed., Durham: Duke University Press, 1.

⑤ West, *American Evasion of Philosophy*, 182.

⑥ Sandra Rosenthal, Carl Hausman, and Douglas Anderson, eds., 1999, *Classical American Pragmatism: Its Contemporary Vitality*, Urbana: University of Illinois Press.

Menand）的畅销书《形而上学俱乐部》（*The Metaphysical Club*），人们对实用主义复兴的评估甚至进入了非学术性领域。这本书指出，"冷战刚一结束，"古典实用主义者"就在美国和其他国家受到严肃而激烈的研究和争论，他们已经有四十年没有受到关注了"①。

这些结论并不代表对思想和历史层面的证据做出了错误解读。作为一个衡量实用主义复兴程度的指标，我们来考虑研究杜威的文献数量。一份全面的索引表明，1900 年至 1939 年间，英语领域关于杜威的学术研究急剧增长。② 这一势头在 1940 年至 1979 年间放缓，但此后又有所反弹。1996 年至 2004 年间，共有 150 多本书名含有"杜威"词条的书籍出版。③ 但考虑到同一时期学术产出的整体扩张，这些数据并不意味着实用主义观念的大量出现。尽管这可能无法证明越来越多的学者对实用主义感兴趣——而对哲学这一领域更细致的研究表明，事实并非如此④——但在 20 世纪八九十年代，关于实用主义的学术研究在许多领域都有了发展，而且这项事业的贡献者中有一些是美国和欧洲学界最受推崇的专家，这些事实清楚地表明，随着 20 世纪接近尾声，实用主义在某种程度上处于"学术注意力空间"⑤ 的中心位置。这在詹姆斯和杜威的作品初次流行以来，从未有过。

---

① Louis Menand, 2001, *The Metaphysical Club*, New York: Farrar, Straus and Giroux, 441.

② Barbara Levine, ed., 1996, *Works about John Dewey*, 1886-1995, Carbondale: Southern Illinois University Press.

③ 此数据基于对哈佛图书馆馆藏的搜索。

④ 我的研究表明，随着时间的推移，在博士论文中论及实用主义的美国哲学家的比例实际上在下降。20 世纪 50 年代，在美国大约有 9% 的哲学博士论文与实用主义有关，而 60 年代为 8%，70 年代为 6%，80 年代为 5%，90 年代为 5%（见于 www.pragmatism.org）。为了得到这些数据，我使用了约翰·舒克（John Shook）整理的关于实用主义博士论文的书目（见于 www.pragmatism.org），只保留了在美国的哲学系撰写的部分，然后将其与教育统计摘要（the Digest of Education Statistics）和美国哲学协会网站上提供的美国哲学系博士生产量进行比较。这种计数方法与我在《成为实用主义哲学家》中使用的计数方法稍有不同，在《成为实用主义哲学家》这篇文章中，我依据的是《形而上学评论》中列出的博士论文。但舒克对实用主义的二手文献的了解要比我多，他更能了解一篇在题目中提到皮尔士、詹姆斯、杜威或米德的博士论文是否在实质上关涉实用主义，或者题目中没有提及这些名字的作品是否实际上在谈论实用主义。不管是哪种方法，我计算出的 90 年代前期的百分比是相同的。在 www.pragmatism.org 网站上，舒克给出了不同的百分比，但这是因为他还选取了非哲学领域的博士论文以及在加拿大撰写的博士论文。

⑤ Collins, *The Sociology of Philosophies*.

从实用主义复兴的早期开始,罗蒂在对实用主义感兴趣的学者群体中就处于模棱两可的位置。一方面,人们普遍承认,在 20 世纪五六十年代实用主义从学术界的聚光灯下黯然退去之后,罗蒂在促使整个学术界重新关注实用主义方面发挥了重要作用。他以《哲学与自然之镜》和《实用主义的后果》为自己赢得了声誉,又百倍地将声誉还给了实用主义,尤其是还给了杜威,他总是坚持认为自己的哲学仅仅是用更现代的哲学术语重述了杜威的哲学。另一方面,许多实用主义者却声称他给这一传统带来了不好的影响。他们指控罗蒂歪曲了实用主义的核心思想,并将其与一种松散的相对主义联系在一起,而这与古典实用主义者对待这项探究事业的严肃态度大相径庭。罗蒂在实用主义群体中的矛盾地位在 1995 年发生的两件事中得到了明显体现。在迪克斯坦组织的纽约城市大学实用主义会议上,与会者之一的罗蒂是受人尊敬的大师,被誉为实用主义复兴背后的推动者。相比之下,在当年的美国哲学促进会(主要的实用主义学术组织)年会上,与会者在晚餐后的某个晚上受邀参加一个半严肃半喜剧的短剧,其中,扮演皮尔士和罗蒂的演员们展开了辩论,他们用两位思想家的作品片段组成对话。在皮尔士谨慎、严肃、严谨和罗蒂轻松、讽刺、自以为是这两种哲学风格的反差中,人们可以发现某种幽默。这场演出传递出的信息很明确:皮尔士是真正的实用主义者,而罗蒂则是一个引人注目的闯入者,他扭曲了实用主义传统的意义。①

正如我在引言中所指出的,反对罗蒂哲学的不止实用主义者。可以毫不夸张地说,在 20 世纪 90 年代,一个人如果不对罗蒂的观点形成自己的某种看法,就不可能成为一个真正的思想家。虽然罗蒂有他的拥护者和捍卫者,但更多的是批评他的人,他们指责罗蒂犯下了各种各样的思想错误。②

在本书的这最后几页,我无意调转锋芒,思考罗蒂在 20 世纪最后的几十年里在美国国内和国际上取得显赫地位所依赖的文化和制度条件,以

---

① 关于皮尔士和罗蒂的对话的一个版本重新发表于 Haack, *Manifesto of a Passionate Moderate*。

② 例如,可参见:Robert Brandom, ed., 2000, *Rorty and His Critics*, Oxford: Blackwell; Herman Saatkamp, ed., 1995, *Rorty and Pragmatism: The Philosopher Responds to His Critics*, Nashville: Vanderbilt University Press; Alan Malachowski, ed., 2002, Richard Rorty, 4 vols., London: Sage; Alan Malachowski, ed., 1990, *Reading Rorty: Critical Responses to Philosophy and the Mirror of Nature (and Beyond)*, Oxford: Blackwell。

回答为什么他的工作会引起这些愤怒，或者评估他对推动实用主义复兴做出的贡献。这些都是很重要的问题，但它们超出了本研究的范围，因为本研究的重点是研究影响学者思想发展的社会进程和机制，而不是学者思想的传播。相反，为了对新的观念社会学做出基于实证的理论贡献，我想在本书结束时再次回顾前面章节中的内容，这一次我将着眼于从罗蒂的案例中引出关于当代美国人文学科知识生产的普遍命题。

2

如第一章和第二章所述，理查德·罗蒂的故事不是一个白手起家的学者故事，而是一个阶级再生产的故事。詹姆斯·罗蒂和维妮弗雷德·劳申布赫都是学者，他们没有在高校任职，而是以作家为自由职业，也是参与当时政治斗争的积极分子。詹姆斯·罗蒂是一位诗人和揭发丑闻的记者，他在20世纪20至40年代发表的文章和书籍针对美国资本主义的诸多缺陷进行了严厉批评。劳申布赫接受过社会学家罗伯特·帕克的指导和训练，她虽然不像丈夫那样多产，但针对社会上的重大问题写过一些文章、小册子和书评，并终生对时尚保持着兴趣。两人早年都被共产主义所吸引，但后来加入了纽约左派的托洛茨基阵营。20世纪50年代，罗蒂和劳申布赫开始极力反对共产主义，他们没有追随其他纽约学者反对斯大林和欣赏资本主义的优点，而是坚持认为，聚焦于财富再分配、对逃逸公司进行控制，以及向受压迫少数民族赋权的自由主义政治，绝不能妨碍美国给予其公民的其他基本自由，这些自由被他们视为美国对文明的最大贡献。

如第三章所述，理查德·罗蒂在孩童时期浸淫于父母的许多价值、思想和技能中。他从父母那里学到，做一个左派反共产主义者就是要在政治上有道德，对思想和艺术的追求具有重大的价值，最好的学术工作不是刻意使其与生活分离，而是要在为实践服务的过程中进行。他还学会如何清晰、严肃和充满活力地写作，并在与父母的朋友和大家庭的互动中——其中许多人也是学者——学会了如何谈论思想和政治。他的父母认为他很早慧，所以在他15岁时就送他去芝加哥大学哈钦斯学院学习西方传统中的伟大著作。他继续受益于父母的社会地位，并利用父母的社交网络寻求建议和情感支持，但他很快就迷上了这样一种观点，即探索工作不是去搜寻偶然事实——这是罗蒂的父母所偏爱的，而且罗蒂的父亲受到过杜威的间接影响，认为社会改革应该始终是暂时性的和实验性的——而是必须寻找历代的伟大哲学家所讨论的关于人类状况的绝对真理。

如第四章所述，在父母的支持下，罗蒂决定继续在芝加哥大学攻读哲学硕士学位。列奥·施特劳斯是一位深受朋友欢迎的教授，但罗蒂缺乏按他的晦涩方式研究古典文本的天分。此外，罗蒂虽然对理查德·麦克基恩的多元哲学观念印象深刻，但他对希腊语或拉丁语的掌握程度也不足以在麦克基恩手下工作。最后，罗蒂受到了形而上学家查尔斯·哈茨霍恩的影响。他关于怀特海形而上学的论文与他父母的学术关切相去甚远，所以这篇论文算得上他一个人的研究项目。这篇论文表达了罗蒂反对逻辑实证主义者提出的限制哲学视域的观点，逻辑实证主义者在芝加哥大学里被以怀疑的态度对待，尽管卡尔纳普就在这里。

如第五章所述，罗蒂是一位受过广泛训练和古典教育的人文主义者，但他很快发现，在申请哲学博士学位时，他在芝加哥大学获得的学术资本并不通用。他再次求助父母的社交网络，并从中了解到，如果考虑到以后的学术生涯，申请在欧洲攻读博士学位是不明智的。后来，罗蒂决定申请入读哈佛大学或耶鲁大学。当时的哈佛大学哲学系热衷实证主义和哲学中的其他技术流派，对向罗蒂提供奖学金没有太多兴趣。相反，耶鲁大学则在努力创建一个能够抵制技术主义的新院系，他们欣赏罗蒂所接受的古典训练和对形而上学的熟稔。罗蒂遂来到了纽黑文，最后在哈茨霍恩的前同事保罗·韦斯的指导下撰写了自己的博士论文。该论文运用了他从麦克基恩那里获得的多元视角，主张在关于可能性的研究中推进分析哲学和非分析哲学的对话。

这是篇不错的论文，罗蒂在结束和平时期的兵役服务后，依靠韦斯的关系网在韦尔斯利大学获得了一个教职。然而，正如第六章所指出的那样，罗蒂在事业上雄心勃勃，他意识到，如果自己想在顶级哲学研究生院获得教职，就不仅要更多地发表作品，而且要做一些可以使他更接近学科对话中心的工作，也就是向分析方向靠近。罗蒂抓住了元哲学这一新潮流，并运用自己的哲学史知识写了几篇文章，这些文章进一步讨论了他在博士论文中提出的促进分析思想与非分析思想对话的呼吁。在路德维希·维特根斯坦和威尔弗里德·塞拉斯作品的启发下，罗蒂转向了分析传统，同时利用自己对美国古典实用主义的了解，特别是从耶鲁大学教授那里学到的部分，来论证皮尔士和维特根斯坦之间存在着重要的重合。

罗蒂的工作效率令人印象深刻，他在普林斯顿大学的临时职位很快就转变成了终身职位。如第七章所述，在普林斯顿，分析哲学占据着主导地位。罗蒂意识到，只有在分析思想方面做出重要贡献才能使自己的职位得到提升，所以他开始建构一种处理心灵哲学的新颖方法，将维特根斯坦、塞拉斯、皮尔士和其他人的观念结合在一起。同时,他着手编辑一本关于语言学转向的文集,用元哲学的术语来展示分析视角的价值。

这些努力被证明是成功的,罗蒂在普林斯顿大学获得了终身教职。如第八章所述,在20世纪60年代末和70年代初,他继续在分析领域推出成果、参加辩论。然而,他却越来越有一种疏离感。他开始讨厌自己的同事,觉得他们对哲学事业的理解很狭隘,对思想史或当代非分析哲学的贡献也不知欣赏。罗蒂的第一任妻子是一位他许多同事都喜欢的哲学家,他们的离异加剧了这种紧张关系。罗蒂制订了一个长期计划,以离开那里并进入更加跨学科的领域。他开始广泛阅读德里达和福柯等同事们不怎么欣赏的非分析思想家的著作,并与更广泛领域里的其他人文主义者建立了友谊,这些人文主义者分布在高等研究院和其他地方。罗蒂从对身边同事的不满转向了对整个分析范式的攻击,他撰写了一部书稿,指出维特根斯坦、蒯因、库恩、海德格尔、杜威等人的作品是在质疑许多分析哲学家都认同的哲学自画像,这一自画像将哲学描绘为通过建立坚实的哲学基础来为其他领域的知识主张奠基的学科。罗蒂认为,不可能有这样的基础。更重要的是,最好的哲学不是像典型的分析哲学那样,对这种或那种关于知识、心灵、善的观点进行严格的论证,而是有如诗歌,通过提供用于感知这个美妙世界的新颖词汇来推动思想朝着新的、有趣的方向发展,因为这些词汇具有重述世界的能力。罗蒂论证了知识是不存在坚实和不容置疑的基础的,并声称自己的这种观点最初是由美国古典实用主义者提出的。《哲学与自然之镜》给罗蒂带来了不可思议的关注度,他利用这一点为自己在弗吉尼亚大学谋到一份跨学科的教授职位,在那里,他可以自由地学习、教书和写作,而不必考虑分析阵营反对者的意见。

第九章从观念社会学的角度重新审视了罗蒂的学术和职业生涯。为此,我引用了布尔迪厄和柯林斯的核心理论观点。我认为,这两位理论家虽然都强调在学者发展自己的思想以及与同辈人竞争的过程中他们受影响的过程和机制,但是都没有足够关注思想家们在关键时刻从相互竞争的观念中做出的选择有可能受到他们所认同的学者自我概念的影响。学者自我概念是学者向自己或他人所做的关于学术自我的描述,将他们描述成这类或那类的思想家。

第十章考察了三个关键节点:罗蒂决定撰写关于怀特海的硕士论文,他在20世纪60年代转向分析哲学运动,以及他在70年代与分析范式决裂并公开认同实用主义。在这三个学术选择中,罗蒂对学术地位和声望的追求都是重要的影响因素,但对学者自我概念的考虑在其中两个选择中也很重要。然而，总体而言，策略性考虑在他早期的工作内容中更具有决定作用，但是，之后他希望保持自身学者自我概念的愿望变得更加重要，具体来说，即他从父母那里获得的美国左派爱国者的自我概念在20世纪70年代重新得到激活。

3

本研究的目的，是通过深入考察罗蒂的案例，从理论上理解当代美国人文社科领域影响学者思想和职业选择的社会机制和进程。现在应该可以从这一研究中得出一些理论命题了。这本书是对不同研究的综合，下面列出的命题并非源于学者自我概念理论，有些是对布尔迪厄和柯林斯的著作以及其他来源（如卡米克关于帕森斯的著作）中的观点的重述或再规定。然而，我发现，所有这些命题在我的调查过程中都可以得到初步的证据支持（尽管在下面列出这些命题时，我有时会添加一些重要的限定或细节，它们超出了罗蒂的案例所提供的证据支持）。这些命题并不是为了反映学术生活中的一般社会规律——我怀疑这些规律是否存在——而只是为了捕捉当代美国学术界的普遍趋势。这些命题是否以及如何适用于其他国家或历史背景仍是一个开放的问题。

（1）其父母拥有较高智力和文化资本的学生更有可能产生成为教授的愿望。[1]

（2）其父母拥有较高智力和文化资本的学生在本科阶段更有可能从事以下活动：撰写原创论文，与教职工构建密切的关系，就读于更容易进入研究生院的大学，并沉浸于与其他有志成为教授的学生的交流中，这将帮助他们进入顶尖的研究生院。

（3）研究生院会根据下述因素来寻找自身的特殊定位：目前的师资构成情况，在考虑学科本质的基础上对有可能积累机构声望的机会的感知能力，从本地机构获得资源的能力以及满足本地机构需求的能力。考虑到自身在特定学科领域中的地位，研究生院往往会招收那些在兴趣和天资上与他们自身定位相符的最优秀的学生。

---

[1] 关于文化资本与成为研究生的可能性之间的关系，见 Paul DiMaggio and John Mohr, 1985, "Cultural Capital, Educational Attainment, and Marital Selection," *American Journal of Sociology* 90：1231-61。

（4）其父母拥有较高智力和文化资本的学生更有能力有效利用社交网络获取以下信息：哪个研究生院与自己更贴合，从长期的职业发展出发自己最适合就读哪个研究生院，或者更概括地说，应该如何追求自己的职业生涯。

（5）准研究生的学者自我概念叙述，往往是由具有积极道德符号的元素构成，并催生新的积极寓意，这些道德符号来自他们浸淫其中的不同制度环境，包括家庭、教会、可能参与的社会运动，等等。这些自我概念可能会也可能不会反映学生们所掌握的智力或文化资本，它们为这些准研究生提供了初步理解自己学术兴趣和目标的基础。在一个鼓励包容、具有积极影响、提供了融贯的世界观、自己早年曾生活其中，并对自己从中获得的身份感到有道德优越感而不必与自己先前获得的身份彻底决裂的制度环境中，思想家更有可能从中提取自我概念的元素。

（6）一旦被研究生院录取，学生们就会去寻找在他们看来与自身新生的学者自我概念相符的导师。然而，正如布尔迪厄所指出的，学生在选择导师时必须进行竞争。如果从罗蒂的个案所提供的证据扩散开来，我认为，更常见的事实是，学生所寻找的是在他们看来知性上彼此相容的导师，那些可以在职业发展上提供最大帮助的导师会得到大多数学生的追逐，而表现得最有潜力的学生——这在不同的院系有不同的评价标准——最有可能被选中。与大多数市场一样，争夺导师的市场也存在信息不完全和行为偏离完美理性的现象，这是因为学生有可能错误理解导师在本地的地位和在更广阔的学术网络中的权力（罗蒂似乎在哈茨霍恩和韦斯的案例中有过这样的误解），或者将自我概念置于策略性考量之上。

（7）研究生院的学生修读什么课程，取决于院系的要求、院校的师资构成允许当年开设哪些课程，以及特定的选修课是否符合学生的兴趣。学生在这些课程中掌握的观念和文本有助于其学术资本的积累，也可能塑造他们的学者自我概念。如果学生给教授们留下深刻印象的话，他们也可以在正式的导师-学生关系之外建立重要的社交关系。正如阿伯特所说，许多学术创新都涉及将某一个分支领域或学科的观念导入另一个分支领域或学科中。① 就此而言，在研究生院上过冷僻课程的学生今后或许更有可能做出创新性工作，罗蒂就是这样。他在鲁伦·威尔斯的指导下对皮尔士的研究，促使他撰写了一系列关于皮尔士和维特根斯坦相似之处的文章，这些文章预见了他在 20 年后就杜威和维特根斯坦之间关系所提出的观点。

---

① Abbott, *Chaos of Disciplines*.

（8）论文主题的选择通常都涉及学生与导师的协商。学生们倾向于选择与自己的学者自我概念相一致的话题，他们认为这些话题最有可能运用上自己所掌握的学术资本，如果可以的话还能获得资金支持。导师则会促使学生寻找学术界比较重要的话题，或者他们自己认为重要并相信学生可以在这些方面做出真正贡献的话题。（没有直接的证据表明罗蒂有过这样的协商，但第四章提供的证据表明，哈茨霍恩有可能参与了罗蒂硕士论文主题的选择。）最终确定下来的论文将试图满足所有这些要求，并且必须符合导师的优秀标准。但是，导师们做出策略性考量的程度不同，预测特定论文在更广阔的学术领域的影响力的能力也各异，要求学生顺从的强度也有差异。有些导师想要创建一个流派，他们会坚持要自己的学生选取那些他们已经取得声名的话题和方法；另一些导师则允许学生有更大的独创性。事实上，除了这方面的个体差异外，指导教师在与学生打交道时所具有的集体主义或个人主义倾向，也是"认识文化（epistemic culture）"①的一个重要特征，并且在不同领域、子领域和机构之间可能存在系统性差异。学生们在坚持选择不同于导师所青睐的话题或方法方面所表现的固执程度也各不相同。

（9）在其他条件相同的情况下，其父母拥有较高智力和文化资本的学生，会倾向于撰写那些被视为满足8条命题中所说的各方要求的论文，它们因而将被视为高质量的作品。如果学生决定在与他们从父母那里获得的智力资本相合的领域工作，比如父母讲法语，自己也决定从事法语工作时，情况尤其如此。然而，这类学生也可能面临着使自己与父母区分开来的压力，也就是说，要去依附学术谱系空间中其他角落里的学者自我概念，这些角落尚未被他们的父母占领，因此，这类学生可能选择在更偏远的领域工作。

（10）当学生快要完成论文时或此后不久，他们就将进入学术就业市场。这个市场是分割的，分割的方式因领域和时间而异，但一般来说，它区分出了被视为精英的学生、有能力但没那么出色的学生以及其他学生，后者通常会进入地区市场，更多地被视为教师而非研究者。对进入这些分割市场的学生进行标注是一个复杂的过程，这取决于他所毕业的研究生院的质量、导师的声望、导师的关系网络所触达的范围、毕业论文的质量和重要性、其他能显示自身未来潜力的证据，以及学生自身的抱负。其中，

---

① Karin Knorr Cetina, 1999, *Epistemic Cultures: How the Sciences Make Knowledge*, Cambridge: Harvard University Press.

信号传导过程也可能起作用。如果一所精英学校经过认真考虑最终决定给予某个学生一个工作机会，这样的信息会引导另一所精英学校也这样做。一般而言，正如遵循罗伯特·K.默顿（Robert K. Merton）传统的科学社会学家长期以来所指出的那样，学术生活里上演着精英的循环更迭，那些精英院系的教授门下最出色的学生，也将在其他精英院系获得助理教授的职位，而其他不那么出色的学生在学术等级中已经有预先指定的位置，他们中的很多人永远不会获得终身职位，特别是在资金不足的人文学科领域，在那里，博士生的生产过剩是司空见惯的。学生能否在某所学校谋得工作，取决于其导师或毕业院校与该院系里的权威人士之间是否存在关系网，① 以及该院系里的其他人，特别是招聘委员会的成员，在多大程度上认为学生与院系的需求相符，比如在某一研究领域里建立优势，增强或保持院系在某一方面的声誉，或填补某个课程缺口。这个过程中有很多偶然性，但并非随机的。

（11）由于精英院系每年提供的助理教授职位相对较少，而它们培养的博士生数量又较多，因此不可避免的是，大量的年轻学者不得不向下流动以寻找第一份工作，从而获得低于他们预期的职位。他们中的大多数最终都调低了自己的期望，并在二三流的院系过着还算有产出和幸福的生活，他们有的抓住了本地的机会成了明星研究员，有的在教师-研究员的混合角色中或院校的日常管理中寻找支持，有的则在家庭生活、宗教或政治追求中找到了意义。然而，还有一些人计划在几年后晋升到一个更高的职位，他们继续打磨自己的学术技能，并努力提升自己的产出。这类人在做出学术选择时，更有可能把对自我概念的考虑放在一边，或者放在次要的位置，并努力使自己沿着可以最大限度增加向上流动机会的路径行事，因为学术领域的结构就是如此。

（12）由于终身教职作为一种制度所具有的本质，除了那些只需走过场就能获得终身教职的部门外，寻求晋升的年轻学者在从事研究工作时，都会以在他们看来可以给本地决策者留下深刻印象的方式行事。那些未能做到这一点的人都有无法获得终身教职的风险，这或者是因为他们不能胜任，或者是因为他们不同意或不尊重资深同事的观点，或者是因为他们无法合理判断哪个资深同事的观点会受到欢迎。这并不是说年轻学者对课题和方法的选择完全是工具性的，或者仅仅是为了重现和重述那些在系里掌

---

① 关于这种联系在学科的荣誉结构中的重要性，见 Val Burris, 2004, "The Academic Caste System：Prestige Hierarchies in PhD Exchange Networks," *American Sociological Review* 69：239-64。

权的教授的观点。这些策略并不会奏效,因为大多数资深教授都希望年轻的同事有自主的而且确实有创造性的学术计划和项目,在主题上、理论上或方法上与他们有所不同,从而扩张院系的学术广度(有一种例外情况是,院系的目标是成为某个特定学派的中心)。然而,想要获得终身教职的初级教授必须找到一种方法,使其原创性的工作符合院系关键成员的评价意见和评价标准。为此,他们会经常阅读和引用其资深同事向他们提到的重要书籍和文章,试图在同事主导的辩论中表明立场,用其他同事熟悉的术语来阐述论点,采用在当地受到推崇的方法,并与同事分享自己的工作进展,希望从他们那里得到有益的评论,以规避可能的反对意见。但资深同事并不是终身教职的唯一仲裁者,那些寻求晋升的人还需要收集外部学者对他们的工作质量和声誉的评论信函。有时,初级教授对这些信函撰写人的人选有相当大的发言权,但通常情况不是这样。不管是哪种情况,他们都应预估这种评论的性质,并尽其所能保证自己的书面材料得到积极的评价。因此,在获得终身教职的过程中,初级教授需要表现出一定程度的墨守成规,即使他们同时也被要求有一些原创性(对原创性的理解和期待可能因院系和机构而异,精英机构中的学者在学术成就的数量和质量方面面临着更大的压力,因此这类机构可能期望和奖励更有创造性的工作并更愿意承受风险。[①])那些从研究生阶段开始就处于学科主流的人,可能不会体验到这种墨守成规的要求有多么令人烦恼。而那些所掌握的智力资本或自我概念严重偏离主流学科或本地期望的人,可能会把这样的要求看作是对他们创造力的限制,他们渴望获得终身教职的那一天,可以让缪斯带领他们随心飘荡。其中有些人可能会对身边的资深同事或学科主流产生不满情绪,尽管他们暂时不能表达这种不满。这种不满情绪可能会促使他们之后参与试图颠覆学科现状的思想运动。但也有一些反叛者会被同化,特别是其所在院系具有意识形态上的凝聚力,而且资深同事强加给他们的想法和观点能够提供有意义的身份认同。在经过最初的抵抗之后,这些人可能心甘情愿地去做已被要求的事情,并根据本地的期望来改写自己的学者自我概念,这通常需要有一套完满的说辞,以解释年轻的思想家从一种方法转向另一种方法的过程。至于什么样的方法和课题会得到院系高层的认可,这取决于这些高层成员是谁以及当前院系的集体意识。这些高层成员是由先前的录用和留任过程决定的,而这些过程本身又是由更大的社会和

[①] Michèle Lamont, Josh Guetzkow, and Grégoire Mallard, 2002, "What Is Originality in the Social Sciences and Humanities?" *American Sociological Review* 69: 190-212.

制度力量塑造的。年轻学者的学术产出受到这些因素的显著影响，但他们与"无形学院"①的关系也可能在一定程度上抵消本地的压力，这一无形学院是由他们以前的导师和在类似领域工作的其他学者组成的。如果无形学院的成员在相关领域的地位高于本地的同事，那么年轻学者就更有可能抗衡本地的压力；如果年轻学者在本地谋求终身教职的申请被否，他们的无形学院也可以保证他们在其他地方获得工作，或者向本地同事施加压力授予其终身教职。请注意，无论年轻学者是不是有意识地为终身教职操心，终身教职制度都在推进内部的一致性，从而促进学术领域的再生。出身较高社会阶层的学者可能没有那么忧心忡忡，他们更加自信，而且在学术生涯未能取得成功时也能得到更好的保障。然而，正如在罗蒂的例子中所呈现的，这种自信部分来自关于如何获得终身职位的良好认识，这种认识能够而且确实影响到学术工作的内容。

（13）获得终身教职的教授可能仍然非常关注他们在学科和分支领域中的地位和声誉，可能积极参与学科协会的相关工作以使他们的名字一直受到关注，可能希望晋升到更有声望的机构，也可能为了在学术上引起轰动而选择特定项目或形成自己的观念。然而，既然他们的工作已经稳固下来，他们中的大多数人便会感应到对学术本真性的追求，去从事与他们内心最深处的学者自我概念相一致的工作，即使这有可能偏离主流的学科标准。有时候，这种冒险会在地位上取得显著的回报，不管是有意的还是无意的，他们在自我概念的引导下，成功地挑战了学科正统，罗蒂的案例就是如此。撇开这一可能性不谈，追求自我概念的融贯性在学术生涯后期，可能会像策略性考虑一样发挥决定性作用。因此，理解一个思想家在关键节点的学者自我概念，特别是获得终身教职之后的学者自我概念，可以为解释他接下来可能追求的东西提供重要信息。

4

我在序言中指出，社会学理论应该相对独立于实证研究。尽管理论只有在不用为了支持自身主张而系统收集经验证据时才能取得实质性进展，但这些主张仍应基于理论家对经验现象的熟悉，并需要接受进一步的实证检验。那么接下来我应该对在这个案例研究中提出的理论做些什么呢？

---

① Crane, *Invisible Colleges*.

显而易见的是，我们应该对众多人文主义者和社会科学家的生活和职业进行系统的研究，以确定其中是否有支持上述命题的经验证据。对学术生活进行社会学研究的学者往往不喜欢对它们进行定量研究，认为这简化了其中复杂的观念。但这种厌恶是没有道理的。这种定量研究，比如调查某学科领域的成员构成，或对期刊文章的内容进行系统分析，永远无法取代意在充分记录思想和背景的思想史著作，但它也不打算去取代。它所适合的是，借助大量的案例，研究社会因素与特定思想的形成和发展之间是否存在理论联系。我们没有理由不做这种工作。例如，我们为什么不能通过询问学术调查对象对马克思主义的认同程度，来衡量他们对马克思主义的学术方法这个潜在因变量的归属感，就像调查人员询问调查对象对宗教或政党的归属感一样？又如，我们为什么不能借助调查研究的方法工具对智力和文化资本、思想家的社会背景中的其他特征以及学者自我概念这些潜在的自变量进行操作和评估？我已经做了一些类似研究，对全国范围内的美国哲学家进行了一次典型调查，结果发现，在哲学学生选择博士论文主题的时候，如果保持策略性考量因素不变，自我概念因素在预测他们是归属实用主义、分析哲学抑或大陆传统方面是非常重要的。① 但这类工作还需要做得更多，要对学者在不同的国家背景、不同的学科领域、不同的职业阶段、做出的不同选择进行审视，同时运用更好的测量方法以及纵向和横向的数据。就从罗蒂的案例中汲取的这些命题而言，由于罗蒂是一位超级学术明星，所以特别重要的是证明，形塑他的生活和职业的过程即使不能推广到其他人文主义者和社会科学家身上，至少也应适用于其他哲学家，而不是只对他或这一领域的顶尖人士有效。历史定量研究可以对过去数年的学者情况进行编码，基于相关变量进行历史定量研究也是需要的，即使历史记录的缺失和对历史记录的选择可能带来一些问题，因为在选择历史记录时，最重要的信息往往是关于那些在历史上被认为是最重要的哲学家的。我并不是说，新观念社会学的所有实证研究都必须采用定量方法，但只有这样的方法才能确定从个案研究中得出的命题是否也同样适用于大量的知识生产者，从而至少具有最低程度的普适性。

然而，除了定量研究之外，我们还需要更多的案例研究。这些案例研究应该检验我在这里关注的和其他理论家规定的社会机制和进程，并根据不同的历史、民族、制度、学科情境和被研究的思想家的社会背景

---

① Gross, "Becoming a Pragmatist Philosopher."

来对理论进行修正、完善和补充。案例研究可以如我所做的那样，把重点放在个别思想家身上，也可以考察不同的分析单位，如学术部门、小范围的学者群体或范围更广的思想运动，以确定个人的行为逻辑与更高阶社会群体的动态之间的关系。其中一些工作应以访谈或民族志为基础，捕捉实时进行的知识生产的运行机制和社会实践。不管采用什么方法，这些案例研究都应与新观念社会学的其他工作进行对话，并明确地以理论建构和完善为目标。当然，现在已经有大量关于学者生活的案例研究文献，它们是由思想史家、传记作者、科学史家等人撰写的。然而，其中的大多数工作，至少是在涉及人文和社会科学的时候，都没有关注我在本书中提出的社会学关切；它们把解释的重点放在个性或意向性上，或者放在宽泛的文化或政治经济因素上，这些因素与观念的确切联系仍然是模糊和不明确的；它们采用一种为圣徒做传的语调或者使用一种谴责的语气，从而遮蔽的问题可能比解决的问题更多；而且它们没有发现这种研究与其他关于学者的研究之间有什么共同之处。相反，如果每个研究学者生活的人都在进行理论建构和谋求职业发展时，把理解思想家所经历的社会机制和过程作为自己的目标之一，那么会有什么收获呢？在这样一个旗帜下，研究不同人物的学者们——如最近两本书的研究对象，苏联符号学家尤里·洛特曼（Yuri Lotman）和历史学家理查德·霍夫斯塔特（Richard Hofstadter）[①]——可以在社会学的比较中找到共同点，从而揭示知识在不同历史和制度背景下或跨背景的情况下运作的过程。随着观念社会学家与思想史学家一起并肩进行案例研究，以催生更好和更具解释力的理论，同时用系列的实证研究检验它们，我们将不再将这些持有新观念的思想家所做出的进展视为奇迹般的、难以解释的天才之举，或者是对时代精神的表达，又或者是对阶级利益的简单再现，而是将开始揭示其本质：对于那些有幸占据社会为学者所预留的有限职位的人来说，他们在工作生活中的产出和其他日常社会经验或多或少是可以预测的。

[①] Andreas Schönle, ed, 2006, *Lotman and Cultural Studies: Encounters and Extensions*, Madison: University of Wisconsin Press; David Brown, 2006, *Richard Hofstadter: An Intellectual Biography*, Chicago: University of Chicago Press.